谨以此书

献给全球暨南人

同庆母校 117 周年华诞暨广州重建 65 周年

暨南春早

中文系1958级回忆录

黄卓才　主编

暨南大学出版社
JINAN UNIVERSITY PRESS
中国·广州

图书在版编目（CIP）数据

暨南春早：中文系 1958 级回忆录/黄卓才主编. —广州：暨南大学出版社，2023.9
ISBN 978 - 7 - 5668 - 3764 - 6

I. ①暨⋯　II. ①黄⋯　III. ①暨南大学—校友—回忆录　IV. ①G649.286.51

中国国家版本馆 CIP 数据核字（2023）第 164992 号

暨南春早：中文系 1958 级回忆录
JINAN CHUNZAO：ZHONGWENXI 1958 JI HUIYILU
主　编：黄卓才

出 版 人：张晋升
策划编辑：杜小陆
责任编辑：黄　颖
责任校对：刘舜怡　陈慧妍　黄子聪
责任印制：周一丹　郑玉婷

出版发行：暨南大学出版社（511443）
电　　话：总编室（8620）37332601
　　　　　营销部（8620）37332680　37332681　37332682　37332683
传　　真：（8620）37332660（办公室）　37332684（营销部）
网　　址：http：//www.jnupress.com
排　　版：广州良弓广告有限公司
印　　刷：广州市快美印务有限公司
开　　本：787mm×960mm　1/16
印　　张：49
字　　数：545 千
版　　次：2023 年 9 月第 1 版
印　　次：2023 年 9 月第 1 次
定　　价：198.00 元

（暨大版图书如有印装质量问题，请与出版社总编室联系调换）

序

春色满园谱芳华

张振金

在那激情燃烧的岁月，1958 年，暨南大学在广州重建。

记得那天早晨，我们到大礼堂参加开学典礼，一路上，看见校园的紫荆树和三角梅，一树树、一丛丛的，"繁花盛开红如染"，绚烂一片；校道两旁的白杨树，翠羽在阳光下随风飘拂，潇潇洒洒，仿佛早就站在那儿欢迎我们了。礼堂里，暨南大学筹备委员会主任、中共广东省委第一书记陶铸，以他浓重的湖南口音，满脸笑容地宣布暨南大学重建开学了！顿时，台下爆发春雷般的掌声，大门外面也响起动人心魄的礼炮。我们就在这欢乐的气氛中，迈开了人生重要的一步。

岁月匆匆，逝者如斯，但往事并不如烟，大学生活烙在我们心里的印象，是永远不会忘却的。

最难忘的，首先是我们有一批好老师。张德昌副书记说过，我们中文系人才济济，无论是领导还是老师，都有这个特点，就是老资格的多，大干部也多，如萧殷、杜桐、文乃山、杜导正、周冷、何芷、曾敏之……他们的行政级别很高，都是 10～13 级。更为重要的是，他们既是历经战火的革命战士，又是富有才学的作家学者。而年龄仅为四十出头，正当年富力强。

这是一个特殊的学术群体。

先说系主任萧殷，他 17 岁就发表了短篇小说《乌龟》《疯子》，为大革命失败后农村破产民不聊生发出第一声呼喊。后来，出版了短篇小说散文集《月夜》。1938 年，23 岁的他奔赴延安，入读鲁迅艺术文学院，接着前往华北抗日前线，主编《晋察冀日报》。新中国成立后，他担任中国作家协会文学讲习所副所长，担任文艺界权威刊物《文艺报》主编，以培养青年作家闻名。再说杜桐副主任，他在抗战时期参加革命，1935 年在中国大学读书，国民党当局镇压"12·9"学生运动打死人，他因参与为死者抬棺材游行而被捕入狱。新中国成立后，他一边做文教工作，一边写诗。他一到任就给我们每位同学赠送一部《甘工鸟》，这是他的长篇叙事诗，被改编为歌剧，在北京上演并获得"建国十周年优秀作品奖"。

再说其他老师。曾敏之老师是记者、作家和学者，有散文集《岭南随笔》《拾荒集》和学术专著《鲁迅在广州的日子》《谈红楼梦》等。陈芦荻老师有《桑野》《驰驱集》《远讯》等诗集，以抗战诗人闻名。何芷老师善写歌词，他的《全国总动员》《民族解放的战歌》等歌曲响遍神州大地。文乃山老师也和萧殷主任一样，在鲁迅艺术文学院学习，亲自聆听过毛泽东主席在延安文艺座谈会上的讲话，发表过大量文学作品。年轻的系党总支副书记张德昌也来自广州军区，温文尔雅，文采风流，是我们难得的一位引路人。饶芄子等几位年轻老师，虽然大学毕业没几年，却个个出类拔萃。

我们的好老师，都以品格、学识、才华化成日常的一言一行；我们在他们身边，时刻受到影响，润物无声，潜移默化。古人说，"经师易得，人师难求"。我们的好老师，既是给我们知识的"经师"，又是教我们做人的"人师"。

陈芦荻老师讲的"诗歌创作"，以自己"不可以一日无诗"的勤奋与执着，令我们懂得搞文学必须有十分的付出才可能有一分的收获。郑孟彤老师讲的"中国古代文论"，让我们领悟中国古代文论注重艺术感悟，既有精细独到的理论见解，又有文采斐然的语言叙述。曾敏之老师讲的"文学写作"，以他丰富的创作经验和独立的治学精神，使我们学会怎样去读书、写作和思考。艾治平老师讲的"宋词"，以诗一般的语言窥探艺术奥秘，唤醒我们对文学的审美情趣。饶芄子老师讲的"文学理论"，才情横溢，融情于理，娓娓动听地讲述中国文学的思潮与嬗变，像磁石一般吸引我们。张德昌书记的循循善诱，诲人不倦，让我们领悟到做人处事应有的胸怀和气度。还有自中山大学前来授课的王起教授的严谨渊博、黄海章教授的幽默善辩，让我们学到了治学的态度和方法。

暨南大学在重建之初，就汇聚了各个领域的文学精英，展示了多姿多彩的学术风格，焕发出朝气蓬勃的校园景象，这是为什么呢？我想，这是与我们中文系的人才培养与学科建设规划密不可分的。

大学中文系应该培养什么样的人才，开设什么样的课程，学生毕业后的出路怎样？这在 20 世纪 40 年代就引起过热烈的争论。那时，中文系只重视对史料的整理研究，"可以说是与文学创作毫不相干的"。直到新中国成立之初，特别是经过院校调整，中文系只传授基础知识，不涉及文学创作，"中文系不是培养作家的"。北京大学中文系主任杨晦教授，还有语言学大师王力教授，他们都是这样说的。

但萧殷主任不赞同这种说法。他认为，许多学生是怀着当作家的想法入读中文系的，这样说会给他们泼冷水，损害他们读书的积极性和进取心。萧殷主任想到他在中国作家协会文学讲习所时就招收了一批业余作者，培养了新中国第一代作家，为什么在大学中文系反而与文学创作无关呢？他又想到鲁迅先生曾这样叙述自己写小说的发端："但我的来做小说，也并非自以为有做小说的才能……大约所仰仗的全在先前看过的百来篇外国作品和一点医学上的知识，此外的准备，一点也没有。"这说明文学写作能力是可以通过大学的读书和训练提高的。萧殷主任在与老师们的交谈中，又听说中文系录取的学生文学素养都是比较高的，有的还出版过小说、散文，他们应该在大学里得到更好的培养。他进一步明确，中文系毕业的学生，不仅应懂得一般的基础知识，而且应该有相当的写作能力。

人们常引用古代典籍《大学》来为大学下定义："大学之道，在明明德，在亲民，在止于至善。"这里包括了品格、知识和价值的追求。萧殷主任明确宣布，我们中文系培养的学生，应该德智体美全面发展，这是毫无疑问的。他特别强调，暨南大学的学生来自五湖四海，对人才有多种多样的需求。我们培养的学生，应该有深厚的文学素养，又掌握较强的写作技能。毕业之后，能够从事教学和学术研究、记者、编辑、秘书和各种行政工作。那些对写作有兴趣、有能力的学生，也可以当作家，让他们以写作实现自己的梦想。但是，提高写作能力只是一种培养方式，不可能也不必要求每人都当作家。应该说，写作能力是人的一种素养。写作训练就是为了培育这种素养。不管你从事何种职业，当你拿起笔来，无论是叙事或是议论，是虚构或是写实，是调查报告或是工作总结，都充分考验你有没有这种素养。因此，写作能力是中文系毕业生的一项基本功。从这个意义上讲，不仅是中文系，而且是全体暨南大学的学生都应该接受写作训练。

当时全国大学中文系的教学，普遍与文学写作脱节，萧殷主任从实际情况出发，提出加强写作训练，这是一个创造性的构想。

因此，暨南大学中文系开设的课程，一方面有纵向的继承，如"中国文学史""古代汉语""文学理论""语言学概论""中国古代文学""中国现当代文学""中国文学批评史"等；另一方面又有横向的开拓，如"习作分析""写作研究""创作方法论""文艺批评""现当代作家作品研究"等。这些课程都是因材施教的，是绽放在暨南园的第一朵春天的花。它的特色是与社会实际结合，与文学创作结合，在教学方法上打破了从概念到概念的封闭的教育模式，具有现实性和开创性。师长尽情挥洒自己的学识智慧，学生自由地追求自我的学术个性，师生关系亲密融洽，学习中如切如磋、如琢如磨，那种蓬勃的青春朝气，那种浓郁的读书氛围，令人陶醉，终生难忘。

中文系不但勇于开设这些新的课程，而且努力办好这些新的课程。以"文学创作"课程为例，就采取了下面的措施：

一是由著名作家讲授。曾敏之老师有记者的敏锐、作家的文笔和学者的睿智，既学识广博，视野开阔，又满腔热情，善于言辞，他的讲授极受学生欢迎。他要求学生每周写一篇习作，学生上交后，他会逐篇细读，堂上点评，发现优秀的文章就推荐给报刊发表。曾敏之老师是高瞻远瞩的，他说："写什么，怎么写，完全是你们自己的事，我对你们没有任何框框套套，但你们必须从生活出发，有自己坚定的价值追求，没有这两条，你们写不出好文章，也当不了作家。"

二是邀请全国著名作家、学者来校演讲。给我们讲过课的有张天翼、沙汀、艾芜、欧阳山、康濯、吴组缃、周钢鸣、陈残云、刘白羽、秦牧、张光年、林默涵、李健吾、杜埃、韩北屏等，他们都是活跃在文学一线的作家和文学评论家，讲写作不是泛泛而谈，常常是通过自己的创作经验，讲述如何以生动的情节和细节去描写人物或创造意境，如何体验生活，捕捉形象，对我们初学者极有针对性和启发性。

三是以各种形式组织我们体验生活。萧殷主任说，中文系的学生应该走出去，了解社会，反映社会。于是，1960年初，他利用寒假时间，将全系学生组成十支采访队，奔赴全省重点地区采访，人人动手写作，编成散文报告文学集《岭南春色》，并推荐部分稿子给报刊发表。萧殷主任把这种采写活动称为"战场练兵"。

四是组织文学社团，编印刊物，鼓励创作。我们组织了"南风文学社""暨南诗社"等社团，编印了《红旗飘》《南风》《战鼓》等油印刊物。萧殷主任为《战鼓》题词："用饱满的热情，歌唱人们在劳动创造中豪迈的气概和冲天的干劲！"《战鼓》是我们在炼焦工地劳动一个多月的成果，仅仅一个月的时间就编印了13期，刊登了300多首短诗。"北江一片大平原，炉群千里望无边；炉火烧红满江水，浓烟冲开九重天""炼焦工地欢乐多，边挑焦炭边编歌；去时挑走焦一担，归来装满两箩歌"。这些短诗，不免粗浅，但萧殷主任鼓励说："即使伟大作家也经历过这样的阶段。"

我留意到近些年来，不少全国著名大学的中文系都很重视文学写作的训练。有记者问北大中文系原系主任陈晓明教授："北大中文系有不培养作家的传统，你当系主任有改变吗?"陈晓明教授回答说："是否能改变，我没有多少企图，但在今天的教育形式下，我不太认同过去中文系一直秉持的这个理念。"如今的北大中文系，不但有文学写作的课程，而且有驻校作家，还创建了文学讲习所。北师大也有国际写作中心，有一批著名作家驻校，并邀请国内外著名作家来校讲课。他们都做得很出色，但不能说是他们最早举办文学写作课，因为暨南大学中文系在萧殷主任的倡导下，早在1958级就开设了"文学写作"课程，并以一系列措施办得有活力、有成效，为中文系的学科建设和人才培养开辟了新的道路。我们从中受到了系统的训练，提高了写作能力。"走上台能讲课，坐下来会写作。"这是社会对我们的评价。后来，重视写作教学与实践，成了暨大中文系的传统。

大学三年级的时候，全级学生又分为文学班和语言班。文学班以文学评论和文学创作为重点，语言班以语言学研究和语言学师资培训为重点，以此构成中文系的两翼。这是在继续加强基础知识教学的同时，进一步突出重点，以适应当时社会对人才的需求。尤其是语言班，请来中山大学语言学大师高华年、潘允中、赵仲邑、方孝岳，华师的逻辑学教授李匡武等授课。虽然语言学专业人才在我们毕业时未能大展宏图，但在中文系1978年复办后却开花结果。今日暨大中文系的方言学、修辞学在全国扬名，与历史传承不无关系。更重要的是，历届作家、诗人和文学评论家，甚至所有的学生，都从语言学中吸取了营养，增添了辞彩，更出色地做好自己的工作。

每个人所受到的教育，都会烙下时代的印记。我们所处的时代，是新中国建设困难重重、艰苦奋斗的年代，是一个英雄辈出、精神昂扬的年代。"大跃进"、大炼钢铁、办农场、挖明湖、"反右倾"、大批判、"三年困难时期"……我们都经历过，从中培养了我们奋发向上的理想主义和爱国精神。毕业后，我们又听从时代的召唤，到艰苦的地方去，到边远的地方去，到祖国最需要的地方去。在广东、海南、福建、江西、湖南、河南、山西等地基层单位，我们都经历了数不清的艰难和困苦，但我们自信，我们乐观，我们顽强，我们茁壮成长。无论在什么地方，做什么工作，我们都把个人理想与祖国命运紧紧联系在一起。在这部回忆录中，我们可以看到，很多人成为所在领域的优秀人才，或语文教师，或领导干部，或记者、编辑，或学者、作家、诗人、书法家……为祖国社会主义建设和人类进步事业贡献自己的一分力量。

我们踏着时代的春光走进暨南园，师生之间团结友好，一起分享荔枝满山一片红，一起采撷岭南春色，情深义重，如沐春风。毕业后，我们各自走向劳动与创造的漫漫征程，虽然不是一帆风顺，却也一路春色。当你翻阅这部回忆录，就会清晰地看到：蓬莱文章建安骨，春色满园谱芳华。

2023 年 4 月 13 日

目　录

第一辑

筑湖者说

明湖的春夏秋冬

伍素娴

编者按：这是香港籍女生伍素娴同学刚上五年级时写的一篇满分作文，获得写作老师曾敏之教授和艾治平老师的赞赏，并在课堂上朗读。

明湖，是暨南园的一颗明珠。

清晨，当鸟儿和曙光一同起来，清风传送着鸟鸣莺啼的时候，明湖醒了。垂柳边，勤劳的同学在窸窸地割草，为肥美的鱼儿准备早餐；湖心亭，有人朗朗诵诗，也许是修改他昨夜在此构思的诗篇。而红光灿烂的湖畔，白发银鬓的老教授在饱含露水的草地上打太极拳，吸吮甘美清新的空气；拱桥上，有人仰首东望，等待红日冉冉升起……

我们爱明湖，不仅是明湖美，更主要的是我们曾披星戴月地挖筑了它。明湖的美，渗透着我们辛勤的劳动，明湖畔的一草一木都是劳动与智慧的结晶……四年前，这里曾响彻了劳动战斗的号角，在那战鼓喧天的日子里，无数铁铲在阳光下挥舞，无数铁铲在月光下闪着银光，无数土块在星光下从这里送到那方，砌筑成湖堤和一条一条的道路……终于，这里出现了湖水如镜、树木葱茏、繁花似锦的境界。

是的，明湖，只有通过我们双手的缔造，她才有这么美。她早晨美，夜里美，晴天美，雨天美，四时皆美。

春天，绵绵春雨淋绿了明湖。明湖的水、明湖的草木都绿了。阵阵春风吹开了明湖畔的百花。迎春、紫荆、灯笼花、树豆花都尽开了。此时的明湖可谓万紫千红、争美斗艳了。迎春，红嫣嫣的，有如姑娘那青春的面颊；灿烂的紫荆，就像早晨浓抹的朝霞；而斑斑点点的树豆小花，把湖畔的一角染得金黄一片；远远望去，有如画家用金粉着色一般，湖边的垂柳，悄悄地抽出了嫩绿的

伍素娴入学照（1958 年）

幼芽。鱼儿在绿水中追逐着，把金子撒在湖边的水草上……我漫步在春的明湖畔，感到生命是如此旺盛，春带给明湖蓬勃的生机和向上的希望，同样带给了我。当春雨绵绵之际，我撑了雨伞来到这里，那简直是置身于梦境；明湖笼罩着蒙蒙的水汽，花木迷离，湖水生烟。点点细雨落在湖面，发出声声细语；点点细雨落在紫荆，

花瓣纷纷扬扬地飞舞，我的鬟发、我的脚下是紫红一片。身在花丛，香气扑鼻……这时我感到生活是分外地美、分外地香。

春天过去了，明湖畔一些花褪色了，但初夏的南风又催发了更多更美的花枝：大红花、石榴花、红杏、夹竹桃……又形成了火红的世界！垂柳和针叶松也显得更加青翠欲滴了，倒映在碧绿的湖水中，衬托着在湖面上浮游的白云，就像翠绿的荷叶托着那朵朵白莲。忽然一阵急雨过后，白莲隐没了，湖水变得蔚蓝蔚蓝，而垂柳尖、松树梢却挂满了晶莹的水珠，太阳一出，就放射出彩色的光芒。我漫步在夏的明湖，看见老师和同学被湖畔的红花映衬得红光满面，我想我的双靥也许有点红了。明湖的春天孕育了青春，明湖的夏天更使得青春焕发。

炎热的夏夜，每在学习之余，我爱在明湖畔徘徊，一平如镜的湖里装满了闪烁的繁星，淡淡的银河横贯在湖水中央，我想，牛郎大概可以渡过银河去会见他心爱的织女了吧？四面咯咯的蛙声，那是有节奏的音乐，使我感到心境恬适而平静。习习凉风吹过，湖面起了微波，星光下，隐约可听见鱼儿啄食水草的声音，我低唤它们："啄得轻一些，轻一些，别

我级五位女生在明湖凭栏观鱼（由右至左：黄裕珠、李玉梅、伍素娴、徐兆文、黄若梅）

打扰湖心亭中凭栏谈心的人儿吧……"

秋天，西风起了，明湖畔的草木不那么青翠了，垂柳依然绿着，随风迎摆；松树的苍劲、千层树的挺拔，使我感到英爽和抖擞，加上高远的蓝天、起伏的湖水，使我胸襟辽阔。人们说春是孕育，夏是发展，而秋是收获，我看一点不假。这时，明湖上正在打捞肥大的鱼儿，收起网来，银光闪闪，跳跃的鱼引得湖边的人群欢跃。树豆也结荚了，女同学在那儿边歌边采；湖边的薯地和花生地里，人们愉快忙碌的情景就更加动人了……

要说明湖的夜，最美莫过于秋天的月夜了。每逢中秋月夜，我就到明湖望月思亲，寄情于远隔重洋的父母兄妹。高朗深蓝的天上，一轮明月；深深的湖里，也一轮明月。啊！嫦娥归来了，今夜来到了明湖，洗一洗千百年来的风尘，尝一尝故乡的水。对面教工俱乐部里灯火辉煌，那里正举行着中秋晚会，笑声频传，使夜显得更静更甜……我独自领略明湖的夜色，觉得我这个离开父母奔回祖国的人，能在这种幽静而美的环境中学习与生活是幸福的，我并不孤独，老师和同学都疼我，我想着想着……

冬天的黑夜，我喜爱明湖畔，北风起了，那山冈的松涛像海上的涛声，像激情的乐曲，使人豪迈和坚强。明湖水面闪着光，像一面白色的镜子。我也爱她无风的白天，阳光暖烘烘的，照得人心里也痒了。到了冬天的末尾，紫荆花就开了，绿色丛中点缀了颜色，她预告春天已不远了，明湖新的一年又将开始……

随着四时更替，我在这里过了四个春夏秋冬，眼看明湖变得愈来愈美，草木茂盛了，树木修长了，道路结实了。湖边的大道，如今已铺上了士敏土，洁白而宽敞，两岸的千层树，亭亭玉立，肩并肩地伸向远方。来到这里，就叫人非昂首前进不可！是的，明湖随着四时更替而完美，我在她身边学习了四年多，也该变得长进些了……

很早以前，我就想记下自己对明湖的深情厚谊，今天记下了，虽然没有完全表达出我对她的感情，却记录了我大学生活的痕迹。很快，今年秋天我就要走出大学踏上工作岗位了，别了，美丽可爱的明湖，我对你是多么地依依不舍啊！然而，我知道若干年后，明湖当更美了。那时我若能旧地重游，一定会感到熟悉而又陌生，我将展卷追寻，追寻我青春时代的足印，即使时光不会倒流，我也会如痴如醉地回忆一下相处了将近五年的明湖，往事将唤回我极珍贵的一段深情，因为我确实太爱明湖了。

1963 年春于明湖畔

（原载 1964 年印度尼西亚华文报《忠诚报》文艺副刊《火花》）

明湖渔火

黄卓才

明湖，暨南大学本部里一处最亮丽的景点，被誉为暨南园明珠。

明湖的景致四季不同，昼夜有别，各尽其美。而以我几十年来所见，最美莫过于明湖渔火。

我是暨大于广州重建时期的拓荒者之一，1958 年入学，次年秋冬有幸参加挖明湖的劳动。此后长期与明湖为伴，同呼吸，共苦甘，见证过它的风云变幻，更欣赏过它的千姿百态，领略过它种种至美风韵。

1960 年初，明湖刚刚修成，周边是未经整饬的泥路，花草树木也未悉心栽植。当时处于"三年困难时期"，物资非常缺乏，师生食不果腹。饭堂供应的是不求营养只求塞饱肚皮的"双蒸饭"，无肉无油的"无缝钢管"（通心菜），用木薯根、蕉树头等杂七杂八的植物淀粉和纤维腌制而成的"杂锦酱"。千余名师生吃大苦，流大汗，花了三个多月，夜以继日、肩挑手抬开拓出来的人工湖，除了美化校园环境、发挥观赏游乐等功能外，自然还要让它产生经济效益，为改善师生生活服务。

养鱼！这是大家不约而同萌生的第一个想法。当年已有经济系、水产系，他们肯定有很多好主意，但率先行动的是园林工人。当年的教育方针强调"教育与生产劳动相结合"。挖湖领导人梁奇达书记（兼副校长）是抗日战争时期经历过游击队艰苦生活的，最清楚什么叫做"自力更生"，自然一力支持。

说时迟，那时快，园林工人最先行动起来了。为应对寒潮来袭，他们立即用手推车拉了许多平时积存的硬柴，到办公楼后面的小山冈捡树枝、砍枯树、割芒草。他们以极高的效率在湖边每隔十米八米就堆起一个柴堆，准备生火。

为什么要在湖边点燃篝火？这是要给鱼儿暖身啊。明湖首次养鱼，不养广东的四大家鱼青鱼、草鱼、鲢鱼、鳙鱼，而是选择繁殖生长更快的非洲鲫。非洲鲫又名罗非鱼，是世界水产业重点科研培养的淡水养殖鱼类，具有较高经济价值和食用价值，是人类动物性蛋白质的主要来源。当时，非洲鲫刚从热带地区引进。这些"贵客"还不适应广东的气候。它喜热怕冷，水温10℃左右就会冻死。时值冬春季节，广州气温不时骤降，非洲鲫纷纷"反肚"，湖面一片银白色，惨不忍睹。

那天晚上，寒潮果然来袭。指挥者一声令下，一堆堆篝火点燃起来。火光熊熊，烟雾升腾，整个湖区的温度急速上升。在弯弯的堤岸上，无数堆篝火连成一气，远远望去，犹如一条在烟云雾海里欢腾起舞的金色火龙，非常壮观。围观者无不兴奋异常，眉飞色舞……那时候，明湖没有现在那些又高又粗的白玉石围栏，由岸边通到西湖（即月湖，现误称为日湖）。湖心亭的便桥还是木头搭成的，一切显得原始、粗放，视野也更加开阔。

此时，你站在湖边，或者在湖心亭的木桥上，或者走近篝火旁，探头往湖里一看，哇，无数鱼儿都争先恐后朝岸边游来，你拥我挤，欢蹦乱跳，银光闪闪。它们似乎是在抱团取暖，还会频频跃出水面，向爱护它们的中国朋友致意，与友好的围观者共乐！

明湖渔火的壮丽景观在我的心中留下了不可磨灭的记忆。此后我每读到唐人张继的《枫桥夜泊》诗："月落乌啼霜满天，江枫渔火对愁眠。姑苏城外寒山寺，夜半钟声到客船。"就觉得诗意虽好，只是场面太小家子气了点！后来有机会跟在珠海当副市长的中文系1959级学友、长篇小说《闹海记》（合作）作者谢金雄到香洲渔港观赏千百只渔船出海挑灯夜捕的情景。在一个月光朗照的夏夜，无尽的夜幕里，黑蒙蒙的海面上渔火点点，老同学告知，那是渔船里点亮的汽油灯。我们从海岸上放眼望去，一艘艘渔船犹如一个个火柴盒，船上的火光就像一颗颗小黄豆。带着海腥味的和风缓缓吹来，无比地凉爽，无比地惬意……又后来，我去贵州与该省写作学界的朋友深入山乡采风，在金沙江畔参加一间中学的篝火晚会，苗族、布依族等少数民族少男少女和他们的老师穿着节日盛装，头上、身上挂满了银光闪闪的饰物，围着广场上高高的火堆，拉着我们这些来客载歌载舞……

　　南海渔火以及贵州少数民族地区的篝火晚会，无疑都是非常壮观的、富有鲜明地方特色的，都曾令我陶醉。但我总觉得还是明湖渔火最美。这可能是因为我曾经和老师同学们一起挖过湖，出过大力，流过大汗，手掌和脚板起过不少水泡吧。那可是刻骨铭心的印记啊！挖湖时，我一边挑着泥土，一边憧憬过明湖建成后"湖畔书声琅琅""依依垂柳下情侣双双"等各种美丽的画面，还写过"今日汗水洒满湖，明朝欢歌轻荡桨"的诗句。而当时在挖湖工地上，明湖渔火却是无论如何也想象不到的。这是十分罕见的景象啊！在中国，在世界各地，也有不少大学有人工湖，但恐怕没有哪一个有过这样的奇观！激动，欢呼，惊喜，震撼，明湖渔火就这样深深地镌刻在我的脑海里了。

　　中国引进非洲鲫的历史，是与明湖同岁的。非洲鲫适应环境的能力特强，引进广东后第二三年，就不需要给它生火取暖了。虽然明湖渔火不止出现过一次，但有幸身临其境欣赏的暨南人并不太多，大概只限于20世纪60年代初在校的部分师生吧。可惜当时没有拍下照片与师弟师妹们分享。

　　民以食为天。我的明湖情结，还与食鱼有关。非洲鲫肉质细嫩，味鲜肉美，而且刺少，无论是红烧还是清蒸，味道俱佳，经过学校饭堂厨师精心烹制，深受师生喜爱。我是红烧五柳非洲鲫的拥趸，尤其是用广州致美斋或香港李锦记甜酸菜做配料的红烧非洲鲫，我总是大快朵颐。

　　后来，专家对这种鱼进行了深入研究，发现它性平，味甘，可益脾胃、补肝肾，对于消化不良、腹泻不止、面黄肌瘦、水肿、筋骨萎弱等症有食疗效果。它含有丰富的优质蛋白和氨基酸，营养极为丰富而全面，蛋白含量比鸡蛋还要高 30% 以上。它低脂肪，所含脂肪又多为不饱和脂肪酸，可降血脂、活血管，有益于心血管健康。它含有丰富的钙、铁、锌和维生素 B 等微量元素，可增强肌体的能量代谢和合成代谢，使人保持年轻活力。我没有这么讲究，首先是享受口福，只觉得自己挖出来的湖养的鱼更好吃。

明湖养鱼，一直延续到 20 世纪八九十年代。那时候是改革开放初期，食物还不丰富，明湖渔获正好补充了师生的生活需求。我当时已调返母校任教，记得每次捕鱼，或者清湖（干塘），就会分一部分给教师。我们中文系办公室的职员用竹箩去把鱼领回来，在办公室的地板上分成一堆堆，老师们就会喜笑颜开地用报纸包着带回家去。

现在，明湖不怎么养鱼了，更不会专门养非洲鲫了。但在学校饭堂，非洲鲫仍是极受欢迎的美食。而明湖，依然是全校最美的景区。每天都有师生在湖边散步，还常常有小孩和退休的长者在湖边垂钓。

明湖渔火不再，但我的爱湖情愫却与日俱增。半个多世纪过去，明湖已经由暨南园的一颗明珠、一个标志性景点，变成了全世界暨南人的精神家园。广东人讲"以水为财"，所以每个村庄都有鱼塘或水池。"风水"，剔除了迷信成分，其实就是环境科学。暨大的明湖，一泓清水，不但旺财、旺人，而且旺事业。有了这泓清水，整个暨南园就充满了生机，活了起来。短短几十年间，暨大办学规模不断扩大，为国家、为世界培养了许多人才，不只是成为名副其实的华侨最高学府，更一跃进入具有世界影响的名校行列，声誉日隆。这不正是沾了明湖的旺气、福气吗？

在凉风习习的傍晚，在如诗如画的月夜，我常常会到明湖边走走，或者骑自行车转上一两圈。虽然湖滨小道早已变成平坦的水泥路，连篝火的余烬也找不到了，但随着校园文化积淀的夯实、增厚，萦回心中的明湖渔火非但挥之不去，而且越烧越旺！

2021 年 6 月于暨大羊城苑

挖明湖

秦岭雪[1]

入学先滚一身泥，书记昂然披战衣[2]。
明月疏星来相伴，浩歌激越步如飞。

注释：

[1] 秦岭雪：李大洲笔名。

[2] 书记昂然披战衣：梁奇达书记（暨大重建初期为校党委代书记）指挥挖湖时，常披一件黄呢子军大衣。

战衣未解的梁奇达书记

明湖之忆

黄卓才

每当我来到明湖边散步，踏上曲桥，扶栏凝望，心中就泛起层层涟漪。忘不了啊，当年艰苦挖湖的情景！

先前，这里并没有湖，只有两个荒洼，一片坡地。1958 年秋，暨大在广州重建，随着新生报到的人流，我也来了。看看校园，不免有点失望：北边，是华侨补校留下的一些平房和苏式红楼，最壮观的建筑物算是办公楼和礼堂了；南边，是刚征来的菜地，中间还夹杂着一个未及搬迁的小村落。菜地荒芜着，只有最南端的教学大楼在测量，显出一点人气。一种强烈的主人翁责任感油然而生——建设和美化校园，创造良好的学习环境，这是师生的迫切愿望。

在课余，我们除草、植树、修路……做着力所能及的事情。

第二年秋，不知是谁出了个好主意——挖一个人工湖。啊，人工湖，在校园中央，碧波荡漾，垂柳依依，可以养鱼，可以划艇，宜于赏月、谈心、诵诗……这，太诱人了！而且，我们的建树，必将造福于后来者。于是，一呼百应，全校出动，浩浩荡荡来到工地。我记得好像没请什么大工程师，也无须什么工程公司。数学系的老师领着一群学生，测量，绘图；体育老师用石灰在地上撒出一道道白线，划分了各系包干地段，大家就捋起衣袖，干起来了。那一夜，我睡得特别香，还做了个甜甜的梦。第二天清晨，我把梦境记下来，题目是

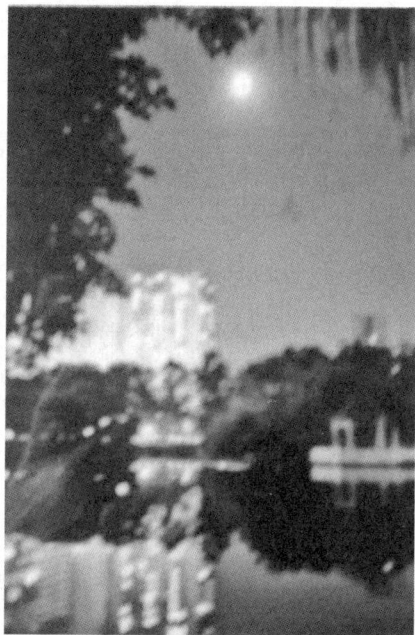

明湖夜月（黄卓才摄，2015 年 9 月）

《明湖畅想曲》。出门一看，壁报栏里，贴满了火红夺目的《挑战书》《应战书》。我和班里的同学，拿出中文系学生的看家本领，立即赶写了一批"标语诗"，参与宣传鼓动。我写的一首，末两句是："今日汗水洒满湖，明朝欢歌轻荡桨。"诗虽然有点蹩脚，但我的心里有着无限美好的憧憬，我把自己的梦想和豪情融合在诗中，投进这希冀着的湖里去了。

那时候，学校才招了两届学生，只有中文、历史、数学、化学、水产、矿冶、航海几个系，全校师生总数不到一千。要轮班上课，人手并不多。工具呢，原始得很，无非是锄头、扁担、簸箕之类。最"机械化"的，要算手推斗车了，可惜每个系分不到一部。我们只能"土法上马"，肩挑手搬，颇有点愚公移山的样子。肩膀

肿了，垫上几层厚布，继续挑；手板打泡了，拔下一根头发，穿在缝衣针上，由水泡的一边插进去，从另一边拉出来，把里面的水一挤，又挥锄不止，这叫做"轻伤不下火线"。来自山区、农村的内地生，从印度尼西亚、马来亚橡胶园里回来的侨生，固然个个是劳动能手，就连平时被戏称为"小姐"的香港籍女生，娇气也一扫而光，工地广播里，经常能听到对她们的赞扬。我们的班主任，是个典型的书生，戴着厚厚的近视眼镜。他那运笔如风的手，却怎么也对付不了一条扁担，挑起土来一头向天，一头落地。他像初上钢索的杂技学徒似的，弓着身子，咬着牙，平衡着，坚持着。可是，装泥的时候，你要是不给他装得满满的，他就是不肯。我们这种热情和干劲，终于感动了上天，低洼地一天天凹下去，终于水深成湖；南边的土山一天天高起来，终于积土成岗。人有多强的意志、多大的毅力，这，就是一个见证！

挖湖劳动大场面（佚名摄，1959 年 11 月；电子版由黄卓才收藏）

那阵子，头脑发热的"大跃进"刚刚过去，"三年困难时期"已经来临。饭堂里供应的菜式，不是吃怕了的"无缝钢管"（通心菜），就是莫辨其味的"杂锦酱"。鱼呢？肉呢？久违了，取而代之的"营养食品"，是一种叫做"小球藻"的东西。周末，挑灯夜战，赶一个"东方红"（通宵），每人发两个烤饼，便是最美味的夜宵兼早餐了。烤饼是用番薯、蕉树干之类的杂粮材料做的，硬邦邦的。同学们开玩笑说，这种饼呀，掷在地上，地板烂了，它不烂。在这样的物质条件下，我们却似乎有着使不完的力气。为了加快进度，提前竣工，师生都在动脑筋。掘土的"供不应求"吗，在地面刨开一条坑，把铁笔插下去，几个大力士扳着铁笔，大家一齐大喊："一，二，三!"几个立方的泥土就被扳下来了。运土的跟不上吗，来一个分段接力，外加自制板车"斜滑自动线"。累了喝一碗盐水，歇一会儿。一位马来亚侨生，身强力壮，还有一手学猪叫的绝技。老师同学们的工间小节目表演"干"了，就请他来扮"杀猪"。"啊——"叫声未落，笑声先起，我们的劳累也随笑声飘到了九霄云外。明湖，是靠艰苦奋斗和乐观主义精神挖出来的。

中文系劳动宣传队（佚名摄，1959 年 11 月；电子版由农颖收藏）

1960 年元旦前后，

是最令人兴奋的日子。人工湖雏形已具，学校举办"征名竞赛"。我们是光荣的开拓者，我们要给它起一个最美的名字！

我记不得自己当时提过些什么，只记得大家在苦苦地寻思、细心地比较、热烈地争论的场面。大学生都是聪明的，想出来的名字一个比一个美丽动人，然而又不那么容易被人接纳。结果，夺魁的是我们中文系的杨嘉老师。老师毕竟比我们棋高一着，他以亲身参加劳动的深切体验、作家特有的独到观察和丰富想象，名之为"明湖"。多么贴切而又传神的名字啊！东湖小而方，像个"日"字，就叫"日湖"吧；西湖大而长，像个"月"字，就叫"月湖"吧；合起来，就是"明湖"。我查了《辞海》，明者，洁净也，贤能也，光明也。它寄寓着许多深意，象征着暨大的品格、暨大的未来。

开凿明湖，堪称暨大校史上的壮举。20世纪50年代的校友适逢其时，有机会为母校嵌上一颗璀璨的明珠，感到无比地荣幸和自豪！正因为如此，无论是重返母校的怀抱，还是远游于千里之外，明湖永远牵动着我们的情思。也正因为如此，当我们徜徉在湖畔的时候，可以这样告诉自己的晚

1960年初夏，萧殷与我级师生游明湖（陶萌萌供稿）
（前排左一为青年教师饶芃子，第二、三排的学生为叶桂祥、徐达仪、郑若歆、赖锡房、荆钦民、苏章地、赵辉林等）

辈：为什么这儿的湖水总是满满的？因为我们当年洒下了足够多的汗水；为什么这儿的草木格外青翠？因为我们当年给它抹上了青春的色彩……

1996 年为 90 周年校庆而作，2002 年毕业 39 周年聚会修订

注：本文 1996 年发表以来，多次被转载。其中关于日湖、月湖说法与本文有出入者，都不是作者本意。

挑灯夜战挖明湖

刘才秀

　　1959 年 10 月金秋，修建明湖的战斗打响了。全校上下总动员，从王越、梁奇达、史丹等校领导到机关工作人员，从老师到学生，无不为建设母校、美化校园流下了艰辛的汗水，当时的情景至今历历在目：

　　劳动工具是极为简陋的，只有铁锹、簸箕和扁担。土，全靠锹挖、肩挑和手运。劳动强度之大可想而知，但师生们的劳动热情十分高涨。你看，潮汕籍的方玉麟、丁身伟、丁有盛、苏章地等同学，腰间系着水布，赤着脚，一肩挑起两担泥，快步如飞，一个顶俩；客家籍的赖锡房、汪汉灵、林先和，广府籍的宁乃权、张振金等同学也不甘示弱，挑起泥担大步流星；华侨、港澳同学恐怕从未有过这样的历练，从未干过这样的重活，但是他们和内地同学一样摸爬滚打，从不叫一声苦。李玉梅、司徒婵和伍素娴同学，身材是那样娇小，她们挑担时把扁担横在双肩上，两手托着，走起来身子左摇右晃，样子还真有点滑稽，但是她们仍在坚持着、坚持着……工地上，人人都是一身汗水一身泥，根本分不清哪个是内地生，哪个是华侨、港澳生，个个都是好样的。

为了力争年底完工迎接新年，师生们分为日夜两班轮流作业，每天挑灯夜战。晚上，工地上灯火通明，歌声、号子声此起彼伏，师生们比白天干得还起劲，劳动场面甚为壮观。为了赶超进度，系际开展劳动竞赛，各系互不相让，你追我赶，挖土方纪录不断被刷新。湖越挖越深，劳动强度也越来越大了。苦干不能解决劳动强度大和速度问题，必须想办法改良工具。几个"臭皮匠"凑在一起，受到一个同学跌坐在地上哧溜一下滑了下

肩挑手抬筑明湖（佚名摄，1959年10月；校史馆收藏）

去的启发。哎，何不建一条溜槽来解决运泥问题呢？说干就干。用圆木打桩，上面钉上木板，简易溜槽很快就搭建好了。同学们分别站在溜槽两边，泥块一块接一块地快速滑送，效率一下子提高了许多。

工地上，我们常常可以看到一位身穿黄色军大衣的长者，像当年在战场上指挥作战一样，神闲气定地指挥着"学生军"战斗，他就是工程总指挥梁奇达书记。

全校师生两个多月的日夜奋战，终于使工程在当年 12 月 24 日胜利完工。一个占地面积 24 亩的人工湖展现在暨南人的面前。湖建成后，学校公开征集命名。最后，我们系杨嘉老师上报的名字被学校采纳，取名"明

明湖雅韵（刘倩画）

湖"。明湖分日湖和月湖：东边的叫日湖，寓意早迎朝阳；西边的叫月湖，寓意晚映月光，总称为"明湖"。明湖，以她的妩媚把暨南园装扮得更加美丽了。

每当我们回到母校，在明湖边徜徉，看到湖水激滟的波光、依依的垂柳，都会流连忘返，并且自豪地说：明湖是我们亲手挖的。

明湖的诞生

钟毓材

一

1959 年 10 月 8 日，轰轰烈烈的人工湖施工开始了。

上午九时，在大操场举行庆祝人工湖施工誓师大会，各系同学高举红旗，敲锣打鼓，雄赳赳、气昂昂地齐集在一起，等待"战令"。我们中文系还大舞狮头呢！梁校长、团委书记、老师和学生代表都讲了话，特别是梁校长，讲得很风趣，他说："1958 年出现了一个调皮的姑娘，她爱玩、爱吃又爱打扮，这姑娘姓大学，名暨南，怎么才能够满足她的要求呢？我想开个人工湖就行了，可养鱼，有得吃，可划船，有得玩，又美丽。"接着，他说："这是实行教育革命的好办法，一面劳动一面学习，既可以锻炼、改造自己，又可以学到东西，可谓一举三得。"最后，梁校长说，这是最好不过的礼物。

这次挖人工湖的任务是相当艰巨的，而且时间急迫，春节前一定要完成。大会结束之后，各系的队伍就浩浩荡荡地向工地出发。这种场面是异常感人的。我当时的心情无比激动，每当想起这种惊心动魄的景象，我就会如此。我想，让人们看看暨大校园吧，这是一种怎样的创举？我们要用双手挖出人工湖来，要把山丘移掉，要把田野挖成湖底，筑起湖岸……

挖湖去——誓师大会后，劳动大军在系领导带领下浩浩荡荡向工地进发（佚名摄，1959 年 10 月 8 日；电子版由黄卓才收藏）

哨子吹响了，学校动员令下来了，全校师生立即动员起来，个个摩拳擦掌，人人干劲冲天，千军万马似的战斗起来了。宽敞的新建校园大道，被来来往往挑着泥土的学生挤得水泄不通。他们挑着重重的泥土，扁担都压弯了，却笑逐颜开，喊叫着……工地上，山丘被移走了一大半,湖岸也堆起了河堤般的土堆……

学校领导——校长、书记、主任也都亲身到工地上来参加劳动,挥起铁铲挖土……

红旗在工地上飘扬,人群在工地上浮动,成千上万的锄头闪亮,挑土的在奔跑;扩音器播放音乐,接着宣扬好人好事……来到这里的人,谁都会被这热火朝天的景象所感动!

当我挑着泥土向前冲时,扁担把我的肩头压得红肿而疼痛,我真想停下来休息一下,但是一想起我们校园很快将出现美丽的人工湖,湖边种上花木,盈盈湖水闪耀粼粼波光,轻舟游荡,同学们三三两两在柳荫下看书,朗诵诗篇……我就又有了力量,能坚持下去了。是的,有明天在鼓舞着我,只有今天苦战奋斗,才会有美好的明天。只要我们与六亿人民一起努力奋斗,才能改变一穷二白的国家,我们才会过上美好幸福的日子!

二

我在 10 月 9 日的日记上写道:

今天我们中文系全体老师与同学都参加了挖人工湖的劳动,整整苦战了七八个钟头。大家都干得十分出色。真的,每位老师和同学都不辞劳苦,干劲冲天,在劳动中出现了许许多多感人的事迹。

刚来中文系的著名作家、编剧杨嘉老师也来了,和我们一起劳动。郑孟彤老师和黄志辉老师两夫妇干得很出色，他们两人挑土合作得好似一个人，黄老师挑上一段路，郑老师接下段路，一天都在挑，一点也不落后于人，令我们好感动。

饶芃子老师虽身体不好，但也不甘示弱，争着挑。梁丽珍老师昨天在劳动中晕倒，今天又来干，不愿意休息。罗宜辉老师和卢大宣老师挑得多，走得快，小伙子都未必能赶得上他们呢！

同学里的英雄好汉就更多了。方玉麟同学，高大健硕，人称"方大块"，挑得最多最重，健步如飞。香港生陈竞业，吃苦耐劳，拼命挑多挑重，得了"死顶"的外号。小个子的同学，像大洲、伟生也敢于向大个子的同学挑战；大家都挑多挑重，你追我赶的，好像比赛一样，谁也不服输。从农村来的同学，全都表现得很出色。

女将们也挺厉害，她们在热气腾腾的工地上挑着土，来来往往，头上裹着不同颜色的头巾，随风飘舞……

倘若要问我们的干劲有多大？

请看遍地躺着折断的担子有多少就知道。

今天我们用自己的干劲、劳动与汗水谱写暨南大学的历史，我们的后代，只要他们来到暨南园，看见风景如画的人工湖，就会想起我们这一代人。

三

我们中文系同学，一如在江村炼焦时那样，积极大写民歌。在这火热的工地上，同学们把劳动的感受尽情倾诉，写出了许多动人的民歌。

我除了劳动，还和卓才、学淡、荣祥等同学负责宣传工作，组织稿件，刻蜡板，出油印小报，当时刊有《红旗飘》《战鼓》《战歌》等民歌与好人好事，深受同学们欢迎。

我在日记中曾经写了一幕小型广播剧《挖湖工地的日日夜夜》：

众男女生：

> 工地的日日夜夜／工地一片忙
>
> 日日夜夜是这样／工地一片红

> 嘿！嘿！
>
> 爬坡车　隆隆响／技术花　飘芬芳
>
> 顶呱呱　显神功／独轮车　飞梭样
>
> 你追我赶／快跑多装

> 嘿！嘿！
>
> 挖湖工地是这样／日日夜夜一片忙

女生单人：

> 时钟敲响十二下／我悄悄来到工地旁
>
> 听见锄头当当响／看见人影在浮动
>
> 让我去呼唤／喂！女同学们，你们快来看！

众女生：

嘿！我们看见了　听见了！/我们去/我们去！

他们男生干　我们女生也要干/他们能/我们也能

哪能巾帼让须眉/大家一同战到旭日升

男生单人：

一群人影向前冲/我悄悄过去看清楚

听见笑声朗朗传/看见人人拿铁铲

喂！你们快来看/女生们都来了！

众男生：

不准你们来，不准来/快快回去　快回去

我们男生会来干/你们回去休息

众女生：

我们不回去不回去/要战一同战到东方红

众男生：

快回去/快回去/不听话的姑娘不可爱

众女生：

谁敢说我们不可爱/不可爱就不可爱

瞧我们挑起土健步如飞/裹在头上的头巾在飘扬

众男生：

> 是啊！是啊！/劳动的姑娘最可爱
>
> 我们一起来比干劲/一同夺取红旗献厚礼

众男女生：

> 日日夜夜是这样/挖湖工地一片忙
>
> 日日夜夜是这样/挖湖工地一片红
>
> 嘿！嘿！/你锄地/我挑土/移山岗/除洼地
>
> 比干劲/争英雄/写民歌/做文章
>
> 思想劳动齐开花！

这广播剧当时是为鼓舞同学们的士气而作的，有没有在工地上播出，日记上没有记载。

然而在挖湖工地上，确实日日夜夜都是忙，白天热火朝天，夜里挑灯夜战。

四

1959 年 12 月 23 日，这是最可纪念的日子，不仅记在我的日记上，更应该记入暨南大学校史的史册上。经过将近三个月的日夜奋战，我们终于在这一天把人工湖挖成了。

我们暨大复办的首届中文系师生不畏艰苦，为在暨南园建立人工湖贡献了一分力量。正如张德昌副书记说的，几年之后，我们回到母校，就会指着这人工湖说："这是我们挖出来的，我们曾经在这里流过汗，甚至于流过血。啊！我们感到骄傲！"

是的，就在今天，人工湖将出现在暨南园了！有了人工湖，可以养鱼，像梁校长说的，我们有鱼吃，还能卖出去，收到经济效益。从此之后，我们校园便有了美丽的人工湖。

这次挖湖劳动，实现了劳动与学习相结合，提高了我们的思想觉悟，夜以继日的劳动令我们终生难忘。

今天下午，我们做最后劳动的时候，宽敞的湖底已经修平了，许许多多的同学在湖岸上用铁铲打平打实泥土，这时候，湖里开始放水了，每个同学都很兴奋，眼看湖底的水渐渐升高，大家欢呼起来……两个月前，这里还是田野、土岗和洼地，而今天已经变作人工湖了，再过不久，我们把它打扮起来，湖岸上种上花木，那时候，一定会是花红柳绿、碧波荡漾……同学们将在这美丽的湖畔树荫下看书、谈心、散步……

劳动创造一切，为我们挖筑人工湖而欢呼，为我们的胜利而欢呼。此时此刻，我的心情激动、雀跃，想呼喊……

回想两个多月来的挖湖劳动，老师们都起了带头作用，并且在劳动中教会我们思考。罗宜辉老师要我们学会在每一个劳动环节中细想，多考虑，多观察，通过劳动改造自己。他在劳动时挑重挑多，以身作则，令我们感动。

记得那一天，天气很冷，细雨纷飞。工地上召集干部会议，鼓励大家要拿出力量来，"挖掉这个土岗子，干掉它！"罗宜辉老师招来一批强悍的同学，组织了"五虎将"——丁身伟、曾顺旺、汪汉灵、方玉麟等，很快便把那土岗移除了。

细雨把张书记的衣服都淋湿了，但他丝毫不在意。

杜桐副主任非常关心我们的劳动、学习和身体，他自己也参加劳动，教我们如何劳动，如何学习，如何准时睡觉才能恢复体力，如何爱惜时间，等等。

同学们在挖湖劳动中也同样表现出色。世桐看见大伙劳动效率不高，就立即找恩云商量，调动人马，分配人力，提高劳动效率。旭辉在劳动中自动自觉，看到哪里需要就到哪里去，不用人家叫，以主人翁的态度劳动，踏踏实实，从不声张自己铲得多、挑得多，而且充分发扬团结合作精神，表现出顽强的战斗力。

五

暨南园有了人工湖，学校党委公开征求人工湖命名，全校师生踊跃应征，提出数十种名称，如暨南湖、红湖、团结湖、定丰湖、络心湖等。湖的命名必须经过全体师生民主讨论，多数通过，再经学校党委批准。中文系杨嘉老师提名"明湖"，有战胜困难、取得光明之意，结果"明湖"获得大多数通过，得到校党委批准。杨嘉老师还特别解释，湖分两边，状似日月。东边为日湖，早迎朝阳；西边为月湖，晚映月光，总称明湖。

明湖提名人杨嘉教授（右二）与同事、校友在湖边合影（约摄于 1984 年）（从右至左：徐兆文、杨嘉、张德昌、陈芦荻、李玉梅、李淑英）

名字取得好，我们的校园里，明湖诞生了。

12 月 30 日，学校隆重举行迎接 1960 年元旦暨庆祝明湖建成大会。梁奇达校长发表讲话，他说没有什么比建成明湖当作元旦礼物更为可贵，并且赞扬了全校师生不怕艰苦、严寒，发挥了最大的积极性，在短时间内建成了明湖。大会上还嘉奖了 110 位学生为"挖湖劳模"。大会气氛热烈而欢乐。

到了晚上，各系同学成群结队到明湖畔去观赏。夜空明朗，无风，湖面如镜，湖岸上挂起串串五彩灯光，有如朵朵盛开的春花，万紫千红倒映在湖里，美丽极了。同学们见了，欢天喜地，一时间，明湖畔喜气洋洋，充满欢乐的笑声……

从此，地久天长，暨南园有了美丽的明湖。

2022 年 1 月写于香港

哪个是日湖 哪个是月湖

——明湖名称考辨

黄卓才

暨南大学百年校庆期间，校园里处处张灯结彩，气象万千。明湖两个湖心凉亭也挂上了牌匾和对联，牌上"日亭"和"月亭"的大字赫然入目。

可惜的是，这两个牌匾挂错了！

明湖，暨南园里一颗璀璨的明珠，它凝聚着暨南大学的历史和文化，是暨南人精神品格的象征。因此，关于明湖及其名称的由来，一向为人们所关注。

明湖由真如路两边的东、西两个湖组成，中间以涵洞相连。从20世纪五六十年代过来的老一辈暨南人都知道，东湖为日湖，西边为月湖。这是1959年12月下旬这个人工湖竣工时确定的。

1996年暨大90周年校庆前夕，我写过一篇名为《明湖之忆》

的散文，发表在校友总会特刊。文中谈到当年征名、定名的情况：

　　1960 年元旦前后，是最令人兴奋的日子。人工湖雏形已具，学校举办"征名竞赛"。我们是光荣的开拓者，我们要给它起一个最美的名字！

　　我记不得自己当时提过些什么，只记得大家在苦苦地寻思、细心地比较、热烈地争论的场面。大学生都是聪明的，想出来的名字一个比一个美丽动人，然而又不那么容易被人接纳。结果，夺魁的是我们中文系的杨嘉老师。老师毕竟比我们棋高一着，他以亲身参加劳动的深切体验、作家特有的独到观察和丰富想象，名之为"明湖"。多么贴切而又传神的名字啊！东湖小而方，像个"日"字，就叫"日湖"吧；西湖大而长，像个"月"字，就叫"月湖"吧；合起来，就是"明湖"。我查了《辞海》，明者，洁净也，贤能也，光明也。它寄寓着许多深意，象征着暨大的品格、暨大的未来。

今日东湖（日湖）（黄卓才摄，2022 年）　　　今日西湖（月湖）（黄卓才摄，2021 年）

杨嘉老师的提名之所以"贴切而又传神",固然是因为含义深刻、意境优美,但首先是"象形"——东湖小而方,像个"日"字;西湖大而长,像个"月"字。当时两个湖的形状的确就是这样。至于后来变化了,成为今天东湖长、西湖方的样子,是经过多次修整的缘故。

东边是日湖,西边是月湖,还可以从另一个角度去证明。当年,暨大刚刚在广州复办,从华侨补校接手过来的校园未经修饰,从石牌村新征来的土地(农田)也未充分开发。当时正规的校门只有一个,就是门楼上有陶铸校长题字、后来被称为"北门"的那一个。由此门进来,沿着校道(现在的真如路)南行至明湖,在路上看,左边(东边)当然就是日湖,右边(西边)无疑就是月湖了。如果调过来,"明"字岂不是写反了?

我于1958年入读中文系,参加了挖湖劳动,经历了征名、定名的全过程,还亲耳聆听过杨嘉老师对提名的解释。我相信自己的记忆是准确的,也得到当年亲历挖湖劳动和征名活动的"老暨大"古德才、谭达彰等老师的印证。与我一起入学、毕业后一直在暨大工作的已故著名校友钟业坤教授在为迎百岁校庆而作的《梦江南·暨南美》一词的注释中,也明确地写道:

明湖是暨南大学师生自己劳动的成果。它由东边的日湖和西边的月湖两部分组成,合称明湖。

——暨南大学官网发布,曾载广东省老教授协会会刊

至于为什么会发生日湖、月湖互调的错误，据我初步考察发现，从文字记载看，主要是由 1996 年出版的《暨南校史》开始的。此书第 134 页有如下记述：

　　人工湖建成后，学校公开征集人工湖的命名。最后决定采用中文系萧殷主任和杨嘉教授的建议，将人工湖命名为"明湖"，寓意战胜困难，取得光明之意。而湖分两边，一方一长，状似日月，总称明湖，东边为月湖，西边为日湖。

东湖靠近真如路那一块为中文系当年挖湖的包干地段（黄卓才摄，2021 年）

校史这样写，根据是什么？据有关编写人员介绍，是根据档案记载。但我到学校综合档案室查阅档案，并无关于日湖、月湖的具体记载。化学系"老暨大"谭达彰老师记得，当年公布征名结果，只是用粉笔写在黑板上，放在办公楼（现为艺术学院所在的旧办公楼）门前。其时"一切因陋就简"，档案材料不全，可以理解。

为了正确反映历史，避免以讹传讹，我以为挂错了牌匾应该改正。不知学校领导和师生、校友以为然否？

（原载《暨南大学》校刊 2007 年 7 月 10 日第 471 期第 4 版）

诗说明湖（组诗）

叶满荣

修湖歌

五八初入学，五九困难期。硬邦饼果腹，双蒸饭充饥。时艰生志气，校困见精神。石牌擂战鼓，画地构图新。誓师开大会，十月天初明。史老一锹落[1]，三千铁铲声。洼地层层入，朗声阵阵鸣。挑战书墙上，畅怀起梦思。推车飞健步，挑土筑中堤。堤宽南向拓，大道众凝成。有水生灵气，有校育精英。修湖铺远道，望远起新程。继承宏教泽，重建系侨情。大道真如路，后辈挖南湖。明湖与南湖，一路串两珠。明湖分两面，日湖与月湖。杨老题名意[2]，拆合真画图。明湖光明象，生贤环宇讴。日月轮回照，红楼日夜浮。时序转如飞，明湖几度回？秋水明如镜，春湖花满堤。凭栏观鱼跃，篝火暖鱼思。湖堤垂钓乐，水阁读书声。珍木湖心翠，千秋仰梁师[3]。明湖楼上宴，开窗月影移。早茶常聚散，候鸟总来回。返观真如秀，古木林荫路。夏荷出水青，南湖临亭皱。难得百年归，夜宴开心处[4]。举杯敞心扉，三更君醉否？永远暨南情，摇笔通宵赋。

注释：

[1] 史老：即史丹，时任暨南大学副校长。1959年10月8日，史老主持全校师生开挖明湖誓师大会。

[2] 杨老：暨南大学中文系杨嘉教授。

[3] 梁师：指梁奇达，曾任暨南大学党委书记、副校长。

[4] 夜宴：2006年初冬，暨南大学建校百年纪念日；2018年初冬，暨南大学于广州重建60周年纪念日，1958级同学均返校参加庆典，在南湖亭旁招待所开夜宴，叙谈甚欢。

明湖与南湖（黄卓才摄）

为暨南日湖月湖正名事答卓才兄

秦岭雪诗云："从月湖赏日/从日湖赏月/从月湖看日/地上日月叠现/虽然错位/依是奇观。"因以续诗：

天上观/好比江河行地/江海混合/升汽下雨/又一轮回/地面看/朝迎旭照/夜得月辉/拉近距离/周而复始/猛回首/当年明议/顺天行事/中隔长堤/西湖得月/西湖月/东湖迎日/东湖日/本不叠现/明湖奇观/月湖真/日湖清/照影明/今错位/当纠正/有诗为证

注：母校暨南明湖，又名日月湖，再分日湖、月湖。中间南北堤道切割，东湖迎日，定名日湖。西湖得月，定名月湖，早有定论。无奈明湖纪念碑刻。日湖月湖错位，延续至今。

2021 年维修过的西湖凉亭，仍误标为"日亭"（黄卓才摄）

明湖赞歌

钟毓材

（一）

作为筑湖者，是感到荣耀和骄傲的。

也只有筑湖者，才最有资格谱写明湖的赞歌！

明湖啊！你是暨南园的明珠，暨南园的地标，

心怀美意，我们纵情地赞扬你的美丽，

长路无尽，与你结下了此生深深的情缘。

记取我们青春燃烧的年月，

理想花朵绽放的日子；

朝霞映红天边，鸟语花香的晨早，

我们在你的身旁背诵唐诗宋词。

李白的《将进酒》：人生得意须尽欢，

莫使金樽空对月。天生我材必有用，

千金散尽还复来……

杜甫的《登高》：风急天高猿啸哀，

渚清沙白鸟飞回。无边落木萧萧下，

不尽长江滚滚来。

还有《茅屋为秋风所破歌》：安得广厦千万间，

大庇天下寒士俱欢颜！风雨不动安如山。

宋词呢？晏殊的《浣溪沙》：一曲新词酒一杯，

去年天气旧亭台，夕阳西下几时回？

无可奈何花落去，似曾相识燕归来。

小园香径独徘徊。

柳永的《雨霖铃》：多情自古伤离别，更那堪，

冷落清秋节！今宵酒醒何处？

杨柳岸，晓风残月。

苏东坡的《念奴娇·赤壁怀古》：大江东去，

浪淘尽，千古风流人物。

…………

故国神游，多情应笑我，早生华发。

人生如梦，一尊还酹江月。

…………

啊，明湖啊！

明湖畔的背诵，高声而动情的背诵啊！

我们年轻，喜爱，专心，牢牢记住了……

从此，这些流传千古的唐诗宋词，潜移默化，

铸造品格，滋润心灵，在陪伴我们的人生道路上，

无惧风浪，让我们的生命闪耀光华……

（二）

明湖，明湖啊！

60 年来，多少届了，

一代又一代的暨南学子

从你这里开始多姿多彩的人生，

思想与信仰的孕育，度过寻梦的美好岁月；

有谁没有和知心的同学，肩并肩，灿烂的阳光里

在你的身旁留下合影，作为永久的纪念？

有谁没有和心爱的同学，手牵手，明媚的月光下

在你的身旁漫步，诉说甜蜜的情话？

由此，人生就从明湖畔开始飞扬，海阔天空，

前面有彩虹，繁花似锦；

更重要的是，你们坚信，在这里播下的种子终成大树！

（三）

你们毕业了，学有所成，各奔前程，

不管你远渡重洋，四海漂泊，

如今在天涯海角，抑或在祖国的任何一个地方，

不论你走过多少长路，经历怎么样的风霜雨雪，

在人世间跋涉，尝尽了苦与乐，喜与悲，

实现年少时的理想，名成利就，登上高楼，

抑或在平凡岗位上，尽忠职守，默默地作出贡献；

在这漫长的岁月中，不会忘记明湖畔的青春年华，

那是人生最美好的时光，永远回不去的曾经！

纵然时间静静地流去，却无时无刻不感激

母校的培育之恩。

正如筑湖者的我们，1958 届的学子，

63 年了，两万多个日子，

日月轮回，时光飞逝，

岁月艰辛也好，如诗如歌也罢，

63 个春秋，我们都老了，

然而，明湖永远让我们牵挂着，思念着；

明湖的秀丽，那翠绿的垂柳，鲜红的美人蕉，

那独特的风情，都珍藏在我们心灵中，永不褪色。

明湖啊，我们永远怀念你，

明湖啊，我们永远赞美你！

作于 2022 年 4 月

第二辑

往事如歌

高考作文的感受和启迪

黄卓才

1958 年高考，各省市自主命题。广东的作文题目是《"大跃进"中的小故事》。

我正是这一年高中毕业在广州参加高考的。这个题目差点把我难倒。

现在我们随便查查资料就会知道，1957—1960 年间，全国掀起一场声势浩大的"大跃进"运动。

1958 年 2 月，《人民日报》发表了《鼓足干劲，力争上游》的社论，明确地提出国民经济要全面"大跃进"。5 月，中共八大二次会议正式通过了"鼓足干劲，力争上游，多快好省地建设社会主义"的总路线，正式吹响"大跃进"的号角。

"总路线""人民公社"与"大跃进"是一起涌现的政治新事物，合称"三面红旗"。一时间，全国如火如荼，到处是红彤彤一片。当时，随着运动轰轰烈烈地开展，我们学校也开展了勤工俭学活动。

那时候我一门心思地准备高考，运动中的具体情况是不知道的，更不要说什么故事了！

打开试卷，我慌了，不知写什么好。

呆了好一阵子，回过神来，突然想起，有了！我找到了救命稻草，那就是到工厂劳动的"故事"。

我高中的母校是广州市第十七中学，一间坐落于越秀山东麓下的登峰路颇有名气的学校。高考前，学校安排我们高三丁班去广州重型机器厂劳动。我们几个住在小北的同学，每天早晨，坐四分钱公共汽车，再走一段路，到达位于海珠区的广州重型机器厂大门口，与其他同学会合。一支39人的队伍，由我（班长）带领，进厂上班。

工厂分配给我们的劳动任务是挖沟、搬土。厂里到处挂着"大跃进"的大红标语，我们天天听见机器隆隆响，可以感受到工人们干劲冲天，但无缘进入车间。我们之间唯一的交集，是与工人一起排队打午饭。午饭后，我们就躺在饭堂里用毛竹拼成的长凳上小睡一会儿。其余时间我们没有其他机会接触工人和干部。两个多星期，基本如此。

因为对工厂的生产、对工人的思想言谈都不了解，我构思"小故事"时少不了要以合理想象来补足。也就是说，我的"小故事"是大体真实、略有虚构的。这对于不习惯讲大话的我来说，真有点忐忑不安。

出了考场之后，好多同学都说这篇作文太难写了。"大跃进"

口号才听说几个月，还是一知半解。至于讲故事，更不是谁都可以做得来的，所以很多同学所写的故事都是编造出来的。我平时作文常得高分，被"贴堂"表扬的概率颇高，毕业前还在《广州青年报》发表了处女作《老师病了的时候》，写的正是一个身边小故事——我班的物理老师因病住院，为了不落下课，学习委员小李主动请战，代替老师上课。他的物理学得特别好，后来考上南开大学物理系。小李认真备课，勇敢地走上讲台，讲课效果很好，受到同学们的称赞。我被感动了，落笔顺畅，获得报纸编辑的认可。我想，有此基础，高考作文拿个好成绩应当是没问题的。但谁可预料呢？万一落到"专执鸡脚"的评卷老师手里……

好在这一年的的确确是"大跃进"之年，各条战线都大上快上，教育当然也不甘落后，许多高校扩招新生，还增办了好多间新校。中国科技大学等20多家新大学就是在这一年冒出来的。暨南大学于1957年筹备"复校"，次年正好搭上"大跃进"的班车，顺利开学。我们高三丁班39位考生（原40人，1位因病未参加高考），有33位同学上了大学，除了5位"躺枪""左"倾"阶级路线"而失之交臂外，连平时成绩平平的同学也被录取了，我们真的成了时代幸运儿。这与上一届（1957届）一个班只有几个人能上大学的情况有着天壤之别。

1963年，我大学毕业当了中学老师，其后参加了高考语文评卷。每当看到考生造假的作文，我总会想起1958年的感受。

其中，触动最深的是1977年。当年贵州、广东的作文考题是《大治之年气象新》。其时还是"文革"后期，因此紧跟形势、"突出政治"的题目是不少辅导高考的老师很容易猜到的，我也是其中之一。我让学生和前来求教的知青准备材料，先写一两遍，修改好，烂熟于心。结果，真是押中了题。经我指点的两位下乡知青考得特别好，分别被中山大学哲学系和华南师院（华南师范大学前身）中文系录取。后来前者出国留学，后者成了广州名校执信中学校长。

1977年是"文革"结束后恢复高考的第一年，参考人数特多，高校改卷老师人手不够，只好抽调中学老师去评卷。我当时是中山师范的语文科组长，被指派到佛山评卷场。在"知识无用"甚至"知识越多越反动"余毒未消的时候，我感受到考生强烈的求知欲。遗憾的是，许多考生作文摸不到门路，写的都是捡了钱包学雷锋归还失主、扶老人过马路、救落水小孩不留名之类的假故事，情节不合理［如"在寒风中站立几个小时等候失主来认领（钱包）"］，细节露马脚［如跳入水中（救小孩时）想起了毛主席语录"一不怕苦，二不怕死"］，并且未能扣住"大治"题意。

因假作文太多，评卷组讨论决定，凡是明显作假的作文，一律评为60分以下（不合格）。我有同情之心，见有些考生字写得不错，文句比较通顺，很想手下留情，但最多也只能打55~59分。

1979年初，我调返母校暨南大学中文系任教，开了写作课。后来暨大和福建的华侨大学等五校每年除全国高考外，还有个"联合对外招生"。所谓外招，就是面向海外华侨华人以及台湾、香港、澳门同胞的招生。各科试卷由我校负责命题和印刷。语文科交由中文系负责，作文题自然由写作教研室负责，再落到我（教研室主任）身上。

回过头来看看 1977 年各地的作文，好些省市都与贵、广"异曲同工"，比如辽宁的《在沸腾的日子里》、北京的《我在战斗的一年里》、青海的《一万年太久，只争朝夕》等。我觉得，这些时政性命题，都是会让学生为难的。

吸取历史教训，自 1978 年起，高考作文命题多样化起来，不再勉强紧扣时事政治焦点、热点，也不再是单一的记叙文了。全国统一命题也好，地方自主命题也好，题目都灵活多变了。议论文、书信、日记、缩写、改写、读后感等，多种多样。好些命题都是给材料的，每个考生都有东西可写，不会咬笔望天，也比较容易考出学生的真实语言文字水平，这就回归了作文考试的本真。

我明白，给外招生出题，更应该是这样。我之所以能够顺利完成外招生作文命题的任务，正是得益于亲历 1958 年高考和 1977 年等历年高考评卷获得的启迪。

作于 2021 年 5 月 6 日

我们考上暨南大学中文系

——火红年代的大学生活追忆

钟毓材

我们是出生于 20 世纪 30 年代末和 40 年代初的人，经历过战乱贫穷和苦难，迎来新生祖国的巨变，见证新中国成立初期的艰辛与各种政治运动，有幸身处在火与钢铸造利剑和理想的伟大时代。在高举"三面红旗"，"大跃进"狂飙的岁月里，我们成为暨南大学的特殊一代大学生。

一、报到

1958 年秋天，我考上广州新办的暨南大学中文系，和我一起考上的高中同班同学有刘快音与潘佛标。刘快音是马来亚侨生，是思想进步的共青团员，与我同在一个支部，又是热爱文学的人，志同道合，因此我们成为比较亲近的同学。潘佛标是印度尼西亚侨生，又是客家人，和我也比较谈得来。

8月30日上午，我和刘快音一起到暨南大学报到。这一天，秋高气爽，天气晴朗，阳光灿烂。暨南大学大门口上方挂着"暨南大学欢迎新同学"的横额，大门两侧写有标语的红布迎风飘动……

我们一到大门口，就有几位同学前来热情欢迎，他们还替我们把行李搬上宿舍。我一到宿舍，喜出望外，竟然见到赖锡房和杨学淡，他俩也考上了暨大中文系。他们见到我，也很惊喜。我和他们结缘最早，那是1955年春天，我从家乡梅县初中毕业来到广州，距离高中考试还有半年时间，父亲安排我到广州华侨中学的预备班补习，顺便学习广东话。这个预备班的学生是来自广东各地准备参加高中考试的侨生，或者是侨眷子女，其中就有锡房和学淡。锡房是马来亚侨生，客家人，而学淡是来自揭阳的客家人，我们有着共同语言，又都是共青团员，同在一个支部，很快成为要好的同学。这年秋天，我考上广州第七中学（原培正中学）高中，学淡考上广雅中学，而锡房则考回华侨中学。想不到，三年之后，我们三人又一同考上暨南大学中文系，将在一起度过五年大学的学习时光。说到黄旭辉，更是奇缘。旭辉和我是梅县联合中学初中的同学，他比我低半年，我在春班，他在秋班。后来他考上联中高中，和我的好朋友朱纪敦，以及我初中同班同学黄福勇、吴杞文同一个班，他们三年共处，旭辉自然知道我和他们有交情，也应该知道我在家乡读书的情况。朱纪敦是一位具有文学才情的人，年纪轻轻就在研究张资平（作家，梅县人，创造社成员），现在考上了天津南开大学中文系，前两天我在广州接他并送他坐北上天津的火车。他告诉我，他高中同班同学黄旭辉也考上暨南大学中文系，过两天来广州，人生路不熟，希望我去接旭辉，我自然答应。那天，我在长途汽车总站接到旭辉，已近黄昏，这时过了到暨大报到的时间，便接他到我家过了一夜，第二天才陪他坐三轮车到暨大报到。我与旭辉由此结缘，成为此生此世的好友。

从各地考上暨大中文系的学生，陆陆续续来齐了。我们这一届的同学一共有90位。刚进学校，为响应学校号召，进行全校大扫除。我们打扫大学校门口那一段地方，劳动了个把钟头，大家便在靠近花圃边的地方休息，我忽然发现一位胖胖的年轻小伙子，长得好像印度尼西亚万隆美风书店的老板梁国英先生。梁国英先生是万隆文化名人，爱国侨领，担任过南化中学校长，在万隆市开设了第一家进步书店。我走上前去问他：

"我是万隆'昆和生'（昆和生是我父亲在万隆开设的百货批发公司）的孩子，钟毓材。我认识你的父亲，梁国英先生，从小就到你父亲开的美风书店买书看，你是不是他的孩子？"

他睁大眼睛，点点头：

"我是他的大儿子梁智宏。"

"哦，智宏，你知道吗？你妈妈疼爱我，我从小就常常到美风书店买书，她知道我喜欢看书，有时候我没有带钱，你妈妈就说，书你先拿去，等有钱再给我好了！你母亲就是这样相信我。我很感激你妈妈。就是读了这些进步书籍，思想受到影响，有了理想，追求进步，热爱新中国，我十六岁先回到家乡梅县，初中毕业后又在广州读完高中，现在考上这里。想不到，你也回国来了，还考上暨大中文系，和我做了同学。"

他听了，笑了，显得很高兴。

我说完，拍拍他肩膀。"你写信回印度尼西亚时替我问候你父母亲。"

"好，我会的。"

缘分真是奇妙，万万想不到，我会在暨大中文系遇见梁国英夫妇的儿子智宏，还和他成为大学同学。

二、分班

（一）

我一到中文系，便听说我们中文系的系主任是萧殷先生，十分高兴。很早就听闻萧殷先生的大名，我一上高中就读了他的《与习作者谈写作》《论生活、艺术和真实》，这些书对如何塑造人物形象、如何选择题材，进行了深入浅出的说明，对我这个初学写作者，简直好像当面亲授一样。

后来读到他的小说散文集《月夜》，才华横溢，技巧纯熟，不愧为名家手笔，尤其是散文《桃子又熟了》，那是萧殷先生的名篇，我当作范文来学习。我还知道萧殷先生担任过《文艺报》和《人民文学》的主编，又曾经是中国作家协会文学讲习所副所长，培养了许多青年作家，他在中国文学界的地位是崇高的。现在由萧殷先生来担任暨大中文系主任，我们有幸做他的学生，一定可以学到丰富的文学知识。

初识许多青年老师，他们都很热情，没有架子；同学们虽然来自不同地区，但大家都很友善、真诚，彼此之间很快便熟络了。

我爱上了中文系，也爱上了暨大。暨大是读书的好地方，这里环境幽静，占地广阔，绿树成荫，一些山冈上长满松树，风大的时候，松涛阵阵。到了晚上，校园的灯光亮了，像繁星落下来，闪闪烁烁，美极了……

（二）

9月4日上午，我们全系同学齐集在课室大楼二楼，潘翠青、饶芃子和张兴藏三位年轻老师也来了，原来我们要分班了。一共有甲、乙、丙三个班，我被分到甲班。同学们（编者按：本级学生人数实为90人，后文均采用此数据。因当年退学人数多，加之时间久远，资料散失，学校档案馆仅保留74人入学学籍表，结合老师及同学们的回忆，此处也只列出了89人，缺1人姓名）是这么分班的：

1. 甲班

班主任：潘翠青；

女生：周霭楣（香港生）、李玉梅（香港生）、黄美兰（印度尼西亚侨生）；

男生：

　　侨生：吴兆汉（印度尼西亚侨生）、黄松昌（印度侨生）、钟毓材（印度尼西亚侨生）、刘快音（马来亚侨生）、杜捷江

（印度尼西亚侨生）、宁乃权（马来亚侨生）、潘佛标（印度尼西亚侨生）、许学群（泰国侨生）；

港澳生：李耀华、陈竞业；

内地生：李良炳（班长）、吕炎生（团支部书记）、李广成、李荣祥、李尚杏、叶伟雄、曾维琴、叶允胜、方玉麟、陈特精、刘仰南、丁有盛、荆钦民、赖火荣、刘日辉。

甲班同学与班主任潘翠青老师在办公楼前合影（佚名摄，1959年9月24日；钟毓材藏）

2. 乙班

班主任：饶芃子；

女生：严心灵（内地生）、黄裕珠（印度尼西亚侨生）、司徒婵（香港生）；

男生：

侨生：李伟生（印度尼西亚侨生）、梁智宏（印度尼西亚侨生）、陈福（马来亚侨生）、赖锡房（马来亚侨生）、苏章地（印度尼西亚侨生）、李异耘（马来亚侨生）、童锦梁（印度尼西亚侨生）；

澳门生：叶任仕；

香港生：吕少海、江文耀、黄松林、杨松辉、赵辉林、叶子兴；

内地生：杨恩云（班长）、邓良球（党员，团支部书记）、刘才秀、杨学淡、徐达仪、汪汉灵、张衍赐、陈宝喜、叶桂祥、叶新萍、郑若歆、梁江、孔令邦、符致禄、郭开勋。

3. 丙班

班主任：张兴藏；

女生：黄若梅（越南侨生）、伍素娴（香港生）、徐兆文（内地生）、邝芷雯（内地生）；

男生：

侨生：江聪（马来亚侨生）、陈建南（印度尼西亚侨生）、田志扬（印度尼西亚侨生）、丘英华（马来亚侨生）；

香港生：莫伟忠、邓自强；

内地生：张武针（班长）、蔡顺亲（后接任班长）、张振金（团支部书记）、廖世桐（党员）、叶满荣、黄旭辉、李大洲、黄卓才、陈新东、张兴汉、黄振兴、林广生、丁身伟、林湘贤、林先和、曾顺旺、张添华、刘大耀、叶大茸。

担任甲班班主任的潘翠青老师和乙班班主任的饶芃子老师都是非常年轻的女老师，青春朴素，富于才情。潘老师性格内向、柔顺，言语不多，脸上总是带着微笑。饶老师热情、活跃、亲切，很快和学生打成一片。担任丙班班主任的张兴藏老师，也是年轻老师，脸色红润，戴着眼镜，一派书生模样，平易近人。

当时年轻的老师还有农林、罗宜辉、郭绪权、黄展人、梁丽珍、黄佩玉等。年纪大一点的老师有郑孟彤、饶秉才、陈垂民、陈经耀、何维、卢大宣等。

担任中文系秘书的是叶孟贞。

我们虽然分了三个班，但是军训、上课、开会、劳动都在一起，彼此之间和睦共处，很快建立起同学友情。

我们这一届中文系的学生组合也是特殊的、史无前例的。来自海外的侨生之中，有些年纪比较大，他们回国之前已经在海外侨居地的进步学校教过书，如来自印度尼西亚的吴兆汉、童锦梁、杜捷江以及来自印度的黄松昌。

港澳生能够回内地上大学，大都是爱国进步的，有些有着左派社团背景。至于内地生，有从部队转业过来的，像荆钦民、梁江、严心灵和来自塔山英雄连的林先和。

同学之中，很大部分来自广东客家地区，一部分来自潮汕地区。广东其他地区的也有，不多。同学之中有两位共产党员，廖世桐和邓良球。

我们虽然来自五湖四海，但如今来到暨南园，都很珍惜这五年的大学时光。

三、初见萧殷先生

9 月 10 日下午两点半，同学们去劳动了，我、李耀华、周霭楣和李玉梅被潘翠青老师叫去办公室抄民歌。

我们几个到了系办公室，意外地见到了系主任萧殷先生，没想到这位大名鼎鼎的作家、文学理论家一点架子都没有，平易近人，和蔼可亲。他身材清瘦，稍为苍白的脸上，不时呈现出亲切的笑容，那金丝眼镜后的眼神，坚定而充满智慧，望着我们的时候，带着慈爱……初见萧殷先生的印象，十分深刻。

他指着堆在桌边的一大堆报纸，说道：

"请你们来是为了把我选出的民歌抄出来，我们准备出版一本新民歌集。潘老师来安排。"

于是，潘翠青老师安排好我们每人的座位，各人面前分了一沓稿纸，然后她帮助萧主任把一大沓报纸摊开在大桌上，把副刊上画有红线的民歌分给我们，让我们在稿纸上抄正。我们谁也不敢怠慢，埋首工作了起来。

萧殷主任和潘老师在一旁坐着，轻声地在谈论一些事情。间中他会走上前来看看我们抄得怎么样，然后默默地离开，从不打扰我们的抄写工作……

我们的抄写工作大约用了两个小时，基本上把选好的民歌抄完了。萧主任要我们留下来，跟我们谈谈话，他让我们好好珍惜来暨大上学的难得机会，在党的培养下努力学习，改造好思想，成为有用的人才。周霭楣同学忽然向萧主任提出这样的问题：

"萧主任，是现实生活重要，还是文学技巧重要？"

萧殷主任来暨大时的风采

（钟毓材珍藏）

这一问，令萧主任把话谈开了，简直像给我们上了一堂文学理论课。他先谈了自己的一些过去，又谈了一些文学上的理论。他说这问题不是一下子就能够答出来的，这是一个大问题，两个都同样重要。现实生活重要，这是基础，所以党号召作家到生活中去，了解生活，但是没有技巧也不行，所以两者都重要，也只有这样，作家才能创作出优秀的作品来。他说周霭楣提出的问题很好，这是文学理论的课题，他说他一向主张理论与实践相结合，将来我们在课堂上会学到的。

我很高兴，也很感动，初见的萧主任谈笑风生，人生阅历和知识非常丰富，并且感到他十分亲切，和他在一起如沐春风……

当天晚上，举行师生见面晚会，我们和所有老师见面了。萧主任在会上作了长篇报告，讲了许多问题，如前途、学习与劳动，以及目前政治局势等等。最后是文艺表演，虽然准备不足，但还是很有趣，大家都很开心。

四、民兵训练

为响应党提出的全民皆兵的号召，我们中文系组织了民兵队，由赖锡房同学担任民兵队大队长。每天，天刚蒙蒙亮，一阵哨子声后，一声声高喊"起床啦""起床啦"，把我们从睡梦中惊醒。不知哪一位同学把这叫喊声形容为"杀猪"，于是赖锡房同学有了"杀猪"的花名。锡房为人忠厚、纯朴，不以为意，还笑笑接受了呢。

军训（黄卓才、钟毓材珍藏）

我们匆忙洗好脸，穿好衣服，排好队，然后便进行操练。每天早上如是。初升的太阳照耀在大操场上，我们列好队，"一二一、一二一"地操练，雄赳赳，气昂昂，个个精神抖擞。那时候，我们还向军区借来步枪，进行过实弹射击训练，也参加过军事露营活动。民兵训练确实可以培养我们的团队精神和锻炼我们的意志，在那个火红的年代，有过这么一段特殊的经历，给我们留下了难能可贵的回忆。

五、开学庆典

1958年9月24日，这一天是我们难忘的日子。

一早，大家怀着兴奋的心情等待着开学庆典的开始，8点钟，我们中文系全体学生整队前往大礼堂。当我们来到礼堂外面，已经听见礼堂里传来的掌声、歌声和欢呼声，整个礼堂仿佛在沸腾。我们走进礼堂发现，原来各系的同学们正在相互挑战。全场充满着欢乐的气氛，令我们感到无比振奋。

首长们和嘉宾们都到齐了，大会开始，担任大会司仪的竟然是我们中文系甲班的周霭楣同学，她一口标准的普通话，一身洁白的衣裙，表现得镇定、大方、得体。首先由王越副校长介绍办学经过，接着是广东省委书记兼暨南大学校长陶铸讲话，他说，暨南大学虽然沿用了过去的名字，但它是一所完全新型的共产主义大学。它应该树立共产主义风格的校风，坚决贯彻党的教育必须与生产劳动相结合的方针，学校是课堂，是实验室，又是工厂；每个人是很好的学生，又是很好的劳动者，每个人既是脑力劳动者又是体力劳动者。陶书记号召同学们把自己培养成为热爱劳动、有坚定的阶级观念、群众观念和有辩证唯物主义世界观的新人。许多嘉宾也讲了话，表示祝贺。大会是隆重的。此时此刻，大家的心情是激动振奋的，能够成为新型的暨南大学的师生，大家感到无比自豪，而我，为成为暨大复校首届中文系学生而感到骄傲！

1958 年 9 月 24 日开学典礼后，中文系同学与潘翠青、饶芃子老师合影（钟毓材珍藏）

这一天是值得纪念的好日子，天气特别清爽，秋阳明丽，万里晴空。校门口上方的大红横额，彩旗飘扬。中文系全体同学在校门口照相留念。

下午3时，中文系篮球队和水产系篮球队进行了一场友谊比赛，我们系里有陈特精、丘英华、邓自强、林先和等篮球健将，他们表现得很出色，结果我们系战胜了水产系。

下午6时，全校学生在饭堂聚餐，中文系学生还邀请叶孟贞秘书和一些老师前来参加聚餐，大家兴高采烈，欢天喜地。

晚上，在大礼堂举行盛大的文艺晚会，表演的节目还算精彩。文艺晚会结束后，放映了电影《民兵的女儿》。最后，大家在大礼堂举行交谊舞会。

六、出版《荔枝满山一片红》

《荔枝满山一片红》封面

由萧殷主任倡议，中文系编选了华南新民歌选集，先是多位老师从华南各地选来新民歌，最后由萧主任选定。早在我们还没有去江村炼焦前，萧主任已经叫我们去抄过一些民歌。后来，我们从江村炼焦回来，为了补充和定稿，系里找了我、李耀华、李玉梅和周霭楣等几位同学负责把最新选出来的民歌在稿纸上抄正。我们在教学大楼顶层的萧主任办公室前面的会议室里工作。这时候，萧主任的家人还在北京，他自己一个人居住和工作都在这教学大楼的顶楼里，事务繁重，生活艰苦。我们谁也不敢偷懒，埋首认真地抄写民歌。萧主任关心我们，时不时来看看我们，说："你们要是累了，就先休息一下。"我们都说不累，他笑笑，然后走回自己那间小办公室，做自己的事情。

这本华南新民歌选集，萧殷主任取名为《荔枝满山一片红》，并且亲自作了《社会主义缔造者的歌声》的序文，以暨南大学中文系的名义，交由北京的作家出版社出版。

萧殷主任这篇序文阐明民歌产生于劳动，自古以来民歌就为群众所喜闻乐见。这是一篇高水平的，赞扬新时代新民歌的思想性与艺术性的文章，具有萧殷主任文学评论文章的独特风格。

七、演出"炼焦大合唱"

为了纪念我们中文系在江村炼焦的辛苦劳动以及取得的成果，系领导决定由中文系创作"炼焦大合唱"。想不到我们中文系果真是卧虎藏龙，什么人才都有，从部队转业来的梁江同学竟然会作大型合唱曲谱，而且具有专业水平。歌词自然由张振金同学负责，他是我们系最有才华的一位同学，写得一手好诗。这次他填写的"炼焦大合唱"歌词，出色，动人，充满真情实感。振金说，"炼焦大合唱"是学习《黄河大合唱》的形式，共由八首歌组成。开头是：

哎哟，哎哟，太阳还没出山岗，

炼焦工地天大亮

你上煤哟我出焦哟，

大家一片忙！

…………

这是名副其实的大合唱，有男女混合唱、男声小组唱、女声小组唱、男声独唱等综合性的大型合唱。

大合唱的主旋律恢宏、雄浑，富于感情，真实地反映了大炼焦的火热、冲天的干劲、欢乐高昂的情绪。其中的女声小调又是那么地优美动听……

"炼焦大合唱"演出现场（黄卓才珍藏电子版）

男唱：

满天笑，满河歌，一群姑娘走过河。

问声姑娘哪里去，乐得河水翻金波。

女唱：

阿妹，告诉哥，昨天公社割完禾。

今朝整装炼焦去，教我为何不唱歌！

男女合唱：

河水深，扶着哥，阿哥拉妹走过河。

河水深深情更深，同唱一首炼焦歌。

同学们苦练了两个多月，"炼焦大合唱"在 1959 年春节文艺晚会上演出的时候，轰动一时，深受全校师生的赞赏。

八、演出大型话剧《扬子江暴风雨》——五四运动 40 周年纪念献礼

1959 年 3 月底，为纪念五四运动 40 周年，系领导决定由我们中文系在五四运动 40 周年纪念晚会上演出大型话剧《扬子江暴风雨》。这是田汉创作的一部大型爱国话剧，其中有聂耳所作的《毕业歌》《铁蹄下的歌女》等闻名全国的歌曲。当年《毕业歌》感动

了千千万万中国青年，从而使他们走向社会，走向抗日战场：

　　同学们，大家起来，

　　担负起天下的兴亡！

　　听吧，满耳是大众的嗟伤！

　　看吧，一年年国土的沦丧！

　　我们是要选择战，还是降？

　　我们要做主人去拼死在疆场，

　　我们不愿做奴隶而青云直上！

　　我们今天是桃李芬芳，

　　明天是社会的栋梁！

　　…………

　　巨浪，巨浪，不断地增涨！

　　同学们！同学们！

　　快拿出力量，

　　担负起天下的兴亡！

　　另一首《铁蹄下的歌女》唱出了被压迫女性的悲哀，激发了女性反抗的怒火，从而使她们走向抗日斗争前列：

　　…………

　　为了饥寒交迫，我们到处哀歌，

　　尝尽了人生的滋味，

舞女是永远的漂流，

谁甘心做人的奴隶，

谁愿意让乡土沦丧？

可怜是铁蹄下的歌女，

被鞭打得遍体鳞伤！

由于当时的斗争形势，为了激发学生的爱国情绪、革命精神，中文系领导选了这部反帝爱国而又具有独特风格的话剧进行演出。

系里指派李大洲、李耀华、黄裕珠、孔令邦、徐顺生和我组成话剧筹备小组，导演主要由大洲担任。大洲是我们系中最年轻的同学之一，长得瘦小，肤色皓白，不知道谁给他起了"小白兔"的花名，尤其是女生，便"小白兔""小白兔"地叫他了。别看大洲年纪轻轻，他从小热爱读书、热爱文学，写得一手好诗、好字，特别钟情古典文学。我和他都是喜爱文学创作的人，很谈得来，知道他比较少接触俄罗斯文学，便借了《普希金诗集》《上尉的女儿》《杜布罗夫斯基》等作品给他看，他很喜欢。想不到这个"小白兔"很厉害，竟然对戏剧也有所涉猎、颇有心得，当起导演头头是道，指导演员如何做表情、如何走位等，又指挥这指挥那的……

话剧中，李耀华、孔令邦和我扮演毕业生，唱《毕业歌》；徐兆文和李玉梅扮演歌女，唱《铁蹄下的歌女》；黄裕珠扮演打石女工领袖，带领女工们进行斗争……

经过两个月积极而紧张的排练，我们终于在纪念五四运动40周年的晚会上演出，引起极大轰动，得到全校师生的赞赏，赢得了热烈的掌声。

九、举办国庆十周年展览——向国庆献礼

1959 年秋天，我们回到学校开学，9 月 13 日，全系召开反右倾鼓干劲的誓师大会，提出让我们每人创作各种文学作品，作为迎接国庆 10 周年的献礼，届时搞一个作品展览。这个提议立刻得到同学们的热烈支持；接着，各班很快贴出了大张的挑战书，小组与小组、个人与个人也展开了竞争。

到了这个时候，每位同学都情绪高涨，我感到很振奋，祖国的大生日，难道可以无动于衷吗？不！不能！我上台讲话，向振金、达仪等同学提出挑战。我的讲话是这样的：

"一个热爱自己母亲的人，每当母亲生日的时候，总要买一些珍贵的礼物，答谢她的养育之恩。

"现在，我们伟大的母亲——祖国到了生日的时候，难道我们能两手空空吗？不！不能！

"钢铁工人用钢铁作为献礼，建筑工人以高楼大厦作为献礼，我们既没有特别的生产技能，也没有什么本领，但是作为一个文科大学生，还是可以拿起笔来，把自己的感受写下来，哪怕是不成熟的东西，也要表示自己的一份心意。因此，在这十多天里，我一定

鼓足干劲，写一部中篇小说，向写长诗的张振金、徐达仪同学挑战，也向写小说的李大洲、叶桂祥同学挑战。

"平日我们口口声声说要热爱祖国，现在已经到了实现诺言的时候，是时候了，同学们！"

我的讲话，得到了同学们热烈的反响，大家都赞同我的提议，振金、达仪、大洲和桂祥都接受我的挑战，一时间，同学们都动员起来了，往后的十多天，除了上课，课余时间大家都埋头努力创作自己的作品。不少同学为赶写作品而通宵达旦地奋战，我也苦战了好几个通宵，将原先写了5万字的长篇小说《椰岛上晓雾迷茫》扩充，突击多写了7万字，共12万字。这是一部描述印度尼西亚华侨青年和一位西爪哇姑娘参加革命而发生恋情的故事。由于时间紧迫，写得粗糙，情节有些松散，我在写作过程中就发现了，便记了下来，待以后修改。因为赶时间，我还请女同学帮忙在稿纸上抄正，李玉梅、徐兆文和伍素娴都很热心，为了抄好文稿，也苦战到深夜。她们边抄边看，也提了不少意见。兆文说，故事很动人，引人入胜，有些人物形象鲜明突出，凝聚了作者的生活体会。不过，内容写得比较烦琐。我告诉她，我以后会改。对于她们三人的帮忙，我是心存感激的。

我们没有辜负系领导的期望，总算完成了创作任务。国庆10周年的献礼作品如期展出，展厅设在中文系办公室里，一张长桌摆满了同学们的作品，琳琅满目。我的小说《椰岛上晓雾迷茫》被装订成厚厚的一本；长诗作品，有振金、达仪和满荣的，振金的长诗

《祖国颂》还发表在《暨南大学》校刊；全版刊登大洲和桂祥写的小说；卓才有散文作品；学淡有画作。系里的许多同学也都展出了他们的作品。

2022 年 2 月 10 日写于香港

沉思往事立斜阳

张振金

人生有些往事，不能忘却。江村炼焦就是这样，虽然相距已有半个世纪之久。读纳兰词《浣溪沙》，有一句"沉思往事立残阳"，我觉得其中的"残"字悲了一点，改了个"斜"字，成了"沉思往事立斜阳"，正适合于我，这就是本文的开篇。

我当时写了一首短诗《江村炉火》：

北江一片大平原，焦炉遍野望无边。

炉火烧红满江水，浓烟冲开九重天。

如此壮丽的图景，是我们亲手创造的，怎能不长久思忆呢？

江村在广州市北郊，北江的一条支流叫流溪河，从旁边流过，江畔有一片宽阔的沙滩，长满杂草，茫茫然然连着田野。秋天，稻子收割了，沙滩与稻田连在一起，显得更加天高地阔，真像是一片大平原。我们就在这样荒漠的沙滩建设炼焦炉，一座座参差错落，有的燃着熊熊的炉火，有的冒着滚滚的浓烟，夜里炉火映红江水，白天浓烟冲上云天。烟云交织，茫然一片，远望天地一色，人在炉群间来往，如在云中穿行。

炼焦对于我们来说既是陌生的，又是神秘的。焦是怎样炼出来的？刚开始时，我们全然不懂。幸好，在我们来到江村之前，已经有十多位工人在这儿做开了。我们全系90多人，按照军事化的操作，全系为一个连，原来的三个班成为三个排，每个排有三个班。那些工人被分插到各个班里，成了我们的师傅。他们教我们怎样砌焦炉，怎样点炉火，怎样出焦炭。我们虚心学，他们耐心教，大家同心同德，亲如一家，结下了深厚的友谊。后来，我们返校时，他们送我们一面锦旗，上面绣着"工人学生是一家，炉边开放友谊花"。他们还几次到校探望我们。这是后话。

说起来，炼焦确实是一件奇妙的事情，虽然是土法炼焦，但也很有学问。每座焦炉都是圆形的，像是一座碉堡。炉底和炉壁的下半截是用耐火砖铺砌的，中间留出一个脸盆大的炉胆，炉胆有条通道伸向炉外，那是用

我们和工人一起摸爬滚打（佚名摄，1958年；电子版由钟毓材收藏）

来点火的。我们先从江边把原煤挑来，一层层地填入炉内，每层煤约20厘米厚，然后层层压实。有的用铁锤砸，有的用石柱撞。我们不知道其中原理，只顾用力去干，直到气喘吁吁，汗湿衣衫。工人师傅对我们说，煤在隔绝空气的条件下高温燃烧，中间经过干燥、热解、粒结、固化等几个阶段，历时72个小时，即三天三夜（有的火候不够，会延长些时间），直到完全燃烧为止，最后才会被炼成焦炭。

其中最紧要的是，每一层煤都要压实，压得越实越好，要压得密不透风。炉火点着以后，炉顶和炉壁都要用泥浆密封，炉胆的通道口这时也得塞死，不能让煤层与空气有丝毫接触，这一点是非常严格的。这样炼出来的焦炭投入炼钢炉内，可以达到1 000摄氏度以上，炼出来的才是好钢。如果煤层压得不坚实，炼出来的废焦松松散散，用来炼钢热力不够，炼出来的就是废铁。工人师傅的讲解，让我们学到了知识，干活也更起劲了。杨恩云同学有一首诗——《压煤》，写得真实又有趣：

座座焦炉圆叮当，焦炉上面当舞场。

跳的不是十大姐，手提大锤压煤忙。

煤层压得硬邦邦，压得心花齐开放。

焦炭投入炼钢炉，炼出炉炉是好钢。

炼焦是很辛苦的。整个劳动过程，主要是靠人力操作，用竹箕挑，用箩筐扛，连手推车都极少用。从早到晚，我们时而把煤块从江边挑回填入焦炉，时而把炼好的焦炭挑去焦场，让汽车或船运去广州。稍有空隙，就砌建新的焦炉。这样，焦炉越砌越多，工作越来越忙。我是三排排长，全排焦炉最多时共有58座，全连最多时超过200座。每座焦炉一般填煤约20吨。出了焦又要立即上煤点火，可见节奏之紧、工作之忙。

最恼人的是，煤灰沙尘，漫天飞卷。我们都戴上口罩，穿上冬衣，但还是沾了一身厚厚的灰尘，又黑又脏，尤其是女同学，就算扎上头巾，也是从头到脚除了一双眼睛之外，全身黑透。

我们住在山坡上的一座茅屋。说是茅屋，一点不假。墙壁和屋顶都是用茅草稻秆和甘蔗叶搭建的。我们睡的双层铁架床，床垫铺的也是稻秆。墙壁搭建得很薄，连北风也挡不住。有时我睡不着觉，用手轻轻一扒，就可以扒开墙，看见天上的星星、月亮，听到林中的鹧鸪啼唱。这座茅屋的好处是可以看风景，万一着火，可以破壁而走。好在屋内严禁用火，大家安全意识很强。

早上6时，大家听到哨音立即起床，列队跑到江边，匆匆洗过脸，又立即跑到工地吃早餐，之后，整天都在工地上打磨。晚上10时收工，别说洗个热水澡了，就连自来水也没有，还得跑到江边，跳入流溪河洗去一身煤灰沙尘，回到茅屋已是11时左右了。每当寒潮南下，江水冰冷刺骨，茅屋里的铁架床也是冰冷冰冷的。现在回首费思量，当时只道是寻常。

炼焦既是辛苦的，也是快乐的。最快乐的莫过于写诗，青春年华，诗情洋溢，人人写，天天写，写诗成了工地最亮丽的文化景观。暨南诗社在工地编印的油印刊物《战鼓》，正如萧殷主任在创刊号上的题词那样："用饱满的热情，歌唱人们在劳动创造中豪迈的气概和冲天的干劲。"《战鼓》最突出的内容，就是歌唱同学们不畏难、不怕苦的那种豪迈气概和冲天干劲。

许多平日极少执笔的同学，也成了热情的歌手。例如，叶允胜的"炼焦英雄比星多，个个挑煤争用箩。箩箩装得如山高，飞来飞去像穿梭"；林广生的"炉群浓烟起，弥漫数百里。煤车急驶过，像在云中飞"；廖世桐的"焦炉望无边，只差几尺就到天。一朝云雾起，天地两相连"；陈竞业的"旭日红光水面浮，薄雾轻罩江上舟。江村美景人人爱，煤灰沙尘不发愁"；李广成的"我是一个黑姑娘，身上又黑又发亮。别的伙伴都不爱，专找钢铁作对象"；叶大茸的"夜半来到小河旁，忽见河底出太阳。低下头来仔细看，原来炉火放红光"。诗是讲究意象的，这些诗不管写得如何，但能从生活出发，捕捉到这些新鲜的意象，表现炼焦工地的生活，还是不简单的。

工地也常常举行赛诗会，人人都积极参加。有一次，邝芷雯一时想不出，交不了差，她是我们第三排的，见了我就像遇到了救兵似的，说："快给我凑几句，要交稿了。"我见她急成这样，想了一下，拿过她手上一张小纸，蹲下来以膝盖当桌，随意给她写了一首《姑娘的心》："夜半月亮投窗照，手拿针线心里笑。不绣蝴蝶花间飞，不绣鸳鸯游湖沼。一心绣双白手套，送给阿哥好炼焦。"她读后，踢了我一脚就走了。

杨学淡的一首《肩挑百斤如飞燕》，给我的印象最深：

一排有个黄裕珠，身穿蓝衫头裹素。

别人误认男子汉，干劲大来不服输。

肩挑百斤如飞燕，身巧步轻与人殊。

借问裕珠劲何来？女将遥指炼钢炉。

黄裕珠是印度尼西亚归侨女生，在家从未参加过什么体力劳动，像炼焦那样又重又脏的劳动，连听都没听过，但她能够锻炼得像男子汉那样，实在是很不容易。陈垂民老师和我们一起炼焦，一起写诗。他写了一首《炼人》："炉胆吐红光，满脸露笑容。置身炉中炼，焦成人亦红。"像黄裕珠那样，我们每个人都是炼焦也炼人，炼出了强健体魄和一身力气，也磨砺了我们坚强的意志、毅力和奋发向上的精神。

忘记了是 10 月的哪一天，萧殷主任来炼焦工地看望我们，何维、陈垂民、张兴藏几位老师，还有我们三位排长，陪他在工地转了一圈。萧主任不断地向学生招手微笑。他走路有点拐，脸上的皱纹很深，显得苍老。其实他才 43 岁。1938 年，他 23 岁那年，北上延安，到了太行山抗日战场，一边打仗，一边办报，在一次战斗中腿部受伤，如今还留有弹片，行走不方便。

最后，萧殷主任站在工地的一个小土墩上，想向学生讲几句话。但他微笑着环视大家，好久没有说话，刚才参观炼焦时说话也不多，只偶然询问几句。他似乎心有感触，想到不少问题，但不像在学校谈文学创作，总是滔滔不绝、侃侃而谈。

过了好一阵，萧主任才讲话。他说看过炼焦过程之后，心中有三个"想不到"。首先，他想不到炼焦是这样苦，整天在煤灰沙尘中运焦挑煤，太辛苦了，"看着我心里难过"。其次，他想不到炼焦的时间这样长，原先以为只需十天至半个月，但到目前已进行了近一个月，接下来还需持续一段日子。萧主任不赞同学生参加过多的劳动和社会活动，认为这样会影响正常上课。他说，"这个学期看来是不能上课了"。最后，他想不到大家表现得这样好，尤其是许多港澳生和海外侨生，像炼焦这样繁重的体力劳动连工人们都说顶不住，但大家个个都能在艰苦中自觉地磨炼自己，炼出了焦，炼出了好体格，也炼出了顽强的意志和毅力，还炼出了诗。为什么同学们表现得这样好呢？萧主任说："因为大家都把这次炼焦当作磨炼自己的好机会，当作对国家建设的一份贡献，这样就会有一种自觉性和一种自豪感。"

当时，"大跃进"正在热火朝天地进行，但也出现了不少乱子。例如，为了"钢铁元帅升帐"，没有煤的，就砍树烧炭，没有铁矿石，就砸饭锅铁门，这样浮夸蛮干，结果事与愿违。萧主任语重心长地对我们说："我们所做的不是浮夸，而是实干，国家想把建设搞得快一些，我们就日以继夜地炼焦，为炼钢提供必需的燃料。所以，不管历史风云怎样变幻，凡是对国家建设做出了积极贡献的，人民都会给予充分的尊重和肯定。"

我们是在1958年10月7日进场的，12月17日离场，在江村炼焦花了两个月又十天。到江村之前，我们先到芳村筑路，筑了一条约五公里的铁路，把芳村广州炼钢厂与京广铁路连了起来。我们在江村炼出的焦炭，有一部分提供给了广州炼钢厂。广州高校还曾组成万人筑路大军，轮流奋战，气壮山河。所以，入学的第一学期，我们基本没有上课。

劳动就是我们入读暨南大学的第一课。

作于 2022 年 7 月 3 日

南天红遍　满地星火
——江村炼焦实录

钟毓材

一、炼焦工地燃烧的夜空

1958 年 10 月 7 日，我们从校园出发，坐上汽车，一路上迎着初阳和清爽的秋风，经过两旁秋收后的田野，大家的心情是那么的振奋和激动，有说有笑，还唱起了歌，很快便来到了炼焦工地。

这里是属于广州郊区的农村地带，我们住的是茅草盖的屋子，睡的是竹搭的床，分上下两层。四周的环境倒是很美，前面有一条河静静地流淌着，对岸建有不少工厂……这条河叫流溪河，原来这里是珠江村，是人烟稀少的村庄，为了响应党的号召，掀起"三面红旗"大炼钢铁的热潮，现在这里变成了热气腾腾的工业区，建立了钢铁工厂、铁矿厂、炼焦工厂、耐火砖工厂，许多高炉喷出红色的火焰……

晚上，我们到炼焦工地上参观，眼前的场景，令我们感到惊讶，地面上铺满一座座炼焦炉，每一座炼焦炉浮现出跳动的殷红火星火花……河对岸的许多工厂的高炉喷出的火焰中，火星四射，把半边夜空映得一片通红，可以想象，工人们夜间仍然在鼓足干劲地工作着……忽然，天边聚集着从四面八方照射过来的探照灯，把大地照亮得如同白昼一般。啊！多么激动人心的景象！

炼焦工地场景（佚名摄，1958 年；钟毓材收藏）

二、炼焦工地上热火朝天

我们来到了这工地上，一切军事化管理。天刚蒙蒙亮，不远村落处传来两三声鸡啼，朝霞染红了江水，远远的群山被轻纱似的薄雾笼罩着。又是赖锡房吹响的哨子声和"起床啦"的大喊声，把我们叫醒，然后我们排好队出发。"一二一、一二一"，我们沿着河岸做民兵操练，步伐整齐，精神抖擞，很有纪律性，引来四周人们惊奇的目光。是的，我们要让人们知道，今天的大学生是怎么样的！

太阳从江对岸的那边升起来，红得好像火，在江上映照出一条红柱子来。这时候，几只帆船在江上徐徐移动，水面上倒映着帆影……

很快，我们就要投入炼焦生产劳动中了，我们胸前不仅挂着暨南大学的学生证，还挂上了西湖铁矿厂的工作证，我们既是大学生，又是工人了。

最初的几天，我们早出夜归，很早就向工地出发，天黑了才回来。主要的劳动是在江边的工地上，一部分同学搬焦，清理出焦后的大炉和小炉；一部分同学挑砖砌炉，挑煤上煤点火……每个男生的头发、脸上、手脚、衣服都染上了煤屑，黑得像煤炭工人，女生们则是裹着头劳动。我们不怕苦，不怕脏，我们的手粗了、脸黑了，都不要紧，因为心红了，就像燃起的焦炉火那样通红……每个同学都会自豪地说，我们希望锻炼成为真正的工人。

我负责搞宣传，和张兴藏老师一起编辑《炉边大合唱》第一期，又在饶芃子老师的带领下，编写墙报《熔炉》。我写了一篇小小说《老丁》，赞扬在劳动中表现出色的丁有盛同学。

白天劳动，到了晚上8点多，平静的河边变得欢腾和喧哗起来，同学们冒着严寒，跳进冰冷的河里洗澡，嬉笑着……我和尚杏边喊边冲进水中，想起卓拉，想起青年近卫军，想起人民志愿军，想起《钢铁是怎样炼成的》……在水中三扒两拨的，然后跑上岸来，身体直冒烟……宁乃权更妙，在岸边打几拳，接着边打边冲进河里，大家见了都笑了起来……

11月10日中午，召开全体共青团员大会。会后，我们开始建造大炉，各排展开红旗竞赛，大家的情绪高涨、干劲冲天。炼焦工地上，红旗飘扬，热火朝天。同学们有挑砖的、挑煤的，看谁挑得多、挑得重，你追我赶。女同学也不服输，她们挑着重担，来来回回，裹着的头巾飘舞，工地上烟尘滚滚，一片欢腾。

我从来没有经历过这么艰苦而长时间的劳动，现在体会到了，劳动，劳动，只有现在才觉得它艰苦而伟大。虽然艰苦，但我记起陶铸书记的号召：要把我们培养成热爱劳动的大学生，锻炼成既是脑力劳动者又是体力劳动者……当我挑着百来斤的重担，弯着腰铲煤，跪在地上点炉火，被煤烟熏得眼泪直流的时候，就会这么想。

劳动，是那么愉快，能使人忘掉不快和烦恼。每当我和几个同学一同去筛煤、砌炉、下煤、点火的时候，总是嘻嘻哈哈地斗嘴，工作紧张又欢乐。很多时候，当下班的哨子响起，我会忽然觉得有点失落，总是依依不舍地离开工地……

劳动，还能够增进同学之间的了解。每当在一起劳动时，我们有说有笑，不觉之中会说出自己的心事，交换彼此的看法……劳动，增进了我们同学之间的感情。

那天傍晚，太阳已经从西边的山腰落了下去，我们刚从工地上回来，吃过饭，聚集在河边沙滩上休息，叶孟贞秘书来了，亲切地对我们说道："同学们，你们辛苦了，大家坐下来吧！"

她和我们一起坐下来，青白的脸上露出微笑，说道："同学们，今天杜捷江同学不小心被竹尖刺伤了脚，流了许多血，你们要注意安全，有不少同学不穿鞋劳动，我认为还是穿鞋比较好，真的不想穿，就要特别小心了。还有，你们晚上在河边洗澡，有的同学走到深水区，那是很危险的，有的人在水里浸泡太久，容易生病，这都叫我担心。天寒地冻，赶快洗完上来穿好衣服，免得着凉……"

啊！她如慈母一般地关爱我们，令我感动。

叶秘书身体不好，常常生病，对于病痛，她体会最深，所以对于生病的同学都给予特别的照顾。

11 月 13 日，我们来到炼焦工地上的第十一天，中文系萧殷主任来工地看望我们，带来了热情的问候、宝贵的指示和亲切的教导。

萧主任看见我们努力投入劳动，特别是看见身体瘦弱的同学也能一直坚持艰苦的劳动，很是感动，当他见到周霭楣抬着大竹箩的时候，担心又关切地说：

"小心点，小心点，慢慢来……慢一点……"

萧主任爱护学生的神情，令我感动。

当叶秘书、饶芃子老师、张兴藏老师和我们几个学生干部送别萧主任后，饶老师说："萧主任特别关爱你们学生，百忙中抽时间来看望你们。他过两天就要上北京开会了。"她又告诉我们，萧主任准备写完他的长篇小说《多雨的夏天》，全书三四十万字，已经完成了十万字。我听了，惊叹不已。由此，张兴藏老师建议我们把炼焦题材写成一部长篇小说，对我说：

"钟毓材，找十多二十个同学，大家来个集体创作，一起收集材料，分工写，请何维老师来作指导。"

张老师指定世桐和我负责，结果因困难太多最终未能成事。

三、与工人们一起劳动——向工人阶级学习

11 月 15 日晚上，广州钢铁厂来的工人和我们一同开了个会，是讨论工人与同学合并劳动生产等问题的。

听到这个消息，我们既高兴又担心。高兴的是，我们要和工人一起劳动了，工人阶级是建设社会主义的主力军，党时时教育我们要向工人学习，改造自己，今天不就有了很好的机会吗？担心的是，怎么样才能和他们一起很好地劳动，他们会不会另眼看待我们这些学生？加上我们有些言语不通，担心交流会有隔阂。我想，今晚会有多少不平静的心跳动呀，同学们都和我一样，在预想着明天的情景。

翌日早晨，我们系的同学分成许多班，和自己班合作的工人们见了面，相互介绍认识。我属于第一连第二班，担任正班长，副班长由工人谭秋担任，班上同学 14 人，工人 6 人；其中，女生有周霭楣、李玉梅，男生有李良炳、丁有盛、李耀华、李尚杏、宁乃权、刘快音、李荣祥、杜捷江、陈竞业、刘日晖等人。

第一天的劳动就把我的顾虑打消了，我们班的六位工友态度很好，和同学们有商有量，今天的任务原本要完成五个小焦炉，我们班算是做得比较好的，完成了四个半的小焦炉，点燃了四个炉火，能取得这样的成绩主要是各位同学和工友干劲冲天，彼此配合得好。我深深体会到，今后我们同学和工人在劳动生产上，一定会合

作得亲密无间，干出成绩来，并且相信我们能够和他们建立起友情。

　　事实确实如此，在劳动中，我们同学和工友们很快建立了阶级友情。李玉梅和周霭楣更是和女工友打成一片，在工余时间照顾她们的孩子，还照了相片留念。

我们与刚派来的工人一起炼焦（钟毓材收藏，1958 年）

　　11 月 18 日开会，会议传达了 20 日的任务要求，所以炼焦战士就必须保证 20 日之前完成任务，确保钢铁有粮食，并且检讨前一天的进度太慢，如果按照这样的速度，肯定完成不了任务。于是工厂领导动员我们战斗一天一夜，完成 300 吨的炼焦任务。

　　我们这一连要点 90 个火炉，第二连要点 80 个，共点 170 个火炉。为了能够完成这个任务，全体工友和同学老师都投入了紧张的战斗中，全工地都被浓浓的黑烟笼罩着，即使有人站在不远的地方，也只能看到黑影在移动，却无法辨认是谁。到了晚上，遍地的炉火在浓烟里闪烁，我们的眼睛被熏得直流泪。真的，我从来没有如此长时间艰苦劳动过，一停下来，全身软绵绵的，腰痛得不行。经过一天一夜的苦战，我们总算完成了任务。

后来，我们炼焦连和工友们紧密合作，共同战斗，建造了大炉，还完成了850吨的炼焦任务，得到了流动红旗。

四、举行民歌比赛

在炼焦工地上，我们热火朝天地劳动；在红旗飘舞中，我们掀起了写民歌的热潮。11月20日，第一次民歌比赛结束了，许多同学都写了不少民歌，有的还写得很不错。我却始终没有写，李荣祥多次催促我，说："毓材，你是班长，不写怎行？"结果我经过苦思才写出这样三首：

炼焦工地奇迹多，煤山坡下排队坐。

把背当成书桌用，人人写出几首歌。

花儿有了绿叶拱，黄的黄来红更红。

炼焦工地有了歌，干劲更大力无穷。

筑起煤山建焦炉，不费力气乐融融。

河里光柱顶太阳，帆影划破河中云。

岸上焦山峰连峰，千船万船载不完。

我写得很差，觉得很惭愧。我认真检讨，主要的原因是我没有爱上民歌，思想感情上还没有和劳动人民一致，缺乏应有的热情。农村长大的同学，像李荣祥、李良炳、李尚杏对劳动有着亲身的深切体会，所以写起民歌来得心应手，写得多，而且好。

我们中文系同学，像张振金，写得最好：

> 天也红，地也红，
>
> 不是云间飞彩虹，
>
> 地上焦炉火融融。
>
> 山在笑，河在笑，
>
> 不是仙女游云霄，
>
> 人间欢庆炉出焦。

我是写不出这样的民歌的。

到了 11 月 26 日，第二次民歌比赛又快结束了，同学们的热情还是很高涨，上次我们班的民歌比赛拿了红旗，这次是否能保持，我看有些困难；上次我们班写了 63 首，这次只有 59 首。不管怎么样，同学们还是尽了力的。

在这样火热的劳动中，我们全系同学写了几百首民歌，大都选登在《战鼓》油印刊物上。

五、别了，炼焦工地！别了，工友们！

12 月 17 日，我们突然接到学校通知，要我与学淡、卓才和有盛四位同学提前回学校，有工作等待着我们。

突然说要离开，心里有一种说不出来的依依不舍的感情，经过这段时间的共处，大家都增进了相互之间的了解。尤其是我们班上的两位女同学周霭楣和李玉梅，表现得很好。她俩都是从香港回来的女生，从未参加过体力劳动，身体也比较瘦弱。然而，她们这次来到炼焦工地上，不怕苦，不怕脏，力求在劳动中锻炼和改造自己。工余时间，她们还替男生洗衣服……突然要离开了，我先要向她们道别。我走进厨房，李玉梅半躺在长椅上看书，一听我说要回校了，她眼睛睁得大大的，将信将疑地望着我。当我把一切告诉她后，她站起身，向我伸出手和我握手："写信来吧！"大姐若梅也在，知道我要走了，很是不舍。我一回到宿舍，周霭楣见到我就说："要回去了是吗？"可见有人已经告诉了她，是谁呢，我不知道。她默默地看着我收拾行李，替我找报纸包东西。她不像李玉梅那样善于表露感情，也没那么开朗。临走时，她送我到门口，说声再见，脸红红的。

只有当离别了，才会觉得这里的一切都很亲切，值得怀念和留恋。当我准备好行李，和杨学淡一起来到工地上向同学们和工友们道别的时候，心情立刻波动起来……许多同学走上前来，和我俩握握手，有的推推我，说："再见！"工友们怀着依依不舍的心情，对我俩说："以后常来玩。"这时候，工地上的大炉冒出烟火，流溪河仍旧在平静地流淌，多么熟悉的炼焦工地啊！我们日夜苦战过的地方！现在就要离别了……铁矿厂的书记前来和我握手，说："多么舍不得你们离开呀！"他特别送我和学淡走出工地，眼睛红红的，我很感动……

当我提着行李走向归程的时候，禁不住回头望望炼焦工地、厨房、吃饭的地方、休息的空地、洗澡的河边……我要多看两眼，把这里的一切，连同这段时间的劳动生活牢牢地铭记在心里！

…………

晚上，我已经坐在学校宿舍里的灯下写日记，有盛在我身旁坐着，我俩谈起江村炼焦的生活，都有着共同的深刻感受，怀念那热火朝天的工地、冒出烟火的焦炉、干劲冲天的同学们和工友们……

炼焦生活就此结束了，这一段生活是终生难忘的，我问心无愧，尽了自己的力量。回国以来，我参加过许许多多的劳动，但是都没有这次艰苦，时间也没有这么长，我过去劳动的持久性很差，做一下就觉得累，然而这次我做到了，可以连续劳动几个钟头，挑砖、挑煤，常常把肩头压得很痛，但是我坚持着，想起一些先进的同学，想起党的教导，无论怎样艰苦，也要坚持下去……这一切都比过往进步了。

我在思想感情方面，也有了显著的进步，过去自己很怕脏，可是今天，看见煤就有一种亲切感，闻到煤烟，仿佛闻到了香味……过去劳动只是和同学一起，这次还和工人一起，了解了工人的友善、勤俭，学习了工人的优秀品德……

和我们班一起劳动的工友共有六位，副班长谭秋，小鬼雷程光，初中毕业生陈贤道，青年工人冯英琦、朱畔和女工刘惠芳。谭秋，三十七八岁，理光头，笑起来会露出几颗金牙，但他很少笑。他干活时埋头苦干，不声不响，但是干得快，手脚灵活，对人友善，不大愿意管人。小鬼雷程光，只有 16 岁左右，黑头发有些卷曲，脸上充满调皮的神情，说话时翘起嘴巴，最初吊儿郎当，后来改了这毛病。冯英琦、朱畔和刘惠芳他们三人工作踏实，对人态度友善。最好笑的是那个初中毕业生陈贤道，有文化，喜欢吹牛。他长着一个高尖的鼻子，人家叫他"杜勒斯"。这个杜勒斯好表现，有一天下午，太阳暖和，他脱下上衣，撅起臂膀，展示他的健美，引得大家都笑了……

我如今想起他们，仍感到很亲切。在劳动中，我们和工友们建立了不寻常的友情。

这一段炼焦劳动生活，对我来说，是非常有意义的，也将成为我终生难忘的回忆！为了纪念这段生活，我在日记本上画了三幅江村炼焦地图，作为留念。

回到广州后，我和学淡去市委找大学炼焦团的负责同志，向他汇报了我们在江村炼焦的情况。他听了很高兴，还赞扬我们暨大中文系的出色表现。

回到学校，才得知有中央首长要来暨大参观，所以各系要搞展览会，我们回来就是要参与筹备中文系展览会的工作。

11 月 18 日，还有一部分同学回来了。当日下午四点多，我在回校的路上遇见张衍赐同学，他告诉我，李玉梅和周霭楣也回来了。我先把单车还给李玉梅，便上宿舍去见周霭楣，我说很怀念江村炼焦的日子，她说她也是。

杜捷江告诉我，班里的工友们对同学们依依不舍，有的工友还哭了。他们送了日记本给我。为了答谢他们，晚上我和捷江、霭楣、玉梅一同到石牌商店买了六本日记本送给我们班的六位工友，以作纪念。

过了一个星期，全系同学都回来了。

11月27日，我们到广州戏院参加"市委欢送钢铁军炼焦团"大会，大会上首长作了报告，我们学校获得了一面红旗。

以上是按照我当年的日记所选写的中文系江村炼焦实录。

作于 2021 年 12 月 15 日

江村大炼焦

黄卓才

20 世纪 50 年代是一个充满革命激情和盲目乐观的年代。为了"超英赶美"，1958 年 9 月初，中央号召全党全民为完成 1 070 万吨钢的生产指标而奋斗。《人民日报》发表社论，指出"钢铁工业是整个工业的基础，是整个工业的纲，是整个工业的元帅"，要其他部门"停车让路，让钢铁元帅升帐"，"全力保证实现钢产量翻一番"。于是，忽如一夜春风起，神州处处钢花开。钢帅升帐，需要焦炭扶持。

也就是说，焦炭是炼钢必需的燃料，只有烧出优质焦炭才能达到炼钢所需的高温。在暨南大学，矿业系被派去炼钢，我们中文系就被派去炼焦——把煤烧成焦炭。

10 月 7 日，暨南大学中文系一年级的 90 名学生和几位老师来到广州西郊的江村，在流溪河边安营扎寨，投入大炼焦"战斗"。

那是"大跃进"的火红岁月，干什么事都讲"战斗"，像大炼钢、大炼焦这样的群众运动，当然概莫能外。我们这班人马，按部队连、排、班的编制，住草棚，吃大锅饭。每天清晨"军号"一响，大家就要从被窝里爬出来，迅速集合进行军事训练。来自城市的同学，也和农村来的同学一样摸爬滚打。

在秋风中，我们在河边用砖头加泥土垒起一座座小山包状的炼焦炉。满载开滦煤的大木船从流溪河上游驶来，一靠岸，我们就用箩筐、竹箕上船挑煤。焦炉里倒满了煤之后，点火燃烧。凭经验烧到一定时刻，估计已经结焦，用河水浇灭。等到冷却之后，就出焦了。可是，头几回打开炉门一看，全是煤灰，不见什么焦炭。

经历多次失败之后，大家都觉得痛心！多好的开滦煤啊，全国最优质的无烟煤，竟被我们糟蹋了！

过了不久，来了几位广州钢铁厂的工人指导我们炼焦。这应该是领导的英明决策：工人既可指导技术，又可帮助知识分子改造思想，真是一举两得。但其实，广钢工人又何曾炼过焦呢，更何况是"土法"炼焦！

我们与工人一起炼焦（黄卓才摄／藏）

我们与工人融洽相处，共同用心钻研，不断总结经验和教训。后来，终于取得成功——从一炉炉煤灰中欣喜地发现了一小块一小块闪闪发亮的焦炭！你看照片上出焦的情景，工人、老师和学生脚踩着正在吱吱冒烟的焦炉，大家脸上既有几许胜利的喜悦，也有隐约的焦虑，心情复杂啊！

青春无悔。江村炼焦、芳村筑铁路、校内挖明湖、到粤北农村支持春插等一系列任务荒废了我们的学业（后来只好延长一年学制补救），但艰苦的体力劳动的确锻炼了我们的体能和意志，对人生不无裨益。

下面是我的江村炼焦生活手记，为当年原始记录。

1958 年 11 月 8 日晚

我们现在是在北区炼焦厂工作。来到这里已经是第六天了，搞的是小土炉炼焦。这几天的工作没有什么定着，有时挑煤、筛煤，有时出焦、清炉。一些新炉也已经投入生产。我们还搞了一些试验炉，"土法"上马，第二天就炼出焦油来了。同学们在劳动中很自然地写出了许多诗篇，在《战鼓》上连续发表……

这几天很少看报，连看一遍大标题的时间也没有。幸好有时能听听广播。

生活是紧张的。早上 5 点半起床，5 点半至 6 点半进行军事训练。早餐后，7 点开工，至 11 点半。下午 1 点半又继续工作，至 5 点半吃晚饭。宿舍是个草棚子，床上铺上稻草，倒还松软。吃的也很好，学校每天给我们一元伙食补贴（注：一元真的不少。当时一个月的伙食费 12 元，平均每天四毛钱）。

这里的地址是：广州市郊区江村北区炼焦厂暨南大学炼焦连。

1958 年 11 月 14 日

我现在坐在江村工地河边。你看，江水一片蓝青青的，虽然它里面包含着不少煤粉，但它没有变黑，就好像一个本来漂亮的姑娘，脸上偶然抹上了一些污秽的东西那样，并不失去其原真的美丽。河里鼓足了风的帆船在穿梭，它们正为钢铁生产运输奔忙。煤、沙、砖等是主要的货物。在我眼前的地方，有几只小船停泊着。偶尔有两个船家小孩跳到沙滩上来，追逐嬉戏，怪好看的。在河的对岸，首先映入眼帘的是一片青绿的竹林、一片苍绿的甘蔗。而更加引人注目的是那近前的一个个小煤山，以及那徐徐升起的烟火。当夜幕落下时，黑色的浓烟和黑夜融合在一起，无数朵焦火便升起来了。东南西北各方，焦火都把天映红了，不了解情况的人还以为是红霞呢。今日的江村，真是一片繁华景象。但你知道过去吗？这里一片荒凉，只有一两个很小的村庄而已。

在这样一个风景如画的地方，我们的生活一定很好吧？并不，我们的生活是相当艰苦的。因为这里刚开发建设，什么东西都很缺乏。房子除了一两间是沥青纸木房之外，其余都是草房。我们住的宿舍离工地很远，走一趟要二三十分钟，造成很大的不便。我们早出晚归，床铺的面目是个什么样子都看不清楚，更谈不上什么整理内务了。中午连个休息的地方也没有，同学们只能靠着宿舍的墙壁坐坐。洗澡要到河里去，大自然便是浴室。这一切都是很多人没有尝试过的。在这样的环境里，加上繁重的劳动，好些同学因过度疲劳已经病倒了。

我是坐在工地里，利用休息的 15 分钟写下以上文字的。现在休息时间已经到了，连长的哨子吹响了。

15 天的工期快要结束了，我们以为很快就可以回校了，可是省委要我们继续干到 12 月底。

在紧张的劳动之外，大家也喜欢写一点东西，主要是写民歌，而且我们现在开始民歌创作比赛了。老实说，我是有点迷信灵感的。有时候看到一件事物，产生了写作的冲动，一拿起笔来，便写就一篇文章；有时候呢，确实怎么也写不出来。灵感是随着对新事物的敏感而产生的，如果一个人对新事物一点也不感兴趣，他无论如何都是没有灵感的。

1958 年 11 月 26 日

转眼就过了十几天，这里的劳动是一贯的紧张。现在将近月底，大概是赶任务吧，天天开夜班，休息的时间很不足。前几天，书记（即梁奇达副校长）来工地探望我们之后，气氛活跃了一些。以前我们的生活是比较死板的，除了劳动还是劳动，学习的时间很少，同学们只能写写民歌。除此之外，没有时间去写其他形式的东西。我创作的民歌都是在中午休息时间，或者是躺在床上的时候亮着手电筒写的。书记来到工地，给我们带来了很多东西。他很懂得同学们的心理，并没有给我们讲革命大道理，而是从实际出发，解决同学们思想上、生活上存在的问题。这些是系领导所忽略的（系主任没来）。现在呢，书记把生活上的小问题，比如吃饭、洗澡、穿衣、理发、文化娱乐等都一一给我们解决了。他叫我们吃好一些，送给我们手套、口罩、香皂、肥皂，还有一套衣服，给经济困难的同学送鞋子，还把电影送到工地上来，等等。党和学校对我们的关怀鼓舞了每一个同学。华侨生、港澳生尤为感动，有的甚至流下了眼泪。现在系里也开始制订学习计划，进行比较全面的学习。甚至有一个冒险的打算，积极准备。收集材料回校后，用几天的时间突击写出一部工地生活题材的长篇小说，作为元旦献礼。

1958 年 11 月 30 日

民歌习作八首：

北　江

庐山面目难见真，北江比它还要难。

庐山云雾有时散，北江烟盖万重山。

海市蜃楼

传闻石门蜃楼景，大船小船云里现。

石门奇景不常有，北江焦场日夜见。

流动红旗

流动红旗人人爱，拿在手里劲加倍。

若是有谁来相争，请先跟我拼一回。

照　镜

工地回来拿镜照，战友指我黑脸笑。

我把镜子递给他，不对我笑对镜笑。

新公路

新修公路曲弯弯，路旁新房盖满山。

请问此地啥名字，人道这里是乡间。

工地乐

北江河水溅浪花，河畔工地笑哈哈。

开工大伙拼命干，休息弹唱兰花花。

北风吹

北风吹过我工地，正好当上鼓风机。

战士拍手欢迎你，正好帮我把汗挥。

与老工人聊天

阿伯和我坐炉边，面对红旗来聊天。谈过前面清江水，再说后面山野青。厂里花园不日建，阿伯满脸笑盈盈。细叙党政领导好，老人感激热泪涟。卷袖显出粗黑臂，老茧蕴藏无穷劲。人虽年老心正春，共产主义他要见。今日誓要炼好焦，支持钢帅把帐升。说罢阿伯把歌唱，要将苦战变乐战。他笑我笑火亦笑，天地嘻哈连一片。

1958 年 12 月 17 日晚

现在我已经坐在学校的宿舍了。宽敞的房间、明亮的电灯增加了心里的快感。在工地里，是没有办法享受这些的。草棚子、手电筒……今天中午刚吃完饭，领导交给我们五位同学一个紧急任务：马上回校。于是我们在半个小时之内收拾好行李，直奔汽车站。

事情是这样的，最近党中央宣传部要到我校——全国新办大学中最大规模的一个——来参观。所谓参观，实际上是检查我们的成绩吧。学校准备赶紧筹备一下，开一个展览会，打算把开学以来在各个方面取得的成绩展示出来，以欢迎他们的到来。因此，系领导把我们几个人调回去，负责中文系展览馆的准备工作。其余同学要到 22 号才能够全部回校。

作于 2021 年 12 月 16 日

注：校史记述"中文系第一期搞炼钢 108 天，共 910 小时"，数据有误。见《暨南大学校史》，暨南大学出版社 2016 年版，第 212 页。

流溪河畔炼焦忙
——江村炼焦实录

刘才秀

每当我回忆起在母校的学习生活，时常会想起在流溪河畔炼焦的情景，"嘿哟，嘿哟""嘿哟，嘿哟"和 $|\underline{332}\ \underline{12}\ |\ \underline{556}\ \underline{12}\ |$ 的旋律就会在我耳边回荡。

1958 年入学不久，中文系师生参加了半个月的芳村筑铁路义务劳动。回校稍作休整后，学校又指派我们开赴江村去炼焦。

炼焦工地在广州北郊江村（现为镇）流溪河畔的一片旱地上。学校本来要求同学们要与工人师傅"三同"（同吃、同住、同劳动）的，实际上因条件所限并没有同吃、同住，只有同劳动。

先说吃。我们没有同工人师傅吃一锅饭，而是自己开伙。厨房就在工地旁，很简陋，用茅草搭成。卢大萱老师是总管，生活委员赖火荣同学是采购。柴米油盐蔬菜在江村集市上买回来，生病或体弱的同学帮厨。伙食标准除学校的每人每月 12 元以外，据说还有补贴。一日三餐，每八人一个小组，有一大脸盆菜，荤素搭配，饭管够。开饭时，同学们或蹲或坐在地上，分而食之。说实在的，伙食还是不错的，但那时年轻，能吃，不一会儿工夫便一扫而光。

再说住。我们住在离工地不太远的草棚里。草棚的骨架和床是用竹子扎的。棚顶上铺着厚厚的茅草，四周围着甘蔗叶，通铺上垫着稻草，草席一铺睡在上面倒也软绵暖和。有时睡不着，在蔗叶上扒个小洞还可数星星、看月亮，别有一番情趣。

再说说劳动吧。同学们分成几个组编入工人师傅的班里，班长（班头）是工人师傅，该干什么工作由他分派。主要任务有装卸煤、筛煤、垒炼焦炉、炼焦和出焦。我们每天和工人同劳动，出一身大汗，沾一身煤尘。

最艰苦的劳动要数装卸煤了。煤是船载来的。船一靠岸，船舷和岸上搭上跳板，大家就扛着大竹杠、拿着麻绳、背着竹筐下到船上去装煤，然后抬到煤场卸下。班头为了照顾同学们，往往分一个师傅和一个同学搭档。竹筐很大，足可装 200 来斤煤，装满煤后，麻绳钩勾住竹筐的两个耳，竹杠一穿上，一声"起肩哩"，劳动号子就吼起来了："抬起来哟，嘿哟"，"跟住来哟，嘿哟"，"顶硬上哟，嘿哟"，"加油干哟，嘿哟"，"争上游哟，嘿哟"……号子声此起彼伏。跳板随着号子有节奏地上下颤悠。一筐煤有 200 来斤重，但奇怪的是，我们并不怎么觉得重。后来同学们发现了一个秘密：原来工人师傅每次都在后面抬，有意把筐往自己身边挪，这样就减轻了同学那头的重量。这让同学们十分感动。

炼焦，"土法"上马。炼焦炉要用耐火砖来垒，像炉膛、炉壁、通风道都是用耐火砖垒的。打个比方，炼焦炉就像平放在地上的自行车轱辘。炉膛像车轴，通风道像车辐条，炉壁就像轱圈。炉垒好了，就往里堆煤。随着煤越堆越多，烟囱和炉壁也随之垒高。一个大炉一次可炼一百多吨煤，小的一次也可炼几十吨。大大小小的炼焦炉就像一个个蒙古包在工地上有序地排列着。烧炼时，工地上一片红光，蔚为壮观。空气中弥漫着一股刺鼻的煤焦油味儿，颇难闻。

一炉煤大概经过7～10天的烧炼就成了焦炭。出焦前，先把炉壁拆了，往焦炭上浇水，还没等焦炭完全冷却，为了抢时间、争速度，工人师傅和同学们便冒着腾腾的白烟、忍着刺鼻的焦油味，冲上去扒焦炭。当同学们看到一垛垛自己炼出来的焦炭时，都欢呼雀跃。

炼焦的劳动是艰苦的。同学们每天全身是煤尘和汗水，个个除了眼白和牙齿是白的外，全身黑，都成了"黑包公"。流溪河是天然的浴场，同学们下班后纷纷跳进河里尽情地戏水、游泳、嬉闹、唱歌，一片欢腾。唱歌声音最响亮的要数系男高音叶新萍了。女同学冲凉问题则在伙房旁的茅草房里将就了。

通过流溪河畔的炼焦劳动，同学们践行了学校提出的"边劳动，边锻炼，边学习"的方针，付出了汗水，也颇有收获。

炼焦劳动，锻炼了同学们吃苦耐劳的意志和艰苦奋斗的精神。"土法"炼焦全是体力活。虽然辛苦，但没有一个同学退缩、当逃兵。这一点是值得大加赞赏的。

刘才秀（右）与梁江（茂名教育学院副教授）在毕业
39周年师生聚会时合影（黄卓才摄，2002年）

劳动，使同学们增进了与工人师傅的友谊。三个月的劳动，大家朝夕相处，一起摸爬滚打，团结合作，亲如兄弟姐妹。当我们回校的时候，工人师傅依依不舍，挥泪送别，合影留念。后来，同学们和工人师傅之间还有通信联系，互有探访。系学生会还送了一面绣有"工人学生是一家，炉边盛开友谊花"的锦旗给工人师傅留作纪念。

生活是创作的源泉。艰苦的劳动、火热的生活激发了同学们的创作热情和灵感。在工地上，同学们自编了油印刊物《战鼓》，刊登了大量同学们原创的诗作。特别值得一书的是，张振金同学创作了《炼焦大合唱》的歌词，梁江同学给它谱了曲。后来，同学们在1960年度学校举办的文艺会演上演唱了这首《炼焦大合唱》。当梁江同学指挥全系同学唱起"嘿哟嘿哟，嘿哟嘿哟"时，全场响起热烈的掌声。结果，毫无悬念，一举夺冠。

江村炼焦劳动锻炼，是那个特殊年代的大学生特殊的人生历练，在我们心中，深深地留下了印记。

作于2022年3月

《岭南春色》之肇庆行

张振金

那是 1960 年 1 月，我们下乡采写《岭南春色》，中文系领导知道我是肇庆人，便把我分配到肇庆市采访队。我想，写作是讲究新鲜感的，熟人熟地，往往熟视无睹。我的家乡有句俗语："在瓜棚里吃自己的瓜是吃不出新鲜味道来的。"于是，我想要求到别的地区去。但我又想，熟中求新，平中出奇，这不也是一种学习写作的方法吗？那就像萧殷主任在动员会上说的，来一次"战场练兵"吧。

肇庆采访队共有四人，我，同级的江聪、李伟生，还有一个是下一届的莫拔萃，是全系十个采访队中人数最少的一队。

张振金入学照（1958 年）

农历除夕早上 8 时，我们在大沙头搭上一艘花尾渡，在西江逆流而上，到达肇庆市的时候，已是万家灯火。我正发愁怎样找到市委的联系人，宣传部的黄部长已在接待处等候我们了。他安排好我们的住宿，便带我们到市机关饭堂吃晚饭。

我至今记忆犹新，那天晚饭的菜式特别丰美，除了当地有名的扣肉、酿豆腐和西江河鲜之外，还特制了一款神仙鸡。神仙鸡的制作是不放一滴水的，加上适当香料之后，在火锅里慢火焖炖至少六个小时，中间不断调控火候，整只鸡煮熟之后，外形丝毫没变，但筷子一夹，骨肉立即分离，香气浓郁，十分绝妙。因为制作过程过于烦琐，除了招待贵宾之外，一般是不做的。这看似是一道普通的农家菜，但蕴含了浓浓的乡情，温暖着我们的心，成为我们牢记心头的一道风景，回味绵长。

黄部长是一位很重人情的宣传干部。他一边和我们吃晚饭，一边给我们讲述农村的生产形势，有理论，有实例。他知道广州供应困难，食品匮乏，所以盛情招待我们，是想让我们在餐桌上领悟一点农村春色。最后，他给我们介绍了几个劳动模范和先进单位。第二天，我们采访队四人便分头到农村基层采访去了。

我去的是罗定县里一个叫罗镜生产大队的山村。那时还是人民公社制，公社相当于如今的一个镇，生产大队就是镇下面的一个行政村。我在大队部的一间小屋见到了大队党支部书记谭基。他就是我要采访的人。

谭基约莫 30 岁，个子不高，身材瘦削，脸色灰暗，一看就知道他是一个长年辛劳、经历沧桑的人。他得知我的来意之后，匆匆吃过午饭，就带我参观大队的园艺场。他走路很快，上坡、下岭、过河，都灵活快捷。因为缺少了左臂，衣袖空空荡荡地随风飘摆。他边走边介绍情况，话语不多，声音洪亮，这让我感到他是一位铁血男儿。

他16岁参军，参加过淮海战役，渡江作战中，船被打穿了洞，沉翻了，但他幸运地上了另一艘船，跟随部队一直打到南京。接着，1950年10月，他又跟随部队第一批跨过鸭绿江，参加抗美援朝。在著名的北韩江战役中，正、副连长牺牲了，他是排长，继续指挥作战。战斗中，他被炸断了左臂，说着，他拍拍自己的左侧衣袖说："你看，里面是空的，整个左臂都没有了。"他说得很轻松，还转过头来，对我露出一丝笑意。

这个园艺场很大，连绵的山冈顶上是大片葱绿的玉桂，中间是排列有序的橘子树，往下是苍翠的茶树，眼下是初春，茶树已萌发出一层层鲜嫩的茶叶，再往下是菜蔬和颜色不同的南药，平地里鱼塘与蔗林、桑树交织，山窝里是养鸡场，林间随处可见一箱箱蜜蜂。山风轻轻吹来，夹着茉莉和桂花的清香，身边的小溪流水潺潺，山林里有鹧鸪鸟的啼唱，让我感觉走进了一个诗一般美丽的世界，这使我具体看到，农村的生产形势有所好转了。那时因为贯彻了中央庐山会议精神，初步纠正了"左"的倾向，遏制"共产风""浮夸风"和瞎指挥的错误，农民生产积极性提高了，生产开始复苏，大地初露春色。

谭基负伤之后，再不能拿枪打仗。伤势稍好，他立即申请转业返乡。他是二级战斗英雄、残疾军人，凭着政府的津贴，可以过上宽裕的日子。但是，他却有自己的人生选择。

罗定县地处粤桂边界，"七山二水一分田"，不但山多田少，而且土地贫瘠，农民常年缺粮逃荒，世世代代都找不到出路。"有路没路，就看党支部。"路在脚下，但要有人带头走才能成路。我在村里采访，许多村民向我讲述谭基是怎样用埋头苦干的办法，带领乡亲们走出了一条脱贫致富之路的。

谭基转业回到村里，把自己的转业费和残疾津贴拿出来购买耕牛和创办园艺场，开荒种植，把荒山变成宝山。但是，那时男子大多数都出外打工或被调到县水利工地大会战去了，留守在家的妇女都不懂得把犁开荒，买了耕牛也白搭。于是，谭基就凭着自己的一个独臂，带头开荒犁地。开了荒，有了地，但亩产只有两三百斤，村民还是要饿肚子。1957 年，谭基到省城参加劳动模范会，分得一斤良种。谭基就用一斤良种，经过辛勤耕种，终于使亩产超千斤，使全公社的低产田都变成了高产田。

这些故事听来动人，但写时难以下笔。大诗人陆游说："功夫在诗外。"诗和文都讲究现场感受。有没有现场感受，结果完全不同。到了现场多看、多问、多想，常常能获得意想不到的细节。于是，我到园艺场穿果林、越桂山，想象谭基创业的艰辛；我到村里走家串户，感受生活环境的熏陶；我寻找机会与谭基聊天，探索他的内心世界。我还观察谭基是怎样以独臂犁田的。

我看见他肩扛犁头，赶着耕牛走到田边，把犁头安放好之后，再把耕牛拉到田里。一般人是右手扶犁、左手牵绳的，他没有左臂，只得把牛绳套到自己的脖子上，全靠脖子的摇摆，控制耕牛的行走。这样做是十分危险的。耕牛和人不一样，它随时都会不听使唤，走快了不行，走偏了不行，要是从下田走到上田，或者从上田走到下田，更是不行，这样会连犁带人拖翻在地。听说这种危险的事已经发生过多次，每一次他都因脖子受伤，鲜血直流，昏倒在地。幸得抢救及时，才幸免于死。但是，每一次住院治疗，只要稍好一点，他就从医院偷跑回来，又去做工。他在朝鲜战争的时候，肺部也是受过伤的。现在因为过于劳累，多次在工地上吐血。公社和县委都劝他要注意身体健康，但无论谁来劝他都不听，常常回应别人的一句话就是："打仗时死都不怕，现在吃点苦、流点血算什么？"

回到学校，我写文章的时候，思考的问题很多。孔子说："学而不思则罔，思而不学则殆。"我便把思与学结合起来，一边读书一边写作。思是通过语言展开的。老子之思则如石刚强；庄子之思则如诗飞扬。我那时喜欢写诗，所以这篇文章用的是诗的构思、诗的语言，像是一首抒情诗。这种诗性的格调，影响到我以后的各种写作。

我思考得最多的问题还是如何面对苦难、流血和死亡。谭基每做一件事情，都是不顾死活的。一般人看来似乎不可理解。萧殷主任审读文章之后认为，不是苦难、流血和死亡不能写，而是要写出促成人物这种行动的客观环境，以及人物的内心世界，才具有真实性、可感性。萧主任认为，应该再去体验、观察和感受。

我又一次到了罗镜生产大队，见到了党支部书记谭基。我与谭基熟悉了，谈话也变得随和。谭基虽然话不多，却能让我窥见他的内心。他说："我当了六年兵，打了多少次仗记不清楚了。每当冲锋号一响，就立刻冲向前面，消灭敌人，那是毫不顾及个人生死的。"我说："现在不是打仗。"他说："都是一样的。习惯了，一件工作没做好，死也不甘心。"我想，谭基是军人，是战斗英雄，他是用军人的精神和英雄的气概浴血奋战，向死而生，以此改变当地贫困落后面貌的。这已成了他的性格，也就是他说的"习惯了"。除此之外，他还想些什么呢？我捉摸不透。我觉得世上最深不可测的，不是天空、海洋，而是人的内心世界。

我想起鲁迅先生的一句格言："我们自古以来，就有埋头苦干的人，有拼命硬干的人，有为民请命的人，有舍身求法的人……这就是中国人的脊梁。"

文章经过修改，我再送给萧殷主任审读。萧主任说，他也曾是军人，这种军人精神他理解，而且在今天还是需要的。于是，他提起笔，给这篇文章写了一个富有诗性的标题：四季常青。

作于 2022 年 4 月 28 日

【附】

四季常青

——记革命残疾军人社会主义建设积极分子谭基

暨南大学肇庆采访队　张振金执笔

心，热烘烘的，仿佛有一团火在燃烧。那天，虽然下着冷雨，刮着北风，可是我听着你的谈话，却没有半点寒冷的感觉。因为你所谈的，不是你个人，而是一首英雄颂歌。

战斗在战火纷飞的朝鲜战场时，你还是个孩子，人们都亲切地把你叫做"小广东"。18岁，在一年四季里，不过才是杏花二月天，在人生的征途上，不过才是一个小小的起点，可是，你已经参加过淮海战役，又第一批到朝鲜前线去，成为二级战斗英雄。在有名的北韩江战役中，你失去半截左手。那时，你眼前突然一片漆黑，心想："一只手，再不能拿枪了，不能再为党工作了！"于是，你哭了，在战场上，你宁可流尽鲜血也不流一滴眼泪。可

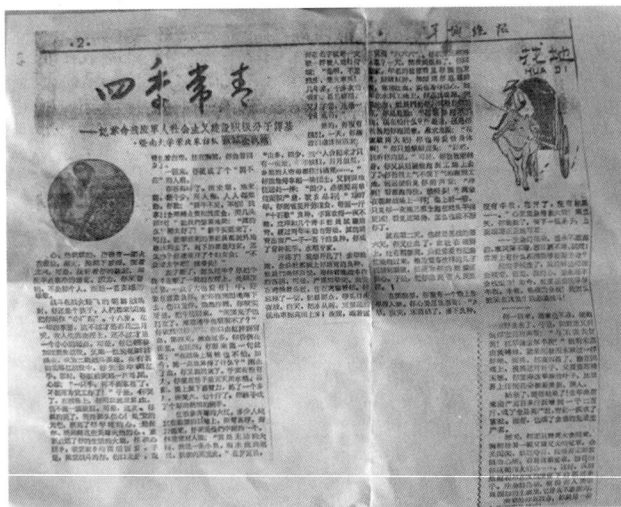

剪报（张振金供图）

是，这次，你真的哭了，哭得那么伤心！是党的光芒，照亮了你年轻的心，是保尔、吴运铎这些英雄火热的心，重新点燃了你的生活的火焰。你决心回乡，改变家乡的落后面貌。于是，渴望战斗的你，伤口未好，左臂扎着白布，挂在胸前，你就急着回乡了。

一回来，你便成了个"闲不住"的人啦。

布谷鸟叫了。田未犁，地未翻，耕牛少，用人拖，人人都焦急，你说："耕牛不足，不怕！我拿出我的转业费和残疾津贴，买几头回来！"社员们惊喜地问："真的吗？那太好了！"耕牛买回来了，可是，能犁能耙的男社员都到外地修水利去了，剩下的都是妇女。怎么办？你连夜开了个妇女会："不会便去学吧！我带头！"

左手断了，怎么拉牛？你把牛绳绊在断了的左臂上，但你长期住医院，一点手力也没有！牛，好像有意欺负你，把你拖到田垄路下去。伤口发作，隐隐作痛，你咬实牙根，把牛拉回来。"美国鬼子也打败了，难道连牛也驯服不了？"你依然坚持学习，伤口由红肿到冒血，第四天，流血过多，你昏倒在田里。在医院，你醒来第一句就说："在战场上牺牲也不怕，如今，流一点血算得了什么？"刚止了血，你又跑回来了。手实在没有力，你便在房子里天天用水桶、谷箩提上提下练臂力，练了一个多月，能提六七十斤了，你终于成了个犁田的能手。

生活像奔腾的大江，多少人屹立在祖国的巨轮上，振臂高呼，奋力摇桨，你便是他们中间的一个。你常常对人说："党是无边的大海，我是一条小鱼，海水流向哪里，我便向哪里游。"在罗定县，你的名字就像一支歌一样被人到处传颂："他啊，不是残疾人，是火车头！几年来，十多次当省的、县的模范，又入了党，还是一个好支书。"

是的，你没有残疾。一天，你踏着田垄徘徊思索："山多，田少，三个人合起来才只有一亩地，年年缺粮，月月饥荒，乡里的人穷得都往外逃荒……"你焦急地捡起一块泥土，又狠狠地往远处一摔："田少，必须提高单位面积产量，改良品种！"1957年，你到省里开劳模会，带回一斤"十石歉"良种，你欢喜得一夜不睡，立即和几个青年社员试验培育。经过两年辛勤的劳动，真的培育出亩产1 100斤的良种。你成了育种能手、水稻专家。

开花了！理想开花了！去年晚造，全公社都插上了你培育的良种，社员们满怀喜悦，等待着晚造丰收的喜讯。可是，严重的旱灾、虫灾在考验着公社，也在考验着你。你忘掉了一切，组织群众，带头日夜奋战。白天，把水从两三里远的低地运到高田上来；夜间，乘着露水喷洒"六六六"，你哪里还顾得上休息？一天，深夜两点钟了，你回到家，年老的爸爸看见你脸色发黄、眼睛红肿，他知道你患着肺病，常常吐血，实在为你担心。前年在水利工地上，你正挑着泥，突然吐血，社员们劝你，党委书记劝你，你总是说："在朝鲜死不了的我，现在怕什么？"最后，还是你爸爸把你拖回家，恳求地说："在家歇两天吧！你也得爱惜身体啊！"你只是频频点头："好吧，我听你的话。"可是，你爸爸刚转身，你又从后屋偷跑到工地上去了。你爸爸上气不接下气地跑到工地，远远便听见你的声音："冲啊！看谁跑得快，挑得多！"真像在朝鲜战场上一样！他上前一看，只见你一次挑三担土跑在前头，干得更凶了！看见这阵势，知道怎么也说服不了你了。

就在第二天，也就是苦战的第六天，你又吐血了，血吐在田野上，吐在稻穗间，公社党委书记急忙跑过来，他为党有这样的儿子而感到骄傲，但更为你的健康而担心。于是，他把你送到省人民医院。

在医院里，你没有一个晚上能平静入睡。你心里总是想着："天旱，虫灾，禾苗枯了，播下良种，没有丰收，花开了，没有结果……"你心里焦急得像火烧！第三天，你偷跑了，留下一张条子，上面端端正正地写着：

……生命的花朵，是永不凋谢的，寒风摧不毁，烈日晒不垮。试问：世界上有什么东西能够征服生命？

我的手残疾了，我的肺也可能会残疾，但是，我的心，是永远不会残疾的！如今，社里正在抗旱保丰收。丰收，是我的命根！我怎么能待在这里？我必须战斗！

…………

你一回来，连家也不进，便跑到田野去了。于是，田野里又听到你洪亮的声音："与禾苗共甘苦！抗旱除虫保丰收！"眼看禾苗由黄转绿，就像刚被雨水淋过一样鲜艳、挺秀，你高兴极了，跑到田垄上，摸摸这片叶子，又摸摸那棵禾穗，你觉得这翠绿的叶子比世界上任何花朵都要美丽、诱人。

结果了，理想结果了！去年由原来亩产 500 斤跃增到 1 200 斤，成了全县高产社，穷社一跃成了富社。而你，也成了全省的先进生产者。

那天，你正从群英大会回来，胸前挂着一颗又圆又大的奖章，金光闪闪，灿烂夺目。我带着无限敬佩的心情，看着这颗奖章，想看出你这颗伟大的心……这时，我忽然想起你在医院里留下的那张条子，生命的花朵，植根在人类崇高理想的土壤里，它是永不凋谢的。

亲爱的谭基同志，你是一朵永不凋谢的鲜花！

（本文发表于 1960 年 3 月 21 日《羊城晚报》副刊《花地》）

《岭南春色》之粤北行

黄卓才

1960 年初，暨南大学中文系组织了一项意义重大、影响深远的教学活动——全系师生出动，到广东各地采写"岭南春色"。

活动的总策划、总指挥是系主任萧殷。当时暨大在广州复校伊始，中文系仅有两个年级 100 多位学生，十多位老师。萧主任把师生分成十个分队，让我们分赴江门、新会、清远、肇庆、珠海、韶关、潮汕、海南（当时属广东省）等地。

"岭南春色"，一个多好的名字！有诗意浓厚的文学含义。我们这次走出校门，学习任务是采访和写作，以文学作品反映时代新气象。当时正值新民歌运动高潮，此前萧主任已领衔编写出版了民歌集《荔枝满山一片红》。这次走访各地，他指示我们同时注意收录新民歌。

我有幸被分配到由班主任张兴藏老师带领的粤北分队，与刘才秀、赖火荣、邓良球，梁智宏（印度尼西亚侨生），李玉梅、伍素娴（香港生）及下一届的李英等17位同学奔赴韶关。

在短短的半个月时间里，我们参观了韶关和乐昌两座地、县级城市，访问了林场、矿山和农村，增长了见闻，写作实践和身体、意志都得到了很好的锻炼，挥之不去的记忆在60余年后的今天依然让人难以忘怀。

韶　关

我们是1月25日上午9时从广州乘火车出发，下午4时许到达韶关的。七个多小时的车程，现时乘高铁差不多到北京了，但以当时的普列快车来说，不算慢了。

第二天，我在日记里这样记述韶关，现在看起来还有点意思：

韶关是一个普通的市镇，除了一座新建的大桥，没有什么特别引人注目的建筑。房屋多半是两层的木楼，都相当陈旧了。大部分的马路是没有柏油的泥沙路，倒是比较宽阔。我们刚下车时，这里正在下雨，雨点豆子般大小。此时气温已降到零下一两度，夹在雨点中，有许多小冰雹，大的如姑娘装饰发辫的珠子，小的恰如一颗颗白砂糖。有些没见过冰雹的同学，还真以为天上撒砂糖呢！

傍晚6点多钟，我们到一家小饭馆吃过晚饭（也是午饭，火车上饭菜供应不够，我们只吃了两片面包），就住进韶关地委第一招待所。招待所设备还不错，棉被、毯子、蚊帐等一应俱全，还有热水洗澡。可惜的是电灯坏了。开了个会，大家就要睡了。我因为要写日记，至12点，才把那淡黄的火水灯拧小到灯芯一般，上床就寝。半夜寒气逼人，我盖了两张棉被，加上毛毯才能入睡。

醒来时已是第二天早上7点多。张老师派我与两位同学到地委和汽车总站去联系，办理伙食，了解运输情况等。昨晚我虽然吃了七碗饭，14两米的饭量，可现在又饿了。走到包子档，却说要收粮票，四两粮票买三个包子，我身上没有粮票，只好望包兴叹，忍着饥饿办事去。

…………

黄卓才与伍素娴、李英合影于韶关（黄卓才珍藏）

那一天，我们主要是在韶关市中级党校学习。听地委干部介绍情况的报告，做下基层的准备。根据地委的意见，张老师把我们17个同学分成两个小组，一组去农村——漳西人民公社；一组去矿山、林场——曲江县红工煤矿、曲江煤矿和另一个小煤矿（名字忘记了）、乐昌九峰山林场。我想下矿井、上高山。谢谢班主任和同学们关照，让我得偿所愿。

晚上，我们还有一次特殊经历——泡澡。那是铁路工人和家属的热水大澡堂。走进里面，热气腾腾，一个个赤条条。肥佬瘦汉都站在热水里搓老皮，还有躺在池边让人修脚的。水自然比较脏，水面似乎漂着油。为了体验，我闭着眼睛勇敢跳了下去。

第三天，我还有这样的记录：

如果把韶关拍入电影镜头，大抵是可以被指认为北方的。树木萧条，道路泥泞，远处的山白皑皑一片。居民家和机关办公室里都生着火炉。行人们穿得圆滚滚的。我们刚到此地的南方人，更是几乎"密封"了——除了眼睛和额头之外，都被衣物紧紧地包裹着。尽管如此，并且我已经吃了七碗饭，已经有足够热量了吧，手脚却还是冰冷的，发红发紫，刀割般疼……

九峰山

离开了韶关，我们北上50公里。到了乐昌县城，在那里住了一晚。再从乐昌县城北上50公里，到了九峰山。

那一天，是1960年春节的除夕。

九峰山位于韶关乐昌市九峰镇，地处蔚岭山地中部，距乐昌市（当时为县）31公里。境内山清水秀，林木繁茂，群峰叠嶂，以有三星、五指、向日、羊角、马蹄、紫微、青云、太乙、云祖九座山峰而得名。明洪武二十一年（1388年），时任九峰司巡检潘志描绘九峰的诗句云：

三星图就绘群峰，五指挥和向日中。

羊角回旋风乍起，马蹄驰逐雪初融。

紫微即步青云路，太乙人归白石宫。

胜景何需银子买，巧将笔墨夺天工。

九峰镇现在是粤北著名的旅游重镇。景区以种植李树、桃树为主。山区空气清新，氧气含量丰富。每逢 3 月中旬左右桃花、李花沿路两旁盛开，油菜花金灿灿一片，整个画面如花海一般，黄色、粉色吸引了大批广州、韶关等城市来的游客和摄影"发烧友"。

当年这里还没有怎么开发，自然环境保存着不少原生态特征，农林业生产水平较低，人民生活水平不高。

在九峰公社社部的四天中，与其说是采访，倒不如说是享福，由于主人的好客，我们受到了无比热情的款待，过了一个"大跃进"饥馑中的肥年。从公社党委第一书记到各部部长，还有林场场长、生产队队长、青年突击队队长和炊事员，都把我们奉为上宾。他们称呼我们为"省里来的同志"。我们参加了公社于除夕在广场上摆的十数席团年饭、公社举办的敬老宴会。宴会上三鸟蔬菜不在话下，野味山珍才是特色。丰盛的菜肴吃不完，大碗大碗的五加皮酒端到面前，不喝不行。公社书记趁春节假期把我们请到家里去，一边吃糖果，一边闲谈，然后安排吃午饭。在他简朴的家里，我们喝到了山区顶好的冬蜜。在采访工作上，公社领导给了我们一切方便，比如，详细介绍情况，供给必要的文件和参考资料，介绍先进人物，派人带路……在那海拔 800 米以上的山区圩镇里，我们虽然走马看花，但那山区的景色、山里的人和新鲜事物都给我们留下了深刻的印象，让我们流连忘返。在临走之前，书记苦苦地挽留我们，我们也差点留了下来，但是考虑到后面还有任务，大家才依依惜别。

去林场，须从九峰山公社小镇再往上走，我们向着更高处的九峰山林场攀登。

九峰山其实不算太高，海拔只有 1 500 多米，但山路陡峭，九曲十八弯，而且路面比较狭窄，更别说有水泥路面了。我们乘运输木材的解放牌货车上山，司机起初开得飞快，越往上开，车速逐渐慢下来。到了半山，忽见路边有厚厚的积雪。从"石屎森林"来的香港女生李玉梅、伍素娴兴奋得惊叫起来："司机停车，让我们玩雪。"车一停定，她俩首先冲下去，捧起白雪就叫"照相，照相!"当年照相机是奢侈品，好在侨生有备而来，我也热情服务，把两位香港小姐手捧白雪、喜笑颜开、面如桃花的影像抓拍下来了。

林场以种植和砍伐杉树为主要工作内容。杉木是良好的建材，我家乡台山的侨房多是中西结合的建筑，钢筋红毛泥楼板，南洋红木为门窗，而屋顶粗大的梁、桁，则多是杉木。原来杉木就是这里出产的。

林场总部和职工生活区设在山上，汽车不能直达。即使在轮胎上绑铁链，也爬不动了，我们只好下车步行，奋力攀爬。汗水和鼻孔喷出的热气模糊了张老师的近视眼镜，只见他不一会儿就要擦拭一次，十分费劲。

到达目的地——一个几户人家的小山村，已是傍晚。暮色苍

白色屋顶其实是积雪（黄卓才珍藏）

茫，山间景色只能近观，不能远眺。只见杉林参天，山草丛生，曲径通幽，人迹渺至。天气实在太冷了，我们无心赏景，照了张集体照，就想找间屋子躲进去避寒。我们男生住的是一间杉木和树皮搭的工棚，屋顶也是杉皮的，四壁用杉皮围蔽。刚才爬山出了汗，身上黏乎乎的，非洗个澡不可。冲凉房就在屋边，也是杉皮搭的。脱了衣服，咬紧牙关，冷水冲身，再加呼呼山风从树皮缝隙吹进来，冷得直发抖。

女同学的住处离得较远。村民说山里有老虎、野猪之类，吓得她们晚上回去睡觉时要男同学护送。

在山上采访几天，收获平平，没找到先进英雄人物。伐木工人和家属长年累月与树木打交道，十分朴实。他们虽然知道"大跃进"的口号，却没有感觉这个春节跟以往有什么不同。"山中方七日，世上已千年"，可能正是他们的生活写照。

我们看到工人伐木非常辛苦。那时没有电锯，都是手工锯树。他们虽然长得并不特别高大，但一个个黝黑结实，膀粗臂圆，力大如牛。两个人拉一把两米长的钢锯，"沙沙沙沙"，十几个来回，一棵直径三四十厘米的大树就被锯断了。他们说，杉树木质不太硬，比较容易锯，让我们试试，但我们没拉几下就气喘吁吁了，只得败下阵来。

放排是一项非常艰险而又有乐趣的工作。九峰山有一条山溪，叫做九峰溪，蜿蜒而西，流入粤境，汇入韩江，水面比较宽，径流速度快，有利于放排。只见工人把砍伐下来的一根根木头抬到山溪边，然后用山藤把几根（六到十根）木头扎成一个木排（木筏），然后把它推入山溪，让它顺流而下，利用水流的力量运到山下去。这些木排中途若碰到拐弯的地方，就会停下来，这时就需要工人用长长的竹钩把木排摆正方向。放排工人常常赤裸上身，只穿短裤，哼着山歌或号子，以此求得放松。木排上可以放一些东西，比如山货。这样，木排就成为一个运输工具。水流顺畅浪小之处，工人和家属还可以坐在木排上搭一程，到山下去赶集，这个是他们最开心的事。哦！原来我们在韩江下游珠江看到的木排，就是这样从乐昌林场放下来的。

在山上，我们说想收集民歌，工人就给我们唱九峰山歌。这里多是客家人，所以唱的是客家山歌。事后得知，九峰山歌曲调原来较多，但传唱过程中经历史的淘汰，现在流传下来较有生命力的是刘莎妹调、过山帮调、下南京调、九峰山歌调及牛尾村山歌调五种。它们演唱的特别之处，是在不同场合和情景唱不同风格的曲调，且往往不能混用和替代。如刘莎妹调一般是在伐木、放排、卖木的劳动生产时唱，是较为典型的七言四句体陈述抒咏式曲调，有"字密腔长"的特点，节奏规整，旋律婉转，自然流畅；过山帮调是砍伐、割茅、运输、趁圩、探亲访友翻山过坳时唱的，吸收了瑶族喊山调的音律，音调高亢且音域宽广、节奏自由；下南京调多为男女互相调情时的对唱，旋律悠扬隽永，抒情性强；九峰山歌调多在人际交往、联络感情乃至夫妻调侃等日常生活中唱，音调较平，容易上口且不拘一格；牛尾村山歌调一般为妇女在山上割草砍柴时所唱，且常常是浅吟低唱，用于抒发心中积怨和对娘家的思念，调式结构的转换往往出人意料，且略带悲音，是九峰山歌中最具特色的曲调。当时我们不懂，只知道他们的民歌是音乐，与我们在城市里收集文人创作的民歌有很大区别。

粤北煤矿

在粤北，我们去过一个大煤矿采访。

刘才秀和赖火荣同学记得那个煤矿叫做红工煤矿。而我的记忆却是曲仁煤矿。这是怎么回事呢？

我现在翻查资料，原来红工煤矿的前身叫曲仁煤矿。我们去的时候，可能是刚刚改名，"曲仁煤矿"的大牌子还没换下来。"文革"后，又恢复原名。

当年，广东的煤矿主要就是在韶关地区，而曲仁煤矿是最有代表性的。它是一个由华侨私营企业改造而来的地方国营煤矿，规模不算大，但也有好几个下属矿区，我们曾经去过的就有三个。那时矿区的设备还不是很好，工人的生活和工作条件都相当艰苦。职工和家属住房多是简易平房或茅房，矿区礼堂、饭堂也是用茅草搭的大棚子。我们17个男女同学被安排在一间平房里。没有洗手间，也没有间墙。中间用一块布拉起来，就算是男女分居了。这种吃苦环境为我们这些书生提供了很好的锻炼机会。

在矿区几天，我下过几次矿井采访，还参加过三次突发性救火，留下的记忆刻骨铭心。

下矿井十分惊险。队友赖火荣同学回忆说："记得由一个工程师带我们下矿井参观，先坐垂直的电梯下去，到了井底，走矿道。起初较宽，感觉还不错；越走越深，坑道越窄。工程师一路跟我们讲有关瓦斯爆炸的故事，我们一个个吓出一身冷汗。"

刘才秀同学则还记得采访过采煤队队长、劳动模范周本荣。

在我的印象中，下矿井采访险象环生。每一次随着装满原煤的斗车走过小铁路，乘着升降机返回地面时，我都有重获新生的庆幸之感。看看一同上来的男同学、女同学，哇，一个个都变得黑不溜秋。我们脱下带照明小电灯的矿工帽和乌黑黑的工作服，洗了半天，才基本恢复原貌。

一场凶猛的火灾发生在半夜。我们被呼叫声和敲击铁器的声音吵醒。胡乱穿点衣服，冲出室外，只见火势熊熊，浓烟滚滚。原来离我们住处不远的茅草礼堂烧起来了。工人勇敢冲进火海，家属都来助阵。我们这些毛手毛脚的书生从家属手上接过水桶、木盆，也拼命泼水、扑救……

约一个小时的苦战，终于把火扑灭了。我们回到宿舍，累得倒头就睡。

余　波

赴各地采访，情况有所不同。李大洲同学回忆说：

黄卓才与李玉梅、邝芷雯合影于广州（黄卓才珍藏）

"我去新会礼乐公社。梁丽珍老师领队，队友是邝芷雯。据说她去了美国，我一直找不到她。大眼睛，长辫子，跟廖公夫人小胖挺好。

"写一位复员军人，住了一个月，在生产队二楼的仓库里，在这里过了一个春节，吃得很好。几十年后我重访该地。因我们（闽南香港）商会李会长就是礼乐人，在江门办厂，请我们一众去玩。后来又成立香港礼乐同乡会，来了许多乡人，然而是另一代人了。"

哇，真令人羡慕！我们去粤北14天就回校了，为什么他们可以乐不思蜀逗留一个月呢？当我们在学校饭堂吃"无缝钢管"时，他们却还在新会江门好吃好住。怪不得他还说："采访'岭南春色'，实在是胜举，其他院校做不到。如果一年一度，可能会多出几位作家。本来说要出版，后来搁置了。但国庆献礼展出过一大册，凝聚了全系师生的心血。我个人觉得，经受了一次锻炼，上了很有益的一课。"

是的，"经受了锻炼"，我有同感，但写了什么，记不清了。倒是记得，4月份，系里又安排我和李玉梅、邝芷雯到广州德泥路的南风针织厂采访。采写对象是一位

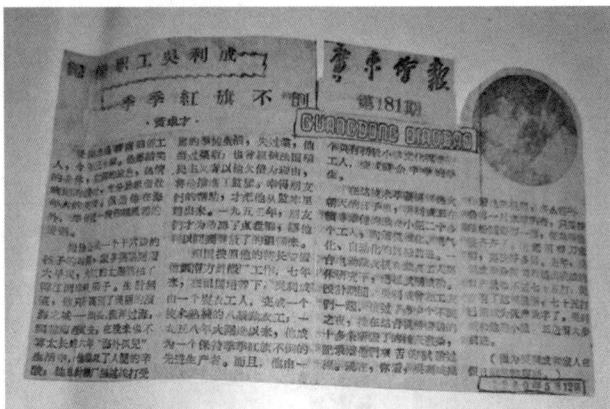

剪报（黄卓才珍藏）

归侨师傅，回来写了一篇题为《幸福的生活》的通讯，被中新社采用。《广东侨报》摘发了片段，编辑把题目改成《归侨职工吴利成　季季红旗不倒》。我至今保存着这块"豆腐干"剪报。

作于 2021 年 1 月 20 日

怀念"蒙古包"

黄卓才

蒙古包！蒙古包呢，哪里去了？暨南大学的校友们在思念，在寻访……

"蒙古包"，只是 20 世纪 60 年代到 80 年代广州暨南园里的一座简朴的大饭堂而已，但在老校友的心目中，却是母校的标志性建筑之一，全国高校中独一无二的工程艺术奇葩。它装载过多少辉煌，多少欢乐，多少艰辛！如今，再也不见它的倩影了，又引得几多暨南人深情的叹息、深切的怀念！

"蒙古包"虽然朴实无华，却显得相当雄伟，结构也很巧妙。它是由四座有走廊互相连通的学生饭堂组成，中心是大厨房。从空中俯视，它十足像四片大花瓣，厨房就是花蕊。每座饭堂都是一样的圆形腰身、圆形屋顶，整个墙体和屋顶都是灰白色的。这种素雅色调，配上青绿的草地、蓝天白云，远远看去，活像粗犷而浪漫的蒙古包。而屋顶与墙体之间装饰着的小飞檐和穹隆，令人很容易联想到牧人舞蹈中美丽姑娘飘逸的裙裾。饭堂内部，由于没有柱子阻挡，空间开阔，所以饭桌一撤，就可变为四个大歌舞厅。每逢周末或假日的傍晚时分，幽幽的肉香、菜香和饭香飘散过后，曼妙的歌声、欢腾的鼓乐声就响起来了。湿润的空气中夹杂着"星星索""哎呀妈妈"等印度尼西亚音乐的节奏，穿花衣纱笼的东南亚侨生和内地的学生在这个北国风格的建筑群里一起演奏、歌唱、跳舞，南北风情就融合起来了。也许正是这种独特的情调，吸引着来自世界各地的学子，也吸引着华工、华农、华师等周边兄弟院校的年轻人。就连远在珠江彼岸的中山大学师生也会早早赶来，找到自己的朋友、同学，共进晚餐后，双双步入舞池，踏着《舞会圆舞曲》的拍子翩翩起舞。于是，"蒙古包"成了友谊、快乐和青春活力的象征，成了开放、热情、爽朗的暨南风格的象征。怪不得来自内蒙古草原的学生给它起名"乃子那拉儿，玛乃德义列味"了！那是蒙古语，意思是"好客的蒙古姑娘"。我是1958年入学的，也就有机会成为当年的历史见证人。40年过去了，每当我想起"蒙古包"，那"砰砰嚓"的鼓点，"宝贝宝贝"和"风儿呀吹动我的船帆，船儿呀随风荡漾"的悠扬歌声，依然在我心中回响。如今，暨大土风舞的精彩表演，在广州乃至全国都出了名，风头不减当年文工团，我想，这就是"蒙古包"歌舞风气的传承吧！

然而，"蒙古包"令人怀念，何止于此！这个建筑群动工兴建于1961年，次年建成投入使用，比明湖、老六栋教工宿舍、王宽诚教学大楼等几项大工程稍迟，但也属于暨大重建初期的重大基建项目。当时，"三年困难时期"仍未过去，在不能吃饱穿暖的逆流中，师生们却以大无畏的精神进行着艰苦卓绝的奋斗。新饭堂建好了，饭菜依然很差。饭是"双蒸饭"，所谓"双蒸"，就是把每一份定量的"钵仔饭"反复蒸两次，使饭粒充分吸水膨胀。这样的米饭质量自然是很差的，不耐饱，只不过是让视觉和肠胃获得一点安慰而已。菜主要就是白灼通心菜，或者加上一勺"杂锦酱"，这是一种用蕉树头捣烂加盐做成的咸酱。肉呢，鱼呢，乃是稀罕之物，难得一尝。由于当时国家实行粮、油、糖和副食品限量供应政策，不少师生油水不足，营养不良，患了水肿、肝炎，但大家没有叫苦，没有埋怨；相反地，还幽默地把通心菜称为"无缝钢管"。大家虽每天啃着"无缝钢管"，却照样刻苦地学习，开心地生活，愉快地参加校内外的劳动、体育运动和丰富多彩的文化娱乐活动。所向披靡的篮球队和以东南亚歌舞而闻名遐迩的文工团，就是当年暨大意气风发的反映。如果说靠千余师生的双手和锄头、铁锹、簸箕等简陋工具，仅仅花两个多月就挖出了一个24亩的明湖，是艰苦奋斗的成果，那么"蒙古包"这个像草原牧民一样淳厚质朴、像天山牧歌一样明朗欢快的场所，更是暨南人乐观主义精神的明证。百年暨大，虽几经曲折，但始终屹立不倒，而且不断发展壮大，我想，跟这种百折不挠、乐观向上的传统是分不开的。

　　"蒙古包"令人怀念，还因为它是培植师生深厚感情的摇篮。你知道，暨南大学在广州重建，说得准确点其实是新办。新人、新事、新作风，一切皆新。陶铸校长是省委第一书记、中南局书记，公务繁忙，不可能住校，但他每次到来，首先关心的是教学质量和师生的身体健康，虽然不能经常亲临课室、饭堂，但他总是指示要聘请好老师来上课，要给学生加菜。于是，突然哪一天大家的饭钵里多了一根腊肠，我们就知道陶校长来了。珠江纵队出身的梁奇达副校长保持着革命干部联系群众的优良传统，经常深入宿舍、饭堂与师生谈心，为大家排忧解难。"吃得饱吗？"这是梁校长常用的问候语。在那个经济困难的特定年代，就是这样一句朴素得像农民语言的问话，让师生感受着学校领导发自内心的关怀和爱护。是啊，梁校长说"吃得饱吗"时那种关切的语气和慈祥的神态表情，可以让教师、学生牢记一辈子。当年，梁校长为了让师生吃得饱，减少因物资缺少对师生健康和对教学的干扰，他亲自带领干部跑到珠江三角洲等地寻找粮食和肉类；还发动华侨学生把"侨汇证"拿出来买副食品，办起"南洋馆"，给大家补充营养。学校还作出规定，领导干部要深入课室、宿舍、饭堂，随时了解情况，解决问题。所以，在"蒙古包"里外，时常可以见到校、系领导人员的身影。我们中文系的萧殷主任是个文艺理论大家、身后被国家批准树立塑像的当代名作家，也经常和我们在一起。他被调去中南局时，舍不得花时间到理发店去理发，就找到我们学生宿舍来。结果，还是我这个手艺很差的小剃头匠为他草草理的发。书记、教学秘书家在暨大，却常来饭堂就餐，与学生聊天。大炼钢、炼焦、挖湖、筑路，师生"三同"——同吃、同住、同劳动，一起摸爬滚打，早已打成一片；再通过这样每天密切地接触，一道与困难作斗争，领导与师生更加心心相连、亲密无间。这就是后来这段师生友谊可以保持几十年而且弥久益深的原因。如今，物质生活极大地丰富了，以前的某种理念已经不那么时兴了，但如果我们能够珍视和发扬前辈艰辛创业、艰苦奋斗、深入联系群众的优良作风，暨南人的团队精神不是可以更好地发扬，向名校目标迈进的步伐不是可以更坚定吗？

"蒙古包"于1989年因邵逸夫体育馆的兴建而被拆毁，它在暨南园里仅仅存在了28年。但它见证了暨南大学的两次复办，经受了"三年困难时期""文化大革命"的严峻考验，也目睹了几代暨南人的成长与交替。因此，从某种意义上讲，"蒙古包"

"蒙古包"竣工前夕为马来西亚侨生李异耘同学留影（黄卓才摄／藏）

是暨南人的精神家园，是暨南园的荣耀与骄傲。

啊，这远去的家园。如今只能在校史图片中寻觅，只能在心中怀思了吧！21世纪，母校里一批更加现代化、智能化的新建筑陆续矗立起来了，百年老校今胜昔，暨南更上一层楼。去旧迎新，是事物的发展规律，但人还在，物已非，岂能不令人无限惆怅、无限感慨？如果我们在大发展中能尽量把一些有价值、有特色的老古董保留下来，那不是善莫大焉吗？

[本文原载《暨南校友》杂志（2005年6月第48期），后收入《暨南往事》（暨南大学出版社2006年版）]

"蒙古包" 里扫 "舞盲"

刘才秀

当年，暨南园里有四座特型建筑——"蒙古包"。其实，它们不是真正的蒙古包，而是穹顶圆形的学生饭堂。因为它们形似蒙古包，同学们便起了这个别号。

当年的文娱生活是相对单调的。母校为了丰富同学们的业余生活，节假日常常会放电影。影场就在大礼堂门口，银幕一挂就可以放映了。银幕两边，同学们有的端张板凳来坐，有的席地而坐，有的干脆站着，正面看反面看都一样，反正都是看。除了享受露天电影外，就是跳舞了。

舞会是由各系轮流举办的。当举行舞会的时候，"蒙古包"便是临时的舞厅。桌凳往四周一撒，中间就成了舞池。要说由各系举办舞会，那简直是小菜一碟。就拿中文系来说吧，陈建南、许学群、黄裕珠、徐兆文、李玉梅等都是舞林高手。乐手也不乏其人，吴云兰、孔令邦是拉手风琴的高手，钟荣祥是首席小提琴手，丘英华是鼓手，李耀华常常客串打沙锤。乐曲一奏，"嘣嚓嚓"，舞会便开始了。

"蒙古包"全貌（校史图片）

20世纪50年代，交谊舞还很时尚。我们这些"老土"从来没有涉猎过。当年的我们还有点儿"封建"，觉得一对男女搭肩搂腰怪不好意思的。别说上场跳了，就是到现场观看的也很少。母校当时提出要在学生中扫"舞盲"，特别是当我们系举办舞会的时候，文体委员会把我们赶去"蒙古包"，舞厅里彩灯闪烁，舞影欢跃，围观者还真不少，里三层外三层的，有的更站在凳子上"作壁上观"。看到一对对舞者轻盈的舞步、优美的舞姿，说实在的，还真有点心动。舞会进行到一定时候，便是教习时间。教练们做示范动作，"舞盲"们亦步亦趋地跟着学。刚学的时候，老是低着头看，生怕踩着舞伴的脚。可是顾得脚来顾不上节拍，结果还是踩上了，出过不少洋相，那样子一定十分笨拙可笑。有人说，跳舞会上瘾。此话不假。一来二去，"舞盲"们再也不用文体委员驱赶了。舞瘾上来了，干脆跳起了"斋舞"。俗话说，熟能生巧。跳得多了，舞步就自然了，我们终于甩掉了"舞盲"的帽子。

可惜的是，"蒙古包"后来被拆掉了。现在虽然已荡然无存，但它仍深深地留在我们记忆之中。

往事如烟，一别母校已58年矣。我们在母校广州复建60周年聚会的时候曾相约2021，我们——暨南学子，就像暨南园参天大树上的片片绿叶，无论飘到哪里，母校情结始终不会改变，

要拆了，赶快留个影（梁永安珍藏，1989年11月）

我们都深情地依恋着您，最终还是回归到您扎根的这块土地！不是吗？谁叫我们是暨南学子呢！

2021年夏于广州大学

我们在饥饿的日子里

——发扬延安精神开荒种菜

钟毓材

一

我们上大学的时候，正遇上"三年困难时期"，身处饥荒的年代，尝尽饥饿的滋味。在艰苦的日子里，我们和全国人民一样，勒紧裤腰带，学习延安精神，艰苦奋斗，自力更生。

由于粮食不足，学校决定取消早餐，每天只吃两餐，午餐提前至十一点钟吃，晚餐用膳时间也提早到五点钟。而且两餐吃的都是双蒸饭，青菜多是"无缝钢管"（通心菜）。在如此挨饿缺少油水、营养不足的情况下，不少同学得了肝炎和水肿。为保证学生的健康，学校取消激烈的运动，同时也取消晚课，提早熄灯。早上提倡做体操和打太极拳。

1960年2月10日开始，学校掀起了轰轰烈烈的学习延安作风的政治运动，校园内到处张贴着引人注目的大幅标语："把延安作风当成我们时代的风尚""延安精神万岁"……

扩音器响起来了，播放出革命歌曲，豪迈的歌声在暨南园里飞扬起来了。一时间，各系的挑战书、决心书、好人好事，像春风一样传开了！

1960年2月10日晚上，中文系开了"发扬革命传统，学习延安作风"的誓师大会。张德昌书记作了报告，要我们过好有意义的生活，在如何发扬与学习延安精神和革命作风问题上也作了具体的指示。

我们全系同学动员起来了，出了黑板报，获得好评。我们写了大字报、标语，也制订出行动计划，大家都情绪高昂。黑板报上方的大字写道：以延安革命名义想起过去；以延安革命作风对待现在；以延安革命精神创造未来！

紧接着，我们召开忆苦思甜大会。许多同学站出来发言，大部分从农村来的同学经历过旧社会贫穷与落后的生活，甚至吃不饱的日子，要不是在共产党的领导下建立了新中国，国家提供助学金，这些穷苦人家的孩子哪有上大学读书的机会？他们说起党的恩情，热泪涟涟，从海外回国的侨生也纷纷表示，有了新中国，才不再寄人篱下，受人歧视，才有机会回到祖国来上大学。

我们控诉旧社会，我们热爱新社会，珍惜现在美好的生活……

我们也缅怀革命烈士们，是他们用鲜血与生命换来我们今天的新生活、自由和幸福！

我们的忆苦思甜大会开得很成功，后来也开了忆苦思甜的展览会，许多同学都写了文章。

二

萧主任非常关心与爱护华侨学生和港澳生，特别为他们开座谈会。他知道在粮食匮乏、营养不足的情况下，不少同学患了肝炎和水肿。他首先询问在座生病的同学情况怎么样，接着安慰他们说，肝炎和水肿不是什么重病，只要多休息，补充点营养就会好的，学校会照顾好他们的，他们暂时就别参加劳动了……

萧主任很亲切，好像家人一样，闲话家常，他说起自己在延安时的故事，告诉大家，不要怕艰苦，当年延安的情况比现在要艰苦十倍百倍，可是他们以革命乐观主义精神，开荒种地，于是有了南泥湾，那时候，每天他们白天在鲁艺学习，下午唱歌、劳动。一天不劳动，就觉得不舒服……希望大家现在也一样，要有革命乐观主义精神，面对艰苦的环境，自力更生，渡过难关……

最后，萧主任鼓励大家，要相信国家在党的领导下一定能够渡过难关，这一切的困难都是暂时的！

三

梁奇达副校长作了题为《发展生产，加强劳动锻炼》的报告，号召全体师生面对艰苦时期，发扬延安精神，立即行动起来大开荒，大发展生产，人人种菜、养兔子，用自己的双手改善生活，并且在劳动中改造思想，力求做到劳动学习两不误。

为响应梁校长的号召，校园里热闹喧哗起来了，处处是劳动开荒的同学，山头上、田地里都是一片锄地响声，场面激动人心。

我们中文系同学分好几批出发，到处去占领地盘，在这样的热潮中，你不占，人家就先去占了。所以动作要快，我和乃权一起去抢，占到了几块地。同学们情绪高涨，一共占到了好多块地。

这时候，中文系已经分文学创作班、语言班、文学理论班和古典文学研究班等，我被分配到文学创作班，班主任由杜桐副主任担任。班上一共有 16 位同学，恩云当班长，同学有振金、兆汉、卓才、良球、锡房、耀华、伟生、荣祥、有盛、钦民、松昌、裕珠和玉梅等。出乎意料地，我被选为班上的劳动股。在这之前，我都负责系里的学习与宣传工作。我想，是杜主任要我实地接触劳动，让我从劳动中改造思想。既然成了劳动股，开荒种菜的任务自然落在我的肩膀上了。我表示会做好劳动股工作的。

为了种好菜，我和恩云到石牌大队去联系种菜的问题，我们想与他们挂钩，同时向他们取经。我们平日常说要培养工农感情，原来面前有"佛"都不会求。现在我们要种菜，他们最有经验。我们找到石牌第五大队队长，算是找对人了。他很热情，告诉我们现在他们种的菜很多，有椰菜、西洋菜、芥菜、菠菜、芥蓝、油菜和白菜等。他说："论种菜管理，菠菜最容易种，它用不着怎么管理，椰菜也好种，就是时间长，不适合你们种。"他还说："要生长快的菜，官达菜最容易种，但是不受欢迎，也许是吃怕了。白菜也好种，生长得也快。这两种菜比较适合你们种。"最后他告诉我们，种菜讲细心，每天要浇水，人工施肥也不可少。

听了队长的建议，我和恩云商量，还是先种官达菜和白菜。回到学校，我们开了两次会，听取来自农村的同学关于种菜的经验。不少同学很有种菜心得，如浇水要适量、如何松土、如何施肥等。结果，我们开荒的地，种出的菜很好。我们准时浇水、松土和施肥，菜地一垄垄的，菜长得葱茏，整整齐齐，生机勃勃。

全校进行菜地评比时，大家都赞美我们的菜地，以及种的菜好。因为我们中文系的同学同心协力，所以才能得到这么好的成绩。那时候，我们有些同学也种地瓜，还有大胆做试验的，比方说种番茄和其他瓜菜。还有同学养了兔子。

官达菜和白菜长大了，收割了，用水煮熟，没有油，就放点酱油，我们吃着自己种出来的菜，觉得特别鲜甜。

四

我写了一篇文章《种菜记》：

种菜记

我过去只知道吃菜，虽然知道种菜不容易，常见市郊一片绿油油的菜田里，不管炎夏与寒冬，菜农都在那里施肥浇水，但是我并不了解他们辛苦的真正所在。说到什么菜应该在什么时候下种，长到什么时候施肥，可以说我一无所知，连自己喜欢吃的几种菜究竟什么时候上市，还说不上来呢！

现在学校号召我们开荒种菜，力求自给自足。我们班种了六垄菜田，大概有三分之一亩地，我恰好是班上的劳动股，种菜这工作归我管，而且要管好才行，这是我应担的责任。

自从种上白菜那天起，我就盼着它长好长快，可是事实并非如此。

白菜苗一开始长出来的时候，看起来还很嫩绿，一片青翠，惹人喜爱。我每天去浇水时，心里总是甜滋滋的。但是，过了几天，菜叶就出现点点小孔，这是被虫吃的，我急了，听说这种小虫不怕杀虫水，就怕草木灰。于是我和几位同学去岗子上锄了草，烧成灰撒在叶子上，果然有效。过了一段日子，我看见菜茎呈现红色，大家都说，这菜很快要变老了，得加紧施肥，不然就开花了，我又赶紧和几位同学一起施了两次肥，但白菜还是长得不怎么好。

那时候，正是寒冬时节，早上去菜地浇水，北风凛冽，用手去泼水，水冷得像刀割手一般，这时才体会到冬天种菜的辛苦。想起每天上市的成千上万斤的蔬菜，这都是多少菜农的心血与汗水凝成的！

于是，我下定了决心，一定凭着满腔热情把劳动股的工作做好。这对我来说，是一个非常难得的锻炼机会。过去，同学们都说我干实际劳动的工作少，多是做宣传抄写等工作。现在有这机会就多做些，同时要虚心向同学请教和学习。现在我总算懂得了该如何种植白菜：选苗不宜过早也不宜过迟，种下菜苗后要早晚浇水，三四天后便要施肥，肥的浓度不可太高，以后每隔几天下一次肥，浓度逐渐增加，还要及时松土与除虫……我想起一句话："你不给它吃，它也不会给你吃的！"

真的，种菜的秘诀是：不细心照料，菜是种不好的。我也深深体会到，只有付出了劳动，才会有收获。

五

在开荒种菜的日子里，我们做到劳动与学习两不误，同学们没有忘记文学创作，积极写文章、谈感想、写民歌、写诗……丁有盛作了一首种菜歌的曲子，要我帮他写歌词。对于写歌词，我一窍不通，跟有盛说："我不行。"他说："毓材，你行，试试看。"我想，借这机会学习一下也好，便答应了。配合轻快的曲调，我写了《种得多，种得好》的歌词：

> 暨南园里春光好
> 田里菜地绿油油
> 整齐美观像幅画
> 蜜蜂嗡嗡　菜花儿笑
> 菜花儿笑
>
> 是你们种的呀
> 是我们种的呀

种得这么多　种得这么好
真是好呀
响应号召搞生产
自己动手丰衣足食

蔬菜瓜果种得好
花样多样数不清
圆的尖的样样有
红红绿绿真热闹

圆的是什么呀
椰菜、茄子和地瓜
尖的是什么呀
萝卜、玉米和豆角

菜地里面一片忙
我松土来你施肥
你收菜来我摘果
大家唱起丰收歌

嘿哟嘿　嘿哟嘿
劳动的果实甜又甜
劳动的愉快说不完
说不完

毕业大合照（钟毓材珍藏）

我觉得写得不好，但是有盛说好，他喜欢。

中国人民是了不起的，国家有难，人民表现出坚韧不拔的大无畏精神。全国人民紧紧团结在党的领导下，上下一心，艰苦奋斗，自力更生，很快渡过了"三年困难时期"。我们中文系全体同学也一样，在饥饿的日子里，听党的话，发扬延安精神，不怕艰苦，开荒种菜，获得了人生中这一段难忘、可贵的经历。

2022 年初于香港

双蒸饭的效应

邓良球

记忆是个奇怪的东西。久远遇到的事情，尽管当时并不在意，却默默地沉淀在你的记忆里。以后稍有触动，它又会猛然浮现出来，叫你感慨万千。

学生时代遇到的事情，很多很多。几十年后的今天，打开记忆的闸门，有什么事情容易一触即发呢？有，双蒸饭。

正当升上大学三年级（1961年）时，我们的生活发生了变化，而且日趋严重，那就是吃饭问题。

记得当时我们的宿舍，离"蒙古包"（饭堂）不远。每天到"蒙古包"打饭，不在饭堂里吃，而是端回宿舍吃。吃饭时，书桌当饭桌，边吃边聊天，吃得津津有味。

瓦钵蒸饭，一人一份，简单卫生。一钵饭，上面是菜，下面是饭，一体连成。饭面上，胀鼓鼓的，满满的，但用筷子一揿，又瘪了下去。这是什么现象呢？当时并不在意。一日三餐，只顾张口，速战速决，特别开胃。后来才知道，其中有"奥秘"：做饭时，蒸过一次后，加水再蒸，二次完成。这样蒸出的饭，饭粒发大，膨胀起来，看上去，显得饭多了。这叫双蒸饭。

显然，吃这种饭，是为了填饱肚子，不讲究营养价值。难怪有人说："吃双蒸饭是讨好嘴巴，骗了肚子。"

饭和菜，是相互配合的统一体。既然饭是这样，菜又怎样呢？

有一种菜，我们叫它"无缝钢管"，其实就是通心菜。我们经常吃到的是牛皮菜、通心菜、白瓜等。至于荤菜，那就很少了。

这种饭菜，是那个时期的产物。也就是用这种饭菜，养活了全校学生，使大家平安地迈过艰苦岁月的门槛。

过着这种清苦的生活，在精神上会造成一定的压力，但我们并没有被它压垮。面对现实，大家意志坚强，不怕困难，鼓起勇气，努力学习，学习风气还是浓浓的。侨生、港澳生同内地生一道，同甘共苦，共渡难关，有着出色的表现。

"三年困难时期"，学校面临着十分困难的境况，而且越来越严重。粮食、副食品匮乏，供应渠道不通，学生粮食定量。为了保证学生的身体健康，进行正常的学习，学校千方百计，全力以赴解决学生吃饭问题。举国上下，都是勒紧裤腰带，过着苦日子，我们能吃上双蒸饭，算是不错的了。

然而，这种情形是暂时的，是可以理解的。我们坚信：明天会更好，一定会更好。事实上，"三年困难时期"一过，我们的生活，一天天好起来；我们的国家，一天天繁荣昌盛。

让我们把这种艰苦的生活储存在记忆里，留作美好的纪念吧！

2020 年于广州

《暨南园》杂志创刊记

黄卓才

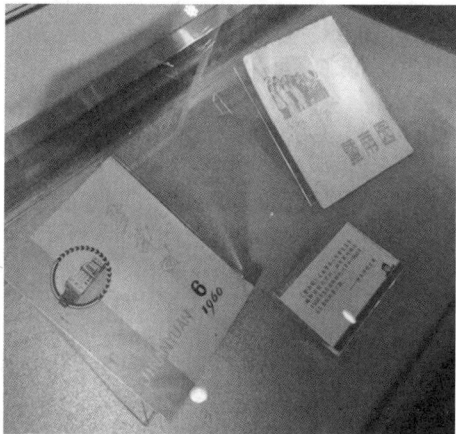

校史馆展品《暨南园》杂志（黄卓才摄于校史馆）

校友楼校史展览厅的一个玻璃柜里，展出着两本发黄的《暨南园》杂志，引人注目。这是由该刊主编钟业坤校友捐赠的创刊号和第二期。

《暨南园》是暨大重建时期（1957—1970）由学生会主办的综合性杂志，是这一时期丰富多彩校园文化生活的一个重要组成部分。看到这个展品，我觉得特别亲切，因为这是我和编辑部的同学亲手编印出来的。

《暨南园》创刊于1960年5月。筹备工作则始于4月初。学生会主席钟业坤和学生会文化部部长杨学淡找到我，说学校党委支持学生会办一个杂志，想让我担任主编。钟业坤是历史系的同级学友，杨学淡是我们中文系同级的同学。经过一年多学生会宣传工作的合作，我们已经互相了解，建立了深厚友谊。但是，我不能接受主编这个任务，因为我已担任了学校学生会《暨大学生》大型黑板报主编，每周要出一期，六块大黑板，全靠手写。虽然有我班陈新东、生物学刘定（女）等十多位能写会画的编辑相助，仍感相当吃力。况且我还兼任着《战鼓》的编辑工作。《战鼓》虽然是不定期刊物，但它是油印的，组稿、编辑之后，我还要一笔一画地在钢板上刻字，然后小心翼翼地用橡胶刮板刮油墨印刷……钟业坤主席理解我的苦衷，让我担任副主编，主理编务。他自己承担了主编的责任，主要负责把握方向和对外联络。现在回顾起来，当时我19岁，稚嫩的肩膀是怎么承受起三个编辑担子呢？实在有点不可思议。

编委会名单，钟主席早已成竹在胸。当务之急是成立一个能干活的编辑部。我们的办法简单而有效：请各系学生会推荐编辑和通讯员。《暨南园》的编辑部很快组建成了。当时校舍紧缺，办公室就设在礼堂一楼左边的一个

编辑部成员合影（黄卓才藏）

房间里。成立当天，我们在室外合影留念。编辑部共有11人，其时主编钟业坤不在场。可惜的是，当年编辑不在杂志上署名，以至于60年后的今天，除了我自己（前排中）之外，只认得钟毓材和杨学淡（前、后排左一）。

接下来的工作是学习、取经。我们首先联系了《作品》杂志编辑部。《作品》是广东省作家协会的文艺刊物，在全国颇有名气。它当时的编辑部在越秀区文德路广东省中山图书馆隔壁的一座小楼里。小小的办公室由于我们几个学生的到来而显得更加拥挤，但编辑叔叔、阿姨依然对我们呵护有加，耐心地解答我们请教的每一个问题。

筹备工作中最重要的一项，是请陶铸校长题写刊名。4月中旬的一天，钟业坤、杨学淡和我，带着学校办公室开的一封介绍信，到东山新河浦广东省委大院去找陶校长。秘书同志告知，陶书记到从化疗养，需要一段时间才回来。他说会转告，让我们先回去。陶校长是省委书记，事务繁忙。我们连个预约也没有就跑来了，实在是少不更事，太莽撞了。因为要赶5月创刊，第一期没有等到陶校长的题字。创刊号的封面是由兼任美编杨学淡部长设计的。杨学淡眼光独到，他选用的《陶铸校

1958年暨南大学在广州重建，主要招收华侨、港澳学生。图为陶铸校长和优秀侨生、港澳生在一起。
Tao Zhu and outstanding overseas Chinese students in 1958

照片（《陶铸校长和优秀侨生、港澳生在一起》黄卓才摄于校史馆）

长和优秀侨生、港澳生在一起》的封面照片，后来成了校史上的经典。

《暨南园》是一本铅印杂志，此前我从未接触过铅字活字排版印刷，这正好给我提供了到学校印刷厂见习的机会。印刷厂的工人师傅十分友善，让我深入编辑、排版、印刷和装订各个车间，随意走动，全面了解操作流程。厂里有一批归侨工人，他们尤其热情，手把手地教我。其中，印度尼西亚归侨排版女工兰姐最耐心，我的字体、字号、字距、行距、分栏、拼版等知识，最先就是从她那里学来的。一段时间相处后，我和暨大印刷工人结下深厚友谊。直到我调回母校任教，我和一代代印刷工友的情谊依然延续下去。

筹备工作得到学校领导和同学们的大力支持，梁奇达书记（兼副校长）为创刊号撰写社论，王越副校长题词，学生订量两周内达1 000多册，兄弟院校学生会和学生刊物也纷纷致信鼓励。我在"编后"记下一笔："特别令人感动的是：广东作家协会郁茹等同志在百忙中抽空给我们以具体的指导；《作品》编辑部，《广州日报》、《羊城晚报》等单位发挥了高度的共产主义风格，为我们赶制电版，并赠送花边图案，帮助我们美化版面……"

1960年5月7—8日（星期六至星期日），学校举行红五月庆祝大会。学生会成员敲锣打鼓，把飘着墨香的《暨南园》创刊号送到会场，献给校党委、学校领导、来宾和全校师生。会后，1 500册杂志被抢购一空。暨大重建第一年（1958年）秋季招生，只有中文、历史、矿冶、水产、航海五个系和两个预科——工农预科和华侨预科。1959年秋季及1960年春季增设化学系、经济系、数学系、物理系。学生总数也只有一千五六百人。1 500 册的印数我们以为差不多了，谁知还有抢购不到的同学要求加印。同学们的热情无疑是对我们极大的鼓励。

《暨南园》初定为月刊。第二期于 6 月 20 日出版，封面用上了陶校长的题字。陶校长在师生中威望很高，他的题字让刊物熠熠生辉，增加了含金量。

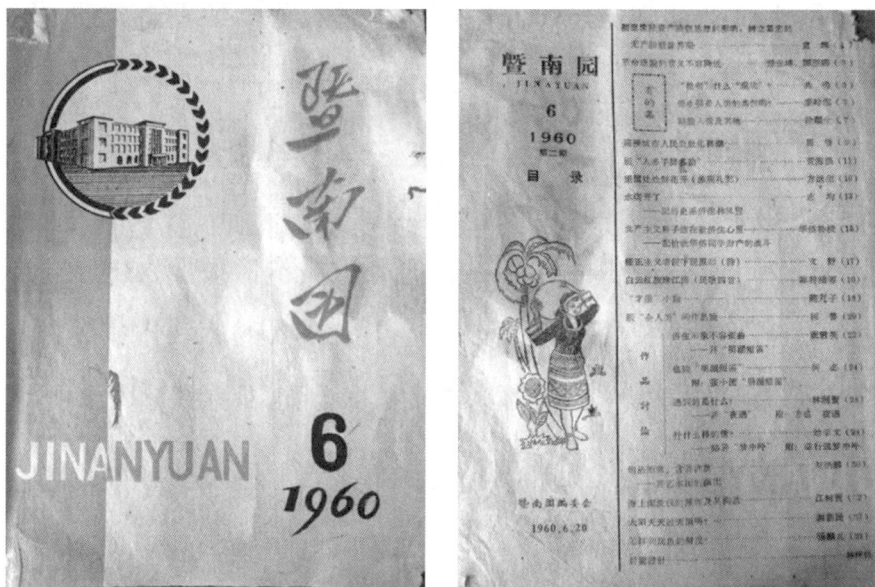

《暨南园》第二期封面和目录（黄卓才藏）

《暨南园》得到中文系师生的大力支持。从现存第二期目录中可以看到，中文系同学的参与度很高。全册 22 篇作品中，署真名实姓的就有徐顺生、方远生、陈特精、林湘贤、刘炳麟、杨麟儿六篇。李大洲用了秦岭雪的笔名，其他用笔名的作者如黄海浪、祝君美、何必、始学文，也是中文系的。加上饶芃子老师（后为副校长）的大作，占据了本期的半壁江山。

遗憾的是，《暨南园》生不逢时。正当我们准备继续大干一场的时候，"三年困难时期"已经悄然袭来，双蒸饭、"杂锦酱"、"无缝钢管"成为饭堂伙食的主角。课本和练习簿的用纸由白变黄再变黑。刊物无法生存下去，出了几期后只好无疾而终。

事物总有两面性，回头看看刊物里的文章，我发觉当年的确很幼稚，有些文章的观点经不起时间的考验，作为编发者，我觉得颇为内疚。杂志停刊了，坏事可能变成了好事，让我们避免犯更多错误。

即便如此，我回忆起这份刊物时，一种青春自豪感还是会涌上心头。因为我们毕竟曾经创办过、拥有过一本像模像样的杂志，在校史上写下了有意义的一笔。正如当年我喜欢的苏联作家奥斯特洛夫斯基所说："人的一生应当这样度过：当他回首往事时，不因虚度年华而悔恨，也不因碌碌无为而羞愧……"

作于 2021 年夏

【附】

春雷赞

昨夜，响起一阵春雷，跟着就是一阵疾雨。今朝我到湖边一看，明湖就像一面擦过的镜子，亮晶晶的。水边的小柳发出新芽来了。稍为留心点，还可以发现樱树上也长出了几片绿叶。我夹着书本登上新建的数学大楼，向珠江河畔辽阔的田野望去，更是一片茵绿，飞燕穿梭，生机勃勃。呵，这生气，就是伴随着昨夜的雷声而来的吧！

我记得，我从小就很喜欢春雷。那时候，我还在一家乡绅办的私立小学念书。有一次，念起来摇头摆脑的国文先生叫我到黑板上默写一个繁体"龟"字，我想了老半天也记不起。他要我伸出手来，不讲道理地就用藤条打了20下手板。痛，搓搓手，过一阵，便也算了。可打从那时候起，我就恨那古里古怪的字，恨打人的藤条，甚至恨那破庙堂校舍。我巴不得有一阵威力无比的春雷，把这校舍毁掉，我和阿平他们几个会做泥人的小鬼，自己再盖一座校舍；请最好最好的先生来教我们，也不学那古里古怪的字和之乎者也的书。

后来，果然响起了我渴望的春雷。破庙堂校舍虽没倒掉，却换来了新的先生、新的课本。听人说，我们解放了。

新中国成立了，一切都变了。先生不再打人了，也不叫"先生"而叫"老师"了。老师给我们讲好听的故事，说将来的孩子是怎样怎样聪明，他们不用读那么多年书，就懂得很多东西，会做机器、做飞机、做轮船，我羡慕极了。有一天，我们在操场上做完课间操，一位年轻的老师站在讲台上，扬着有力的手臂说："同学们，告诉大家一个好消息：我们的学校，很快就要改为五年制了。即是说，读五年就可以毕业。"那太好了，这回我能够早些毕业，去和阿平他们几个会做泥人的小朋友盖新学校啦。可是等了一年、两年……老师说过的"五年制"还是没有实行。是的，我又想起了春雷。春雷啊，你把古老陈旧的"六年制"砸掉吧！

六年，这倒不打紧；那时候还是个小鬼嘛！等上了初中一年级，翻开课本一看，什么算术呀、地理呀、历史呀，净是小学里学过的东西，这可使我生气了。我去问老师，老师说："这叫温故而知新，好好学便是。"我无话可说了。不知怎的，我又期待着有一场春雷啦。

我考上了高中，发榜那天，实在太高兴了。人逢喜事倍思亲。这时候，我想起小学时会做泥人的朋友阿平，就去找他。还没到他家，他的妈妈就迎出来了，后面跟着沉着脸的阿平。他妈妈说："才啊，你还读书吗？我阿平不读了。小学六年，中学六年，听说将来什么医学院又要六年。远水解不得近渴，你看现在农业社里多需要人帮忙……"我真不知怎样安慰阿平好。这次，我更盼望春雷了。

呵，终于响了，我盼望的春雷！它出现在 20 世纪 60 年代的第一个春天。前几日，我在《人民日报》上看到了陆定一副总理的报告。他说："教学必须改革！"

对，教学必须改革！副总理的话又把我引向回忆的海洋。今年春节，我跟同学们一起到粤北林区去了一趟。那里的资源数也数不尽，那里的建设说也说不完，每一件事物都使我激动。然而，林场党支部书记的一句话，更使我难忘。是临别那天，我跟着书记登上高高的山峰。"这里急需要人！"书记说。书记这句话，在我脑海中重复过好几遍。不止书记，我从场长、生产队队长和公社社员那里也听过好几遍了。他们告诉我，在飞流直下的山溪上，急需工程技术人员来帮助建立水力发电所；在望不到头的绿林里，急需建立一个林业科学站；在那一片热闹的新村里马上就要办中学，急需教师；在公社宣传部和业余剧团里，急需编辑和导演……急需，急需！我的心快要跳出胸腔了。"如果我能留下来，那该多好！"我自语道。书记笑了，说："你才二年级，学习任务还没完成，等你毕业了，我们再敲锣打鼓欢迎你。"接着，他说了一段很恳切的话："小伙子，以后几年，可要把更多的知识塞进自己的脑子。你知道不？国民党时代，就有几个什么学院毕业的工程师，要到这里来开辟森林公路。可他们哪里是什么工程师？是饭桶。拿着支枪到山上打了几天乌鸦，便溜掉了。你们是新型的大学生，可要红透专深呀。"他最后说："来吧，你们毕业后都到这里来吧，越多越好，越快越好！"

如今，我的心还能平静吗？

我捧着报纸，冲出宿舍就要去找阿平。自从那次分别后，阿平就在农业社里工作。他很勤奋，在工作中不断学习，现在已是农业中学的校长。前几天他来信："亲爱的朋友，我们儿童时代所幻想过的新校舍已在公社人员手中盖起来了，我愿意跟你比赛，看谁为党做出更多的工作来。"他的信使我想了很久，怎样才能为祖国献出更多的力量呢？呵，我从副总理的报告里找到答案了：要多快好省地学。教学革命将给我们创造良好的条件，我怎能不激动呢？我要把我的喜悦告诉阿平。"急忙忙的，哪里去！"一位同学提醒了我。我忍不住笑了。阿平还在家乡呢，怎么去找？

就在这时，播音器响了，校党委一声令下："革命！彻底革命！"暨南大学沸腾起来了。全校师生立即检查教学计划和教材教案。那个晚上，夜已经很深了，我还看见矿冶系宿舍里亮着灯。第二天一打听：他们奋战两个晚上，写出两三千条教学改革意见。接着，这类消息就从各系传来了：水产系一边动手，一边拍电报到上海水产学院等兄弟学校去取经；中文系急急派人到住在乡下休养的系主任那里去研究新方案；航海系马上定出了一个多快好省地培养海洋船舶轮机员工的新计划。这个计划规定：新生入学后在校学习一年半基础课，以后上船工作两年，再回来学一年理论，最后半年写出毕业论文。这样不但缩短了学习年限，也提高了教学质量。这两天，校园里到处张灯结彩，人们真又拿出开凿明湖的劲来了。昨天黄昏，我去筹备出版一份教学改革快报，匆匆地从明湖的大道上走过，就看到这样一副对联：

去冬开明湖，通宵苦战踩塌地
今春搞教革，达旦猛攻闹翻天

这不正好说出我们学革命的干劲和决心吗？

啊，春雷，我赞美你！是你雄壮的声音赶走了冬天留下来的最后一点寒意，给了人们信心和力量。虽然我们目前的教育革命方案还不够成熟，也不够完美，但是正像伴随着你而来的明湖畔的小柳新芽，今天娇嫩，到了盛夏，就会翠绿。春雷，你响吧，我们永远跟着你的声音前进！

（原载《暨南园》杂志 1960 年 5 月 4 日创刊号）

追忆我们创作电影剧本的时候

——从《春归燕》到《华侨儿女传》

钟毓材

这应该从 20 世纪 60 年代初开始说起，过了这一年元旦没多久，得到学校领导的全力支持，系领导决定由中文系学生创作一部以华侨大学生为主角的剧本，交给珠江电影制片厂拍摄成电影，这个决定也得到珠影领导的赞同和支持。于是系里成立了一个电影剧本创作小组，由杜桐副主任亲自挂帅，指定杨嘉、何维、马荫隐三位为指导老师，挑选我、振金、兆汉、裕珠、锡房和陈福组成创作小组，由我担任组长和召集人。经过多次讨论与研究，故事以暨大水产系作为背景，原因是水产系为暨大独创的学系，学生除了在课堂上学习，还要到珠江三角洲水产人工养殖场实习和做科研。这样，电影故事将以美丽的暨南园与珠江三角洲水乡作背景，展现出岭南独特的风情。电影故事题材决定下来之后，又经过几轮讨论与研究，剧本定名为《春归燕》，由我拟出人物表和故事内容简介，再经过两三个月的努力，在杨嘉、何维与马荫隐三位老师的指导，以及创作小组同学的通力合作下，由我执笔，终于完成了《春归燕》剧本初稿，共五万七千字。

电影剧本《春归燕》的主题思想：

出身不同的爱国华侨学生回到祖国，考上新型大学的水产系，在党的关怀和教育下，通过课堂学习、劳动、参观水乡渔业发展与进行科研，他们逐渐被改造成为又红又专的无产阶级知识分子。电影以这些事实体现了党的教育为无产阶级政治服务，教育与劳动相结合的方针的无比正确性，表现了丰富多彩的大学生活，展示了祖国繁荣美好的社会图景。

主要人物：

金光——男，大学党委书记，50来岁，从延安出来的老革命，学识丰富，工作有魄力。年轻时也是爱国华侨，积极参加抗日宣传活动，1941年回国后到了延安，曾在抗大学习，后参军经历了抗日战争和解放战争，解放广州时，随大军南下，在省委工作，后调任大学党委书记。

黄清云——女，水产系党支部书记，30岁出头，朴素，身体比较柔弱，细心教导学生。

温明华——女，水产系年轻教师，20多岁，水产专家，秀丽，性情温顺，善于和学生打成一片。

华侨学生：

李志平——男主角，印度尼西亚侨生，出身于橡胶工人家庭，从小受革命思想影响，热爱祖国，中学时积极参加爱国进步运动。1958年回国，考上大学水产系，在党的教育与培养下，成为又红又专的优秀学生。

梁雪莉——女主角，出身于南洋富裕家庭，美丽，热情，能歌善舞，爱幻想，追求进步。她和李志平同船回国，一同考上大学水产系。

张小峰——男，出身于华侨小商家，与李志平和梁雪莉一同回国，同时考上大学水产系。有小资产阶级思想，生活比较自由散漫。

港澳生：

杨正——男，思想进步，吃苦耐劳，外号"死顶"，积极争取入团。

刘名芳——女，出身于澳门富商家庭，任性，怕劳动，意志不坚定，最后半途而废，退学。

内地生：

林坚——男，系团支部书记，做事快，外号"一阵风"，为人正直。

王兴昌——男，团员。

黄玉兰——女，团员。

《春归燕》电影剧本初稿：

序　幕

1941年，在印度尼西亚靠海的一个小城市，华侨掀起支持祖国抗日的活动——示威游行、摇旗呐喊、大型集会、演讲……这一天，父亲带着六岁的小志平来到这城市，正遇上大型抗日集会，一个青年（年轻的金光）站在台上演讲，慷慨激昂，感染力强，一时间，群情汹涌，高呼：

"打倒日本帝国主义！"

"中国必胜！"

"中国万岁！"

小志平惊奇得眼睛睁得大大的。父亲告诉他，那演讲的青年叫金叔叔，是一位爱国华侨青年领袖。

一天夜里，小志平醒来，见到爸爸和金叔叔在谈话，他跳下床，兴奋地跑过去，喊道："金叔叔！"

"你是小志平。"

"金叔叔要爸爸找船，明天金叔叔就要回中国去了。"

第二天一早，在一大片椰林前面，爸爸带着小志平送别金叔叔和一批爱国华侨上了一艘帆船，金叔叔上船前，抚摸着小志平的头说道：

"小志平，金叔叔回中国，是要到延安去。延安住着一位巨人，他不仅要领导中国人民打败日本鬼子，还要解放全中国，建立我们崭新的国家。等新中国成立了，你就回来……小志平，记住金叔叔的话，你要爱祖国，祖国就在那太阳升起的地方！"

这时候，东方升起了一轮红日。

金叔叔拥抱了一下爸爸，上了帆船，船上的所有人都向他们招手，说再见。

帆船开了，迎着朝阳……

（幕后唱起了歌曲《再会吧！南洋》）

17年后，小志平已经长成英俊的青年，是进步中学的教师，带领一群学生在操场上升国旗，唱国歌。

在集会上，李志平带领学生高唱："团结就是力量！"

一处码头，一艘大轮船停泊着，甲板上，在"回国同学会"的横额下，李志平和梁雪莉、张小峰等许多同学兴奋地向码头上送别的人群挥手，高呼："祖国见！我们祖国见！"

此刻，码头上送别的人群，也高喊道："祖国见！我们祖国见！"人们抛起了彩带，一时间，码头上空飘扬着五颜六色的彩带……

（幕后唱起了歌曲《歌唱祖国》）

序幕之后，剧本内容共有五章：

第一章　李志平、梁雪莉和张小峰同时考上新型大学水产系，参与建校劳动。

第二章　参观水乡，向渔民学习。

第三章　进行水产人工养殖的科研。

第四章　"三年困难时期"，发扬延安精神。金书记开座谈会，讲述延安的故事。李志平认出金书记就是他年幼时崇拜的金叔叔。

第五章　李志平、梁雪莉和杨正在党的教育与培养下成为优秀学生，批准入团，庄严宣誓。

我之所以在这里把序幕的故事记下，是因为这序幕受到好评，尤其是珠影的导演和编辑部同志大加赞赏，认为具有南洋特色。

三

这次为了写作电影剧本《春归燕》，我付出了巨大的劳动，消耗了许多精力和心血。

我从未写过电影剧本，或者说没有创作过如此大型的文学作品，从构思到下笔，心情时时激动不已。金光书记、黄清云书记、温明华老师、李志平、梁雪莉、张小峰、杨正等人物一直活在我的脑海中，苦恼着我，他们的一举一动，都使我无法平静下来，常常夜不成眠……现在完成了剧本初稿，松了一口气，好像完成一件大事似的。

在这一段时间里，振金、裕珠、锡房、兆汉和陈福与我结成比同学更为深厚的友谊，我们有着共同的愿望，希望能够完成学校交给我们的任务；他们不断提出意见并鼓励我，希望我执笔顺利，写出好剧本。振金身体不好，有别的写作工作，后来比较少参与我们的讨论。我了解振金，他和我一样，从小热爱文学，读了很多书，富有文学才华，诗文都写得很好。他也知道我对文学的爱好，喜欢写小说，我俩惺惺相惜。裕珠表现最为积极，她性格开朗、活跃，善交际。她在印度尼西亚椰城进步学校读书时就参与过话剧活动，所以这次她成为电影剧本创作小组成员，显得特别开心。锡房是个大好人，纯朴，做事任劳任怨，懂得照顾人。兆汉年纪比较大，见识多，最会体谅人。

假如没有系领导的支持和老师们的指导、创作小组同学的通力合作，没有我们这一年来丰富多彩的大学生活体验，没有水产系孔坚书记以及他们系的老师热情介绍学生科研情况，以及生物系的如尹丽田、陈美琴和温昌娥等同学讲述她们在党的教育与培养下成为五好优秀学生的故事，让我得到启迪与感动，才有剧本的故事题材，单靠我个人是不可能完成剧本的。

如果剧本真的被采用，而且拍摄成电影，那是我们创作小组的集体功劳，是大家共同努力的成果。

四

我们把电影剧本初稿交给杜桐副主任，他很高兴，说了很多鼓励的话。杜主任说等他看了才能提意见。杨嘉老师和张书记看了，分别找我们提了意见。杨嘉老师认为党的领导表现得不够突出、不鲜明。李志平的形象不够丰满，他应该有着更加崇高的理想要表现，他的理想是怎样在党的教育与培养下得以实现。至于张小峰和刘名芳因思想动摇而退学，是否应该描述他们在党的教育与关怀之下，提高了思想觉悟，打消了退学念头，决定留下来继续读完大学？

张书记首先肯定我们努力的成绩，能够把电影剧本写出来已经很不容易。不过，他认为应该写得再深刻些。另外，张书记还说，可以把故事和人物写得美一些，作为艺术作品，要能激动人心，看后令人难以忘怀。张书记的要求是很高的。

《春归燕》的电影剧本初稿交给珠影的编辑部后，想不到，只过了几天，珠影编辑部的姚现五同志就来暨大和我们见面。他很亲切，热忱地提出自己的看法。他先肯定我们的努力，认为第一次能写出这样的剧本已经很难得，题材是健康的，看得出作者的激情与爱国情怀。他说序幕写得好，有些情节也不错，比如李志平和金书记的关系，特别有生活气息。不过他指出，整体故事中华侨色彩不够，情节发展也比较平淡。人物还是站得不够高，共产主义理想也没有很好地体现出来。另外，他指出，文艺腔重了些，电影的定名是不是也可以考虑改一下？

最后他提议，为了修改好剧本，提高电影剧本写作技巧，建议我们广泛阅读我国优秀的剧本，如《党的女儿》《永不消逝的电波》《林则徐》《董存瑞》《老兵新传》《万紫千红总是春》等，吸取艺术养料，提高思想认识。

我很感激姚现五同志。杨老师、张书记和姚同志的意见都很中肯，然而我心情沉重起来了。我也担忧起来，觉得自己不论在思想和写作技巧上水平都比较低，要改好剧本难度很高，有些惶恐不安了。

五

或许是杜桐副主任看了《春归燕》电影剧本初稿之后，和张书记研究商量，认为我们对渔民生活没有实际体验，剧本的内容显得比较苍白，对于渔民生活的描述浮于表面，所以决定让我、振金、裕珠、锡房和兆汉五个人到海边实地体验生活，前往中山县唐家湾与香洲两个地方（今属珠海）进行采访。唐家湾有广东水产学院，香洲为中山县著名渔港。我们计划在那里逗留十天时间，进行采访与写作。

采访内容和计划是这样的：

1. 采访广东水产学院的好人好事，了解水产学院同学与工农群众相结合的情况；

2. 学习水产科研知识，特别是人工孵化鱼类的知识；

3. 采访渔村中的好人好事，实地体验渔民工作与生活。

具体工作安排：

1. 每天都要抽出时间讨论当天的所见所闻；

2. 每人都想出一个故事；

3. 把剧本中原有的人物形象丰满起来；

4. 回来后，一定要有新的剧本提纲，而且要比现有的水平高。

临行那天下午，杨嘉老师和我们开了会，给我们打气，要求我们发挥集体力量，通力合作，把剧本改好，让我们采访期间做好笔记，每天采访完毕都要认真讨论和研究。

张书记的临别赠言，更是令我们感动。

他说："你们这次去中山体验生活，是一个难得的大好机会。这部电影剧本，从省里到学校党委都很重视，要作为明年的国庆献礼。我知道你们要花很大力气，也会遇到许多困难。现在领导要你们完成这个工作，你们就要积极去完成它。不要怕困难，任何发明创造和建设都要经过千难万苦，不是一下子就可以完成的。你们一定要努力把电影剧本写好，完成这个任务。现在条件很好，有党和学校的全力支持，给你们一切能支持的条件，我可以办到的都可以支持你们，如时间、人力等，你们还有电影制片厂的帮助，有老师们的具体指导。你们有一定的文化、文学修养，也有华侨的生活经验，所以具备写好剧本的条件。你们要知道，这个电影剧本的政治意义重大，你们要当政治任务来完成。"

张书记又说："你们这次下去，计划要落实，不要要求太高，主要抓重点，一方面要体验生活，增加感性知识，看看海，了解渔民生活，另一方面要注意新人新事，集中几个模范人物来概括，了解他们的灵魂，这样才能塑造出崇高的人物形象。"他再三叮嘱我们要注意安全，还说我们代表暨大，所以一举一动都要注意，要和当地领导取得联系，在人家指导下工作。

张书记说完话，亲切地和我们一一握手，祝我们胜利归来。我们五个人的心里都十分激动，深切感受到党组织对我们的关怀和支持。

六

我们在珠江码头乘搭"曙光 205 号"轮船出发到中山石岐，抵达石岐后得到县委会的招待。县委办公室主任听了我们到中山采访的计划之后，首先向我们介绍香洲的情况。他说香洲是中山县著名渔港，现在正是秋泛时候，渔民组织了人民公社，成了社员。社员们已经在半个月前出海了，表现主动、积极，自己修理好机器，实现了渔业生产机械化。海洋捕鱼分深海、中海和浅海作业，深海和中海作业的船只要到年底才能回来；浅海作业的是在珠江口和沿海地区，也得一两天才回来。主任又告诉我们，现在的渔民生活有了很大的改善，建立了渔民新村，过去一切粮食蔬菜都要国家供应，现在上了岸的渔民种起了杂粮和蔬菜，还养猪，基本上可以自给自足。他们除了海洋作业之外，又设立水产人工养殖场，政府又建有渔民学校。主任提议我们先去唐家湾，他说："先到广东水产学院采访，了解他们的学习与实习情况，然后才去香洲，我会安排你们出海去体验渔民作业的实际生活。"我们很感谢他，并且听从他的指示行事。

翌日中午1时，我们乘车前往唐家湾，一路上，饱赏珠江三角洲水乡的秀丽景色。远处是连绵不断的青山，近处是一片片田野，晚稻已经收割完，新翻起了黑黝黝的土地。大片田野之间有着一个个池塘，水面在阳光下闪着光亮。越来越接近目的地，景色也显得不同起来，不高的山后面，天空变得辽阔起来，说明我们很快就要看见海了。祖国的海啊，是什么样的？我们非常期待。

到了广东水产学院，学校领导和同学们热情欢迎我们，把我们安置在学院宿舍。校委会熊主任到广州开会去了，要过几天才能回来，就安排团委书记和我们开座谈会。团委书记先介绍学院教育科刘科长给我们认识。刘科长原来是教语文的，了解到我们这次到访的目的，热情亲切地介绍了学院的情况，然后带我们到学院四周参观，接着和我们一起来到海边。我们一到海边，非常兴奋，湛蓝的大海呈现在我们眼前，海面被风吹起细浪，温柔地荡漾，海潮有秩序地一排一排涌向沙滩，发出轻轻的沙沙声……

我有8年没有看见海了，心情激动万分。裕珠、锡房、兆汉和我回国时经过茫茫的七洲洋，见识过大浪。振金说："我是第一次来到海边，现在终于看见大海了！"他站立在海边，默默地眺望着，我想，振金有了灵感，要歌颂大海了！

唐家湾的海景真的非常美丽，西坠的太阳，金光灿烂地铺在海面上，闪耀着光芒。海平线上，白帆片片。我们清晰地看见，靠天边的海是湛蓝的，而近岸边的海水则变成黄绿色。天气晴朗，海上风平浪静，海潮哗啦哗啦地拍打着沙滩，沙滩上的沙很幼细，上面有不少白花花的贝壳……

刘科长和我们一边散步，一边生动地向我们详细介绍学院里学生学习与科研的情况。我们都留恋这海边，裕珠和我拾了好些贝壳，作为纪念。

我们在这里逗留三天，了解到这里的老师与同学纯朴，积极学习，热爱劳动，他们种菜、养鱼，真正做到学习与劳动相结合。我们参观过他们的淡水养殖场，团委书记向我们介绍了人工孵化鱼类的知识。我们又访问了三位先进学生和两位优秀教师。三位学生又红又专，表现出色。其中一位教师是陈兴崇老师，他是水产系的班主任，热爱教育工作，爱护学生，处处以身作则。另一位是教数学的年轻教师高倩薇老师，她在华南师范学院毕业后，来到这里任教。她敢学敢干，自编教材，很受学生爱戴，还被评为"教学改革先锋"。

我们创作小组白天参观与访问，晚上讨论与研究修改剧本。在唐家湾三天的生活收获丰富，对我们修改与写作剧本有很大帮助，在塑造人物方面，那三位同学力求上进成为优秀学生的故事，可以用在李志平、梁雪莉、杨正等人身上，提高与丰满了他们的形象。至于高倩薇老师的先进事迹，可用来丰富温明华老师的经历。

七

我们圆满完成在唐家湾的参观与访问工作，转到了中山县著名渔港香洲。一到香洲，这里的景象令我们兴奋莫名，港口沿岸停泊着无数的渔船，这都是刚从深海与中海捕鱼回来的渔船，港口热闹喧哗，渔民们正在把收获回来的鱼进行分类、称好，装进竹箩里，然后搬上岸来，用大货车运走……

香洲人民公社党委书记热情招待我们，告诉我们现在正是捕捞龙须鱼的季节，捕捞龙须鱼是浅海作业，这些渔船早出晚归，他可以安排我们随渔船出海，实际了解渔民的作业情况。我们听了，雀跃兴奋。

第二天一早，我们上了一艘渔船出海，渔船上的渔民对我们很友善，也很热情，他们知道我们是来体验生活的学生，是第一次出海，所以特别照顾我们，叫我们别靠近甲板上的栏杆，以免掉落海里。

太阳还没有出来，天边呈现出一片玫瑰色的彩云，接着慢慢散开，好像一朵朵花卉，不一会儿，花朵镶上了金边，天边的海染上了红色，很快，太阳从海平面升起来了，海上立刻出现万丈金光……

我们的渔船离开了岸，迎着朝阳，乘风破浪前进，船只轻轻摇晃，海浪轻轻拍打船舷……

渔船两边放下竹竿挂住的渔网，渔网很大，渔船拖着渔网，航行一个多钟头后，渔民们合力拉起渔网，大有收获，渔网里跳跃着无数龙须鱼，鱼身闪着白光。渔民们一边拉渔网，一边笑。渔民告诉我们，现在是龙须鱼最肥美的季节。我以前从未见过这种鱼，现在见到了，它们长得像凤尾鱼，大小也相似，只不过鱼身比较圆。想起香洲人民公社党委书记的介绍，每艘机动帆船每天出海捕获的龙须鱼有一千多斤，单是香洲人民公社一天就可以捕获一万多斤。在香洲到处可以吃到这种鱼，龙须鱼有很高的经济价值，鱼肝可以炼油，鱼肉可以制成罐头，远销海外。

到了黄昏，渔船才回到港口，从海上归来的捕捞龙须鱼的机动帆船都回到港口来了，渔民们忙着把龙须鱼从船舱取出，装进竹箩里，抬上岸，称好登记，然后由大货车载走。天渐渐暗下来，每一艘帆船点亮了灯，一时间，港口上闪烁的灯火，犹如繁星。

接连两天，我们都跟着渔民出海，深深体会到渔民海上作业的努力与辛劳。

临别中山时，我们特地到湾仔走了一圈，参观了那里的生蚝养殖场。湾仔是祖国的边防地区，站在山头，可以望见澳门。这次到了湾仔，随处能够见到边防军，他们不辞劳苦，无畏风浪，日日夜夜守护着祖国和人民。

将近十天的生活太丰富了，给予我们从未有过的体验。我们不论在思想上、对社会的认识上，还是积累生活素材方面，都有收获，增进了知识，拓展了视野，尤其是与渔民出海捕捞的经历，给了我们深刻的感受。这十来天的夜晚，我们都开会，交换感想，共同讨论与研究如何才能修改好剧本。

我们决定把原来到水乡实习的情节改为出海体验与研究渔民的生活，增添故事的气魄。另外，参考姚现五同志的意见，为了增加华侨色彩，我们多加一个章节——接难侨，正逢印度尼西亚发生排华运动，祖国派船接回侨民。之所以增加这一内容，是因为我们曾经到黄埔码头迎接过难侨，亲眼见到解放军背着行动不便的老华侨走下大轮船，廖承志同志代表周总理致辞，欢迎难侨回到祖国。他说："亲爱的侨胞们，你们回到祖国的怀抱里了。"码头上接侨的群众唱起了《海外孤儿有了娘》：

红太阳升东方
海外的孤儿有了娘
伟大的祖国繁荣富强
华侨同胞喜呀么喜洋洋

总路线，放光芒
胜利的歌声到处扬
归侨侨眷跟着党建设
美丽的新家园

见到这场面，听见这歌声，我感动得热泪盈眶。

我们决定设置李志平的父母也是难侨，祖国派船把他们接回来，安置在华侨农场，同时把电影剧本改名为《华侨儿女传》。

八

回到学校，我们向杜主任、张书记和杨嘉老师汇报了这次到中山县唐家湾与香洲访问的情况，把初步修改剧本的意见也进行了汇报。经过创作小组多次讨论、商量，由我执笔，把电影剧本改名为《华侨儿女传》，增加了内容，改动了一些情节，剧中人物形象也丰满了许多。这次写作比较顺利，完成了第二稿，《华侨儿女传》比《春归燕》多出将近一万字，共 65 000 字。

第二稿剧本内容：

序幕保留原来的内容。

第一章　考上新型大学水产系

　　　　（增加建设校园情节）

第二章　出海

　　　　——向渔民学习

第三章　进行科研

　　　　——攀登世界高峰

第四章　广州黄埔码头接难侨

——接到李志平父母亲，安置在华侨农场

（为新增内容）

第五章　经济困难

——发扬延安精神

金光书记讲延安的艰苦奋斗故事

李志平认出金光书记就是金叔叔

第六章　李志平、梁雪莉、杨正等学生在党的教育与培养下成

为优秀学生

李志平庄严宣誓入党

完成《华侨儿女传》电影剧本初稿，我没有了上次那种轻松的心情，而是有些紧张，觉得系领导特地让我们去海边体验生活，如果还写不出好剧本，是无法交代的，因此忐忑不安。

九

应该是张书记把我们从中山唐家湾和香洲回来，完成电影剧本《华侨儿女传》创作的事，向梁奇达书记报告了。梁书记为了支持我们，特别召开一次党委会，张书记、杜主任和杨嘉、何维与马荫隐老师都参加了会议。会议上，梁书记首先要我简要讲述电影剧本的故事。我讲完之后，三位老师发表了意见。最后由梁书记讲话，

他说得很好，站得很高，提的意见很有意义。他说，不是针对电影剧本提意见，而是提出建议，希望我们写得深和广，名为《华侨儿女传》，就要写得深刻和广泛，老一辈的爱国华侨也要写到，他们对祖国作出了巨大贡献。至于华侨儿女，在党的教育培养下成长的故事，还可以写得动人些，作为艺术作品，思想性和艺术性要完美相结合，才能打动人心。

这次会议，珠影也派了两位同志来参加，他们认为梁书记的意见非常好，叫我们认真研究。他们还说，珠影非常重视这部剧本，厂长和编辑部同志以及一些导演都在看剧本，不日珠影会派同志来和杜主任见面商量的。

我深深感到学校领导对剧本的重视和支持，梁书记开这样的党委会，是破天荒的第一次。梁书记亲自提了宝贵的意见，珠影特别派同志来参加，这一切使我更加有信心写好电影剧本，不能辜负学校和珠影的期望，同时，也觉得自己责任重大，更为紧张，更加忐忑了。

十

我们接到珠影编辑部的通知，邀请我们创作小组同学到珠影和他们开座谈会。我、裕珠、锡房和兆汉到珠影编辑部见到了张碧夫同志，还有车旭群同志和伍焕中同志，姚现五同志有事没来。车旭群同志说，他和姚现五同志一起研究过《春归燕》的剧本初稿，知道姚同志的意见。三位同志很热情地招待我们，并坦诚地与我们讨论《华侨儿女传》的电影剧本初稿，提出他们的看法和意见。

张碧夫同志首先肯定第二稿比第一稿要丰富多了，增加了华侨色彩，片名改得也好，突出这是一部描写华侨大学生的电影，格调也比上次提高了一些。不过，还有不少情节需要改进的。接着车旭群同志充分肯定我们的努力，认为我们这次到中山唐家湾和香洲体验生活是有成绩的。剧本内容充实了，男女主角形象也比较丰满了，不过，从整体来看，故事情节有些繁杂，党的领导还是不够突出，金书记的形象也不够高大。他表示，这仅仅是他个人的初步看法，具体的意见要等编辑部同志看完，特别是给领导看过之后，下次见面时再作详细讨论研究。他觉得剧本是提供了基础的，看得出作者的意图是好的，也充满激情。大家要商讨的，主要是如何把故事情节写得更清晰，拔高人物形象，格调要高昂。

伍焕中同志的意见是："故事背景放在出海，是否比在水乡好？希望大家考虑。"

最后，为了改好剧本，车旭群同志要我们认真阅读夏衍关于创作电影剧本的著作，多看优秀影片，增进写作剧本的技巧。

听了珠影同志的意见，我的心情沉重了起来。

或许车旭群同志从我的脸色，猜到了我的心情，说珠影正在拍摄《中队旗手》的影片，请伍焕中同志带我们去参观。

拍摄棚里灯火辉煌，人们都在忙碌着，灯光师摆好位置，正在量度灯光的强弱；摄影师准备好摄影机，对准镜头；演员为了进入角色世界，静静地站在一旁，导演低声和他们说着话，也许是谈论如何才能演得传神……只是拍摄一个镜头，演一对夫妻回家相见，从开始到拍成，足足花了一个多钟头。大家情绪高涨，工作态度认真。导演一次又一次说"再试"，演员们也一次又一次地表演。最后导演讲"准备，开拍"，大家就全神贯注，摄影机响起来了……几秒钟的镜头就这样完成了。

我从小喜爱看电影，今天第一次看电影拍摄，惊喜而感动，也深深体会到一部电影的诞生是很不容易的，这是导演、演员们和幕后拍摄工作人员努力劳动的成果。一部优秀的电影，都闪耀着集体智慧的光芒。

离开珠影的时候，想起修改好剧本将是一项艰巨的任务，我的心情又沉重起来了。

十一

萧殷主任虽然离开了暨大，主持广东作协工作，想不到他还在关心我们创作电影剧本的事情。他通过杨嘉老师要我们创作小组同学到作协去见他。杨老师特别提到，萧主任见到珠影厂长洪犹同志，洪厂长和他谈起了电影剧本，所以萧主任要见见我们，了解一下电影剧本创作的情况。

我、裕珠、锡房和兆汉到作协办公室见萧主任，他和平日那样，见到我们很高兴，亲切地与我们谈起电影剧本创作问题。他首先说："我见到珠影洪厂长，他们很重视你们的剧本，一些导演和编辑部同志都在看，据我所知，学校领导也很重视与支持你们。这是我国第一部反映华侨大学生学习与生活的电影，所以你们要下苦功，努力修改好剧本，争取能够拍摄成电影，在全国放映，影响会是很大的，这也是为暨大争取荣耀。"

我们听了，受到鼓舞。但是，我也坦白地向萧主任说出心里话，觉得要真正修改好剧本非常困难，因为我们的水平有限。他听了，安慰和鼓励我们："你们不可以泄气，要有信心。这正是把你们所学的理论用于实践的时候，要知道这也是给你们锻炼的好机会。不要害怕困难，要设法克服它。"

萧主任说，他没有时间看我们的剧本，今天只是和我们谈人物塑造的问题，首先要熟悉人物，了解他们的出身、性格、喜好、理想等，这样才能把人物描写得有血有肉，形象丰满。剧本最主要是能够体现出华侨学生在党的教育培养下成长为优秀人才。"你们本身就是侨生，也正接受大学教育，应该有深刻体会的。我相信你们是可以修改好剧本的。"

我们感激萧主任对我们的关怀、教导与鼓励。临别时，他特别对我说："钟毓材，你是执笔者，要多思考，多用心，多下点苦功。"我听了，觉得责任重大，心里又感到不安了，恐怕有负他对我们的殷切期望。

十二

又有一个好消息，这年的 8 月 19 日，杜主任要我、裕珠与锡房三个和他一同到中山县走一趟，准备在那里详细讨论电影剧本。一同去的还有杨嘉、何维和马荫隐老师。8月20日上午就出发。

我们到达中山石岐，县统战部派人来接待我们，吃了午饭后，安排我们下午参观中山图书馆和中山公园，接着又去参观了砖工厂。8月21日，我们到孙中山先生故居参观。翠亨村是一个山清水秀的地方，四面有青山环抱，一条清澈的小溪流过村口。我从小听孙中山先生的革命故事长大，现在来到了他的故居，更加了解了孙中山先生的革命事迹。杜主任要求我们学习孙中山先生为革命奋斗的坚毅精神。后来又参观了中山纪念中学，校舍很美，环境幽静，是读书的好地方。接着，我们参观了中山造船厂，工人们干劲很大，发挥共产主义作风，创造了许多奇迹：自己制造机器，实现生产自动化，还大胆地成功制造水泥船。

这两天晚上，我们都在讨论电影剧本，杜主任认为我们要先务虚，要明白剧本需要表现什么，写什么矛盾，然后才谈人物与故事情节。他建议每个人粗略想出一个故事来，大家讨论，取长补短。

马荫隐老师想出的故事叫《天才的使命》，讲的是一个华侨天才姑娘回国后成长的故事。大家觉得情节过于简单，缺乏华侨色彩，这是因为马老师不了解华侨学生的生活。何维老师特别强调矛盾冲突，但是我们都不同意安排一个华侨同学中的坏分子，后来畏罪逃跑的情节。因为华侨学生中这种人是极个别，甚至可能没有。杨嘉老师的故事比较好，但不完整，讲得比较概括。他还是强调要突出党的领导，提升党员的形象。

杜主任仔细地看了剧本，提出很多中肯的意见。他认为剧本是有些基础的，共有六章，主要人物和故事情节都有了。他说序幕好，要保留。但是气魄还要调得伟大些，先来个主题曲，歌颂党和新中国，然后才放序幕。他认为第四章接难侨的情节好，用那插曲也恰当，李志平接到父母亲的部分还可以写得再动人些。父母亲看见自己的儿女回国后变成了有用的人才，祖国把难侨接回来，安置在华侨农场，让他们感到祖国的温暖。杜主任还说，李志平与金书记相认，也安排得不错。他很强调这一点，所谓戏，就是出乎观众意料之外，而又合乎生活情理之中。杜主任最后说，剧本的大架子已经有了，现在就是要下功夫把人物塑造好，整理或修改好故事情节，写得更加深刻些、动人些。

这次杜主任在百忙中特地抽出三天时间带我们到中山石岐讨论剧本，令我们十分感动。

我知道，杜主任特别注重剧本第四章接难侨的情节，为了把这一段的生活描述得更加深刻、真实，他安排我、邓良球和李玉梅三人前往花县华侨农场访问。

我们到了花县华侨农场，受到农场领导的热烈欢迎，他们向我们介绍了农场的情况。政府非常注重难侨的安置和照顾问题。难侨回到了祖国，不再过着寄人篱下、颠沛流离、惶恐不安与担惊受怕的日子，而是有了安定的生活。我们见到农场里建起了一排排房屋，整齐清洁，安置在这里的难侨，除了种稻子、蔬菜，还种植玫瑰花，提高经济收益，因为玫瑰花可以提炼贵重的香精。我们参观了盛开着玫瑰花的玫瑰园，紫红和粉红的玫瑰花在灿烂的阳光下闪现鲜艳的色彩。

我们实地体验到党和国家对难侨的关怀与照顾，目睹难侨回国后在华侨农场的生活，他们安居乐业，其乐融融。

非常感谢杜主任对我的厚爱，作了这次特别的安排。我们对花县华侨农场的所见所闻印象深刻，不虚此行。

我打算在剧本中描述李志平的父母亲被安排在花县华侨农场，生活安定，他们种植玫瑰，生活在一片花海中，从而增添剧本的独特风情。我想，杜主任会喜欢的。

十三

珠影为了修改好剧本，编辑部特别派伍焕中同志来暨大帮助我们。伍焕中同志 30 多岁，高大英挺，独具艺术家气质。他平易近人，待我们犹如学弟学妹。他来到暨大，带给我们一个天大的好消息，洪犹厂长已经向中央备案，得到中央的赞许，希望我们能够修改好剧本，拍摄成影片。接下来的一段日子里，伍同志几乎每天都和我们创作小组同学开会讨论，认真仔细地和我们研究如何修改好剧本。伍焕中同志要求很高，希望我们把李志平塑造成典型的英雄人物，同时整个剧本的基调要高昂。要达到他的要求，对我们来说是相当困难的，因为学生生活没有什么惊天动地的故事，要把李志平描写成为英雄人物，我无从下笔。

另外，他私下告诉我，《华侨儿女传》的剧本初稿，他交给了一些导演看，其中黎铿同志想亲自见见我。我喜出望外，当然说好。黎铿先生是著名演员、导演和艺术演艺家，他父亲黎民伟先生是我国现代电影奠基人。黎铿先生曾经来暨大表演，朗诵鲁迅先生的《孔乙己》，只字不漏，全情投入，把孔乙己演活了。他把朗诵艺术提升到如此境界，令我震惊、钦佩。如今他要见我，我颇有受宠若惊的感觉。

我按照伍焕中同志给的地址，到黎铿先生的寓所去见他。黎铿先生三十五六岁，脸色红润，和蔼可亲，没有一点架子。他很热情，见到我，亲切地称呼我为小钟。他说："小钟，来坐，我们一边吃花生喝啤酒，一边谈谈你们的剧本。"他很坦率，直接说出自己的看法，认为两个剧本初稿各有优点：第一本生活气息比较浓厚，第二本情节虽丰富了，不过有些生硬。他喜欢序幕，认为富有南洋特色。他说"春归燕"有诗意，可作为主题曲，要我把歌词写出来。他鼓励我把剧本修改好，争取拍摄成电影。

他说："小钟，我赏识你的文学才华，你这么年轻，就读了许多文学作品，善于思考，很难得。你有空多来我这里，我喜欢和你谈谈天。"

之后我还去了黎铿先生家两三次，每次他都很热情地请我喝啤酒，谈剧本修改的事，也谈文学艺术。他鼓励我说，如果剧本写不成，可以先写成小说。

我非常感激黎铿先生，他对我的情意，我永远都记在心里。

十四

最终，没有来得及写好电影剧本第三稿，全国"反右倾"斗争如火如荼地开展起来。在这之后的一段时间里，我为没能完成《华侨儿女传》电影剧本修改稿而感到惋惜，更有一种沉重的愧疚感，觉得辜负了学校、系领导以及珠影的期望。

不管怎么说，创作电影剧本，从《春归燕》到《华侨儿女传》的过程，是我求学时期最难忘的一段人生历练，感谢梁校长、萧主任、杜主任、张书记和杨嘉老师对我的悉心培育，让我在大学时代的经历要比其他同学丰富多彩，有着不平凡的生活体验，学到文学创作的许多知识。

还有珠影编辑部姚现五、张碧夫、车旭群、伍焕中诸同志以及黎铿先生对我的厚爱，我铭记在心，他们授予我的关于电影创作的知识与技巧，使我受用终生。

2022 年春作于香港

我级的文学社团和刊物

黄卓才

我们中文 1958 级的文学爱好者很多，大家都有自己的理想和追求，希望以后成为作家、诗人、记者……而一入学，就赶上全国性的民歌运动——由总路线、"大跃进"、人民公社"三面红旗"催生出来的群众文化运动。在萧殷主任的领导下，一个以培养写作人才为主导方向的中国语言文学教学体系迅速形成，一批有学问又有创作实践经验的作家、记者、诗人陆续调来任教。这就营造了一种浓烈的文学氛围。

在老师指导下，学生解放思想，大胆进行文学创作尝试，多个文艺社团和创作小组应运而生。我组织的海鸥文学社是最早成立的社团之一。还有以赖火荣为社长的长河诗社、以钟毓材领头的电影创作小组等。

海鸥试飞

海鸥文学社以收集、整理、创作、宣传民歌为主要任务，成员有蔡顺亲、李异耘、张武针、陈特精、丁有盛等十来个人。我们分成几个小组到广州城里抄录民歌，并对优秀作品进行现场评析，居然在社会上造成一定影响。

执信女子中学高三级邀请我们前往该校介绍经验。派谁去呢？论辈分，应该让蔡顺清去。他是做了爸爸的人，在全女班面前不会腼腆。可是他说自己的海南口音太重，无法担当此任。张武针是班长，却有点口吃。其他同学都说自己不行。我作为社长，在广州读的中学，当过多年班长，又是排球校队队员，经常到各个兄弟学校去比赛，还曾带队下街道参加爱国卫生运动，与市民打过交道，算是见过一点世面，于是挺身而出："我去！" 18 岁稚嫩的大学生，在女子中学高年级的讲台上侃侃而谈，受到热烈欢迎。海鸥试飞成功，我们的文学社打响了第一炮。

1959 年秋，全国的民歌运动退潮。海鸥文学社完成历史使命，自行解散。

战鼓响亮

1958 年 10 月上旬，由 15 位诗歌爱好者组成的暨南诗社在大炼焦劳动热潮中成立，社长由有诗人之称的张振金担任，成员有李大洲、钟毓材、梁江、张兴汉、陈新东和我等。这个诗社以学习、研究、创作新诗为主。

暨南诗社的刊物叫《战鼓》。刊名源自当年的政治流行语："东风吹，战鼓擂。"那个时代，政治色彩浓烈，战斗精神高扬，无论工作、学习、劳动，都讲战斗。这个刊名，无疑是时代风貌的反映。

《战鼓》于1958年10月13日创刊，在广州市郊区江村流溪河边的炼焦工地的草棚里"出版"。我和陈新东任责编，兼刻印工，两人合作油印。同学们投稿踊跃，稿源充足，"出版"了好多期。

油印是当年流行的一种手工印刷方式，要先在特制的钢板上用蜡纸刻字，然后把刻好的蜡纸铺在油印专用的盘子上，一头用夹子固定，另一头夹以木棍或钢条，用左手拉住蜡纸，右手拿着专用的橡皮扫，加油墨，把图文刮印在普通的纸张上。油印技术要求相当高，操作熟练的，一张蜡纸可以印一两百次；技术差的印几十次就会把蜡纸刮坏，又得重新刻字。我在高中阶段已经练就这种本领，与有同样技术的陈新东配合默契。新东字写得好，还会画画，插图都是他刻的。这种刻印很累人，如果中间蜡纸烂了，就要另刻一张，效率很低，要花许多工夫才能印完一期100多份的《战鼓》。我们常常因为换蜡纸、加油墨而弄得满手满脸黑乎乎的，只有用煤油才能擦干净。

因为缺少铅印的条件，油印成为当时文字宣传的重要方式，我们有机会体验了它的艰辛。对于现在的电脑打印，那时的油印很原始吧。我们这代人，就是这样过来的：油印—铅印—电脑打印。我们的经历是不是更丰富呢？

《战鼓》创刊号有萧殷主任的题词："用饱满的热情，歌唱人们在劳动创造中豪迈的气概和冲天的干劲！"

从照片中可以见到，他的签名是"潇殷"，不同于"萧"，更不是坊间常用、误以为是姓氏或简体字"肖"。其实他姓郑，原名文生。"潇殷"是别名或笔名之一。潇者，水深而清；殷者，丰实也。这个别名（笔名）或许是

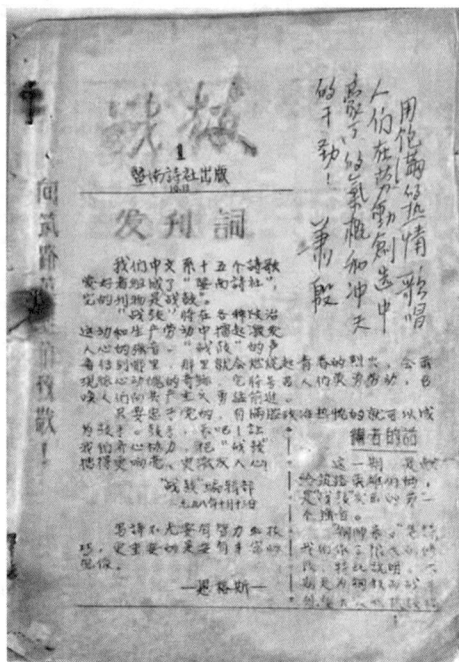

《战鼓》创刊号（张振金供图）

最能体现其本意。我比较逼真地模仿了他的笔迹，这是我的特技呢。

暨南诗社是我级同学诗歌爱好者的一个练习平台。后来在国内和香港诗坛有影响的诗人李大洲，当年就是诗社的成员之一。毕业后经过十多年的努力，他于1981年以秦岭雪的笔名在广州花城出版社推出第一本诗集《流星群》，20世纪90年代和新世纪又陆续出版了《铜钵与丝竹》《明月无声》《情纵红尘》等佳作。他的诗传承了中国古典诗词的精华，又吸取了新体诗诸如朦胧诗等营养，语言艺术修养很高。可以说，他是暨南大学广州重建以来最著名的诗人之一，成就不在"青春诗人"汪国真之下。这两位诗人，一个是我的同学，一个是我的学生（我任教的写作课课代表），我为他们深感骄傲！

秦岭雪于 2001 年、2008 年出版的两本诗集

暨南诗社社长张振金在学生时代已经诗名在外，发表了不少佳作。毕业后除有两年调回母校任教外，一直在广东省社科院从事专业创作和文学研究。后来，他的创作转向以散文为主，成为著名散文家、文学家。

红旗飘飘

1958 年底，中文系学生会推出不定期油印文学刊物《红旗飘》。这是一个综合性的文学刊物。我任主编。系学生会主席是廖世桐，名义上他虽是领导，但他不大过问具体的编辑工作。

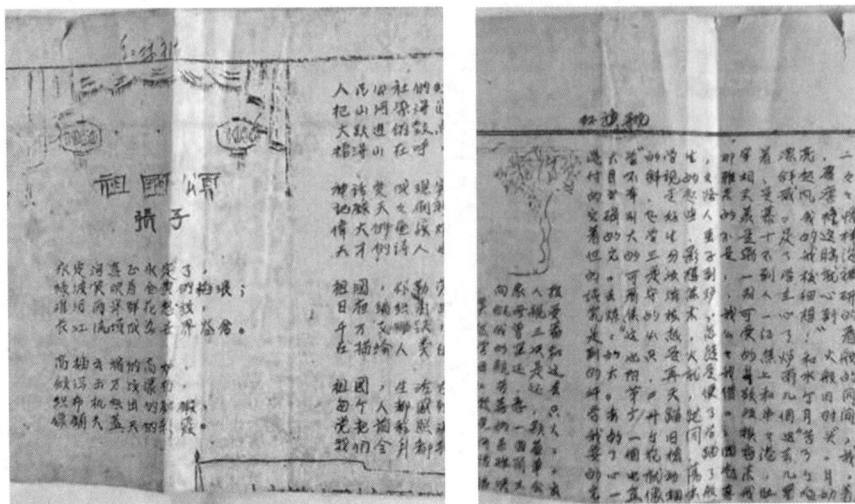

《红旗飘》存刊（张振金供图）

南风劲吹

南风文学社成立于1961年，是校史上有记载、人数众多、存在时间较长（1961—1963）的文学社团，我被选为社长，出版油印刊物《炸弹和旗帜》。刊名取自苏联诗人马雅可夫斯基的诗："无论是歌，无论是诗，都是炸弹和旗帜。"

《炸弹和旗帜》也是油印刊物。版头是我从暨大印刷厂拿来铅字，用橡皮筋扎在一起，一份一份手盖出来的。当年铅印的《暨南园》杂志，是我去印刷厂排版的，与工人关系很好。印度尼西亚归侨女工兰姐教给我许多排版、印刷知识。这些字粒是她给我的。

南风文学社很活跃，有几项活动我记忆特别深刻。

第一，走出去访问作家。

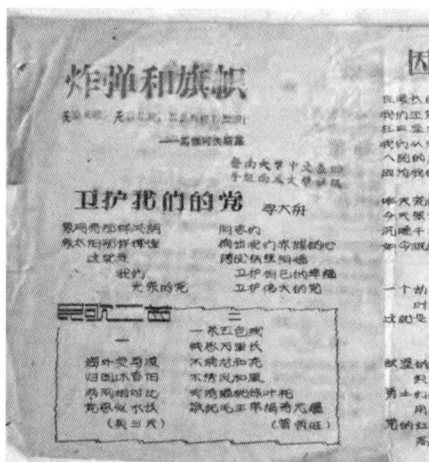

《炸弹和旗帜》存刊（张振金供图）

1961 年秋，我和张振金、李大洲、李耀华、李伟生等五六位社员，由艾治平老师带领，到广州市东山启明二马路访问著名散文家秦牧。秦牧的散文岭南文化色彩鲜明，思想性、知识性、趣味性强。他记忆力惊人，平时没时间做笔记，却能写出内容扎实丰富的散文，令我们十分敬佩。我自此以秦牧为师，努力观察体验生活，积累知识，修炼词彩，学习散文创作。

艾治平老师说："师傅带进门，修炼在各人。"毕业后我分配到中山工作，在孙中山先生家乡的中山纪念中学教书。"文革"时，秦牧在广州受猛烈冲击，其名著《艺海拾贝》被诬为"响尾蛇""大毒草"。学生在校园里贴我大字报，称我"小秦牧"。我想，我哪里够格啊！若真能成为"小秦牧"，那可是十分荣幸的事情呢！

第二，办习作展览。

南风文学社重视写作基本功训练，社员们经常进行经验交流。平时在男生宿舍走廊设有一个习作专栏，社员随时可以把自己的习作贴上去，请别人阅读、评论，犹如现在的自媒体。

1962 年秋，南风文学社举办"生活笔记"展览，交流练习写作基本功的心得。数十本笔记陈列于宿舍走廊，让同学随意翻阅。"生活笔记"展览之举源于曾敏之老师在"文选与习作"课上鼓励我们学顾炎武写《日知录》，要求有志于创作的同学坚持天天写生活笔记，具体、形象地记录每天的所见所闻所感。若无可记的，抄录一段作品也好。同学们积极响应。至毕业前，我已写满六本笔记簿，可惜在"文革"时付之一炬。

第三，春游越秀山。

1963年春夏之交，红棉花开时节，南风文学社组织游越秀山交流创作经验活动，全级50多位同学和几位领导、老师参加，杜桐副主任，陈芦荻、曾敏之副教授和艾治平、郭绪权老师欣然同游。

南风文学社组织春游越秀山活动（钟毓材摄，黄卓才珍藏）

关于这次活动，我有《终生难舍文学梦——南风文学社越秀山春游记》另文记述，在此不赘。

最后我要感谢张振金同学悉心保存当年的油印刊物，这也许是绝无仅有的一份史料了，本文的《战鼓》《红旗飘》《炸弹和旗帜》照片，都是他贡献的。

2022 年 4 月于暨南园羊城苑

终生难舍文学梦

——南风文学社越秀山春游记

黄卓才

"春游越秀山"几幅老照片多么珍贵啊！它记录了暨南大学中文系南风文学社于1963年4月5日的一次春游活动，主持系领导工作的杜桐副主任和好几位作家老师兴致勃勃地与我们同游，谈读书，论人生，讲创作经历和体会……半个世纪过去了，在纪念杜桐先生诞生100周年的今天，重温当年的情景，暖暖的春意和浓浓的诗情仍在我们心头萦回！

那是一个充满憧憬的春天，当时我们中文系1958级的同学已处于毕业前夕。南风文学社是我级文学爱好者的群众团体。作为社长，我觉得要在大家走上工作岗位之前把系领导和作家老师们请来，给大家多传授些创作经验，打打气，指点今后的努力方向。于是，在红棉花盛开时节，我组织社员游越秀山，并欢迎非社员同学参加。原计划是游越秀山后再从登峰路经"金液池"（后改名"麓湖"）上白云山，但因两度遇雨，没有去成。这组照片都是在越秀山上拍的。

春游越秀山（钟毓材摄，黄卓才珍藏）

从照片上看到，与我们一起登山的老师，除领头的杜主任外，还有名满南国的大诗人陈芦荻副教授，著名作家、名记者曾敏之副教授和艾治平老师，班主任郭绪权老师也来了。这对我们无疑是极大的鼓舞！参加活动的同学非常踊跃，有50多人，占了全级人数的三分之二。

杜主任当时五十出头，正当壮年，革命履历丰富，创作成就相当卓著。我们这一届的同学和近几届的师弟师妹都读过他的代表作《甘工鸟》，无不为他的优美诗情所倾倒。他心地善良、乐天潇洒、和蔼可亲，诙谐幽默的言谈常常让我们在开怀大笑后引起深思，获得启迪。他是我们最敬爱的师长之一，所以现在大家都称他为"杜公"。

我们还记得，杜主任和张德昌书记主管中文系期间，继续执行已调离的前系主任、著名作家和文艺批评家萧殷教授制定的教学方针，力主在德智体全面发展的前提下，把"培养师资和基层文艺骨干"作为具体的培养目标。现在回顾过去，对于一个重建之初的大学，科研力量虽相对薄弱，却聚集了萧殷、杜桐、杜导正、陈芦荻、何芷、杨嘉、曾敏之、何维、艾治平、萧野、文乃山、马荫隐、黄展人、饶芃子、吴世枫等一群老、中、青作家和记者师资，而来自海内外的学生中也有一批素质较好的文学爱好者，其中有的学生在中学时已发表作品。当年中国高校面临由"大跃进"引发的历史上第一次扩招，师资缺乏；加之新中国成立之初，社会上又急需基层文化管理人才……暨大中文系这样的培养目标有别于老牌大学，因地、因时、因人制宜，是十分切合实际的。在这个教学方针

和培养目标的指引下，中文系设立了以曾敏之教授领衔主任的写作
教研室，形成了一个阵容强大的写作教学团队。在课程设置上，系
领导对写作教学特别重视，从一年级到五年级都安排了写作课——
从基础写作到文学创作、文学评论、毕业论文，形成一个完整的、
循序渐进的教学过程。而其他课程的老师也配合教授写作，就连教
古典文学的郑孟彤老师，也给我们评析过学生习作《一筐泥土一筐
歌》。系领导常常鼓励我们练习创作，进行作品讨论，多次组织我
们外出采风，让我们多接触社会实际，体验普通劳动者的生活，聆
听时代前进的足音。我们先后深入民间采集民歌，编成《荔枝满山
一片红》出版，又分小队赴全省各地采访，编成《岭南春色》，其
后还到广州的工厂采写先进工人的事迹。老师们十分用心为我们批
改习作，挑选写得好的文章推荐到报刊发表。

"文革"后我回到母校任教，曾承接过中文系写作教研室主任
和语言文化教学中心副主任（主管教学）的工作，对前辈老师们当
年培养弟子的良苦用心体会较深。我真切感到，在当年教育界"左
倾"思潮泛滥，片面强调"突出政治"、突出"生产劳动"的情况
下，暨大中文系能够让学生好好读点书、练练笔，是十分难能可贵
的。由萧殷主任和杜桐副主任组织建立起来的写作教学体系，后来
成了暨大中文系的强项和传统，培育了不少优秀的师资、文学创作
人才和文化管理人才。"能写"成了暨大中文系历届毕业生的一个
突出特色，不少毕业生成了各地有名的骨干"笔手"。在"文革"
前我们这几届（1963—1968届）毕业生，经过基层的艰苦磨炼，后
来很大一批校友纷纷冒尖而出，涌现了诸如市长、书记、秘书长、

宣传部部长、文化局局长、大中学校校长、系主任、教授、特级教师等出色的干部和教师，还有好些校友在文学艺术专业上很有成就，卓然成家。

越秀山，是我们永远怀念的圣地！我现在还保存着当年南风文学社社员在这次游览活动中即兴创作的诗，特抄录于后，以资纪念。

越秀山纪游（外一首）

李大洲

九州润泽雨如油，

陇亩耕耘正待谋。

休怨天公阻行客，

何妨乘兴越山头。

拾 花

李大洲

木棉树树缀风光，

漫拾红萼袖底香。

只为爱花情意切，

不教泥淖染红妆。

听 雷

钟毓材

轻雷一响动欢声，

细雨如酥草木新。

相约登临情兴在，

江山万里正芳春。

和大洲《拾花》

黄卓才

木棉挺秀吐春光，

如火擎天散淡香。

为问名花谁是主，

羊城万姓爱红妆。

2012 年初稿，2021 年修订

啊，俄语课

黄卓才

20 世纪 50 年代，全国各地许多中学不开英语课了，纷纷改开俄语课。我初中阶段在台山一中本来是学过一年英语的，高中进入广州市十七中学，学的却是俄语。从此，一直到大学，我学了七年俄语——高中三年，大学四年。

当时我是下了功夫，算是学得不错的。

那时候，学俄语很是来劲。中苏关系处于蜜月期，兄弟友好旗帜高高飘扬，苏联老大哥什么都好，学好俄语，可以更好地向老大哥学习。对于我这个文学爱好者，苏俄文学艺术很有吸引力。跟苏联朋友通信，也是一件很有趣的事情。我的邻居小姐姐，在广州二中读高二，比我高一个年级，被选入"留苏预备班"，很是春风得意。

1955 年秋季，我刚刚上高一，开始学俄语，觉得特别新鲜。任课老师兼班主任潘朝栋，是从香港回来求学的爱国青年，中山大学毕业，还是个乒乓球高手。他性格开朗，身体素质特好，冬天我们穿卫生衣、毛衣，他却穿短袖衬衫来上课。俄文字母和英文字母差别很大，不好写，也不好念，其中颤音难倒不少人。课余时间，潘老师辅导我们反复练习，直至全部过关。有这样一位好老师，我学得比较顺利，考试成绩多是四分、五分。

就在1958年秋季这个学期，苏联展览会在广州举行。展馆就在广州流花展贸中心，里面展出许多大型机器。外面广场上张灯结彩，人头涌动。我们同学和市民一起排长队买糖果，排了好久，好不容易轮到，买了一盒甜菜糖的糖果，就高兴得不得了。那是当时我们唯一能够尝到的洋味道啊！我们班一位军属同学，父母都是南下高级干部。他们拿到苏联展览会的购物券，买了28英寸自行车和120照相机，让我们羡慕不已。

苏联展览会成了我们学习俄语的加速器。

由于中学时俄语基础较好，大学阶段学起来比较轻松。到高年级时，我被编在尖子班，还当了课代表。任课老师施纯谋只比我大三四岁，大概也是大学或研究生刚毕业。其实，当年广东根本没人讲俄语，哪来的俄语教师？都是大学刚培养出来的。

学到四年级，尖子班大部分同学都能读俄语原版小说了，会朗读普希金和马雅可夫斯基的诗。施老师说："你们可以了，五年级不再开课了。"

的确，当时感觉挺好。特别是1962年1月25日，我有机会用了一次俄语。那一天，苏联"东方号"宇宙飞行员季托夫莅临广州

季托夫签名彩印照片

（黄卓才珍藏）

访问，暨大派出欢迎队伍前去白云机场迎宾。到了机场，我非常幸运，被老师指派与几位同学进入贵宾室与航天英雄见面。我跟季托夫近距离接触，用俄语说了几句话，向他索取照片，并请他签名。

遗憾的是，1963年大学毕业后，我被分配到中山县，在孙中山先生家乡翠亨村的中山纪念中学教语文。没有俄语环境，工作也忙，俄语就置之脑后了。1979年初，我调回母校工作，见到施纯谋老师。我十分歉疚地说："施老师，很对不起，我的俄语全还给你了。"施老师说："我也还给老师了。"当然，这是他的谦语。其实他一直在研究俄语，后来成为研究员、翻译家，还担任过暨南大学文学院副院长。

后来，提升职称需要考英语，儿女留学美国、加拿大，我去探亲也要用英语。怎么办，只好临时抱佛脚，补习英语。其时，我已经步入中年，记忆力开始衰退，学起来有点吃力。虽然考试勉强过关，但一种埋怨情绪还是油然而生。我想不通的是，中苏分歧由来已久，而我们平民百姓被蒙在鼓里。特别是1960年苏联撤出援华专家，中苏交恶趋势已经加剧，为什么还要那么多青少年去学俄语呢？

时至今日，不知道我的同学还有多少人记得俄语，能说几个单词和句子的恐怕不多了，大部分同学像我一样，连字母也不会写、不会读了。如果说有什么收获，可能算是锻炼了外语思维，增长了一些苏俄历史地理知识吧。

啊，我爱恨交加的俄语课！

作于 2021 年 10 月

暨南园琐忆（五则）

黄卓才

五湖四海共冶一炉

我们中文系 1958 级入学时 90 人，由侨生、港澳生、内地生组成。这种结构开了暨南大学的先例，在全国的大学里也是唯一。

如果再细分一下，侨生来自印度尼西亚、马来亚、越南、印度等国家，也有孩童时代就已随父母回国，兼有侨生和内地生双重身份的。他们的母语不同，说起普通话来一般会带侨腔。最明显的是印尼腔。

港澳生来自香港、澳门。香港生讲港式广州话，音调与地道广州话略有不同。他们一开始不大会说普通话，又受英语影响，说话时会加入外语。内地当时已开始推广简体字，但他们只会写繁体字。内地生还有应届生、历届生和退伍军人之分。从穿着上也很容易区分他们来自何方，侨生穿花衣服、纱笼，港澳生穿西装、T恤，而内地生多穿青年装、中山装或唐装。退伍军人爱穿黄色军装。

学生年龄相差很大，最小的李大洲（福建）、李伟生（印尼侨生）17岁，最大的黄松昌（印度侨生）36岁。他和蔡顺亲、叶大茸、黄振兴都是结了婚才来上大学的。

奇怪的是，来自五湖四海、年龄差距如此大的同学居然能够团结友爱、和谐相处，这不得不令人惊叹于暨大中文系的包容性和融合力。

1979年2月，黄卓才调回母校中文系任教（侯素梅摄，1980年）

"三年困难时期"的退学潮

中文系1958年入学时90人，1963年毕业时却只有61人，为什么呢？

　　这是个令人伤感的问题。我们在"大跃进"的热潮中入学，第二年就遇到了国家经济困难。一直到1961年，"三年困难时期"才算过去。在这三年中，虽然国家对大学生有增加粮食定量等特殊照顾，学校领导也千方百计到省内多地寻找粮油等物资，减轻对师生健康的影响。但由于营养不良，不少老师、同学还是病倒了。他们得的病主要是水肿、肝炎、肺病，这都跟缺乏营养有关。好些同学因病不能够坚持学习下去，就只好选择退学，再加上有些同学留级，所以我们这一级拿到毕业证书的就只有61位同学。

磨碟沙农场

　　暨大重建初期，为贯彻"教育与生产劳动相结合"的教育方针，曾拥有一个农场，叫做"河南试验农场"。因其地点在海珠区的磨碟沙，即现在中国进出口商品交易会会址所在地，所以师生都叫它磨碟沙农场。

　　磨碟沙这个地名很有来历。自古以来，珠江江面宽阔，水平面高，广州的大部分地区都在水平面以下，尤其是海珠区，只有几块地方在水平面以上。其中常年露出水平面的部分因为形状像小山丘，人们将这部分叫作"岗"。退潮时或枯水期才露出水面的，就叫"沙"。"沙"看上去像浮在水面的"碟"片，又不断被水打"磨"，所以叫磨碟沙。

　　磨碟沙农场当然不再是被打磨的碟片，而早已成为可耕之地了。它的面积不小，据校史记载，由初期的 98 亩，扩大到后来的 218.7 亩，其中鱼塘 170 亩、水田 48.7 亩。

20 世纪五六十年代，1958 级师生曾轮流到那里去劳动。当年从石牌校区去河南试验农场，没有直达的公交，要想快点到，只能走路。路线是：出校园南行，经过现在的马场及其南面的田野，到珠江边乘农艇渡江，下船即到。一开始没有专门的船夫，都是师生自己驾农艇横渡的，这当然很危险。我曾与几位同学擅自划艇过河，这一冒险行为在全级大会上受到班主任郭绪权老师的严厉批评。后有历史系三位华侨同学因船翻落水而身亡，令我们心有余悸。

农场劳动和其他过多的劳动占去了正常的课堂教学时间，所以后来不得不把学制由四年延长到五年。不过农场生产的粮食和鱼、肉等产品的确起到一定的改善师生生活的作用。

学校一直把农场交由生物系管理。

1959 年，航海系曾提出过一个计划：从现在石牌校区的南面开一条运河，连通珠江，连接磨碟沙的农场。这个宏伟计划若能实现，今天的暨南园可能是另一番壮丽景象。

再忆南洋馆

暨大于 1959 年曾开办过一个特供餐厅，设在当年大礼堂后面的平房内，颇为隐秘。它其实没有正式名称，更没有挂牌。因为需凭侨汇证购物，主要服务对象是侨生、港澳生和侨属师生，而当年的侨生大多数来自印度尼西亚、马来亚、越南等东南亚国家,许多穿着花衣服和纱笼(被别校讥笑为"奇装异服")的俊男靓女进进出出,喜笑颜开,于是这个餐馆就被昵称为"南洋馆"。

学校领导非常关心教工学生的生活。他们考虑到师生手上有侨汇证、外汇代用券,何不为他们办一个餐厅,让他们不必到校外去排队。就用收到的侨汇证到华侨商店去采购,享受优惠价,侨生不必高消费,何乐而不为!

在那个饥饿的年代,我们同学、师生偶尔相约到南洋馆吃一碟炒沙河粉,吃一碗猪肝、咕噜肉,就是极好的享受。

这个餐厅一直陪伴我们度过"三年困难时期",直至我们1963年毕业,它还存在着。热气腾腾的菜肴和乐陶陶的氛围,至今让我们回味。

黄卓才、侯素梅、张振金在南校门与徐位发老师(右一)合影

1979—1980 年，我和妻子侯素梅、同学张振金先后调回母校工作。因学校的宿舍大多被占用了，振金一家三口就被临时安置在南洋馆旧址。我当时住在西关，一早骑自行车回校授课，中午就到老同学家蹭饭、歇息。忆当年，南洋馆余味绕梁，我吃得特别香、睡得特别甜。

萧殷理发

"谁会理发？谁会理发？"年轻的班主任在宿舍走廊里高声呼喊。原来，系主任萧殷教授要找人帮他理个发。同学们一下子把我推出来，说是"最佳人选"。

他们说得没错。1958 年，我们中文系师生在广州市郊江村的流溪河边大炼焦时，男同学理发都是我包干的。其后几年，在男生宿舍，我也是互助理发的主角。

但今天的服务对象特殊，我不免有点紧张。要知道，我们中文系的萧殷主任可是个大人物，全国大名鼎鼎的文艺理论家、作家，延安过来的"老革命"。

好在我了解他，知道他平易近人，没有架子。我带齐工具，就来到了位于明湖南面小山冈上的绿色别墅宿舍——现在的南湖苑教工住宅区，当年，全校最高级的宿舍群就在这儿。别墅里住的是校长、系主任和名老教授。每栋别墅两层，每层一至两户。

"萧主任……"我还在叫门，他已经迎出来了。"啊，是卓才，快，给我理理发，我要到中南局去报到。"

中南局？一个管广东、湖南、湖北等六个省和广州、武汉两市的大机关！

我们一边理发，一边聊天。萧主任告诉我，是陶铸书记调他的，去当文艺处处长。

我惶恐不已，怕野生的理发技术有损上任新官的形象。我问他怎么不去石牌理发店或者校内的理发室。他感叹工作太忙，实在顾不上。"不要紧的，随便剪短就行。"他鼓励着。

他给我讲自己的长篇小说《多雨的夏天》的创作情况，让我放松心情。随着故事情节的展开，我慢慢进入佳境，推推剪剪变得顺手了。

剪完，我要给他洗头，就找到煤炉，正准备生火。他看看表，说："来不及了，就用暖水瓶的热水吧！"

热水只有半瓶，我不敢用香皂，怕冲洗不干净，留下香皂味。萧主任没有意见。

"创作不能马虎，理发可以随便。"他用这句话与我告别，好像是总结，似乎又深含哲理。

（节选于黄卓才《艰苦岁月的记忆碎片》一文，《暨南往事》，暨南大学出版社 2006 年版，第 257 页）

初出茅庐

——我的毕业分配

黄卓才

1963 年 8 月，我参加了毕业分配，到中山县去报到。

暨大在广州复办后，我们是第一届毕业生。第一次下达的分配方案听说不错，班主任喜形于色，料想弟子们会皆大欢喜。谁知，形势突然大变，分配方案改了，大多数学生要到农村去，到外省去，华侨、港澳学生也不例外。听说那时陶铸校长的指示是："这是我们的第一届毕业生，让他们到基层去，到艰苦的地方去锻炼锻炼。"陶校长其时虽已辞去校长职务，但他是广东省委第一书记、中南局书记，一言九鼎，必须执行。新任校长是著名教育家、前岭南大学校长陈序经教授，但在我们的毕业证书上盖章的还是陶铸。

个人的命运也是一日三变。我最后被分配到中山县。临行前，杜桐副主任在明湖边拍着我的肩膀，说："卓才，你先下去，三年内我一定把你调回来。"

我说了声"谢谢",觉得杜主任话里有话,但不敢多问。因为按照当时的观念,服从分配是毕业生的天职。不久,"文革"来了,杜主任去世了,暨大被解散了,我回校任教的事情自然没有了下文。几年后我终于知道,我的留校名额是被人占去的,老师们纷纷安慰我。印象最深的是曾敏之、陈芦荻老师的谆谆教导。他们说中山是孙中山先生的故乡、富饶美丽的鱼米之乡、著名的侨乡,是一个很有文化内涵的地方,鼓励我下去之后坚持创作。

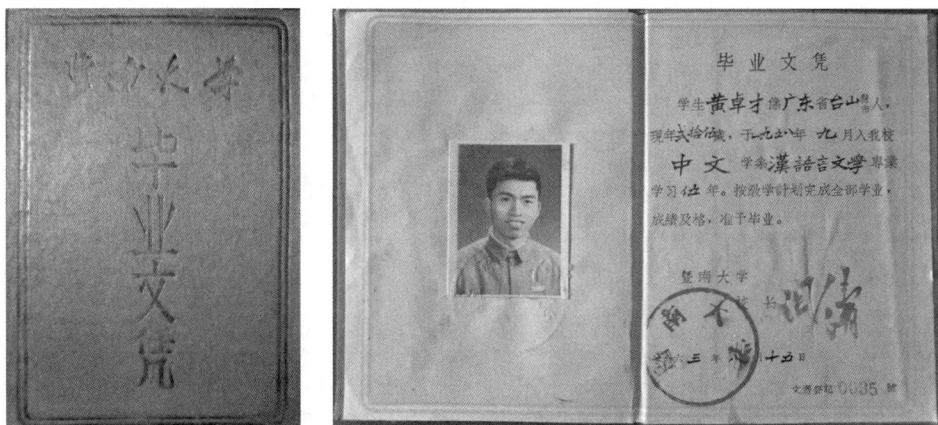

陶铸校长签署毕业文凭,在暨南大学历史上是唯一的一届(黄卓才供图)

作家、诗人特有的热情和乐观感染了我,给了我信心。不懂得安慰怀孕中的妻子,我背着"糯米鸡"(背包)就勇往直前地出了门,乘船经一夜航行到了中山县城石岐。

石岐真是名不虚传,即使在那个肚子不时会叫的年代,它仍然不失富裕侨乡和鱼米之乡的风范。散发着肉香和当归药材香气的

"龙虎凤"炖品、油光闪亮的腊味糯米饭、一尺长两斤重的芦兜咸肉粽、铺满油炸花生和葱花香菜的肉丸粥、夹着甜肉的绿豆杏仁饼……数不尽的美食满街飘香。但我的心思不在此，竟然错过了第一时间疯狂觅食的机会。

上班时间一到，我就持介绍信到县委组织部报到。接待我的是一位40来岁的干部。他说我是中文系的，不符合他们的需要。他拿出一份报表，十分有力地证明他们要求的毕业生是农、林、水利专业的。这对于我无疑是当头一棒。糟了，怎么会这样呢，我该怎么办……

沉闷的数分钟过后，干部问："你有什么要求？"

我说可不可以让我到文艺、新闻单位去。

他笑了笑，说："文艺单位有两个，一个是中山粤剧团，一个是县文联，那里都是些老伯父、老太婆，他们没有什么文化，你去不合适；新闻单位嘛，原有《中山日报》，但最近停刊了。"

初出茅庐、毫无社会经验的我，脑子里顿时一片空白。

又是沉闷的数分钟过后，干部说："你先到旅馆住下来，一个星期以内，我们会为你联系单位，然后通知你，你耐心等等吧。"

那一晚，我住在岐江河边的一家旅店，感到从未有过的孤单和无助。一个星期，将是多么的难熬啊……

出乎意料，第二天上午就来了通知，叫我立即到组织部。

还是那位干部，他问我愿不愿意当教师。如果同意，就到教育局去报到。

我们意气风发迎接毕业季（黄卓才珍藏）（前排：李异耘、丁有盛、张武针，后排：陈特精、叶允顺、黄卓才、廖世桐、林先和）

无可奈何，我到了教育局。中山纪念中学一位姓张的总务主任早已等在那里。办理了简单的手续之后，他就把我带到离县城老远的翠亨村。我记得，乘了 26 公里的公共汽车之后，我们来到翠亨站，然后，张主任雇了一辆载客单车，把我载到山边非常清静的教工集体宿舍。

我就这样来到久闻大名的翠亨村，当上了教师。

[原载《鸿雁飞越加勒比——古巴华侨家书纪事》（修订版），暨南大学出版社 2016 年版]

第三辑

重入师门

一代名师的教诲

张振金

1958 年，暨南大学在广州重建。萧殷担任中文系主任。

萧殷，广东龙川人，他是中国作家协会文学讲习所副所长，从北京调来任职的。有他这样一位著名作家、文学理论家牵头，大家都十分高兴。那时，大住房很紧张，他住在办公楼四楼的一个单间。因为他热情真诚、平易近人，师生们都乐于到他的房间里请教问题。我来自山乡，见识甚少，求知甚切，也是众多的求教者之一。我见他总是侃侃而谈，循循善诱，尤其善于通过生活中的平常事物和文学现象阐述文学创作的基本规律。因此，他的小房间里常常坐满了人，真是门庭若市。对于师生们提出的各种问题，哪怕是最敏感的问题，他都毫不含含糊糊、吞吞吐吐，总是谈得率直、精辟、尖锐，还常伴有情感的浪花和哲理的升华。我们都十分喜欢和称赞这种"萧殷风格"。

　　1960 年，中文系组织学生下乡采写《岭南春色》。这是萧殷主任的主张。他认为中文系学生应该走出书斋，了解社会，加强实践。全系学生分成十个采访队，出发全省各县去采访。我到了罗定县，采访一位曾在朝鲜上甘岭战斗中负伤致残的独臂英雄，在家乡如何带领乡亲恢复生产、克服困难的模范事迹。萧殷主任看了我的文章，又听了我的汇报。后来，他在课堂评讲时直率地批评说："你采访的人物是动人的，为什么经你写出后，反而不感人了呢？主要原因不在于文字技巧，有些细节和场面还是写得相当具体的。不感人的原因主要是你对人物的思想性格以及围绕人物的典型环境缺乏深刻的认识，思想情感与英雄人物还有距离，还不能与新人物、新思想融合一致。因此，你就不可能通过对生活有血有肉的描写，体现人物的崇高品格，作品就必然缺乏感染力了。只有当你对描写的人物有了深刻的认识，同时又灌注了自己的思想情感，达到客观生活与主观感情融合一致的时候，作品才会有感染力。"这些至理名言，有如春风细雨，润泽了我和其他学生的心。他不止一次强调：学习文学创作只学习技巧是不够的，更重要的是在生活中不断改造自己的思想感情。目光短浅、胸怀狭窄、品格低下的人，是写不出深刻动人的作品的。因此，可以这样说：活得伟大才能写得伟大。萧殷主任这句话，全系学生都记得非常深刻。

　　我按照萧殷主任的教诲，再到罗定着重体验英雄人物的思想感情，加强认识，缩短差距。回来后，再次修改那篇文章。萧殷主任还亲自给文章定了标题，叫做《四季常青》，并推荐给《羊城晚报》

副刊《花地》发表了。萧殷主任非常高兴。这便是我的新习作。

萧殷主任强调要在理论与实践结合的基础上培养出优秀学生。他认为，中文系毕业的学生，应该懂得文学理论，也能写一手好文章。因此，他特别开设了"中国古代文论""文学批评"和"文学创作"这些课程。要求学生每周写一篇文章，由教师在课堂上评讲，目的是提高学生的写作能力。那时，我们组织了暨南诗社，出版油印刊物《战鼓》。萧殷主任非常赞同，并在创刊号上题词："用饱满的热情，歌唱人们在劳动创造中豪迈的气概和冲天的干劲!"受他的影响，后来在这批学生中出现了不少有影响力的作家、诗人、评论家，绝大多数毕业生都有较好的文字功底，适合各种工作的需要。

萧殷主任对学生的要求是全面、严格的。有一次，讨论作品的真实性与倾向性问题，我提出作者一定要抒写自己对生活的真实感受，反对图解某个现成的政治概念，并把它写成一篇文章发表在校报上面。第二天，马荫隐老师来告诉我说："萧殷主任叫你到省医院去见他，他有话要跟你说。"我如约来到省医院，见他躺在病床上，身体很虚弱，说话时有气喘。我预料他是批评我来了，有点惶然地站在床边。果然，他毫不客气："你的文章马老师送给我看了，我认为，其中有很大的片面性。一个作者如果对生活没有丰富的感受，就想进入创作过程，自然不能创造出个性化的、有生命的形象。公式化和概念化就出现了。但是，这只是问题的一方面，还有另一方面，就是你用什么思想感情去感受生活？现在有些人的心灵深处，偏离时代和人民的审美观和生活观还相当严重，这常常在他们进行艺术创作的时候冒出来，有时候甚至还起着主宰的作用。于是，那些不健康的、有害的思想因素，就在作品中流露出来了。"刚开始我觉得他对我有点苛求，但仔细想来，才知他是指引我走文学正路，在我刚开始学步时，不让我走错了或走偏了路，不然以后就更难纠正了。所以，他特别注重帮助我弄清文学的任务和创作的规律。现在他病得不轻，还这样热忱地关心学生的进步和成长，我内心的感激是难以用言语来表达的。

1963年秋，我大学毕业了。那时，大学毕业生是由国家统一分配工作的。萧殷主任此时已调到中南局文艺处任职。不料，有一天他突然回校找我。原来，他听说我毕业之后，正在犹豫是留在学校还是下到基层。他鼓励我到基层去，在斗争中磨炼自己，积累生活经验，这对自己搞创作、评论或者其他的事业都有好处。我听从了萧殷主任的教诲，鼓起勇气，到了人生地不熟的、历代被视为流放之地的海南岛。我到海南岛不久，便被派到琼山县一个小山村参加"四清"运动。海南岛农民的贫困程度，远远超出我的想象。每人每月只分配十几斤谷子，连稀粥都吃不饱，经常用野

1959年，萧殷主任与中文系教师合影（陶萌萌供稿）（从右至左：饶芃子、卢大宣、萧殷、潘琴青、叶孟贞）

菜充饥。农民到田野或河涌里抓小鱼、小虾、小青蛙，放到土罐里用盐腌上几天，不用煮熟就拿来吃，又腥又臭，还有火柴枝般粗的虫子在蠕动，这便是菜了。我深深体会到，中国知识分子必须懂得农民的痛苦命运，并为改变这种命运而奔走呼号。正是在这一点上，知识分子应当同工农大众相结合，和他们同呼吸共命运，这才不失为中国人民大众的一分子。我经常把这些感受写成文学作品在省报上发表，在文学界开始有一点名气。萧殷主任对我的要求仍是十分严格的。1965 年 1 月，他给我写信说："读来信，知道你努力工作，认真锻炼，还不断在报刊上读到你的作品，可喜可贺。不过，这仅仅是开始，千万不要满足于某一方面的一点成绩。你在学校读书时，当不少教师吹捧你的文章的时候，我就表示过异议，我以为你对社会、对人生还缺乏深刻的认知，作品表现出来的思想境界还相当狭小肤浅，离时代的要求还很远。你还应在艰苦的环境里继续磨炼，把生活和创作结合起来，融成一体。"我听了他的话，在海南岛磨炼了十多年，练就了扎实的思想和文学根底。

20 世纪 80 年代之初，我调回暨大任教，当时，暨大复办不久，正需要他这样的大师级名师来领头，他却突然病倒了。我在华侨医院见到他时，他的病已很重。由于患上了严重的肺气肿，常靠器械输氧，说话已相当困难了，但他还不忘给予我教诲。我记得最深刻的是："当教师在教给学生知识的同时，还要教会学生怎样做人；最重要的是要时刻为中国的进步和人民大众的命运着想，就像鲁迅先生那样。"1983 年 8 月 31 日，萧殷主任辞别人世。每当想起他的教诲，我眼前就闪现着他期待的目光，总觉得自己应该工作得更勤奋一些、生活得更高尚一些才好。

写于 2006 年仲夏

（原载暨南大学百年华诞纪念文集《暨园古道照颜色》，香港日月星制作公司 2006 年版）

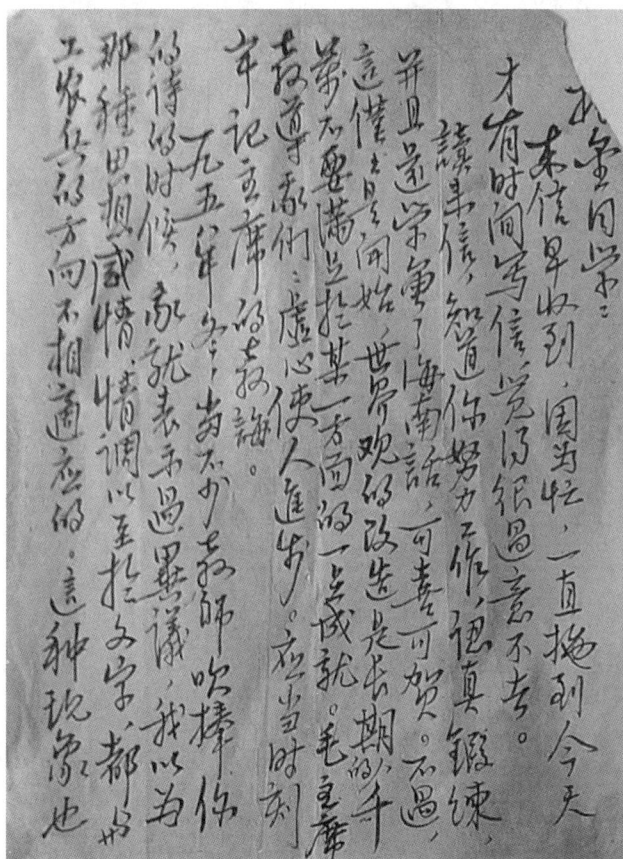

萧殷致张振金信之一（1965 年，由广州寄到海口市海南文献）

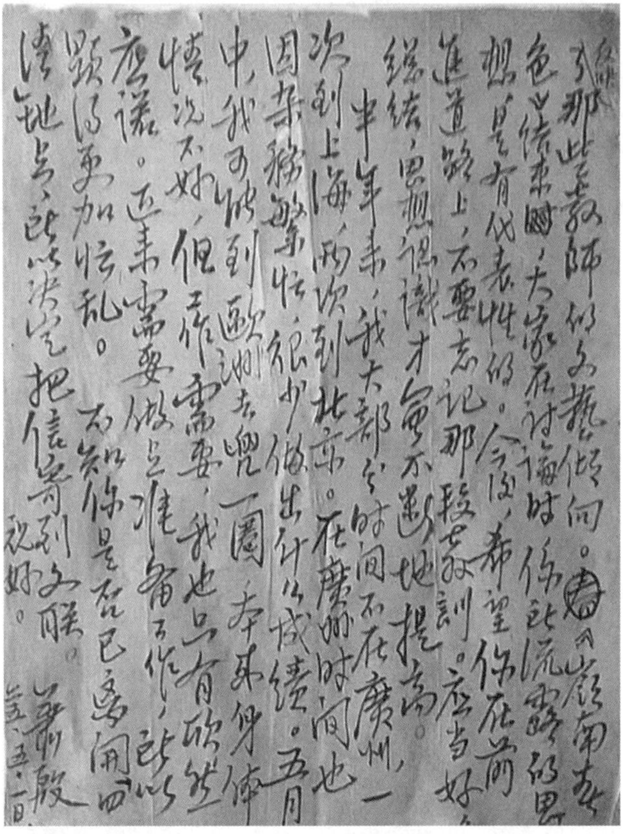
文那些教师的文艺倾向。[illegible]岭南春色'传来，大家在讨论时，你能流露的思想是有代表性的。今后，希望你在前进道路上，不要忘记那段教训。应当好好锻炼，思想认识才会不断地提高。

半年来，我大部分时间不在广州，一次到上海，两次到北京。在广州时间也因杂务繁忙，很少做出什么成绩。五月中，我可能到欧洲去跑一圈，本来身体情况不好，但工作需要，我也只有欣然应诺。近来需要做点准备工作，所以显得更加忙乱。不知你是否已离开四会地点，所以决定把信寄到文联。

祝好。

萧殷

萧殷致张振金信之二（1965 年，由广州寄到海口市海南文献）

荔枝又红了

——怀念萧殷先生

钟毓材

纽约的春天似乎特别短暂。冬雪悄悄融化之后，春雨便不知不觉淋绿了哈里逊河两岸的草木。刚刚才感受到春临人间还没多久，很快就到了明丽的初夏。时间过得好快啊！荔枝又红了，熟了。西迁美国多年，近一年来，令人喜出望外的是，侨居大西洋彼岸的纽约，也能品尝到来自故国特有的岭南佳果。自祖国重现春天之后，经营中国食品进出口生意的华商从香港空运广东荔枝到纽约的中国杂货店出售，各种品种都有：黑叶、桂味、糯米糍。每逢荔枝又红又熟的时节，我自然而然回忆起那段在祖国上大学的日子，火红的岁月，想起我敬爱的导师、中文系主任萧殷先生来。寒来暑往，雁去来归，在这漫长的廿一个年头里，尽管荔枝红了廿一个春秋，也熟过了廿一个春秋；无情的岁月染白了双鬓，异乡从商生涯令我年华逐渐老去，然而萧殷先生亲切慈蔼的笑容、循循善诱的教导依然十分鲜明地烙印在我的心坎上。

1958年秋，我考进广州市暨南大学中文系，非常幸运地，系主任便是萧殷先生。在这之前，我在高中时代就曾拜读过他的《与习作者谈写作》《论生活、艺术和真实》等文学专著，深受他的文艺理论影响，也曾为他的短篇小说、散文集《月夜》而深深感动。尤其是那篇《桃子又熟了》，萧殷对革命战友仓夷的深切怀念和眷恋之情以及那特别的写作技巧，令我印象十分深刻……第一次见到我所景仰的萧殷先生，没想到他是那样的平易近人、和蔼可亲。原本以为这是一位参加过抗日和解放战争的老革命，全国著名的文艺理论家、作家，我们的系领导，应该是十分严肃、高不可攀的。在开学最初的日子里，萧殷主任读完我高中时与同学王坚辉合作创作的小说集《赤道线上的孩子》（由中国少年儿童出版社出版），跟我详谈过。他肯定

钟毓材（后排右二）与萧殷主任及其儿女合照于北京（1959年）

作品有着南洋的生活色彩，故事人物都给人以清新的感觉，对于初学写作的高中学生来说已经很难得。同时，他也指出作品不足之处：对生活和文字的提炼不够，内容也显得单薄些。他教导我创作文学作品，除了要有真情实感之外，更重要的是必须具备扎实的生活基础、丰厚的文学修养。他鼓励我多阅读、多思考、多观察、多写作，再三对我说，要写出好作品，没有捷径可走，非下一番苦功不可。萧殷先生还把他正在创作的长篇小说《多雨的夏天》前几章给我阅读，他写得精彩、动人。他告诉我已经写了十万字，现在来到暨南大学，工作繁忙，只能先搁置下来了……萧殷先生就是这样一位毫无架子、爱护学生的文坛前辈，我的系主任。萧殷先生中等身材，瘦弱得有点经不住风吹似的。金丝眼镜后的眼睛，却永远闪耀着亲切、智慧和热情的光芒。他吸烟很多，总是烟不离手。由于长期艰苦而奔波的革命生活，导致他体弱多病，双脚也因长年累月的行军而结满硬茧（生鸡眼），行走颇为艰辛，稍有些跛。尽管这样，萧殷先生走起路来，仍显得飘逸潇洒，另有一种风采。

这一年秋冬，在“大跃进”和大炼钢铁的热潮中，我们第一届中文系师生到广州市近郊江村炼焦。在萧殷先生的指导下，我们在炼焦劳动中学习写民歌，把文学和实际生活结合在一起。他多次到工地上和我们座谈，要我们学习工人阶级优秀品德和思想感情，同时向我们讲述民歌的艺术性，如何通过这一艺术形式表现劳动生活。近半年内，我们中文系学生除了创作民歌外，也收集广东各地涌现的民歌，在萧殷先生的指导下，选出其中优秀部分，由他亲自作序，取名为《荔枝满山一片红》（由作家出版社出版）。当年，我

很荣幸能参与整理和抄写这份工作，于是我有更多的时间聆听萧殷
先生的教诲，对他的文艺思想和创作理论有了进一步的了解。翌年
春节，中文系第一、二届学生又在萧殷先生提倡下组织下乡采写
《岭南春色》，分别到粤北、潮汕、兴梅、清远、海南各地区采访经
济复苏后涌现出来的新人新事。

这是我们的福气，一踏进大学的校门，就有这么好的导师指导
我们把文学和现实生活紧密联系起来，使文艺理论和创作实践相结
合。萧殷先生给我们开过许多座谈会，深入浅出地讲授文艺理论和
文艺创作思想；他对教条主义深恶痛绝，极力反对条条框框，主张
文艺必须从实际生活出发，文学创作既要形象地反映生活，又要高
于生活……为配合文艺理论和写作理论的教学，萧殷先生经常邀请
省内外著名作家给我们作专题讲座：老作家张天翼讲人物塑造问
题，康濯讲如何选择题材，秦牧讲的是散文创作，还有艾芜、吴组
缃、韩北屏、欧阳山、周钢鸣、陈残云、杜埃等许多名作家都给我
们作过演讲。他们丰富生动的讲述，不仅增长了我们中文系学生的
文学知识，同时也拓宽了我们的视野。

二

萧殷先生是广东龙川人，出身贫寒。他17岁到广州念书的时候
便积极参加学生运动，也从那时起开始了他的文学生涯；组织进步
文艺社团办刊物；和楼栖等进步青年住在一起，过着穷学生的苦日

子。不久他先到上海，然后投奔革命圣地延安，曾在鲁迅艺术文学院进修。之后一直在部队做文化宣传工作，随军南征北战。中华人民共和国成立后，曾任《文艺报》主编、《人民文学》主编、中国作家协会文学讲习所副所长，指导过许多青年作家，王蒙、刘绍棠都是他的学生。20多年来，萧殷先生惜墨如金，写得很少；或许是行政工作占去他太多宝贵的时间。1957年，他从北京下放到广东龙川，深入当地农民的生活。从那时起，他开始酝酿和创作反映农民生活和斗争的长篇小说《多雨的夏天》。1958年秋，他就任暨南大学中文系主任和学校党委委员。暨南大学是新复办的综合性华侨大学，百废待兴，学校行政工作十分繁重。我时常看见他开会到三更半夜；本就体弱多病的他，熬得脸色苍白，经常感冒咳嗽。那时他的家人仍留在北京，他独自居住在教学大楼的顶楼里，夏日炎热，冬日寒冷，生活十分清苦。但他很乐观，不眠不休地，默默地给我们中文系学生做了许许多多的工作……萧殷先生在暨南大学中文系的日子并不长，只有两年多的时间，但他高尚的人格、实事求是的作风、灵活运用的教学思想给我们留下不可磨灭的印象，他有关做人处事以及文学思想、写作理论的教导，更是令我们终身受用不尽的！

这之后，萧殷先生就被调往广东省文联任副主席，一方面领导文艺批评工作，另一方面培养广东青年作家，如陈国凯、程贤章、杨干华等都是当年他悉心栽培出来的青年作家。这期间，在萧殷先生的主持下，以中国作协广东分会理论研究组的名义，前后有《典型——熟悉的陌生人》《文艺批评的歧路》等三篇论文发表在《羊城晚报》"文艺评论"上，对当年庸俗社会学与艺术教条主义典型观和批评方法作出深刻的批判，从尖锐性和理论深度来说，可谓当年文艺界最高思想水平的文艺论文。《文艺报》即时分期全文转载，在全国产生巨大的反响。

不久，萧殷先生便被调到中南局宣传部任文艺处处长，为中南局尤其是广东省的文艺事业做了大量的实际工作。

三

萧殷先生在任暨南大学中文系主任的日子里，无微不至地关怀和爱护华侨和港澳学生，经常对我们学生干部说，他们抛弃安逸的资产阶级生活回来，这就是爱国的表现，我们党和国家要欢迎他们，热情帮助他们。萧殷主任尤其对首届华侨和港澳女学生，像周霭楣、黄裕珠、李玉梅、伍素娴、司徒婵、黄若梅、黄美兰等特别地关心和爱护。每逢暑假、寒假，港澳学生回家乡探亲前夕，萧殷先生总是会和他们开谈心会，像慈爱的父亲，讲述延安时

中文 1958 级的女生（萧殷摄，伍素娴藏）

代的革命故事，鼓励年轻人应有远大的理想，祖国的前途是美好的……

1960 年，不少体弱的港澳学生患肝炎和水肿病。萧殷先生不仅在生活上照顾他们，不让他们参加过重的体力劳动，还特别介绍他们到部队医院去看病。更多的时候，萧殷先生从思想上和精神上给予他们鼓励。香港学生伍素娴，三年级时想离开祖国出国去治病，就是因萧殷先生的鼓励、关怀和爱护而深受感动，最终留在国内读完大学课程，当年萧殷先生要我多接近素娴，帮助和开导她；我和素娴之间的缘分和情愫也因此而萌生，萧殷先生的这份情意我这一生都感激和铭记着。

萧殷先生对培养我们中文系学生，是用尽心血的。他非常仔细地批阅我好些不成熟的作品。发表在《羊城晚报》副刊《花地》上的散文《寄万隆》，就是萧殷先生推荐的。和王坚辉合写的小说《在海滨听来的故事》也经过他提意见，再由他请《作品》编辑部专人来和我们详细商讨修改才得以在《作品》上发表……我的同学谢金雄的小说《海的新客》，张振金、钟永华的诗作、散文，谭志图的文艺评论文章等也都是在萧殷先生指导下完成而在报刊上发表出来的。要说我当年在文艺创作上稍有一点点小成绩的话，那都是和萧殷先生的悉心培养、耐心指导分不开的。

四

最后一次见萧殷先生，是在他东山梅花村的寓所。那是在我离别祖国前夕，我和素娴前去向他告别。那也是荔枝开始红熟的初夏时节，五羊城繁花似锦，梅花村绿影婆娑。和往常一样，萧殷先生亲切地和我与素娴说了许多话，还留我俩吃饭。依依临别之时，他紧紧握着我的手，再三叮嘱我到海外后不要忘记祖国和人民，在海外也一样可以为祖国工作……15年来，北望神州，萧殷先生的话语犹在耳边回响，他的音容笑貌也时时在我脑海中浮现……

"文革"期间，我千方百计地希望从各方面打听他的真实情况，然而都一无所获。对我这个内心忧焚的人来说，那真是一段漫长的日子。

一声春雷，中国人民终于脱离了深重苦难，很快，我在海外就看到复刊的《作品》，又重读到萧殷先生的文章，激动的心情久久不能平静下来。我的老同学王坚辉来函说，在广东省文学青年创作会议上见到他，身体虽然瘦弱，但精神还好。他说，萧殷先生又在为培养青年作家而尽心尽力了。三弟来信告诉我，萧殷先生主持广东文艺工作，正着手创作有关写作理论的长篇著作《创作论》，还有，他的女儿萌萌也在《作品》工作……啊！多么令人欣喜的消息啊！

春天又回到故乡的大地。随春而来的初夏，繁花枝头，绿柳丛间，蝉又在长鸣了。美丽的岭南，该又是满山荔枝一片红了。我为萧殷先生祝福，祝他健康、长寿，为培养中国年青一代的文学工作者，为中国文艺理论作出更大的贡献，也祝他早日完成他的文艺理论巨著《创作论》和长篇小说《多雨的夏天》——我知道萧殷先生这一生都念叨着他这部未完成的作品。

啊，荔枝又红了，我深深地怀念着我的祖国和我的系主任萧殷先生……

五

以上怀念萧殷先生的文字是我旅居美国纽约时写的，时为1979年初夏，那也是蝉鸣荔红的季节。当时曾寄给萧殷先生的女儿萌萌，可惜寄失了。萧殷先生没有读到这篇文章。不过，到1981年初，我在广州《花城》杂志上发表中篇小说《再会吧！南洋》，萧殷先生读到后，即刻给我和素娴来了信，我既惊喜又感动。他说看见我重新拿起笔创作，感到欣慰，鼓励我一定要写下去。他在信中叙述"文革"的遭遇，虽然活下来，可是已经重病缠身，常住医院。我流着眼泪读完他的信，立即给他写了回信。我又和厚爱我的萧殷主任联系上了。我告诉他，我和素娴会回来的，万望他保重，等着我们回来。

1983年的8月中旬，我收到他的来信，并附来一张身穿黑色中山装的半身相片。我看到后，心沉落了，萧殷先生显得非常瘦弱，满头白发，病容憔悴。他的健康令我担忧……万万想不到，20多天后，我收到的竟是萧殷先生病逝的讣闻——相信是师母陶萍寄给我的。我的心一下子碎裂了，眼泪一涌而出。原来萧殷先生在他生命的最后一刻，还牵挂着他遥远的学生我和素娴，他是多么疼爱我俩啊……我祈求萧殷先生健康的希望破灭了，我梦想着和他在珠江畔相聚的心愿永远落空了。萧殷先生走得太快，太早了，还带着他许多未了的心愿。我的伤痛和悲哀是无法形容的……

1991 年春天，我和素娴去国 26 年后回到祖国，重回暨南园，见到分别四分之一世纪的老师和同学，百感交集。漫步明湖畔，湖水荡漾，四周花木扶疏，美丽如昔。校园大道两旁，当年我们手植的树木，如今已成参天大树，一片浓荫。失落、惆怅、悲伤，我痛失了敬爱的萧殷主任……要不，他见到我和素娴的归来，将会是如何地欣喜啊！

这么一晃，15 年又过去了。有幸接受萧殷先生的教导至今，整整过去了半个世纪的岁月。我这大半辈子，未敢忘记他的教诲，为着不辜负他对我的期望，从商之余，坚持文学创作，写了 300 万字的作品，遗憾的是，这些作品他都没有读到。流逝的时光并不能医治我内心深处的伤痛。时序更替，冬去春至，50 年来，我对萧殷先生的怀念，逐年递增。如今，我补写这些怀念萧殷先生文字的时候，正是南国的初夏，又是蝉鸣荔熟的季节……

荔枝又红了，萧殷先生，我深深地怀念您。

2006 年夏作于美国霞飞阁

（本文曾收入暨南大学百年华诞纪念文集《暨园古道照颜色》，香港日月星制作公司 2006 年版）

【附】

四合院里清凉的夏天

——与万里在萧殷先生家作客

钟毓材

　　1959 年盛夏，中华人民共和国十周年国庆前夕，趁着暑假，我第一次到访伟大祖国的首都北京。坐了三天两夜的长途火车，亲历神州大地的辽阔、雄奇；跨过长江、黄河，越过华北大平原，不但没有倦意，精神反而一直在亢奋中。一踏上北京的土地，首先是震撼、激动，自然也感到无比的亲切，多少年来的梦想终于实现了！首都，北京啊！我，一个海外归来的孩子投向你的怀抱了……

　　在这前一年的秋天，我考上广州市暨南大学中文系，系主任便是中国著名文艺理论家、作家萧殷先生。那时候，他的家和家人仍留在北京，尚未南迁。萧主任知道我暑假时会去北京，说那时他也正好在北京，希望我能去看望他，并且把北京的住址给了我。我好感动，知道萧主任是特别关心和爱护我的，心想，会的，我一定会去拜访他的。

　　那天，我约了同在第二故乡印度尼西亚万隆山城一起成长的好朋友、又是当地清华中学初中的同学林万里，还有温应忠，三人前去拜候萧殷先生。这一天的日记是这么写的：

八月二日　星期天　晴

下午三时，我、万里和应忠三人去拜访萧主任，他见到我们，非常高兴。我能够在首都北京和萧主任相见，感到特别兴奋、愉快。萧主任还是老样子，热情好客，谈笑风生。和往常那样，很健谈，我们一谈就谈了几个钟头。他谈的东西很多，涉及的范围亦很广泛。萧主任北京的家很美、安适，屋子是北京典型的四合院。院子里种有不少花木。今天天气晴朗，阳光温煦，清风轻拂；阳光透过木架上的海棠树、丁香树的枝叶，照射在地上，斑斑驳驳；墙角有蝈蝈儿在吱吱地唱着，很有诗意。尽管外面是炎热的夏天，但在萧主任的四合院里是这样的清凉。怪不得萧主任老想念着北京的家呢！他风趣地说，北京的住宅都是这样的，外面看上去很古旧，可是里面都装点得很美观，这就是保持中华民族含蓄的优点。他叫我到北京市场上走走看看，到北京的人家里坐坐，了解首都人民的生活；又教导我在参观名胜古迹时要研究古代艺术，看了这些，我们都会为之自豪。一千年之前，我们的国家艺术水平就已经达到这样的高度，我们今天应该比别的国家更高才对。所以我们要好好学习。

萧主任听到万里也正在念中文系，便和我们讲了许多关于文学和从事文学创作的问题。虽然在暨大课堂上，有些他已经讲过，不过我仍然听得津津有味，加深了认识。

万里热爱文学，他对萧主任所说的一切都很感兴趣。我了解，他渴望能够学到更多的文学知识。我看得出来，万里今天很开心。

临别时，萧主任和他女儿、儿子跟我们三人一起在院子里照相留念。

…………

弹指间，将近半个世纪过去了。萧殷先生于 1983 年秋天病逝于广州，享年 68 岁。那套在萧殷先生家里照的相片，不知为什么遗失了，几十年来，万里耿耿于怀。直到前年，喜出望外的，万里在整理旧物时忽然发现这套相底，而且保存完好，更惊喜的是冲印出来的相片竟然清晰如新。万里旋即寄给我。我收到后，细看良久，感慨万千。当年 8 月 2 日在北京拜访萧先生的情景，历历在目。

时间纵然过去了 48 年，那个夏天，在我的心中，依然是那样的清凉、温馨；萧殷先生的教导、娓娓动听的谈话、亲切的笑容，随着漫长岁月的流逝，依然鲜活地留存在我的记忆里，永不褪色……

2007 年金秋作于香港新界北岭

注：1962 年林万里于北京河北师范学院中文系毕业后，回到印度尼西亚，几十年来从事华文文学工作，著作丰富，成为印华著名作家。这篇文章收入林万里的《停不住的笔——林万里文集》一书中。

蜡烛之光

——怀念萧殷主任

邓良球

　　1958 年秋天，我考进暨南大学，成为暨大重建后第一届学生。萧殷同志是中文系主任。入学后，我逐渐认识了系里的老师，也认识了萧主任。在一次开会时，我第一次见到萧主任。看上去，他身材瘦削，容貌慈祥，戴着金丝眼镜，十足学者风度；说起话来，热情亲切，清朗有力，余味深长。以后我有更多机会见到他，得到他更多的启迪和教诲。无疑，他是我的领导，我的导师，我的引路人。

　　萧主任是我国著名的作家、文学理论家，是文学战线上的耕耘者和战斗者。长期以来，他致力于文学新知识的启蒙，对文学青年的辅导倾注心血，是文学园地辛勤育苗的园丁。

　　一天晚上，我到萧主任宿舍去。那时，他一个人住在学校办公大楼一间办公室里，室内简朴，家具全是残旧的。我坐下后，他问过我的学习情况，便与我谈起文学创作问题。他告诉我，他准备创作一部长篇小说。他拿出一个本子，走到我的身边说："这个本子是整部小说的蓝图。动笔前，一定要做好准备，构思好，规划好，脑子要非常清晰，这样写起来才得心应手。"我看到，本子里列出一个个项目，并一一加了说明。其中一项是"人物一览表"，有人物的姓名、性别、年龄、基本情况、人与人关系等。除用文字列出外，还有一幅幅图画，是作品中出现的地理位置。这是一部作品的骨架，严严实实，硬硬朗朗，充分表现了作者做学问的严谨精神。这一晚，我大开眼界，受益匪浅，我的神经被深深地触动，让我终生难忘。

1959 年夏，中文系主任萧殷与我级五位女生合影于旧办公楼（现艺术学院）楼顶（黄裕珠摄）（由左至右：黄若梅、伍素娴、徐兆文、萧殷、李玉梅、司徒婵）

1963 年，我大学毕业了，被分配到省军区工作。后来，我又转业到省公安厅。在机关工作，我接触到许多公安工作情况，有时出差到基层，又常碰到下级单位的同志来厅开会或办事。因此，我逐渐了解公安和干警的工作情况，也被许多人和事所感动，收集了一定的生活素材。在这种情况下，我不时心血来潮写点小文章，先后在报刊上发表了 50 多篇散文。这只是业余创作，是我在坚持做好本职工作的前提下，抽时间写出来的。我想，既然有创作的欲望，又有许多有利条件，何不扩大创作领域，"做强做大"呢？于是，我想到萧主任，想去请教他。

我约了一位同学，在晚上一起去拜访萧主任。那是 1976 年的夏天，其时他早已经离开暨大，调去别的单位工作，住在梅花村 35 号二楼。我们走进萧主任家。他看见我们，非常高兴。大家倾谈起来，很快谈到文学创作问题。他热情地说："你们在学校学到许多知识，现在走向社会，接触许多人和事，有了一定的生活基础，应该放开思想，写出东西来。"我们说，心里虽然想写点东西，但就是写不出来。于是，萧主任展开话题，从观察生活、集中提炼、塑造典型，到如何进行写作，讲得清清楚楚、明明白白。我听后，心中燃起创作的熊熊火焰，久久不能平静下来。

过了一年，我想再向萧主任请教，去拜访他。但仔细一想，又改变了主意：他人缘好，朋友多，应该有不少人晚上到访，他一定忙不过来，倒不如写封信给他，说说自己的心里话。我的信寄出后不久，他给我回信了。信中针对我提出的问题作了解释。他指出："我认为你的工作是可以大量吸取创作素材的工作。创作要求将日常生活斗争典型化，并不要求把所有的方法（包括对敌斗争的方法）都如实写出来。"他还提出希望："抗腐蚀的题材在你们岗位及四周是不少的，希望你认真注意，并即刻行动起来。"

然而，时间一天天过去，日复一日，年复一年，我依然没有行动，而是在困惑中徘徊。是的，光有愿望，没有行动，结果等于零。我很惭愧，辜负了萧主任的期望。

自认识萧主任以来，他对我的关怀、指导、教育，我一直铭记在心，永不遗忘。在我的心目中，他是一位可亲可敬的师长。我敬仰他的学识，以及敬仰他的为人。他心宽如海，热情待人，甘当闪光的铺路人。几十年来，他对文学青年的辅导，孜孜不倦，呕心沥血；给他们的复信不计其数，非常负责、尽心。他诚诚恳恳，兢兢业业，用自己的生命之光，照亮了后来者前进的道路，充分表现了他的蜡炬精神与崇高的品格。

2021 年春作于广州

良球同志：

你给我的信，是由暨南大学文艺系编辑部转给我的。由于他出差，信在团一起，被耽搁了不少时间，最近才转到我这里来，看你写信日期，已经是一个月之前了，以后希望来信直寄梅花村35号二楼，也许会快捷些。

我从春节以后，前后曾写了二篇文章，大部分是谈创作的，四月到是广东文艺上的一组人物传英主题。谈及你的信，你似乎来了，交流一下是有好处的。我认为你的工作，是可以大量吸取创作素材的，创作要求作者将身边的人事典型化，并不要求把现有的人物、真实地写出来。方法是多种多样的……

（包括对故事的方法）都如实地写出来。其次，抗肯定你的题材在要熟悉敌人，适宜我们的敌工干部的……他们的精神世界，四月份的文章可以对你有些启发，你写有空时，可再检一下，作为参考，也许有帮助，可看看……

有空时，交流一下，是有好处的。影响的编创车逐渐丰富起来……你的有信上反复四周是不少的……

你们有什么困难么？好到印刷地方你写信，并且请寄在你们有信时请告……记出诉我，有可帮……望把空美分给我一语，准备好好读一遍，每……

萧殷五月廿二日
于梅花村35号二楼

祝工作顺利！

萧萧风雨殷殷情

李玉梅

　　凝视这张 60 多年前在江村炼焦工地上的照片，我总想把有关的人和事写出来，但就在这一刻，我才深深地感到我这个中文系学生，竟是如此的语言无用、文笔无能。

　　差不多是半个世纪以前的事了。回想起我第一次见到萧主任的情景，真觉得有点不可思议和带点戏剧性。记不起是哪一天了，我们全体同学都坐在堆满黑煤的工地上等着新来的系主任。果然，他真的来了，只见他个子不怎么高，瘦瘦的，架着一副金属眼镜，但眼神却很亲切慈祥，低沉的声音缓慢而有力。从他讲的慰劳与鼓励的话中，我们能感受到一种精神的感召和人格的魅力。散会后，萧主任要把我和周霭楣带回学校去。我们都感到惊讶，但不管是什么原因，我们赶快准备了一下，便跑到萧主任面前。就在这时，萧主任拿出相机，说："来！我替你们拍张照片留念吧！"就这样，他为

香港女生李玉梅、周霭楣在炼焦工地上帮广钢工人照顾孩子（萧殷摄，1958 年）

我们留下了这张烙上大时代印记的照片。

跟萧主任回到学校后，我们每天都被安排在办公大楼抄写《荔枝满山一片红》的民歌集，萧主任偶尔会来看看我们。也许萧主任真的能理解我们这两个"娇里娇气"的香港女生在劳动中的感受和承受吧，所以他会跟我们讲他自己的故事。讲述他是怎样参加革命，又怎样在太行山上打游击，又是怎样在吃不饱、穿不暖的情况下，还要整天背着极沉重的行李，躲避日军和国民党军队的围剿和追杀。而且，头上还有敌机在不断地空袭。忽然间，身边的同伴不幸被炸死了，还得把他遗留下来的行李背上，继续向前走，从不会害怕，更不会气馁。讲到这里，萧主任就会突然用他那低沉却不怎么悦耳的声音唱起："我们在太行山上……"唱着唱着，我们三人都会突然大笑起来。在歌声、笑声中，我和霭楣都深深地感到，我们今天的生活的苦，远远比不上他在战争年代的苦。

1959 年的暑假到了，真的谢天谢地，放假了。我们港澳生都获批准返港回家了。对过去整整一年的劳动和学习生活，我真的很不习惯，很不适应，有时还会受到"惜命偷懒"的批评，这让我很难受，所以我打算留在家里不再返校了。但萧主任化名"李进"写信来劝我，不要在困难面前放弃自己，要坚持自己的理想，情况一定会好起来的，要尽快回校上课云云。我十分为难。怎么办？我真的很害怕繁重劳动，也很怕生活得这么苦。但萧主任和学校的领导及老师们却又是这样关怀我和爱护我，他们都把我当自己的亲人，我可以随时到他们家里去串门，他们家里的人对我也极友善。即使在副食品供应极其短缺的非常时期，他们都会把好的东西留给我吃。如果我真的这么一走了之，实在太对不起他们了。苦思苦想了很久很久，开学两个月后，我重新回到暨大。

到了寒假，我们不能返港回家了，因为中文系要收集《岭南春色》素材。我和伍素娴及十多位男同学被派往粤北山区。假如问我粤北之行有什么收获，我想说，我在这里碰到了许许多多的生平第一次。最开心的就是去九峰山的路上，我竟然看到了雪花，在下车时，又看见路边枯黄了的小野草，被冰封着，煞是晶莹。第一次在大年三十的晚上，吃到如此鲜美可口的山猪肉……我也遵照萧主任的要求，把自己的见闻写下来送给他看。他看后，以极平和的语调对我说："唔，你没有抓住生活的本质去写生活，没有起到传递生活正面信息的作用，没有反映大时代的革命乐观主义精神，从而去教育人民和鼓舞人民，只是叙述了生活表面的、琐碎的东西，所以文章就显得苍白无力……"他要我认真想想在粤北这段日子里的所思所想，所感受到的，以及所体验的生活本真。

尽管我的脑子还是那么混乱和矛盾，但日子似乎是好过了些。因为萧主任虽然调到广东省文联当副主席，但他依然很关心我。他会把一些难得的艺术家来穗演出的入场券送给梁校长和郑书记，让他们带我一同前去欣赏。当名家刘诗昆、顾圣婴、俞丽娜等的演奏和赵菁演的《宝莲灯》来穗演出时，我都有机会成为座上宾欣赏表演。有时候，萧主任又会送给我三两张爱群大厦或华侨大厦联欢晚会的入场券，让我和同学一起去玩个够。即使萧主任后来又调到中南局工作，寄住在海珠南路杜埃宣传部部长家里时，他也会让我在星期六、日到那里去找他，然后和杜部长他们一起去流花俱乐部吃顿难得的丰盛晚餐。在经济生活困难的非常岁月里，我得到这样的特殊关怀和照顾，内心自是万分感激和铭记的，也暗地里对自己说，一定要听萧主任的话，永远做他的学生，走好他希望我走的路。

梁奇达书记与中文系 1958 级几位同学合影（李玉梅藏，约 1980 年）（由右至左：李耀华、黄旭辉、梁奇达、李玉梅、黄卓才、张兴汉）

1963 年夏天，在反复的思想斗争中我终于完成了五年本科课程，毕业后，我决心留下来服从分配。我被分派到南海华侨中学当教师。"文革"期间，我被批准在指定时间内，可以去广州一次。一到广州，我立刻去梅花村找萧主任。去到那里，我才得知，萧主任已被迁到农林下路去了。

在农林下路，我终于找到了萧主任住的小房间。这小房间真的很小很小，除了能放下一张单人床，再加一桌一椅外，只可放下一张小木凳。当我看到萧主任时，他正趴在床上，全神贯注地提着笔在写什么。潸然而下的泪水告诉我，这真是相逢如隔世啊！我赶快擦干眼泪叫萧主任。他慢慢地转过头来，那双慈祥的眼睛，带着疑惑和喜悦。"呵！玉梅，是你！快进来！"在饱经忧患后相见的这一刻，我们似乎都不知道从何说起，我只是轻声地说："萧主任，您好吗？我很惦念您！""没事，我很好。"我不敢多说一句，也不敢多留一刻，怕的是给他惹麻烦，只要见到萧主任平安无恙，已经足够。这已是我最大的安慰和满足了。萧主任把我送到宿舍门口时向右边的小房间喊道："老杜，老杜，玉梅来看我们了。"原来，杜导正主任也住在这里，我赶紧走上前去跟他握手，向他问好并告辞。他们在夕阳的斜晖下，慢慢地挥着手。回望这两位骨瘦如柴的恩师，我内心深处的哀与痛，怎么也挥之不去。

1982 年底，我终于回到香港。为了生活，也为了寻回失落了的岁月，我很努力地工作，所以在这段时间我反而少去萧主任家里走动。当我偶然见到他时，他告诉我，他要写部长篇小说，他笔下的主人公是怎样的一个人，甚至是书中的某些情节，他也与我交流。不过，他说现在住的房子离铁路太近，火车整天整夜地呜呜叫，太吵了，很影响他的睡眠，也影响了他的创作思维。我想这也许真有不足之处，不过他现在一家人平静而幸福地过着日子，我已经为他高兴，为他祝福了。

1983 年 9 月上旬，我偶然见到了作家韦丘先生，他告诉我说："你们的萧主任在上星期去世了……"我惊呆了，真不愿相信这消息是真的，赶紧跑去省作协，到萧殷同志治丧委员会办事处找到了负责人，苦苦地恳求他，让我订制一个花篮（因为订花篮是有规格和规定的，一般只能送花圈，但该负责人特别批准了），作为我对萧主任的致敬和心意，并告诉他们，萧主任出殡那一天，我一定会从香港赶回来，送他老人家最后一程。但让人遗憾的是，在萧主任举殡的前一天，香港竟悬挂起了十号风球，所有的海陆空交通都停顿了。我只能站在凄风苦雨的窗前，遥望着无尽的天边，送上我深深的心意与绵绵不尽的思念，真是：舟车停顿斯人远，风雨狂飙有泪藏！

2006 年作于香港

"甘工鸟"再也不歌唱

——敬悼杜桐副主任

钟毓材

诗人死了,

"甘工鸟"再也不歌唱……

大概是 1967 年秋天,我已来到香港,初涉商场。正在香江畔彷徨无定的时候,听到杜桐副主任不幸逝世的消息,我简直不敢相信。这之后,我常在噩梦中惊醒,忐忑而惶恐,对这消息将信将疑,可是又无从证实它的真实性,然而内心总希望这一切都不是真的。我祈求着,这不该是真的。

在"四人帮"横行的黑暗的日子里,五羊城没有了欢笑,成了一座死城,珠江在暗无天日里呜咽南流。暨南园早已荒草丛生,明湖失色，湖畔火红的石榴花也枯萎了吧？1973年初夏，我远涉重洋去了大西洋彼岸的纽约。在异国的许多梦里，梦见的杜主任依然是笑容亲切，那样的乐观，然而他很快便飘然而去。从此，纵然是温暖的春天、炎热的盛夏，还是凉快的秋季，我好像都处在异乡的隆冬里，严寒的风雪长年累月都在我的心灵中飘摇……无情的岁月流逝着，12年来，忧戚牵挂之情就这样残忍地折磨着我。直到1979年初，我在报上读到杨嘉老师的文章，他提到暨南园里举行追悼杜桐的大会。啊！但愿消息误传的一线微弱希望就在这一瞬间消失了。杜主任果真逝世了。为此，我感到无比的哀伤与悲痛。

…………

五指岭上啊！
南迪温泉不发暖，
青梅树呀长不壮，
木棉花不红也不艳，
荔枝鸟不飞也不唱。

…………

诗人真的死了，
"甘工鸟"哪里还会歌唱！

《甘工鸟》封面

二

杜桐是我们暨南大学中文系的系副主任，他是 1958 年从海南岛来到暨南园的。我很后悔对他的生平知道得太少，只晓得他是 1938 年就入了党的老党员，在抗日战争和解放战争中都曾经有过贡献的老革命，又是诗人，写过许多歌颂祖国的诗篇。他下放海南岛时，深入了解当地人民生活，根据五指山深处七指岭流行的民间故事，创作出长篇叙事诗《甘工鸟》。这是描述一对青年男女为了争取自由和幸福，坚决与压迫者作斗争，宁可化鸟双双飞入山林，绝不屈服的动人故事……我从小对民间传说故事情有独钟，因而对杜主任的《甘工鸟》特别喜爱。那时候，我已经是系里的文学创作组成员，杜主任的这部《甘工鸟》在文学创作上给我许多启示。杜主任是潮州人，对潮剧有特殊的喜爱，同时还泡得一手好工夫茶。他来到暨南大学中文系之后，对华侨和港澳学生特别关怀和爱护。杜主任富有人情味，风趣幽默，说话带着浓重的潮州音。他对中文系学生的教导，循循善诱。杜主任从不摆架子，平易近人，和蔼可亲。他每次作报告，都像慈父般和我们叙家常，把革命的大道理融入生活实例中，使我们感到亲切，容易领会……记得 1963 年春夏之交，杜主任特地带领我们中文系师生游览越秀山，一面观赏盛开的繁花，一面谈笑风生，他还抛砖引玉，即兴作诗，在场的陈芦荻老师、曾敏之老师都抒写了和诗。

杜主任对我的关怀和教导，令我终生难忘。我在中文系三年级时患有严重的神经衰弱症，常常彻夜不能成眠，身心十分疲累。每次到杜主任家，他总是先泡一壶工夫茶，和我细谈，讲他过去革命生活的艰苦故事来鼓励我，要我乐观，不要怕困难。他还特地批准我和张振金同学到花县的"花东公社"休假两个星期……大学最后一年的上半学期，我身体虚弱，常感晕眩，医生嘱我最好能休息一段时间，于是向杜主任提出休学申请。他想了想，说："看你这几个月是瘦了许多，听从医生的话，先把身体休养好。"杜主任准许了，并且安慰和鼓励我："你就回家安心休养好身体，放开胸怀，要有革命乐观主义精神。有什么困难、需要，你就随时回校来找我。"杜主任对我的爱护和鼓励，我这一生都记得。

第二年大学毕业，我被分配到广州市侨光中学任教。临别母校，那天下午近黄昏时分，我特地去向杜主任道别，感谢他多年来对我的教诲，表示到新的工作岗位上，我会努力做一个名副其实的人类灵魂工程师……杜主任热情地招待我，和往常的许多次那样，在客厅里，泡一壶工夫茶，给我斟了一杯又一杯，对我说了很多鼓励的话。他说："你去当中学教师，是可以胜任的。这次你们到中山石岐中学当实习教师，你表现出色，很受学生欢迎。侨光中学是一间华侨子弟学校，你是归侨，容易了解他们的。当好教师，就是要爱护学生，学生才会听从你的教导。系领导知道你有文学天分，到中学当作体验生活，了解社会现实，不要放弃文学创作，将来写出好作品来。"我说："杜主任，我会牢记您的话。"他笑笑，说："你好好干，为我们暨大中文系争光。"临走之时，他还问我要不要吃了饭才走，又亲自送我出家门，站在屋外那小花园的木栅栏前微笑着向我挥手……想不到这竟然成了永诀！

三

没有想到，后来我会别离祖国而远走天涯，在异乡的风雪长路上走得那样的艰辛而迷茫。更没有想到，杜主任的命运竟然是这样的不幸，早早地死于壮年。从今而后，纵然游子有归家的一天，重回暨南园的时候，我再也见不到杜主任亲切的笑脸，再也听不到他的教诲与鼓励，再也品尝不到他所泡的工夫茶，再也没有共游白云海珠的快乐时光了……

武汉长江大桥留形
1959.9.

杜桐（图片源自《杜桐纪念集》，建筑与城市出版社 2016 年版）

诗人真的死了，

"甘工鸟"再也不歌唱……

以上敬悼杜桐副主任的文字，是我 1979 年深秋写于美国纽约哈里逊河畔的。16 年后，我从大西洋彼岸回来，在广州市华侨新村老家找到大学五年的日记，如获至宝。翻阅之下，其中有许多关于杜主任给我们作报告的记载。当年杜主任非常关心我们电影剧本创作小组的工作，我们完成《华侨儿女传》电影剧本初稿，杜主任多次找我们谈话，提出意见和看法，还特地抽时间带领我们创作小组的几个同学，连同杨嘉、何维和马荫隐老师到中山县体验生活。我在1960年8月25日的日记中这样写道：

这次，我和杜主任生活了几天，使自己更了解了他。原来杜主任很早就参加了革命。在北京求学时就参与地下革命，后来在重庆，在《新华日报》工作，在周总理领导下工作。后又在汕头、香港等地搞地下革命斗争。他是一个老革命。杜主任性格开朗、乐观、幽默。他讲话耐人寻味，有时开的玩笑，真能让人笑破肚皮，而又意味深长。譬如说，去参观中山故居时，他叫我们好好看，如果能够把志平（我们创作电影剧本《华侨儿女传》的男主角李志平）从孙中山写到毛泽东就成功了。我们住在服务大厦，很闷热，杜主任摇着扇子："这个地方很温暖。"我们在中山石岐吃得好些，有肉，他笑着说："有动物。"……杜主任很勤奋、好学，在中山故居纪念馆里，站在那里看毛主席那篇《纪念孙中山》文章，他看了很久，连标点、句子的用法都研究了，看图片时也很细心。晚上，他常常看书到深夜。他看书有个特点，坐得笔直，挺着胸，很有古代英雄看书的气势。这一定是他自幼锻炼出来的。所有这些都值得我好好学习。

我也认识了杜主任的大女儿桐华，她今年才15岁，但已经是共青团员，考上了高中。她很好学，性情温顺，不大出声，但是喜爱歌舞、电影和话剧。她谈起戏剧，头头是道。看见这些新的一代，很感慨，他们将会很出色地生活的。

…………

以上日记，如今读来，杜桐副主任仿佛就在眼前，叫我动心动情。他的女儿桐华呢，现在在哪里？生活得怎么样？我同样惦念着她。

时光流逝，又过去了12年。随着年华的老去，我对杜主任的怀念，日愈深切，他的音容笑貌仍然清晰地铭记在心里，即使岁月已过去了半个世纪。我没有辜负杜主任的教导与期望，这几十年来，从商之余坚持文学创作，写了将近300万字的作品，只可惜疼爱我的杜主任未能读到。明年，我们暨大复校首届中文系入校50周年，我想给杜主任留下一点纪念文字，寄予我深深的怀念和敬意。杜主任死于黑暗的年月，未能见到祖国重现春天，时代翻天覆地的巨变。

…………

"甘工！甘工！"飞不倦，

双双飞去又飞还，

"甘工！甘工！"满天唱，

唱到黎山变乐园！

杜主任啊！

如今，黎山的春天将是如何的美丽？甘工鸟呢？一定还在飞，还在唱！

我想，假如诗人不死，

"甘工鸟"会唱出怎么样的新的赞歌来呢？

2007 年暮春

香港新界北岭

杜鹃花刚刚谢去

【附】

读《杜桐纪念集》

——再作补记

诗人永生

"甘工鸟"伴着你在飞、在唱……

时光又将过去 10 年了，今年 11 月 8 日，时届金秋，暨南园一片明丽。明湖岸边，花木扶疏，静静的湖面倒映着蓝天白云。适逢暨南大学 110 周年校庆前夕，我们 1958 级学生在明湖楼聚会，意外而欣喜地见到杜桐主任的长女桐华，即当年我在中山石岐见到的那个 15 岁少女。56 年过去了，再见到杜桐主任的女儿桐华，我悲喜交集，感慨万千。她和她先生带来了《杜桐纪念集》，我接到这本沉甸甸的书，翻阅一下，感动不已。不过，有个小小遗憾，我敬悼杜桐主任的文章没能收进这纪念集里，遗漏了我这个杜桐主任疼爱的学生对他的思念与感恩之情……不管怎么样，已经有了这本比较完整的纪念杜桐主任的文集，是十分珍贵的。

回到香港，我认真阅读了文集，全面了解了我敬重的杜桐主任的生平事迹。读着这些文章，看着这些相片，禁不住热泪盈眶。回想前尘往事，历历在目，杜桐主任在暨南园与我们一起的日子，他的笑容，他的演讲，他的风趣与幽默，他对我们的疼爱与教导……还有那天黄昏，我与他临别时，他站在屋外花园木栅栏前微笑着向我挥手……

…………

杜主任——我想和平时在校时那样亲切地称呼您。杜主任啊！有了故乡的后人为您立传，赞颂您为革命事业作出的贡献。您为祖国的解放，坐过牢，流过泪，洒过热血！您不愧是中国人民的好儿子。您的终身革命伴侣王勉师母留下了极其可贵的文章，记下潮汕王氏三姐妹为革命事业奋斗的经历，令人敬仰。您的四个女儿，把深切的思念化成《怀念父亲杜桐》，字里行间充满着对您的深情，怀念您给予的慈祥父爱，在描述您那最后的日子时，一字一泪，叫我们心痛心伤……

杜主任，您在暨南大学的岁月并不是很长，却给我们大家留下了难忘的记忆。您在教育工作上同样作出了卓越的贡献。有了张德昌副书记的《念念不忘的杜桐》、杨嘉老师的《明湖漫步》和《"杜桐同志在暨南大学"座谈记录》，您的名字已经记在暨南园的史册上了。

杜桐（图片源自《杜桐纪念集》，建筑与城市出版社 2016 年版）

春风化雨，桃李芬芳，杜主任，您的辛劳，您的心愿没有白费，您培育出无数品学兼优的学生，几十年来，在祖国各个岗位上发光发热。众多学生为您写下了怀念诗文，如张振金的《恩师难忘》、黄卓才的《1963：杜公和我们同游越秀山》、李耀华的《网络回望杜公》、张能治的《坚强的文化战士：杜桐》以及方烈文等同学的诗词……所有这些都是我们学生对于您的教导寄予的深深敬意与思念。

更加珍贵的是，文集中收集了您在革命洪流中每阶段的诗文与墨宝，和那必会传世的、描述海南岛黎族民间故事的长篇叙事诗《甘工鸟》。您可知道，《甘工鸟》已经被搬上舞台，在广州与北京等地演出……

杜主任啊！有了这一切，您在天之灵，应该感到欣慰的，您对此生也应是无悔的。

有了这本书，有了文字的记载，杜主任，您将永远活在人世间了！

"甘工鸟"呢？也将伴随着您，永远在飞，永远在唱……

2016 年 12 月 12 日

香港新界北岭

寒风乍起，紫薇花又开了

恩师杜桐

张振金

一位好老师，学生永远都记得。

那是秋日的一个傍晚，我独自在校园散步，在通向学校办公楼的转弯处，遇见一位身材高大、衣着朴素的人，他走路从容自在，总是迈着阔步，一派儒雅风度。他见到我，我还来不及向他打招呼，他便立即停住脚步，微弯着腰问我："你那篇文章改得怎么样了？"这位颇负盛名的诗人，如今是暨大中文系党支部书记、系副主任兼校党委委员，他的长诗《甘工鸟》我早就拜读过。我想不到自己的一篇习作竟是他亲自审读的，而且记在心上，这使我感动得一时答不上话。

杜桐副主任如此看重学生的一篇习作，因为他认为任何一位作家，都有自己的处女作，这是人生的一个台阶，这个台阶走好了，以后就可以结结实实地一路走下去。

其实，那次中文系学生分组下乡采集《岭南春色》素材，也是杜桐和萧殷的主张。他们认为中文系学生应该走出书斋，了解社会，加强实践。我到了广东省罗定县，采写一位曾在抗美援朝战场上负伤致残的独臂英雄，在家乡如何带领乡亲们开荒生产战胜困难的模范事迹。杜主任反复细读，提出具体修改意见，又亲自定名为"四季常青"，后来在《羊城晚报》上发表了。这就是我的新习作。

自从《四季常青》发表之后，杜主任对我的关心和教导更多了。不止在文学创作上，而且在政治思想上也有了更高的要求。他主张在学生当中发展共产党员，使之成为带领学生走又红又专道路的战斗堡垒。我就是在杜主任的积极培养下入党的。他还亲自主持党支部会议讨论我入党的事。他在会上说的一番话，至今还留在我当时的日记本上。他说："你是我接受入党的同志之中最年轻的一位。年轻人有许多长处，也有不足的地方。为了克服弱点，发扬长处，我希望你做到三点：一是要有远大理想，这就是为祖国、为人民贡献自己全部力量；二是要有顽强的意志，这就是为实现远大理想而奋斗不息的精神；三是要有踏实的作风，这就是实事求是、脚踏实地的工作态度。一个人有远大的理想，有顽强的意志，又有优良的作风，这样才能在人生中有所作为。这样的人就是我们党所需要的人，也就是我的学校要培养的一代新人。"杜主任当时是中文系党总支书记。他说的这番话使每一个同志都受到很大教育，我更是牢记在心，几十年来一直鼓励着我、督促着我。

可惜那是一个特殊的时代，很快就刮来一股"反右倾机会主义"的风暴，我也受到猛烈的批评，并且被取消预备党员资格。

那次批判我的会议，杜主任没有参加。其实，那样一个自上而下的政治风暴，也不是任何一个人能够阻挡得住的。一天，我抱着沉重的心情去找杜主任。我走进他的家门，他看了我一眼，什么话也没说，只默默地给我冲潮汕工夫茶。过了好一会儿，我正要说话的时候，杜主任说："你不用说了，我都知道了，党总支不同意他们的处理意见。他们批，就让他们批吧，批过就算了，你不要放在心上，要振作起来，学好功课，走好自己的路。"说着，他到厨房里拿出一块巴掌大的木薯粉做的糍粑，从中间撕成两块，把一块递给我说："我们两人平分吧，一人一半。"杜主任为人幽默，说话风趣。他这句话的意思是，你的遭遇我和你分担了。

大学毕业后，我被分配到海南岛工作。杜主任找我谈话。他说："艰苦是人生的必修课。你既然想当作家，就应该到生活中去，熟悉人民的生活，然后才可以写出好的作品。"他担心我在艰苦生活中不能坚持下去，半途而废，就会一事无成，于是给我讲了一个"行百里者半九十"的故事。他说："从前有一个人到处挖井，挖了许多深深浅浅的井，但是在每一口井都快要挖出水来的时候，他就停下来了，结果一辈子都没有挖成一口井。为什么呢？因为开始时凭着一股热情去挖，但是越挖越艰苦，加上人也疲乏了，此时就动摇放弃了。所谓行百里者半九十，已经走了九十步，就差十步却放弃了。最后一段路往往是最难行的，也是最艰苦的，若你不能坚持到底，便会全功尽废。"

行百里者半九十。这个故事我一直记得，也激励我在海南岛坚守了 16 年。我是在海南岛走上文坛，成为作家；后来又从事文学研究，成为学者的。如果说我在事业上稍有一点成就，那么恩师杜桐副主任就是我最初的引路人。

写于 2014 年 5 月

（原载《杜桐纪念集》）

荻叔记趣

——怀念诗人陈芦荻

黄卓才

荻叔是我的良师益友，一位十分纯真憨厚、随性而富有生活趣味的人。每当忆起他的趣事，我就会油然而生更多敬意。

荻叔大名陈芦荻，20世纪誉满岭南的诗人，又是暨南大学中文系与秦牧等文学大家齐名的资深教授，诗品人品为人称道。他特别平易近人、和蔼可亲，所以无论老少，都称呼他为荻叔。

我是1957年认识荻叔的。当时他住在广州登峰路（今小北路）北园酒家对面的一栋小别墅，我是广州市第十七中学高二学生。学校离他的住处只有几百米远。一天下午，我们三位爱好文学的同学相约前去拜访荻叔。事前并未约定，我们冒昧敲门，竟得到荻叔的热情接待。其时荻叔40来岁，已是一派大家风范，让我们仰慕不已。也许就是这次拜访，让我坚定了报考中文系的决心。次年暨南大学在广州复办，我却不知此校有招生，并未报考。想不到，竟因为我是侨属而被"优先"录取。更想不到，我因此有机会拜在荻叔门下，十多年后又由师生变成同事。大幸也！

荻叔已于1994年去世，享年82岁。作为一位誉满岭南的诗人、一位资深的文学教授、一位民主党派的社会活动家，他留下了许多作品和事迹，令人景仰。我在这里谨记录几则趣闻逸事，以表达对恩师的怀念。

渔歌晚唱

荻叔恋爱的浪漫故事，据说发生在珠江三角洲中山市一个富饶的水乡。当时他是土改工作队队员。男队员与农会女干部安排同住一间大屋，中间只有半墙之隔。荻叔喜欢上其中一位聪明美丽的女孩，当地农会的妇女干部。"关关雎鸠，在河之洲。窈窕淑女，君子好逑。"荻叔激情迸发，天天写诗献给心爱的姑娘。但土改工作队是有纪律的，不准与当地人谈恋爱。他不敢"柳毅传书"，便高声朗读自己创作的情诗。隔墙有耳，声声入心。荻叔以诗为媒，终于俘获了姑娘的芳心。"土改"结束后，抱得美人归。

荻叔出生于南海县（现为佛山市南海区）西樵镇一个华侨家庭。他自小聪颖过人，十岁能背《诗经》，被称为神童。12岁到广州读苏馆（新式私塾），然后读南海中学、知用中学、广雅中学和中大附中。1937年毕业于中山大学社会学系。他一表人才，才华横溢，无奈时局动荡，抗战期间及胜利后流徙于粤北、合浦、桂林、香港等地，一直未有机会恋爱结婚。等到 1949 年参加东江纵队，随军进入广州，1952 年以土改工作队队员身份进驻中山，其时已是年届 40 的大龄青年。对于荻叔的"渔歌晚唱"，工作队的战友们也乐于成全其美事。

陈芦荻教授（前排左六）与同事、学生合影（1980 年）

粤韵悠扬

粤语古诗词朗诵，是荻叔的拿手好戏。他是老广州人，粤语是他的母语。他曾居西关芦荻巷（笔名由此而来），地道广州话自小在此定型。他的朗诵不同于一般的读、念，而是咏唱，就像唱歌一样。他是粤语咏唱朗诵的最后一位传人。

我们暨大中文系 1958 级的同学还记得，20 世纪 60 年代初，在一次师生集会上，获叔应众表演过一次，朗诵岳飞名作《满江红》：

怒发冲冠，凭栏处、潇潇雨歇。抬望眼、仰天长啸，壮怀激烈。三十功名尘与土，八千里路云和月。莫等闲、白了少年头，空悲切！　靖康耻，犹未雪。臣子恨，何时灭！驾长车，踏破贺兰山缺。壮志饥餐胡虏肉，笑谈渴饮匈奴血。待从头、收拾旧山河，朝天阙。

这首宋词气壮山河，表现了作者大无畏的英雄气概，洋溢着爱国主义激情。句式长短结合，押入声韵，特别适合保留着中原古韵的广州话朗诵。只见他，以浑厚的男中音咏唱，语调时而平缓，时而高昂，时而又转入低沉，抑扬顿挫，节奏鲜明，粤韵悠扬。加上他那一身白色中山装，一副黑框眼镜，以及那如痴如醉的表情动作，极具感染力，把我们带到了一个慷慨激昂的境界。

只要马桶

20 世纪 80 年代初，台山县驻广州办事处找到获叔，说建台山大楼要征用他所住的别墅。台山是"中国第一侨乡"，改革开放了，建座大楼便于更好地接待回来探亲、投资的侨胞，理由正当，人家又有市政府批文在手，获叔即使万般不舍，也是无法阻止的。但一谈到拆迁补偿，获叔就犯难了。"我要坐厕（马桶），一定要坐厕。"他反复强调的就是这个，其他如房屋面积、间隔结构、装修规格等重要事项，反而不太在意。台山办事处的干部十分尊重获叔，想尽量满足他的要求。他的随意反而让他们觉得不太好办。我是获叔的学生和同事，又是台山人，自告奋勇扮演了沟通协调的角色。

一天，赵元浩教授来探望获叔，刚好我也在。赵教授是著名经济学家，暨南大学经济学院院长，获叔的知心好友，也是台山人。谈到拆迁补偿要求，获叔老是讲不清楚，反复强调的还是那个坐厕。获叔单纯得像小孩子，十分可敬可爱，但在精明的赵教授眼中也许就是幼稚。赵教授说："算了算了，你就把这件事交给卓才办好了。"

茶、烟与酒

在新时代的革命诗人中，获叔保留了最后的浪漫。他不可一日不饮茶，不可一刻无烟，酒也是每天少不得的——无酒即无诗。

获叔饮茶首选北园，二楼有他固定的座位。北园酒家创建于20世纪20年代末，因地处越秀山东麓山脚下，树木茂盛，环境清静，更有小河从前面流过，故有"山前酒家、水尾茶寮"之称，吸引了市内不少文人墨客、富商巨贾、社会名流、中西医生、著名粤剧艺人常来光顾。1956年北园酒家公私合营。朱光市长亲临视察，提出扩建计划。1957年国家投资，由著名建筑工程师莫伯治精心设计，把北园扩建成当时广州第一家古色古香、富有岭南庭园特色的园林酒家。住在马路对面咫尺之遥的荻叔近水楼台先得月，每天必来光顾。饮上等好茶，品名牌点心，与好友雅叙，常常使他诗兴大发。

荻叔烟瘾很大，他写一首诗，即使苦思斟酌两三个小时，也只需一支火柴足矣。因为他的烟总是一支接着一支地抽，这支将息，又点一支。退休之后，他奉夫人之命旅居澳大利亚，并负责在街头摆档卖香烟。一年后他"逃跑"回来。我打趣："荻叔，卖烟仔不正中下怀吗，你自己就是大客。"荻叔苦笑："无聊之极啊！还是广州爽。"

荻叔爱喝酒，但酒量没有烟瘾大。一次，我的同班同学、有"写诗的生意人"美誉的港商校友秦岭雪来广州参加进出口商品交易会，请荻叔到流花宾馆相聚，我作陪。师生诗友久别，岂可无诗！几番酬唱之后，一瓶白兰地已经见底，荻叔进入微醺状态。我遵秦兄之嘱，送荻叔回家。两天后，我在暨大见到来上课的荻叔，我问他前天是怎么回家的，他说不知道。哈哈！我俩不禁开怀大笑。

2020年3月作于暨南园

敢遣春温上笔端

——曾敏之创作谈座谈会发言

黄卓才

敬爱的曾敏之老师、尊敬的陆士清教授、各位领导、各位嘉宾、老师同学们：

今天我们在这里庆祝曾敏之先生的评传隆重出版，并就新闻与文学的关系问题进行探讨。我谨代表暨大中文系20世纪60年代初期的同学——曾敏之教授当年的弟子们，向我们的恩师、向付出辛勤劳动的评传作者陆士清教授，致以衷心的祝贺和感谢！

曾敏之先生是名记者、大报人。20多岁就以《大公报》记者身份夜访白崇禧，接着又在政协期间两次采访周恩来。1946年4月，他发表了7 000多字的《周恩来访问记》等重磅报道，震撼了重庆山城，震撼了中国新闻界，震撼了中国政坛。1978年后他在香港《文汇报》副总编辑任上更是竭尽全力，熬夜吃苦，将这份报纸办得有声有色，让世界了解中国，让中国走向世界。他担负评论委员会主任的重任，更以精彩的社论表达爱国知识分子的良知，指点江山，激扬文字，为缔造新东方之珠奋笔疾书，振臂高呼。

陆士清著《曾敏之评传》（复旦大学出版社 2011 年版）

曾敏之

先生是大作家，出版文学作品 30 多种，著作等身，尤以散文、杂文随笔和旧体诗词见长。新闻与文学，从理论上说是会有矛盾的。新闻的客观性、真实性和时效性，与文学的形象性、典型性和丰富的主观情感似乎是不相容的。但在先生身上，两者却和谐相处，融为一体。《周恩来访问记》等报告文学，《人文纪事》等散记，就是有力的例证。

先生还是一位了不起的社会活动家和文学界领袖人物。他发起组织香港作家联谊会和世界华文文学研究会，高瞻远瞩，眼光独到，为香港文学和世界华文文学的健康发展，为团结香港作家，为创立华文文学研究新学科，培养相关的高级研究人才，作出了伟大贡献。为表彰先生在文学创作的成就和推动华文文学的贡献，香港特别行政区政府于2003年给他颁发了荣誉勋章。

我非常赞同和欣赏陆士清教授在他的大著《曾敏之评传》引言中的一段话："曾先生虽生活在新时代，但他身上融注着中华民族志士仁人的血液和精神。他追求光明，投身革命，虽然历经风雨，道路坎坷，但无怨无悔；他虽无戎装，也未驰骋疆场，但书生报国，健笔一支，无论在新闻战线或文学创作上，都屡建突出业绩；他是文学、

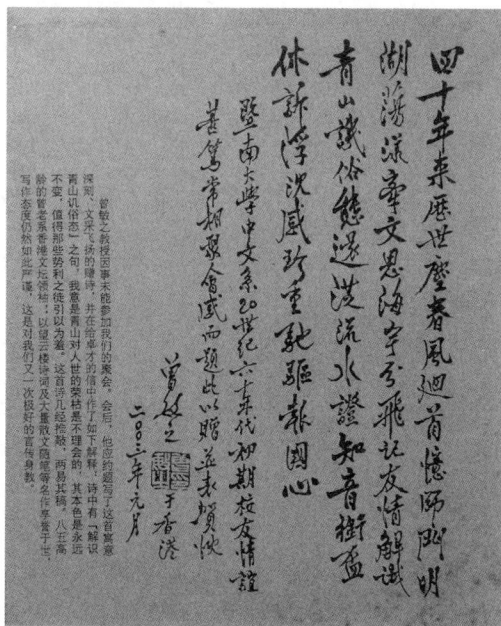

曾敏之老师诗作与书法（1989年）

新闻的两栖作家，既有新闻记者、编辑的敏锐，又有作家的文情和学者的哲思；他是我国并不多见的博学多识、擅长文史的散文家；他传颂真理，辨析邪恶，追求真、善、美，为弘扬中华文化而殚精竭虑，贡献良多；他爱国志坚，爱民情真，爱生情深，赤诚待友，德高望重；他尚德重义，襟怀坦荡，执着事业而不计得失，高风亮节，众所宗仰；他已然到达'难得旷怀观万物，最宜识趣拥书城'

的境界，但依旧忧怀国事，笔耕不辍，抱持生命不息、奋斗不止的宗旨而继续前行。"这是对敏之先生准确的概括和评价。

今天，我要特别强调的是，在我们弟子的心目中，先生更是一位名师。所以，假如可以的话，今天会议的主题，应该在"新闻和文学"前面加上"教育"。先生15岁那年，已经当上了小学校长。记得他是1960年来到暨大中文系做我们的老师的。当时1958、1959、1960三个级的同学正在念二年级、一年级或刚刚入学。先生给我们上的课是"文论与习作"，即写作研究与指导。写作课在系主任萧殷教授的人才培养蓝图中具有举足轻重的地位。写作教研室主任由既有新闻采写和文学创作经验又有教学实践的曾敏之教授担任，无疑是最佳人选。曾老师善于把自己的创作心得融合到授课中，深受学生的欢迎。他总是精心备课，语言表达优美形象，我觉得他的一堂课就是一篇美文。可惜那时候没有录音机，要不录下来就可以送报刊发表。深厚的文学素养，丰富的生活阅历，深刻的思想和准确的解析力、判断力，流畅优雅的语言表达，在他的授课中浑然天成。我觉得这样的老师是不可多得的。虽然曾先生当时才40岁出头，但已经是一位久经沙场的记者、成绩斐然的作家、成熟老练的教师、见多识广的学者、令人敬佩的长者。我喜欢散文，喜欢写作，所以特别喜欢听先生的课。他那浓重的广西口音不但没有影响我听讲，反而让我觉得更加富于地方色彩和文学韵味。

先生教书，注重育人。当年我们的系主任萧殷教授不仅是著名作家、评论家，还是从延安过来的老革命，也经历过一些挫折。他上第一课，首先告诉我们的是"文学是危险的事业"。敏之先生经历过政治运动的风波，他却以对文学的无限热爱，用实际行动告诉我们：文章是经国之大业、不朽之盛事，要"敢遣春温上笔端"。两位师长从不同侧面教会我们怎样对待生活，怎样学习文学。毕业的

曾敏之先生和黄卓才在《秦牧全集》首发式上的合影（1994 年）

时候，我被分配到中山县。我对中山一点也不了解，先生告诉我那是孙中山先生的故乡，一个富饶美丽的鱼米之乡，一个有悠久文化传统的侨乡，鼓励我过去首先要做好教学工作，同时要坚持创作。我虽然听说老师在人生道路上也受过挫折，但我在他身上看不到一点灰心和气馁，他教给我的，是奋发和坚韧。我走上工作岗位之后，曾老师还一直通过书信给我指点。我在中山时发表于《南方日报》文艺副刊的第一篇散文《红笔小传》，就是曾老师改定标题后送给关振东主编签发的。

"文革"初期，我受到冲击，身陷困境。当我能够抽出身来，前往广州中山六路将军西街探望老师时，已是他经历大难之后在家养伤的时候。师生相见，悲喜交集。"士可杀不可辱！"先生的骨头很硬，他不能忍受对知识分子尊严的粗暴伤害而愤然一跳，充分表现了他疾恶如仇、刚直不阿的性格，表现了知识分子的社会良知。他的优秀品格，以前见诸他的新闻作品，他的散文、诗词；现在他

却用自己的行动、自己的身体大写出来了。无须同情，无须安慰，老师的心态在自我调整。他高瞻远瞩，看好未来，坚信中国是有希望的。于是他心平气和、闭门修炼。他让在中山图书馆工作的师母不断借书回来，认真攻读，同时苦修书法。他脚伤未愈，走路一拐一拐，但志气昂扬。

"文革"风暴一过，先生果然被调到香港《文汇报》，并被委以重任。之后先生的作品有如喷泉，奔涌而出，创出了高产、优质的新纪录。我想，套用时下的流行语，这就是十年"潜伏"、深厚积累的缘故。身教胜于言教，先生用自己的行动教会我们怎样立身、怎样做人。先生的付出是十分痛苦的，但我们得到的教益非常大。

1978 年，暨大复办，我回到母校任教，后来当上了写作教研室主任。我当写作老师，当教研室主任，不能望敏之老师项背。但有两点，是忠实继承了老师的思想和教学方法的：一是以身作则，带头实践。我教"散文创作"，自己先写散文随笔；教"学术论文"，自己首先把学术论文写好；教"经济写作"，自己也尝试写写市场调查、可行性研究报告之类的经济类实用文章。二是多读、多写、多改，练好基本功。当年敏之老师教我们像顾炎武写《日知录》那样记"生活笔记"。我到毕业前记了六七大本。我是学习委员，还组织了全级同学生活笔记展览，交流心得。生活笔记有效提高了我的观察能力和文字表达能力，的确是行之有效的学习方法。所以我对每一届学生都提倡写《新日知录》，大力推广老师传下来的好方法。

我们很多同学都在敏之老师那里获得教益。诗人秦岭雪（李大洲）在诗集《情纵红尘》"自叙"中说："1972 年来港定居。开始写新诗并受到曾敏之先生的鼓励。曾先生说要把古典和现代结合起来，闯出一条路。"秦岭雪闯了，成功了。他的诗被诗界称为"当代绝句"，别具一格。

最近，我又翻出了先生的墨宝，与老同学共赏。曾任汕头市文化局局长的方烈文同学（1959级）当即写了一首诗，题为《忆往事，感师恩》，序云："次韵曾老 2003 年元月赠暨大中文系 20 世纪 60 年代初期校友诗，并奉祝恩师曾老松龄鹤

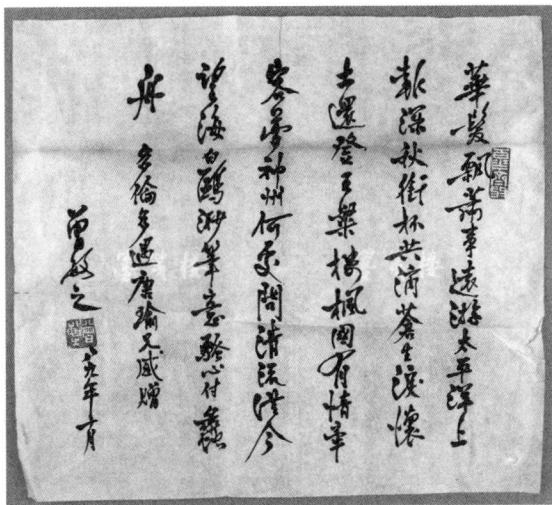

曾敏之老师题诗（2003 年）

寿、青春长驻！"其诗如下："抄写奇觚记醒尘，当年有幸拜师门。庄生曾老传何道？江水湖烟都是情。得味菜根真鹤格，惠书墨宝妙云音。消闲铁手打麻将，报国一生耿耿心。"

方烈文同学的诗表达了我们所有弟子共同的心声。让我们再说一声：祝敏之老师写作丰收，麻将多赢，福如东海，寿比南山！

2011 年 5 月 8 日于暨南大学中文系会议厅

暨南园那些芬芳的夜晚

——张德昌书记和我们在一起的日子

钟毓材

  1960年9月，张德昌老师由部队转业到暨南大学中文系担任系党总支副书记。张书记很年轻，三十出头，高高瘦瘦，风度翩翩，脸上常带着笑容。他学识丰富，尤其喜爱中国古典文学，为人谦虚。这样一位谦谦君子，怎样也不像由南征北战的烽火中走过来的人。张书记和蔼可亲，特别关心和爱护我们侨生与港澳生，给我们开座谈会，赞扬我们的爱国情怀。他也称赞我们中文系学生团结，读书认真，绝大多数学生都有献身社会主义的决心。他形容中文系"满怀英雄志，一片读书声"。张书记还找个别同学谈心，做思想工作。很快地，获得了中文系学生的爱戴和尊敬。

  从那年初秋开始，我们创作电影剧本的写作小组，一直受到学校党、系领导的关心、支持，同时也得到珠江电影制片厂领导、编剧组同志的帮助、配合。当时我们把故事安排在水产系：一来水产系是暨大所独有的，华侨学生在老师指导下研究海产新品种，有成果；二来富于南海特色，有山、有海、有湖，岭南风光可以尽入镜头。这样，经过讨论、研究，珠影的同志和系领导都建议我们创作电影剧本小组同学到中山石岐、唐家湾等地体验渔民的生活。当时的小组人员有黄裕珠、张振金、吴兆汉、赖锡房和我，临出发前，张书记亲切接见我们。

我在这年 12 月 8 日的日记上写道：

今天下午我们就要出发了。到中午为止，一切都准备就绪。张书记特别给我们作临别赠言。他说，这次去是个好机会。这部电影剧本，从省到学校党委都很重视，要作为明年的献礼。这是已经落实的，所以一定要花很大的力气来完成。我们经验不足，生活基础差，会碰上许多困难。现在有机会下去先体验生活，领导要我们完成这个工作；相信我们是有条件去完成的。无论遇到什么困难，我们都应该前进。任何发明、创造、建造，都要经过千难万苦，不是一下子完成的。只有遇到过困难才说明有了进步，才能不断提高。我们必须全力以赴，把剧本写出来。现在条件很好，党和学校全力支持，提供一切可能的条件，又有珠影的帮助，有老师的具体指导。我们也有一定的文化、文学修养。这个剧本的政治意义重大，而我们有华侨的生活基础，所以条件是具备的。

不要焦急，不可能三下五次就成功的。曹雪芹写《红楼梦》，到死还没写完。托尔斯泰写《战争与和平》也写了好几年。大家要沉住气，不要焦急，踏踏实实，到明年七一前写出来就行，还有一年时间。

接着，张书记要我们认真体验生活，增加感性知识，去看看海。到边防地区，要注意安全。我们代表了暨大，因此一举一动都要注意，和当地领导取得联系，在人家指导下进行工作。

张书记说完，和我们亲切握手，祝我们胜利归来。是的，我们每一个人都很激动，深深体会到党组织对我们的关怀和支持。

6 点钟，我们搭"曙光 205 号"轮船向石岐出发了。

…………

1961 年 4 月 19 日的日记上写道：

傍晚，我去找张书记，刚好良球也在那里。

最近，身心疲累，精神恍惚，不少烦恼的问题困扰着我，很想和张书记聊聊。由于良球在那里，结果就随便谈天。哈！谁想到，张书记兴致一来，海阔天空，讲了很多东西，非常愉快、轻松。不知不觉中忘掉了疲劳，精神为之振奋。

张书记谈起他的爱情，他说这是一辈子的事，不能马虎，他一直挑选了十多年。说着，他还拿了他爱人的相片给我们看。

谈起花和金鱼，他认为我们应该让生活过得有情趣。他房里有了海棠和水横枝，他说准备养金鱼。

接着讲到身体的问题。正好对着我的情况了。他说毛主席、周总理他们身体如此好，病了也很快恢复，原因是他们思想境界高。

工作时全心工作，休息时真正休息，即使病了，集中的精神指挥身体各部分去跟病菌作斗争。他举自己的例子，有一次，他血压高得很严重，医生要他住院，他不去，照样工作，结果好了。张书记又谈到练气功和太极拳，说这是锻炼身体的最好办法，这是我们国家千百年传下来的法宝。

真是愉快极了，我深受感染，仿佛把疲劳、烦恼全忘了。像张书记所说，要提高思想境界，我有什么病？什么也没有！只是最近太疲累了。今后要多注意，劳逸相结合，一定要乐观，积极练太极拳。

我心想，要好好向张书记这样的革命者学习。

1961 年 6 月 1 日的日记这样记着：

下午张书记给我们级的同学作报告，估计最近同学们在进步和努力方向上存在一些问题，所以他着重谈这些，说在政治上必须具有政治热情，以及要求进步和自我改造的毅力和恒心。在业务上，要下一番苦功，争取在毕业时达到祖国的要求。张书记讲得很好，祖国期望我们这一批人能干出事情，"哪块云彩能行雨？"他说你们这些云彩都能行点雨吧，而且要行暴雨，不是毛毛雨。

是的，我愿意使自己成为能行暴雨的云彩！

1961 年 6 月 5 日的日记这样写道：

我把两条金鱼送给张书记。在他房间里，他与我进行了一次使我感到幸福而激动的谈话。张书记谈对爱情、人生、工作、学习和未来的看法，要我认真思考这些问题，尤其是在选择终身伴侣方面，一定要考虑清楚，那是一生一世的事情。他说："你是组织信任的人，要不断严格要求自己、充实自己，将来可以为祖国做点事的。"临别时，张书记送我出房间，到楼梯口，轻轻地对我说："请记住我今晚跟你说的话。"我点点头："我会的。"

…………

1961 年 6 月春游越秀山，张书记即兴赋诗。应该是过了两三天吧，我去拜访他，张书记正好伏案抄写春游越秀山时所作的两首诗。他写完后递给我看：那诗抄在一张明信片上，封面的画是齐白石老人的红棉，非常美观。而张书记所书写的行草，字体秀丽，用词清丽、优美，令我爱不释手。张书记见了，对我说："你喜欢就送给你吧。"我十分高兴，连声谢过张书记。从此我视之为珍宝，收藏在我的日记本里。我想这件事张书记可能早忘掉了，可是我却永远记得。原本以为在"文革"时日记本被我三弟烧毁了，没想到，去国 25 年后，回到广州市华侨新村老家整理文件之时，竟然被我找回，张书记当年写着两首诗的明信片仍然夹在那日记本里，只是因年代久远，已经有些破损，但字迹依然清晰。我是如何的欣喜！见诗如见人，当年的张书记，亲切和蔼的笑脸，柔声细气的话语，一一浮现在眼前。我是如何的感动！

张书记是这样写的：

1961 年 6 月 11 日三年级第四小组约我同游越秀山，山光湖影，颇受熏陶，故拟二律以志之：

游越秀山

绿嫩红娇好时光，丽水秀湖巧梳妆。

欲羞又教因风语，似露还遮为云藏。

紫花多情尽心落，黄鸟轻薄无端忙。

满眼风流数不尽，片草支木皆文章。

五羊碑前留影

结伴登山意自长，春深才觉恋骄阳。

红棉带雨石径滑，翠柏参天草茵凉。

五羊飞去留沁迹，一穗衔来传谷香。

从此岭南多稼穑，至今都见遍地粮。

下款有张书记的签名及印章。

近 50 年过去了，这写在明信片上的两首诗篇，我至今仍然珍藏着。

《一路歌声》封面

张德昌

　　我毕业被分配到广州市侨光中学任教，张书记和我做过一次长谈。他说："你可能会不满意这次分配，要知道，组织曾经做过认真考虑。一来，你有家在广州，有女儿，方便照顾；二来，侨光中学是一所专门给华侨子弟就读的学校，你是华侨，了解他们，而且以你的水平，一定可以胜任这个工作。我希望你好好干，做出成绩来。"他又鼓励我："你是有文学才能的，不要放下笔，不论到哪里，只要用心体验生活，将来便可以写出好作品来……"他还特别关心素娴，问她到了香港后的情况。我告诉张书记，素娴在那里教书，并且告诉他，素娴离开前张书记和她说的话，她将会永远记得。素娴回来和我谈起，说辜负了祖国的培养，也辜负了萧殷主任和张书记的期望，她悄悄流泪了……张书记沉默好一会儿，说："你替我问候她，请她好好保重，千万注意身体。下次她回来一定来看我……"想起张书记这样关怀和爱护我和素娴，我既感动又感激，素娴也是，我俩这一生都是。

在大学五年的岁月里，我到张书记房间聆听他的教诲，几乎都在夜晚。在那简单朴素的小房间，一盏灯下，张书记亲切的笑容、情味深永的话语，总是给我无穷的力量，让我感到十分温馨……每次离开之后，我飞扬、振奋，想高呼，想唱歌，迎着夜风，踏着轻快的步子，走在林荫小道上，暨南园的夜变得特别美丽。明湖畔的春夏秋冬，四时的夜都是这样令我缅怀。春夜，绵绵雨后的空气里，暗浮着树叶和花的香气；夏夜，虫声唧唧，湖光粼粼，听见水中游鱼翻浪的声音；秋夜，凉风习习，高远的天空，繁星闪烁；冬夜，冷风飕飕，寒气袭人，而我的内心却如火一般热烈地燃烧……

悠悠岁月，漫长的半个世纪过去了，暨南园那些芬芳的夜晚依然鲜明而清晰地珍藏在我的心灵深处。假如时光能够倒流，我仍然愿意成为张书记的学生，真的，我和素娴都愿意。

2007 年暮春

香港新界北岭

火焰木的红花依然开着

【附】

自豪与骄傲，一路歌声

——致我敬爱的张德昌副书记

一

那年，从美国回到广州市华侨新村老家，整理旧物书籍时，喜出望外寻获大学时期所写的一二十本日记和杂记本子，竟然发现30多年前，即1961年我们中文系师生6月游越秀山时张德昌副书记写在明信片上的两首诗，欣喜万分，如获至宝。找回张书记这两首诗，自然希望能够还给他，顺便回暨大拜望多年不见的老书记。于是，我打电话告诉他这件事，并相约在暨南园见面。张书记听了很高兴，约定日子和时间，我还约了卓才。

这一天，风和日丽，上午11点，我来到暨大门口，张书记已经站在那里等我。他见到我，脸上现出我所熟悉的亲切笑容，握住我的手久久不放：

"要你从香港来看我……毓材，看你身体不错，今年多少岁啦？"

"71了。"

"看你，看你都71了。我今年79，明年80了。"

快80的人，张书记脸色还是那么红润，腰板挺直，神采奕奕。

我十分欣慰，说："张书记，看到你身体好，我很高兴！"

"我还可以。"

遥想从前，每天早晨，天刚蒙蒙亮，太阳还没出来，早起的鸟儿已经在暨南园的树林里歌唱，张书记会在明湖畔打太极拳。我问道：

"张书记，你现在每天还打太极拳吗？"

"打呀，每天早上都打的。"

我们正说着，卓才来了，老同学相见，喜悦又兴奋。我们三人便到明湖畔的明湖楼用午膳。我们有份挖筑的明湖，越发美丽了。湖岸树木茂盛，繁花盛开，灿烂阳光下湖水荡漾，粼粼闪亮。我取出明信片来，交给张书记，说道："张书记，这就是当年 6 月游越秀山，您在明信片上写的两首诗。30 多年了，我还保存着，夹在我的日记本里。现在还给您。"

张书记接过去，仔细地看了。

"我都忘了有这样的事，你还保存着，今天特地来还给我……"

"让我看看。"卓才说着，从张书记手中接过明信片，赞道，"太珍贵了！"

"毓材，你就收起来，不必还给我。"张书记说道。

"真本还给你，张书记，我彩印了一份，自留着。"

"那好，我收着。"

离开学校 33 年之后，有机会再次和张书记亲切交谈，聆听他的故事。张书记说："1960 年秋天，我 31 岁，刚结婚三个月，从部队转业来到暨大，当时学校党委要我选择担任中文系还是历史系的党支部书记，由于我从小热爱文学，选了中文系。我是选对了。"他说着，微微笑了，然后沉思了起来。

这时我向他问起他与陶铸书记的事情："张书记，据说你曾经跟随陶铸书记工作过的。"

"是的，我在他的书记处工作过。陶书记的作风，雷厉风行，跟着他常常下乡到处视察，非常繁忙，因此身体患了病，才要求转业的。陶书记当时身兼暨大校长，他便要我到暨大来工作。这么一说，就几十年了，我这一生就是贡献给暨大的。"

我看看卓才，对张书记说："正如您刚才所说，您来我们中文系是选对了，我们才能认识您，您和我们一起度过艰苦的困难岁月，建立起一种特殊的感情。那5年的时间里，聆听您的教诲，这一生都铭记着您对我们的培育和期望。"

"毓材说的是。"卓才补充说道，"张书记对我们第一届中文系的学生感情最深。我们一起回忆了毕业时张书记送给我们的诗：

> 仗剑负笈出校门，胸怀激荡满经纶。
> 曾从炉里炼金眼，欲到江边吊楚魂。
> 幸有沉雷驱雾塞，岂无壮志逐鹏鲲。
> 圣人复出才人用，子贡风流子夏尊。

"张书记还为我们第一届中文系39周年聚会的纪念册题了词。我们都记得。"

卓才说完，张书记笑了。

卓才好记性。

二

午膳后，卓才回去休息，张书记邀请我上他家坐坐。

张书记的寓所宽大整洁，满室书籍，收藏的大多数是古典诗词、名著和当代著名作家的全集；张书记这一生从事政治教育工作，书架上马恩列斯和毛主席的作品很齐全。张书记是疼爱素娴和我的，他问起素娴的近况，我告诉他素娴身体不好，出不了远门。他思忖片刻，感叹地说：

"当年暨大复办，可惜你与素娴已经出国，要不然我也会调你们回暨大来的……素娴向来身体不好，她是有才学的……"张书记没有把话说完，停住了口，沉思了起来，他对素娴的惋惜之情难以言表。

我见他这神情，说道："萧殷主任、杜桐主任和您都特别爱护素娴和我。当年读到三年级，素娴得了肝炎，想休学，是萧主任鼓励她留下来的。您也关怀她，跟她讲您患病时以革命乐观主义精神战胜疾病的故事鼓励她。至于我，当年经常在夜晚去请教您一些问题，聆听您的教诲，听从您的指示。张书记，那时候，从您简陋的单人房间出来，我往往精神振奋，心情激动，觉得暨南园的夜晚特别芬芳呢！"

张书记听了，微笑地说："这些你都还记得。"

怎么能忘，您对素娴和我的疼爱，我们这一生都铭记着的。

临别时，张书记送给我一本他的诗集《一路歌声》，再三要我向素娴问好。

三

《一路歌声》让我真正了解了张书记的一生。他的一生是光辉的。他很年轻便参加解放军，从北到南，接受战火的洗礼；参加过辽沈战役，解放天津、广州的战斗，《军旅高歌》的诗篇显示出一个年轻军人的英雄本色。他在新中国成立后曾经跟随陶铸书记工作，1960 年 9 月从部队转业到暨南大学工作，几十年来春风化雨，桃李满天下。《校园弦歌》为暨南园留下了诗篇。张书记被广东政协选为政协常委、教育文化委员会常务副主任，于是有了《政协放歌》。张书记离休后，曾经担任过《华夏诗报》社长，被聘为广东省关心下一代工作委员会副主任、广东省高校关工委副主任、暨大关工委主任。他曾获教育部授予的"先进个人"称号，2006 年荣获暨南大学"终身贡献奖"。身处新时代，亲睹祖国的繁荣富强，张书记心情激荡，写出了《盛世讴歌》《江山赞歌》等深情的诗篇……

张书记这一生每一阶段的高歌，都是自豪与骄傲的。作为他的学生，我们感到荣耀，也是骄傲的。

张书记，您的一生是革命的一生，值得高歌的一生！您诗集的最后一首《偶感》，令我们感动：

少从战火来，到老满豪情。

得失浑忘却，坦然度此生。

张书记，您豁达、乐观，然而豪情不减。我敬爱您。

再作补记

2007 年秋

恪 守

——纪念秦牧

张振金

纪念的文章难写，纪念秦牧的文章更是难以下笔。我怎么也不敢相信那一刻是真实的：1992 年 10 月 14 日清晨，大约 6 点 30 分，秦牧夫人吴紫风在迷糊中听到一下巨大的响声，接着又听到两声沉重的鼾声。紫风开始以为有人大力叩击他们的房门，而秦牧还在酣睡之中。于是，她大声呼问："是谁在叩门，有什么事？"没有人回答。此时，紫风侧身望向对面墙边，发现秦牧睡的床空空如也，便急速起床看个究竟。天啊！她看见秦牧那魁梧的身躯竟然倒在地上。她一下子被震惊了！立刻呼唤家中的人，费尽九牛二虎之力把秦牧抬到床上。这时，秦牧已闭上眼睛，昏迷过去。省人民医院用最好的医生和设备，全力抢救了几个小时，但他再也没有睁开眼睛。秦牧就这样像林海中一棵大树轰然倒地。他倒得如此骤然、如此急速、如此出其不意，连医生也无法解释，只给出四个字：心脏骤停。

其实，对于他的死因，我心里是清楚的。

我认识秦牧20多年，常常到他家里求教探访，每次看见他不是在伏案写作，就是同客人娓娓而谈，或者从外面开会办事匆匆归来。在我的印象中，他没有一刻清闲过。他出身于一个破落的华侨家庭，自抗日战争初期从新加坡回国，就一直为抗战奔走呼号，颠沛流离、失业、挨饿。新中国成立后，他一直担任繁重的行政和编辑工作，只当过三年"专业"作家。即使在这三年中，也有数不清的创作会议、发言、审稿、评奖、写序，辅导青年作家、改稿和各种应酬。"文革"中被迫搁笔十年。他生前出版了61种文学作品，约500万字。他的大量作品，都是放弃节假日的休息和娱乐，如鲁迅先生所说，是"在别人喝咖啡的时间"写成的。就以1978年为例，他被借调到北京国家出版局，参加《鲁迅全集》的注释审定工作，他把全集的前五卷和16种单行本的注释一一细审，进行修订。他曾经对我说，这一年他的工作量大大超过新中国成立以来的其他年份。就是在如此繁忙的日子里，一有空他就走胡同、入果园、登长城、访人家，写下了相当数量的优美散文，这就是当年结集出版的《长街灯语》。

不管做什么工作，秦牧都恪守一个准则，这就是对人民负责。20世纪70年代末，他担任《作品》杂志主编，每月从编稿、发稿到清样，要看80多万字的东西。那时他的住房很窄很暗，常把稿子带到附近的公园里看。有一次，傍晚响起关门的号铃了，他没有听见，直到夜色昏暗，看不清字，才发现园中无人，大门已关，最后只得爬墙而走。他总是亲自校对稿件，每次把大样拿回编辑部，会对编辑人员说："你们看看还有没有错别字。"大伙传看后发现，所有的错别字，都被他细心改正了，这得费多大工夫啊！

我自然不能忘记他那个醒目的"恪"字。1991 年，我应百花文艺出版社之邀，为"当代散文丛书"编一本《秦牧散文选集》。出版社规定，入选丛书的作者均是这一时期的散文名家，所选的作品尽可能照顾到作家散文的发展脉络，还要求在作品前写一篇万字以上的评论性序言，除了简述作者的生平，还要重点结合所选的散文，分析评价其艺术特色及创作发展的道路和影响。我把选好的几十篇散文拿去征求秦牧的意见。秦牧再三表示谢意之后说："挑选哪些作品，完全由你定夺为好，不必征得作者的同意。"但那篇13 000 余字的长篇序言，我生怕说得不妥，很想请他审读一次。恰在此时，听说他在开会时因劳累过度突然晕厥倒地，还住在医院。

我思量再三，事关紧要，又怕加重他的病情，便先给他打电话，不料，他十分爽快地答应了，让我把稿子送来给他翻阅一下。第二天他就把稿子看完。我发现他并非"翻阅"，而是细读。因为我把秦牧在艺术上恪守独创一格的"恪守"误写成"格守"，他在旁边端端正正地写了一个"恪"字。我不能不为之感动和愧疚。

秦牧为人谦虚真诚却又异常坚强耿直。记得"文革"一开始，他就遭到批斗。不管受到怎样的迫害，他也不讲半句自己"有罪"，更没有揭发别人半条"罪行"。我读过紫风的一篇散文，说他被发落到干校劳动，打泥砖、种菜、拉牛车、挑泥土，什么重活都干过。两三年时间，挑断了七八条扁担。上山扛木头，别人扛一根，他扛两根。即使在那样的逆境里，秦牧也是拼着性命干活的。

我发现秦牧每到一个地方，都是"带着探索者的眼光"，随时随地观察生活、了解社会，养成了一种勤于学习和思索的习惯。平日在家里或外出开会，他喜欢和各种各样的人娓娓而谈，他说这是体验生活、积累知识的一种方式。他从不做笔记，却能把有用的细节、语言以至数字，都记得清清楚楚。我问他为什么有那么好的记忆力，他说，当你对某件事情极其注意的时候，就能铭刻在心了。这就叫做"注意产生记忆"。他曾给我写过一封信，讲到他不但到过全国各大区，到过十多个国家，而且做过农民、渔夫和教师，从事过六七十种劳动，体验过各式各样的生活，并在死亡线上挣扎过。他那比较丰富的知识，就是依靠体验生活、广泛涉猎、博闻强记得来的。当他进行创作的时候，"并不单靠直接或间接的知识，而是将全部直接、间接知识，以至推理而得的知识，融会贯通，加以运用。我以为这样做，作品才能深厚"。

人们都尊崇秦牧思想敏锐，才华横溢，知识渊博，性格幽默，他在平时也善于用流畅活泼的语言，娓娓动听地讲述一个又一个生动有趣的故事，让你明白一个个新鲜的道理。1990 年 9 月，省社科院、省文联和作协几个单位，准备研讨广东几位卓有成就的作家作品，先举行"庆贺秦牧从事文学创作五十周年暨秦牧文学作品研讨会"。会前，我到秦牧家里，把这个意图告诉他。他表示高兴，因为他觉得自己的劳动得到了社会的尊重，同时受到了人民的爱护，这是一位作家最大的幸福。但他觉得有点心虚，甚至有点害怕，愧问自己是否名实不符，名过其实。他对我说："我们这个世界，多的是'四舍五入'的事情，'四'和'五'相差很小，但是五进而为十，四舍而为零，这样就相差很大了。其实，这并不是很公平、很科学的。处于'五入'状态的人，赢得的常常有相当部分是虚名。"接着他又问我："我会不会属于这样一种人呢?"我立刻被秦牧这种谦虚真诚又至情至理的肺腑之言折服了!

上个月初，《秦牧全集》增订本12卷本由广东教育出版社出版。我作为编委之一，对于秦牧的作品，尤其是秦牧视为"正业"的散文作品，是认真阅读过的。这500多万字的作品，历时半个多世纪，中间经历过多少风云变幻，但都经得起历史的考验! 今天仍觉常读常新，深受教益。我想，这是因为写任何题材，他都恪守从人民利益出发。秦牧也说过的，"写作应该对社会进步有益"。我深深感到，秦牧是一位对自己的国家和人民最具爱心和责任感的作家。他描写的都是生活中发生过或存在着的事物。他的思考能力是惊人的。任何事物一进入他的作品都变得细致有趣、生机蓬勃，"引人走进一个哲理与诗情交融的境界"，着力为人类呼唤正义、自由、和平、真理，倡导人民树立高尚的操守、信念、道德、理想。

这是散文创作的大气象，也是秦牧终生恪守的。

秦牧的最后一篇作品是《敢想敢干的神话》。可惜这篇作品只有一行标题，这是他在前夜写的。那天清晨，秦牧起床就是为了写这篇文章。因为疲劳过度，造成"心脏骤停"，轰然倒地。可以说"他最后一篇作品不是以笔墨写成，而是用生命去完成的"。

（原载《散文》2009年第1期，有删改）

忆恩师秦牧

张兴汉

20 世纪 70 年代初的一个冬天，我从山西回广东探亲，得知秦牧老作家从省作协下放到博罗县委任副书记，主管宣教部门的工作。有一日，我到博罗县委拜访他，受到他热情的接待和亲切的教诲。我介绍了自己的家庭和个人经历，提到曾听过他的讲课和读过他的散文，受益匪浅，自暨大中文系毕业后分配到山西工作，在文化部门搞过文艺创作，曾在《人民文学》发表过散文《太行山上》。因父亲是新加坡归侨、老革命，在杨村华侨柑橘场退休，年老多病，弟妹还小，我希望调回来方便照顾他们。当我提起杨村华侨柑橘场时，他非常熟悉地说："杨村华侨柑橘场有印度尼西亚、越南、马来西亚、新加坡等国的归侨，我还写过文章在《人民日报》介绍归侨的情况，听说还有几位老归侨参加早年的开发。"我插嘴说："是的，我父亲就是首批开场元老之一。"他说："我也是新加坡归侨，这个农场是全亚洲最大的柑橘基地，农艺师还是我们潮汕老乡。"我接着说:"没错,农艺师是汕头人,他姓林,也是归侨,是我父亲的老战友。"彼此谈得很融洽时,我说:"老师,我想调回博罗县工作好吗?"他恳切地说:"好,欢迎你,只要那边肯放,这边没问题,县里很需要人,你在山西大寨县工作过,把大寨精神带回来,我们文化宣传部门也需要人,这样吧,你先写一个报告,我批一下!"后来我按他的吩咐写了报告,给他批示后转给人事部门。

1973年冬,在秦牧老师的帮助下,我终于调回博罗县委办公室工作。当我调回博罗县后,他原本想安排我到文化宣传部门工作,但后来被人事部门分配到县委办公室。在一个县委大院工作,与秦老师朝夕相见,他那平易近人、艰苦朴素、深入细致的工作作风对县委干部影响极大。他经常深入农村第一线,无论防洪抢险、市政建设,他都亲力亲为热情参加。有一个夏天,在县城筑路,他头顶草帽、腰围水布在劳动,已到中午11点,我走过去劝他:"秦老,时间不早了,你先回去休息吧!"他说:"不,下班时间没到。"这给我留下很深刻的记忆,一位大作家,严格遵守劳动纪律,不怕苦不怕累,不搞特殊化。他那高尚的品格、坦荡的胸怀、刚正不阿的精神永远值得我们学习。不久,他因工作需要调回省文联任副主席。

《秦牧评传》封面(花城出版社1989年版)

1978年暨大复办,我也调回母校,在校刊编辑室工作。1980年成立东南亚研究所(1981年更名为华侨研究所)时,我被调入东南亚研究所从事华侨华

人研究工作。我在该所工作时，也曾有几次向他请教，得到极大的关心，他还把两本有关华侨华人的散文集送给我。1988 年，在国务院侨办和全国侨联的支持、梁奇达副校长的鼓励和秦牧老师的关心帮助下，我完成了一部反映美洲华侨领袖司徒美堂的文学传记《从徒工到侨领》。该书名还是秦牧老师给定下来的。有一次，我和秦牧老师一起受厦门大学的邀请，参加陈嘉庚电视连续剧的研讨会，受益匪浅。他的知识非常丰富，对侨领陈嘉庚和司徒美堂的事迹都非常熟悉，他鼓励我说："华侨文学题材很丰富，它像一座金山，尚未开发，你在研究华侨史的基础上，可搞些文学创作，为华侨树碑立传。陈嘉庚的故事有电影了，司徒美堂的故事也可以改编成电影或电视连续剧，再过几年引起社会舆论。"他的话一直在激励着我，他的预言成真了，当《从徒工到侨领》出版后，引起社会关注。他读完全书后，鼓励我把它改编成电视连续剧。著名电影技术专家司徒慧敏约见我，建议改编上、下两集。很遗憾，那年他回京后因胃癌逝世。后来，上海电影制片厂著名导演孙道临同志带着制片主任和助手来找我洽谈拍摄事宜。随后，珠江电影制片厂著名导演丁荫楠同志也来约我谈电视剧。我跟老同学钟毓材合作改编 22 集电视连续剧《司徒美堂》，但因种种原因，至今还没有搬上银幕。但愿该剧能早成，以安慰著名归侨作家秦牧老师的在天之灵，寄托哀思！

（原载暨南大学百年华诞纪念文集《暨园古道照颜色》，香港日月星制作公司 2006 年版）

一棵挺拔的树

——我的老师饶芃子教授

张振金

每次见到饶芃子老师，我都觉得自己是站在一棵高树底下，心里很是宁静和充实。

过去，我在秦牧、杜埃、王起等文学前辈面前有这样感觉，可惜他们都一一辞世了。我因之在很长一段时间，心里很空虚、很寂寞、很失落。我多么希望能够长出许多新树，让大地更秀美壮实，我自己在人生的探索中，也能有多一些荫泽，多一些支撑，尽管在如今的尘世是不容易的。

饶老师个子长得不算高大，但身上蕴藏着无穷的青春活力。她为人热情，高雅庄重，透出几分洒脱，是典型的南国女子。她似乎得了什么家传秘方，精力总是那么充沛，气色总是那么润亮，内心总是那么豁达，神态又总是那么安详。走在大街上，不明底细的人，一定会以为她是一个自由自在、无牵无挂的闲人。其实恰恰相反，数十年来，她一直极其紧张地工作、艰难地探索、辛勤地著述，是一位执着而顽强的智者。只要看一看她丰富而精辟的著作，看一看她培养研究生、担任暨大副校长、创建全国文科重点基地；看一看她兼任广东省社科联副主席、广东省作家协会副主席、中国文艺理论学会副会长、中国比较文学学会副会长等各种社会职务；再看一看她在文艺理论、比较文学和海外华文文学研究领域的许多重大开拓，就可以领略她的辛勤和智慧了。

我常常记起第一次听她讲课的情景，那是秋天。她穿一套蓝色衣服，站在讲台上，土里土气的像个乡下妹，可她一开口就把我们震慑了！她口若悬河，妙趣横生。那时候，文学理论领域批这批那之风日紧，校园里也常有激烈的争论。她却完全不顾这些，只管从古到今，从西方到中国，完全敞开来讲述自己的观点。视野开阔，情理交融。她从不照本宣科，搬弄概念，而是从具体作品和自我感受入手，加以融会贯通，层层深入，讲述一个文学的道理。当时中文系三个班，合班上课，课堂挤满了人，个个都全神贯注，静心倾听。那是 30 多年前的事情了。用现在的话来说，就是她的课堂气氛效果极好。

记不清那次讲述什么课题了，她讲到了《红楼梦》，讲着讲着，她语声低缓了，眼睛潮红了，差点儿滚落了泪珠。我心里想，如今正批判资产阶级人性论、人道主义哩，老师还那么感情用事？后来，我才慢慢悟出个道理。她不是为贾宝玉和林黛玉的爱情悲剧而哭泣。她出生在一个知识分子家庭，从小就受到文学的熏陶，有一颗美好而敏感的心。她既被托尔斯泰、狄更斯作品所表现的博大爱心所感动，也为曹雪芹用血泪谱写《红楼梦》的悲剧人生而深思。她现在虽是在课堂上讲课，实际上是从理性的高度与历史对话。她总是把文学与人生看作血肉相连。很明显，她思索的是时代、社会和人类的命运，是人在历史面前的无奈，是人世的悲惨、美的毁灭，生命又是多么脆弱。此后，我更加喜欢听她的课，我不但从中懂得文学的道理，而且收获许多对于人生的认识。

毕业后，我被分配到海南岛工作，再也听不到她的讲课。"文化大革命"很快来了，听到的是她被批斗的消息。我在遥远的海岛上为她担心：像她这样重感情而又过于把生活诗化的年轻女子，能够经受得起如此残酷无情的打击吗？夜里椰风习习，像是传来她的泣诉。

有一次，我回广州探望她。当时，暨大停办了，"文革"还没有过去，我在广东师院一间破旧的宿舍见到了她。出乎我意料，她还是那样热情开朗。一坐下来，她就说读了我不少文章，给我许多鼓励。然后就谈她的读书、研究和写作近况。她告诉我她读过的书，书目那么长长一串，许多书不但我没读过，连名字也是第一次听到，这使我暗暗吃惊。原来不管经受多少折磨和痛苦，她都不曾动摇自己对人生和文学的信念，即使是上午被拉去批斗，下午就坐下来静心读书，而且每周坚持读一本中外名著。老师学问之深厚，就是这样从大量研读中积累而成的。那次，她还点名批评了几本流行的长篇小说概念化、公式化，没有人物，没有性格，完全是在图解僵固的政治概念。

20 世纪 80 年代初，我从海南调回广州。一开始是在暨大讲授"文学创作"，后来到了社科院从事文学研究。这样，我和饶老师可以说是同行了。她始终是我的老师，我始终是她的学生。每有疑难，必上门求教。有时成群结队，不约而至。她不管是正在读书或写作，都立即停下来和我们侃侃而谈。无论是谈比较文学和华文文学研究，还是谈当前文学批评，她都能纵古论今，横贯中外，娓娓道来，妙语迭出，闪耀智慧的火花。她又总是笑眯眯地送我们走下她的小楼，然后我们转出一道弯弯的小径，走上一条宽阔的大道。这种情景就像是我们当时真实的内心感受，我自己就这样迈向一个个新的阶梯。

饶芃子老师在中文系 1958 级师生聚会上（黄卓才摄，2002 年）

饶老师向来关心每一个学生的成长。1989 年，我出版了一部 28.7 万字的《岭南现代文学史》。我对自己出版的书，向来不抱任何获取功名的企盼。因为随着岁月流逝，日趋成熟，对于这些东西多少有点淡泊。但是，我万万意料不到，著作出版之后，在广东文坛引起轩然大波。有人说是资产阶级自由化，或著文，或开会，加以猛烈抨击。有一次在广州开研讨会，两种完全对立的意见，尖锐得近乎人身攻击，双方差点儿动起手来。我认为，对于一部著作提出批评，甚至是完全否定的批评，都是正常的事情，但把学术讨论升格为政治批判，我难以接受。

于是我又去见饶老师。她说，别人说什么，由人家说去，不管是说好还是说坏，不管是"捧场"还是"骂杀"，都完全不要激动，而是需要冷静。有时候沉默是最有力量的表现。我听了这样几句话，心绪平静了下来。对于学生那本书，老师当然是关心的。人不可以有成见，但不可以无主见。冷静思考，客观分析，实事求是，独抒己见，这是老师的一贯学风。于是，她很快写了一篇短文交给了我，虽然不足千字，但是，我在那不足一千字中读出了坚实的力量。后来，在中南六省的一个书评会议上，我那本书被评为优秀学术著作一等奖。老师知道了，比自己的著作获奖还要高兴。

就在我写这篇文章的时候，中午忽然在电视屏幕上看见饶老师熟悉的面容。她应邀到直播室谈怎样做一个合格的老师。对于这个古老的话题，她讲得新颖而独到。她说："我不把学生看作匆匆的过客，而是视他为生命和学术的一部分，因此，总是认真编好每一本教材，讲好每一堂课，注重对学生的人格培养，也不断完善自己的人格形象。"我听了，立刻想起古人说的"经师易求，人师难得"——能够讲解经书的老师易找，能够教会怎样做人的老师难寻。其实，当今社会经师或人师都是不易得到的，而饶老师是既做到了经师，又做到了人师。

我原来的一位同事林岗，三年前攻读饶老师的博士研究生。他说饶老师"对学员既有自己一以贯之的严肃信念，又有兼容并包的广阔胸襟；对学生晚辈既有坚定而执着的要求，又有因人施教的弹性。从师问学三年，可谓苦乐兼之，自己的受益则在于对治学得到了永久的启示"。他佩服饶老师教书育人的态度和方法。他在读期间在《文学评论》等刊物上发表了六篇长文，一部专著也将出版，其毕业论文《文心探微：明清之际小说评点学之研究》被全国多位一流名家审定为"是当今文艺理论研究的一个突破，是一篇少见的很有功力的优秀论文"。他还得了两项奖学金，毕业后，被破格提升为教授。

这些年来，饶老师已经培养出一批高级专门人才。她在教学过程中，一旦发现学生有创新见解，就鼓励和指导他们写出论文或专著，常常把自己的研究所得也融进去。我的另外两位青年朋友费勇、余虹，就是这样出版了专著或破格提为教授而成为优秀青年学者的。

在一篇文章中，饶老师说自己有一种失落感，因为她感到艺术是无限的，而自己做到的只是鲁迅先生说过的"小钉"和"瓦碟"。其实，她已经取得很大的成就了！我拜读过的就有《文学批评与比较文学》《艺术的心镜》《心影》《文学入门》等论著，主编"传统文化与当代意识丛书"《中西戏剧比较教程》、《中西小说比较》、《文心雕龙研究荟萃》等丛书或专著，都是深刻、独到而富有魅力和影响的。前年我在武夷山参加散文笔会，遇见了钱谷融教授，他对我说饶老师学识丰厚，涉猎极广，文章时有新意，而且文采斐然，绝少浮词套语，理论文章写得这样有吸引力是很不容易的。我听这位著名老一辈专家的赞语，也极受感染和教益。

但是，饶老师还要扩大和深化自己的研究领域。她常常谈到要通过中西文学比较和华文文学的研究，寻找中西文学交汇点，搭起中国文学与世界文学之间的桥梁。认识别人也认识自己的特色，从而充实和发展自己民族的文学，这是一种高远的境界。越是高远越是要以对人生的痛苦承受和对艺术的深层思索为代价。按理说，经过半个多世纪的跋涉，饶老师已经桃李满天下，著作丰硕，可谓功成名就了。但她从小就有的艺术梦幻，一点也没有随着岁月流逝而淡薄，更没有因取得成就而满足。她还是那样保持一贯的锐气和活力，还是那样不断假想与追求。我每当想到老师这些作为，就暗暗督促自己要更勤奋一些，更刻苦一些，努力去耕耘好自己的园地。

饶芃子老师是一棵树，一棵挺拔的树。她扎根大地，屹然而立，屡经风雨而不动，饱受霜雪而不凋，她永远那样翠绿、那样茂盛，永远那样真诚，给人荫泽，给人力量，给人智慧。但是，她不是一棵孤立的树。在她的周围，有许多大树和小树，年长的树和年幼的树，组成了一个巨大的群落。融融和和，蓬蓬勃勃，但又分成不同的层次，各自又有不同的个性，展现不同的姿态。这是大自然的植物群落，我说的是以饶芃子教授为核心的活跃在中国南方的一个学术群体。

（原载《特区文学》1998 年第 2 期）

听彭骏师讲《鸿门宴》

黄卓才

听名师讲课，不仅是知识的盛宴，而且是艺术的享受。

彭骏老师是 1958 年暨大于广州重建时第一批由中山大学调来中文系的教师，他虽然只有 30 多岁，但教学经验已经非常丰富了。到我们三年级，他开的课是"文学作品选读"。彭师对古今文学名作有深入的研究，精通课堂讲授技巧，又和蔼可亲，常常深入学生宿舍进行辅导，与学生打成一片，很受同学们欢迎。在我们的心目中，他当年就是一位名副其实的名师。

彭师赏析《史记》《三国演义》《水浒传》《西游记》《聊斋志异》等经典名著，讲《鸿门宴》《三顾茅庐》《完璧归赵》《曹操煮酒论英雄》《景阳冈武松打虎》《鲁智深拳打镇关西》等名篇，无不精彩绝伦。在课堂上，随着他娓娓动人的讲述，同学们全神贯注，没有一个开小差的。大家都被带入作品的情境里去，为他精辟的分析和深刻的点评所折服。我有做课堂笔记的习惯，但听彭师的课，却往往无法分神做笔记，只好课后补记。李大洲同学的古典文学基础好，常常与彭师的讲解产生深度共鸣。彭师有声有色、抑扬顿挫的课堂语言艺术，令自小就有演说天赋的他佩服得五体投地。他假期回到家乡泉州，雕刻印章一方以记之，印文是"彭骏门下走狗"。

彭骏老师（左图）深入学生宿舍辅导。右图为黄卓才同宿舍的同学在晚自修（黄卓才摄，1961 年）

学生时代距今整整一个甲子，我已无法完整还原当年彭师授课的情景。1981 年春，虽然我又有机会听彭师一堂课，离现在也已 30 年了。彭师英年早逝，好在留下两本著作：《文学作品艺术谈》和《古今名作艺术美丛谈》（下文简称《丛谈》）。书中好些内容是根据讲课内容整理、升华的。翻出来复习一下，就会勾起一些印象。

《鸿门宴》是《史记·项羽本纪》的一个片段，仅 1 800 多字，主要讲述秦朝灭亡后两支抗秦军队的领袖项羽和刘邦在鸿门那个地方举行的一次宴会。以刘邦赴项营"请罪"为核心，连同赴营以前和逃出以后为三个组成部分，生动地记述了项羽、刘邦双方的明争暗斗。

彭师说："鸿门宴的故事家喻户晓，我就不复述了。"他讲解鸿门宴的艺术技巧，侧重气氛渲染和个性化的人物对话两个方面的分析。

第一节课，讲作品氛围技巧。他说作品之所以惊心动魄、动人心弦，固然在于揭露的矛盾尖锐复杂，人物形象跃然纸上，但作家司马迁善于渲染气氛，也是创作成功的重要因素。

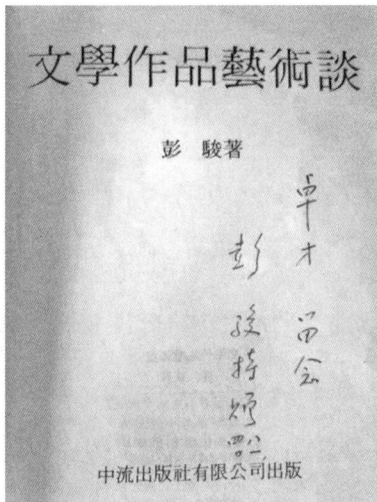

《文学作品艺术谈》（香港中流出版社 1980 年繁体字版）

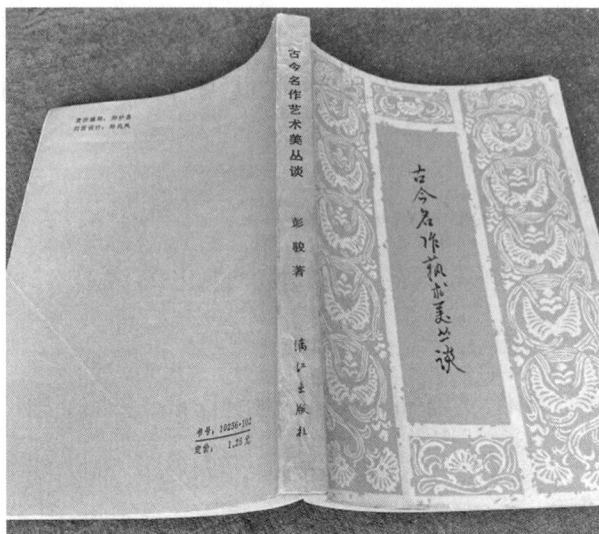

《古今名作艺术美丛谈》（漓江出版社 1984 年版）

下面，是他讲《鸿门宴》如何渲染气氛的内容：

这一部分以项羽"闻沛公已破咸阳"开始，一开头就两写"项羽大怒"。又写项羽命令："旦日飨士卒，为击破沛公军！"这完全是稳操胜券的口气；而谋臣范增又火上加油："急击勿失！"这样一来就写出了战火迫在眉睫。妙在司马迁在他们两人说话之间，插上一句："当是时，项羽兵四十万，在新丰鸿门，沛公兵十万，在霸上。"这样的叙述看似实记其事，无甚深意，其实不然，它正是巧妙地描写氛围。它叙兵力，点出众寡悬殊；又叙所在地，点明两军极邻近，相去仅40里。这几笔不仅交代了双方实力，而且渲染了大战一触即发的紧张形势，令人大有"山雨欲来风满楼"之感。

写到这里，文章似乎作了一个停顿，插叙项伯私见张良一段。

但作者其实是欲张故弛。这一段仍然抓紧了气氛渲染。试看项伯找到张良，第一句话就是"毋从俱死也"。这是说项伯见到刘邦军即将溃败，要张良不要跟着他一块等死。这口气自然也烘托出形势真是千钧一发。紧接着写刘邦得知项羽要来攻打的消息，一是"大惊"，二是连呼"奈何"，甚至紧张得开口就骂"鲰生"（指浅陋无知的小人）误事，以后又再极写他对项伯的拉拢，凡此种种，都是从形势紧张已极着笔。可见项伯出场，产生了一个似松实紧的效果。尽管项伯出场使急转直下的形势停顿了一下，但从斗争的另一方刘邦着笔，写他在好梦中如遇晴天霹雳，气急败坏，与前面叙项羽胜券在握的自信互相补充，不是更增加了这场斗争的结果究竟如何的悬念么？

…………

司马迁善于渲染气氛，还可以从下面这两点看出。其一是当两剑交击，形势甚急时，张良去找樊哙。这里的写法值得注意。张良一至军门，还没来得及开口，樊哙就问："今日之事何如？"显然樊哙在外边早急坏了，一见张良，就迫不及待地打听消息。樊哙这种提心吊胆的焦急情态，从宴会以外另一角度反映了宴会进行中的紧张。这里作者不着一字，只叙樊哙迫不及待地先开口，却也很好地起了渲染气氛的作用，真是"此时无声胜有声"，不能不令人叫绝。其二是刘邦终于借口"如厕"离开项羽准备逃走时，作者又插了这么一段："良问曰：'大王来何操？'曰：'我持白璧一双，欲献项王；玉斗一双，欲与亚父。会其怒，不敢献。'"这一段写的似乎是谈送礼物，却也起着氛围描写的作用。它通过补叙，回应了当时见面的紧张。"会其怒，不敢献"，把当时项羽的杀气腾腾、刘邦的胆战心惊又一次展现在读者面前。这种危险已过再回忆当时情景的追述，是作者在情节的余波中再现波澜，叫人想到刘邦"会其怒"一定是在抹着汗，心中感到十分危险。正是当时那印象太深了事后才又说出这番话，使人更感到当时的气氛确实紧张。正因为刘邦心有余悸，所以跟着又对张良说："从此道至吾军，不过二十里耳。度我至军中，公乃入。"刘邦仓皇脱逃，担心追兵的心理活动，通过这段话如在目前。"鸿门宴"结束了，留给读者的仍然是这样紧张的印象。无怪这段文字叫人读起来不能去手。

这是第一节课的节录，摘自《丛谈》第 96－99 页。

下一节课，彭师接着讲《鸿门宴》人物语言的洗练、传神。他说，司马迁往往用三言两语甚至几个字就使人物的性格、神态纤毫毕露，而且独具特色。

他首先引述刘邦请张良邀项伯进帐后说的一段话：

吾入关，秋毫不敢有所近。籍吏民，封户库，而待将军。所以遣将守关者，备他盗之出入与非常也。日夜望将军至，岂敢反乎！愿伯具言臣之不敢倍德也。

彭师说，这段话从表面看说得多么好听，又是"待"，又是"日夜望将军至"，根本谈不上"反"，真是掏心摘胆地表明心迹，说得煞有介事。而事实上刘邦本来打算"距关，毋内诸侯，秦地可尽王也"。事实如此，话却如彼，这就进一步突出了刘邦为人的诡诈。

彭师再引述第二天刘邦战战兢兢地去见项羽，一见面时说的另一段话：

臣与将军戮力而攻秦，将军战河北，臣战河南；然不自意能先入关破秦，得复见将军于此。今者，有小人之言，令将军与臣有郤。

这段话又说得十分巧妙，首先它不像对项伯说的话那么露骨；其次，还在于它明明是假话，却说得既合情合理，又切合身份、时机，令人真假难分。

彭师最后做个小结：司马迁写对话的才能是卓越的。上举两段写刘邦的话着墨不多但性格鲜明，深刻地揭示出人物复杂的内心世界，从而使一个工于心计、巧言善辩、机诈权变的刘邦形象栩栩如生地站立在我们面前。再衬之以坦率轻信、盲目自大的项羽形象，就有力地提示了《鸿门宴》这场斗争何以以项羽失败告终。写对话如此简练，内涵却又如此丰富，真不能不叫人为之击节不已。

我这里虽把彭师《丛谈》约七八百字的具体分析删去了，只留下提点和结论，但读起来依然有如临其境、如见其人之感，并领会到在写作中如何选择富于个性的对话，用以刻画人物性格的艺术技巧。彭师当年讲课，语言流畅，声情并茂，神采飞扬，还不时以眼神、动作、表情跟我们交流。那些生动的授课场面，现已不可再现了。如果那时像今天一样，有一台手提录像机，或者智能手机，现场摄录下来，那该多好啊！

曾敏之教授与彭师联袂讲授过"文学作品选读"，堪称最佳拍档。曾师当时是写作教研室主任，据陆士清著《曾敏之评传》（复旦大学出版社 2011 年版）记载，他来暨大任教两年后，王越副校长约他会面时，对他教学上取得的成绩予以鼓励和赞扬，同时当面交代任务，要他为大三的同学上写作课："中文系的首届学生资质很好，毕业后他们将担起文书、秘书、记者、编辑的重任，或许我们大学教育也能为成就诗人、作家打下基础，所以要提高他们的写作水平。"这门特别加码的写作课，就是这样增开的，让我们受益匪浅。

彭师出版《丛谈》时，在香港任职《文汇报》总编辑和香港作家协会主席的曾师为之作序，说彭师像南宋严羽的《沧浪诗话》一样，具有"斫破精神"，即"是自家凿破此片田地，非拾人涕唾得来者"，盛赞他"评名家之作不拘熟套，不泛泛而谈，而是生面别开，抓住重点作深入具体分析；其分析又常独具只眼，每见新意，能于人所不经意处发掘艺术幽微，启人深思。这种斫破精神及功力很可贵，应该提倡"。

我喜欢学习写作，暨大中文系旨在培养作家和文字工作者的举措正中我下怀。曾、彭两位名师通过古典文学名著名篇讲艺术手法，我特别爱听。他们的课，对我后来的创作和写作教学都有积极影响。

2021 年 7 月 9 日

附记：

师生合影［1980 年摄于旧办公楼（现艺术学院）前］（由左至右：徐位发、彭骏、杨嘉三位老师，张振金和黄卓才）

　　彭骏老师性情和善，爱生如子。我 1979 年调回母校工作前后，多得其指导和关照。当时他住在南湖苑宿舍，房子并不宽敞。我每次前去拜访，他和师母都留我吃饭。当时物资还比较缺乏，我没有什么东西孝敬老师，反而要老师破费和操劳，感到很不好意思。1983 年，漓江出版社资深编辑郑妙昌先生（梅县人，后任广西教育出版社社长）前来暨大中文系组稿，我和同事们大力推介彭师著作，此书就是《古今名作艺术美丛谈》。1984 年初版首印 34 000 册，一时洛阳纸贵。可惜彭师突然离世，未能看到自己的新著出版。其长女彭小川继承父志，发扬光大。她是暨南大学语言学教授、博士生导师，学术成就卓著，2004 年荣获"全国优秀教师"称号。

我和恩师郑孟彤

赖火荣

1958 年，我考入广州暨南大学中文系。大三时在《读书》上发表了一篇书评。不久，系里成立师训班，要我跟从郑孟彤老师学习中国古代文学。从此，我和郑老师的接触便逐渐多了起来。

郑老师是海南人，身材高挑，略显清瘦，讲一口带有海南话口音的普通话，为人正直敦厚。他深耕古文，尤其对先秦、两汉文学有精深研究，经常在《文学遗产》上发表学术论著，在古文学界有一定的声誉。他教我学习古代文学，从先秦文学学起。先由他指定内容，提出要求，让我自学。然后每周一次，我到他家里，汇报自学情况，提出疑难问题，由他逐一解答，最后写出读书笔记，如此反复。在郑老师循循善诱下，我逐渐爱上了古典文学，并在系里和一些爱好古典文学的同学一起，创办了以学习继承发扬光大祖国光辉文学遗产为宗旨的"长河文学社"。

1962 年上学期，我开始自学清代词人姜夔的《白石道人诗集》，碰到不懂的问题，就向郑老师请教，他总是不厌其烦地给我讲解，直到我弄懂为止。后来，他看我喜欢学词，便把中山大学詹安泰教授准备招收词学研究生的计划告知我，鼓励我大胆报名，积极备考。不幸的是，那一年下半年开学不久，家母病重，父亲要我作速回家，我急忙向班指导员和系党支部张德昌副书记请了假。离校前，我把回家的事告知郑老师。他十分同情，百般安慰，并给了我50 元钱，要我回家后把情况和困难告诉他。老师对我无微不至的关心、安慰和同情、支持，使我非常感动，并把他看作自己的恩人而永远不会忘记。母亲从患病到逝世，我思想上受到了沉重的打击，无法集中精力于学习和备考。结果，学校的毕业考试虽然没有问题，但詹安泰先生的研究生招生考试却不尽如人意。

郑孟彤教授（中）与同事合影（约摄于 2012 年）（由左至右：张兴汉、郭绪权、虞泽甫、蔡美琴、郑孟彤、黄卓才、陈芦荻、杨嘉）

1963 年，按照学校"到基层去，到最艰苦的地方去"的指示精神，我被分配到韶关市翁源县的一间中学，当了一名中学语文教师。虽然离开了广州，离开了母校，但我与恩师的联系却一直没有中断。凡是到广州公干，或是遇上春节假期，只要有空，我都会回到母校拜访恩师，送上一些当地的特产——三华李、鹰嘴桃等给恩师品尝。

记得有一年春节前，我带了些莲藕、油米之类的特产到恩师家拜早年，他很高兴，一定要留我吃午饭。席间，谈起各地春节的人情风俗，恩师说了发生在他家里的一个笑话：一次，恩师家人从海南到他家过大年三十，一顿美味的年夜饭端上桌来，黄志辉师母是广州人，不知道海南风俗——年夜饭必须留下一些鱼肉菜类，寓意"年年有余"的好兆头——一股脑把桌上的美味都吃光了。说到这里，师母和我们都不禁大笑起来。临别时，恩师又叫师母从房里拿出一块布料来，说是儿子买给他的，要转送给我。这块布料，我至今仍然保留着，不愿动用，意在"睹物思情"，留作对恩师的纪念。

20 世纪 70 年代初期，我根据多年的教学实践，写了一本《中学生如何学好古文》的小册子，把古文基础知识和中学语文课本中的古文教材结合起来，以古文基础知识为纲，以古文教材的例句为目，帮助学生掌握一些古文基础知识，从而更好地理解、掌握古文教材的内容。初稿写好后，我寄给恩师，请求审阅，提出修改意见。恩师接稿后，又邀请了陈劲耀老师一起认真审查。他们既肯定了这本小册子的编写价值，又提出了"要照顾初高中的古文教材，适当增加例句，以利于初高中学生学习"的宝贵建议。我遵照恩师意见，对初稿作了补充修改，印制成册，发给学生，反映较好，还得到了当地同行的好评，送给我一顶"古文大王"的帽子。这本小册子和调查报告，成为我以后评定为广东省首批中专高级讲师的必备条件之一。

1984 年，组织安排我到翁源县教师进修学校（正科级）主持工作，抓好师资培训。根据当时全县小学美术、音乐教师严重缺乏的实际情况，除重点抓好小学在职教师的培训外，我在取得县委支持和市县教育部门的同意后，调派师资，充实设备，实行开门办学，创办了中师美术班和幼师班。1985 年，又与母校历史系合作，开办了文史大专班和秘书班。其间，恩师应邀到我校给文史班讲授"古代文学"课程。授课期间，我向恩师汇报了学校的办学情况，陪他参观了学校的图书阅览室、中师美术班学生美术作品展及幼师班学生音乐舞蹈表演照片展，还陪恩师拜会了县教育局局长和县图书馆馆长。恩师十分高兴，充分肯定了我的办学成绩，鼓励我继续努力。恩师的鼓励和期望，成了我以后工作的更大动力。

1996 年，我从教师进修学校校长岗位上退下来，过上了休闲的生活。回顾几十年的学校生涯，我总算没有辜负母校和恩师的期望，做了一些工

郑孟彤教授风采（郄钺供稿）

作，取得一定的成绩：先后被国家教委师范司和省市教育主管部门评为师训工作先进个人、优秀教师、十佳校长、优秀共产党员。我所主持的学校也多次被省市评为师资培训的先进单位。1992 年，韶关市人民政府还给了我立功证书并晋升一级工资的奖励。而这一切，都离不开母校和老师对我的培养教育和支持鼓励。我要永远感恩母校，感恩老师，尤其要感恩郑孟彤恩师。

作于 2000 年 12 月 20 日

诗情话意记师恩

刘才秀

一、杜桐副主任的壮行诗

1963 年夏秋之交，我们完成了五年的学业，顺利地毕业了。根据政策，大学毕业生由国家分配工作，我们一行五人（廖世桐、梁江、荆钦民、黄美兰和我）被分配到河南平顶山煤矿学校工作。临行前，杜桐副主任跟我们谈话。他操着浓重潮汕话口音的普通话鼓励我们：到基层去，到艰苦的地方去，到祖国最需要的地方去锻炼自己，为祖国的社会主义建设贡献自己的青春和力量。他还在宣纸上手书了一首诗为我们壮行。诗云：

平顶山，
乌金山。

谁上去？

五八班。

越是困难越要上，

莫畏艰险勇登攀！

杜主任热情洋溢的临别赠言和充满时代气息的壮行诗，给予我们殷切的希望，激励我们勇敢前行。

50多年过去了，这件事一直深深地印在我的脑海里，一直在激励着我……

二、一份迟交的作业

陈芦荻老师，作家、诗人。芦荻师早已是岭南地区颇有名气的诗人了。他先后给我们上写作课和唐宋诗词课。他结合自己丰富的写作实践经验，讲得深入浅出，生动风趣。有时兴之所至，还用广州话咏唱两首。他那抑扬顿挫、韵味十足的吟唱，同学们听得津津有味。他的课颇受同学的欢迎。芦荻师是个极有个性的人。他理着平头，戴着厚厚的一圈又一圈的深度近视眼镜，经常穿着灰白色的中山装。他好酒，他说，无酒无诗。他更嗜烟，他可以一根接一根地抽。这根快抽完了，他便把烟蒂里的烟丝捻出来一点驳上一支接着抽，连火柴也省了。他抽烟还有一个本领：不用手。烟始终是含在两片嘴唇上的。烟灰长了，不用弹，用气一吹，掉了。他嘴唇上有两点黑斑，那是由于长期被烟熏的结果。

芦荻师温文尔雅，脸上总挂着微笑，跟谁都很投缘，很有亲和力。他有个雅号叫"荻叔"。无论是同事还是同学都可以昵称他为"荻叔"。

1994 年金秋，我如约回母校参加由黄旭辉、黄卓才同学操办的师生聚会。会议室设在原办公楼的一楼。在走廊上第一个见到的就是荻叔。我不敢怠慢，赶忙上前道了声："陈老师好！"荻叔拉着我的手，透过厚厚的近视眼镜注视着我，居然叫出了我的名字。正当我叹服荻叔惊人的记忆力时，他冲口而出，吟了两句诗："三十一年回母校，落花时节又逢君。"荻叔的捷才真令人叹服！在交谈中我冒昧地问了句，陈老师可否把"落"字改为"黄"字？荻叔爽朗地说："好嘅，好嘅。后两句就由你接上去了。"我连忙说："学生不敢，不敢。"我真后悔自己的冒失和不敬。这不是鲁班门前耍大斧吗？正当我懊恼不迭时，荻叔拍了拍我的肩膀说："就这么定了。走，看看其他同学去。"

回来之后，我感到自责和内疚。但转念一想，老师布置的作业，必须得完成呀。于是，我搜索枯肠凑上两句："长江后浪推前浪，世上前人掀后人。"就这样，合成了一首诗：

> 三十一年回母校，
> 黄花时节又逢君。
> 长江后浪推前浪，
> 世上前人掀后人。

我始终怀着惴惴不安的心情，希望能把这份作业面呈给老师，再次聆听老师的教诲。可遗憾的是，敬爱的陈芦荻老师当年便去世了。作业再也无法得到老师的批阅了。

所幸的是，在母校建校 115 周年之际，中文系 1958 级同学要写在校学习生活的回忆录。我把这份迟交的作业奉上，期盼芦荻师在天国能看到这份"狗尾续貂"的作业吧。

三、我与运汉恩师 60 年

2018 年 11 月 25 日，在中文系为母校重建 112 周年暨广州复办 60 周年而举办的晚宴上，我再次见到黎运汉老师。他虽然已 90 岁高龄，但还是那么健硕，精神矍铄。他关切地问我："才秀，现在做些什么呢？"我说："退休了，学生不才，没干啥事。休息。"他有点愠色道："那可不行呀。"我连忙有点怯意地说："有时练练字，有时动动笔，写点小诗什么的。"他点点头："那也好，脑子要经常动起来，可以防老年痴呆呀。"

我与运汉师交集有 60 年了，他一直在关心和爱护着我……

1960 年，大三的时候，中文系被分为文学班、语言班等。我被分到语言学师资培训班，首任班主任就是黎运汉老师。从此，师生情延续了 60 年。

那时运汉师刚三十出头，意气风发，经常穿一身褪了色的戎装。头发梳理得妥妥帖帖，一丝不苟。腰板挺直，走路咚咚作响。

说话时一脸严肃，讲着广式的普通话。他曾经对我们说："把你们分到语言学师资培训班，就是准备你们毕业后留校任教。要当好一个老师，就必须思想过硬、业务过硬。教育者，必先受教育。就得先学一点，多学一点，学好一点。"

运汉师给我们上的是修辞课。授课的风格就像

黎运汉教授（前排中）参加中文系 1978 级聚会（2016 年）

他的军人作风一样，认真、实在、"有料"。运汉师严肃的工作作风和严谨的治学态度对我影响至深，终身受益。

1979 年，我被调到广州师范学院中文系，重返三尺讲坛，教授的课程是"现代汉语"。此后我又有机会登门向运汉师讨教。运汉师还是像当年一样有求必应，有问必答，讨论的问题更加广泛而深入了。有时讨论起来忘记了时间，过了饭点，运汉师就会留我吃饭。这时我便可尝到师母亲自下厨做的私房菜了。

1988 年，运汉师筹划编撰一部关于语体修辞的论著，组织了一个由六人组成的写作团队。我有幸参与其中。语体在当时是一个新的研究课题，从修辞角度来论述语体问题更是具有挑战性的创意。于我而言，语体是一个不太熟知的学术领域。我知道，运汉师让我参加写作团队是有意栽培和提携我。

在写作团队的开笔会上，运汉师就语体的定义、语体的分类和各种语体的特点，以及各类语体与修辞风格的关系，给大家阐述得非常清楚明白。可见其早已胸有成竹。运汉师还对该书的写作总纲、篇目作了详细的说明，并给每个成员下达了写作任务，作了明确的分工。

我的任务是写"科学语体"这一章。我心里直嘀咕：这是一块难啃的硬骨头。因为科学语体从修辞角度来看，与文学语体、口语语体、实况广播语体等相比较而言，科学语体的修辞特点是准确、平实的，修辞手段是相对贫乏的，所以我心里直犯难。就这问题我请教运汉师，运汉师对我说："科学是实事求是的，所以它要求用词精确、平实，多用限制性词语，少用修辞性、带感情色彩的词语；科学是阐明事实真相和科学道理的，所以多用陈述句，少用疑问句和感叹句。正因为如此，所以在修辞手段上，少用比喻、夸张、反诘等积极表达方式。"运汉师还启发我用数理统计的方法去总结科学语体的修辞特点。"数据是最能说明问题的。"他说。听了运汉师的一席话，我茅塞顿开，信心倍增。

经过写作团队同仁的共同努力，一部46万字的《现代汉语语体修辞学》论著终于在1989年付梓。该书一经面世，便受到广泛的关注，获得1989年中南五省优秀教育读物二等奖，后来还多次再版。

黎运汉老师是学者型的教授，作为教师，他师德高尚，教书育人，从教几十年，桃李满园；作为学者，他治学严谨，笔耕不辍。他在汉语修辞学、公关语言学、语体修辞学和汉语风格学等领域著作丰硕，颇有建树。值得一提的是，运汉师每有新作面世都会送我一本，并有题签，写上几句励志的话。

我与黎运汉老师的师生缘延续了60年，他的人品学养、道德文章是我学习的榜样。为此，我曾写过一首藏头诗：

修书立说赋声碑，辞藻刚柔揭旨时。

公事不分流与派，关情遑论汝和伊。

语长心重悠悠爱，体教言传款款慈。

风范垂存堪模楷，格同老骥奋奔蹄。

谨以此诗，表达我对敬爱的黎运汉老师的景仰之情。

作于 2022 年 3 月

恩师张德昌

叶满荣

　　恩师张德昌，1930 年 10 月生于黑龙江省绥北县。1948 年参加解放军，长期从事军队新闻工作和领导机关秘书工作。1960 年 9 月转业到暨南大学，历任中文系党总支副书记、书记、暨南大学宣传部部长、机关党委书记、学校党委书记，为教育事业建设发展作出重大贡献。1991 年进入广东省政协，被选为常委，任教育文化委员会常务副主任。1997 年离休后，被聘为广东省关心下一代工作委员会副主任、广东省高校关工委副主任、暨大关工委主任，积极投身到关心下一代工作中，为培养德智体美劳全面发展的社会主义建设者和接班人作出了积极贡献。曾获全国教育系统关心下一代工作先进个人、"庆祝中华人民共和国成立 70 周年"纪念章、全国关心下一代工作纪念章等荣誉奖励。2006 年荣获暨南大学"终身贡献奖"。

诗云：

东北有才子，恩师张德昌。韶华多忧患，憧憬上沙场。常作诗人梦，携笔事戎行。南下追穷寇，誓师何激昂。旌旗映日展，战马追风狂。乡亲执手送，茶水摆村旁。渡江雄兵进，荆湘蚊咬痒。几番寻决战，敌我捉迷藏。狡敌终歼溃，战报慨而慷。欢腾庆解放，追念吊邦殇。战锦当文秘，军帖写琳琅。转业当书记，暨南费思量。中文敢负责，宣教作评章。书记扶正气，庠

张书记在百年校庆聚会上致辞（黄卓才摄，2016 年 11 月）

主勇担当。巍巍名校立，郁郁校园苍。细选良材聚，精雕大器俍。身退犹怀奋，晚照亮煌煌。常委常议政，政协添智囊。黄帝寻根祭，宝塔仰红光。感事寻思议，俄分十六邦。

先驱理想国，大道想红场。一路歌声亮，承教热诗肠。壮怀飞逸兴，春暖恋骄阳。风范尊元老，情怀近老乡。雄词歌老将，青帐忆戎忙。丰碑昭日月，史册壮炎黄。东纵题巾帼，飒爽一桩桩。曾洗补天石，建站共扶帮。政宣师共事，贺寿识精良。苏武萧娘泪，离苦十年尝。救夫无反顾，韵笔记其详。庠吟每觉醉，志颂习为常。雅俗同欣赏，流行大学堂。相聚多欢畅，感慨首开腔。历劫心犹壮，凌霜志更刚。赠诗添豪气，勉励韵铿锵。校园多变化，明时

图片来自《张德昌：战时他是一名随军记者，战后他任劳任怨为国育才》，"喜马拉雅"2021 年 9 月 7 日视频报道

共举觞。临池笔法劲，泼墨草书狂。流畅形神现，精湛韵味长。风流还潇洒，坚定又刚强。仰观九旬照，心爽意扬扬。复见师母笑，幸福享安康。曾约黄昏后，双燕绕堂廊。看潮逐春去，解渴饮琼浆。相敬知根底，相亲暖心房。

续航几万里，游闻异域香。尽览中华胜，影照总成双。登塔来应县，仰佛到云冈。敦煌观壁画，英馆感神伤。斗士惊狮虎，神女笑襄王。草原嘶骏马，坡地放绵羊。地藏兵马俑，沙护月牙塘。碑林壮古邑，翰墨兴盛唐。苏祠强文化，青冢靖边疆。包祠悬明镜，赤县惩贪赃。鬼城看鬼面，斜塔叹斜墙。海角冲浪疾，天山赏景凉。紫塞多豪爽，北欧尽芬芳。雄奇登山岳，灵秀梦苏杭。大理三塔立，五台百寺喤。石林千仞峭，武夷九曲沧。迎客青松树，照镜绿漓江。黄鹤知何去，江海渺茫茫！建党百年路，新程再起航。感吟六五韵，龙凤喜呈祥。暮思思远道，家国共扶匡。

2022 年 5 月 1 日作于深圳

呈寄名师（组诗）

秦岭雪

赠饶芃子师（外二首）

南园遥望忆芳容，一扇鸦云姐样风。

课我岂辞天色晚，窗纱几度月玲珑。

听饶师讲演

激浪清流汇大川，珍珠迸出彩光园。

征帆一路开新境，皓魄高寒凝夕烟。

读饶师著述

谠论恢宏领翠华，文评婉丽动云涯。

欧风美雨来商略，总有诗心在汉家。

2004 年 5 月 1 日作于香港

饶师在福建参加第一届海外华文文学中
青年学者座谈会时与秦岭雪合影

秦岭雪与曾敏之老师合照于香港

呈曾敏之师

缘有登高意，双塔明镜台。

文章不由天，三年费培栽。

忽报惊霆怒，生死长疑猜。

平安凭君报，冰心无纤埃。

恸哭新火后，共对灯花开。

泮塘清风起，古井暗香来。

万方欣大治，改革须雄才。

珠海流日夜，浩荡走风雷。

呈彭骏师

今朝共此灯烛光，半是弥陀鬓发苍。

犹记明湖花似火，拔山盖世说楚王。

注：时讲《史记·项羽本纪》。

寄张德昌书记

念载重提旧话头，兴来身寄大江舟。

何人省得青苗法？铁板铜琶唱未休。

注：余与张师均苏东坡迷。

呈郑孟彤师

筚路艰辛久操持，亦文亦史两精微。

书生莫谓拘挛甚，豹眼圆睁论是非。

羊城秋夜宴暨大师友赠诗人陈芦荻教授

一别西江十八年，流花灯火对华筵。

笑谈七步逊二步，狂举千杯引万篇。

兴至老夫犹纵马，情微热血只啼鹃。

离歌更唱长亭晚，虎啸龙吟动远天。

中山大学名师莅校授课

迎来大将居上游，丘壑纵横眼底收。

黄老文心能曲折，詹公雅调又登楼。

注：中大名教授黄海章（专于文论）、詹安泰（宋词专家）莅校授课。

写于 1993 年秋

诗咏老师

叶满荣

师　长

曾从炉里炼金眼，领上岳巅荡汗襟。
一世树人人已立，百年植木木成林。
鲲鹏志向冲霄去，忧乐情怀放赋吟。
意欲振邦兴教育，还挥余热重当今。

吾师儒雅历沧桑，马帐高悬挽夕阳。
博识当为车载富，诲心应共水流长。
南园解惑延文脉，天道酬勤育栋梁。
再聚师门多意气，五年恩训总难忘。

陶铸校长

重建暨南争上游，聘师置物费筹谋。

时难励志谈今古，学子三千热血流。

陈序经校长

总理重教荐雄才，侨校巍巍南向开。

太息风来何紧急，弦歌中断事多哀。

王越副校长

传经授业曾存法，励志怀人现赋诗。

博学贯通兴教育，宽心豁达晋期颐。

再裁诗魄情难掩，又见文心信可思。

写作艰难还写作，传奇继续更传奇。

萧殷系主任

鞠躬尽瘁好园丁，翰帅王蒙出语惊。

一颗文星雕粤境。三千弟子刻碑铭。

几番论艺豪当剑，数载倾谈徒作朋。

道是时间最公正，轻松传笔记平生。

张德昌系党总支副书记

从戎东北风尘际，采写中南战地间。

越秀楼台辉日月，暨南淫雨暗湖山。

乾坤再振雷公奋，学府重光师长还。

文采风流今又是，春秋敲韵响人寰。

叶孟贞政治秘书

叨叨念念慈母爱，欲化春晖洒幼林。

再返暨南人永诀，萧萧万木作哀吟。

曾敏之老师

一路走来一路诗，新闻文学两传奇。

领军高举华文帜，采写狂跟战马蹄。

博识广闻强笔力，忠心剑胆巧谋思。

江山代有才人出，庆幸今朝出及时。

陈芦荻老师

石马师老聚桃园，荻叔吟章出自然。

开放万千新气象，嫣红姹紫尽舒妍。

知时好雨随时洒，觅意春心入画眠。

此地桃花十万艳，何须更到武陵源。

郑孟彤老师

旧园重返忆吾师，授业辛勤无暇时。

书屋安贫导有术，课堂解惑教无私。

暨南面听先秦史，晋北遥闻秋菊诗。

巨卷长存夫子去，清泉不断杜鹃啼。

饶芃子老师

新著有求作序篇，流光汇就一家言。

文心励进培新秀，丝语开怀赏众妍。

满目晚霞翻旧事，填胸雄气搏今天。

凭谁艺术延生命，弟子三千奏管弦。

彭骏老师

句读始于童子功，解词析意古今同。

穷经看破三千纸，绛帐妙谈万世雄。

黄佩玉老师

面聆讲史说明清，雅论优姿细探微。

迷世红楼听不够，谈痴解梦析行为。

杨嘉老师

五八进庠聆写课，九三聚会听规歌。

高行启后导风正，秀水题新景趣多。

陈垂民老师

正音析义讲当今，教授汉语苦用心。

惭愧学生真愚钝，至今仍发杂家音。

艾治平老师

痴心总约诗词会，论卷长同文采存。

师长授徒编赋札，学生弄斧入班门。

陈经耀老师

学者精神夫子心，暨南治典渐研深。

导观复义分场合，训察多音考古今。

马国权老师

会意象形汉字奇，恩师讲授析精微。

观今探古知来去，发展传承勉作为。

梁丽珍老师

恒心淑质几多思，古韵悠悠作教师。

字义形声虚实意，春风拂拂雨丝丝。

李淑英老师

暨南校报创刊师，再聚暨南晋古稀。

主事有章留韵迹，夕阳艳丽好题诗。

第四辑

学 友 情 深

红旗飘在心灵深处

——我与振金

钟毓材

一

我考上暨南大学中文系，并很快爱上了暨大。我这个人从小热爱文学，是做作家梦长大的，我也很快爱上了中文系，能够和许多钟情于文学的同学相聚一堂，共同学习与生活，我感到兴奋和喜悦。刚开学不久，我便发现了振金的文学才华，他的诗文都写得很好。我从初中到高中都写诗，然而和振金的相比，不禁汗颜。从江村炼焦写民歌开始，我便发觉他的民歌写得多么的好。他为炼焦大合唱填写歌词，与梁江同学的作曲配合得天衣无缝，大合唱的歌词，大气、恢宏；女声小调，又是那么轻快优美……振金为国庆十周年献礼的长诗《祖国颂》，刊登在《暨南学报》全版上，令我惊叹和震撼，我心想，我们中文系竟然有这样的文学天才。

没过多久，我更了解到振金不仅具有文学才华，而且思想觉悟高，对自己要求严格，在工作上任劳任怨，在劳动中吃苦耐劳，各方面都表现出色，积极追求进步，他很快便提出入党申请。

二

我们共同学习的日子久一些了，我对振金的了解也更多了。我和他一起参加了电影剧本创作小组，每次听取他的意见，都觉得他有自己的看法与构想。我们曾经一同到唐家湾和香洲实地体验生活。十来天的共处，他与我谈起他的苦学：中学时代就认真阅读了许多书，尤其是中国古典诗词和现代著名诗人的诗作，郭沫若、闻一多、艾青、臧克家、何其芳、贺敬之、郭小川……他都读过。至于外国的诗人，他读过拜伦、雪莱、济慈、歌德、席勒和海涅，然而他告诉我，他钟情于俄罗斯的普希金，还能背诵马雅可夫斯基的长诗《好！》和《列宁》……我终于明白了，他的诗写得那么好，文学天分固然是与生俱来的，可是后天的努力也是重要的。他的苦学精神很值得我学习。

我们到唐家湾海边，望见大海的时候，振金兴奋地说，这是他第一次看见海，我也同样兴奋。啊！祖国的海啊！我也是第一次看见……这时候，我想，振金定然想起普希金的《致大海》：

…………

我整个心灵充满了你，

我要把你的峭岩，你的海湾，

你的闪光，你的阴影，还有絮语的波浪，

带进森林，带到那静寂的荒漠之乡。

振金，你曾经背诵过多少次这诗句，如今大海就在眼前了。啊！美丽的海湾，祖国的大海啊！

振金应有了灵感，要歌颂大海了……

三

1960 年 9 月 3 日，我们开始学习陶铸书记的《理想、情操，精神生活》的报告，这是一篇高水平、内容丰富的文章，陶书记引用了许多例子，很透彻地说明了一个人为什么要有理想，要有崇高的情操和丰富的精神生活。系里要我、振金、学淡、智宏等几个给报刊写文章、谈感想。原来是《羊城晚报》记者来约稿，要求我们谈个人理想，从过去到现在，要具体生动。

我觉得很难写，因为我个人的理想不算崇高，还有个人主义思想，而且没有对祖国和人民作出什么贡献，觉得没有什么值得谈。我是无从下笔的。

我想，振金不同，他各方面都表现出色，正在申请入党，有着崇高理想，谈对于陶书记的文章的感受，由振金来写最合适不过。他比我们任何一个同学的理解都深刻。他从自己出生在以松树著称的粤西山区开始写，把松树的风姿与人的品格联系起来，"每一株松树都峥嵘挺拔，显示了坚韧不拔的生命和力量"。

陶铸书记的这篇报告文章曾经全文转载在党中央的《红旗》杂志上，影响了全国广大的干部与青年学生。后来，他又在《红旗》杂志上发表了《松树的风格》一文。据说毛主席曾称赞陶铸书记是无产阶级才子。

我知道陶铸书记在振金心中是怎么样的一种分量，所以他后来写的散文《松风》，便提及陶书记的《松树的风格》这篇文章。

四

第二年的 7 月 1 日，在中国共产党建党 40 周年的那一天，振金宣誓入党。

这是暨南大学第一批批准入党的大学生宣誓大会，全校八个人，中文系只有振金一个人。因为这是第一次在学生中发展党员，所以特别隆重。学校党领导，中文系杜桐副主任，系党总支副书记张德昌和各系的党支部书记都在座。振金代表入党同学致辞，他致辞的第一句话是，在四十年前的今天，中国共产党的大旗在中国大地上高高升起……中国共产党是伟大的党，艰苦卓绝地进行伟大的革命，终于打倒国民党，赶走帝国主义，领导中国人民取得伟大的胜利，建立了新中国。他的心情激动，认为有了共产党，有了新中国，他作为一个粤西山区农民的儿子，才有机会读书上大学，如今成了光荣的共产党员，定然不会辜负党的教导和培养，听党的话，紧跟着党走，高举红旗，为实现共产主义奋斗到底！党和祖国的红旗在他心中有了更崇高的地位，飘扬在他心灵深处，他在诗文中深情歌颂……

振金在他的散文《国旗下面》中热情歌颂祖国和国旗；红旗总是在他心灵深处飘扬。文章的结束，他摘用普希金的《致恰达耶夫》：

…………

趁我们的心还燃烧着自由之火，

趁我们的心还在为正义跳动，

我的朋友，快向我们的祖国，

献上心中最美好的激情！

…………

这篇《国旗下面》曾经转载于香港《夏声拾韵》杂志上，海内外读者都读到了。

五

到了三年级，我们中文系分为文学班、语言班等，我、振金、兆汉等十六位同学被分配到文学创作班，由杜桐副主任亲自担任班主任，指派杨嘉、曾敏之等老师为指导老师。杨嘉老师指定振金、兆汉和我参加他的"创作方法论"备课小组工作，振金提出了一些中肯的意见。

杜主任特别爱护和关心振金与我，知道我俩患上严重的神经衰弱，经常失眠，便批准我俩到花县的"花东公社"休假两个星期。振金告诉我，我们之所以会去"花东公社"，是因为张书记的爱人在那里蹲点。当时物资供应虽短缺，但是我们受到了较好的照顾，每餐有两块肉吃。我们白天去看荔枝园，访问果农。一片片的荔枝林，像大海似的，房屋都在绿树底下。我们去的时候，正是荔枝开花的时候，浅黄色的小花，团团簇簇地从绿叶中伸出来，散发出淡淡的清香，非常迷人。回来后他写了一篇散文——《荔枝花开》，发表在《羊城晚报》的《花地》上，以普通的小花结出鲜红的硕果，寄寓平常却奇崛的思想。

振金记性好，他这段富于诗意的回忆，引得我想起了那休假的日子，时值暮春，正是荔枝开花季节，我和振金散步在荔枝园中，谈心、谈文学、谈理想……那时候，我正陷于修改电影剧本的苦恼中，他知道我因为赶写电影剧本而熬了几个通宵，结果晕倒在厕所里，所以才造成严重的神经衰弱，便劝我别心急，电影剧本的修改可以慢慢来，得注意身体……"毓材，我了解，"他说，"创作电影剧本很不容易，辛苦你了……"振金他自己身体也不好，还如此关心与安慰我，我是很感动的。

六

我和振金有缘结下了这一生的同学情谊，在文学创作道路上，一直都相互关怀与鼓励。改革开放后，他先回到暨大中文系任教，后调往广东文学研究所当了所长。记得他第一次来港做学术交流，正好我也从美国返港，我们相约在北角见面。振金想吃西餐，我请他在花园餐厅吃铁板烧牛排，老同学相见欢，有说不完的话题。振金那时已经出版了学术专著和散文集，其中有《岭南现代文学史》和《秦牧的散文艺术》等。他告诉我，他正在研究中国现当代散文，将会写《中国当代散文史》等几部大部头作品……我告诉他，几十年来，我从未放弃文学，坚持业余创作，也写了不少作品，最近几年构思了一两部长篇小说。他听了很高兴，说："毓材，你赶快写出来……"那一年，他阅读了我的长篇小说《故乡别传》三部曲。他说可惜自己已经退休，要不然会特别为我召开作品研讨会。2020 年他一知道我完成了百万字的长篇小说《香港四重唱》就表示祝贺，并且说创作这样大型的文学作品，是我一生的心血，一定要上架，做好宣传与发行工作。

振金对我的文学创作向来是关注和支持的，我很感激。

应该说，振金和我都没有辜负萧殷主任、杜主任和张德昌书记以及其他老师对我俩的培育与期望，我去国从商，几十年来，坚持业余文学创作，出版了多部作品，也算成为一位华侨作家。振金在文学创作和研究上，著作等身，成就骄人。例如，上面说到的《中国当代散文史》（包括港澳台地区），39.8 万字，2003 年、2012 年由人民文学出版社、百花文艺出版社出版，影响广泛。2004 年 10月，中国散文学会、人民文学出版社、中国现代文学馆联合在北京举行研讨会，认为此著是"一部研究中国当代散文的力作"，以"诗性感悟与理性精神的融合"为特色，"一部具有大家气象的散文史就呈现了出来"。研讨会后，《人民日报》（海外版）、《光明日报》、《北京晚报》、《文艺报》，以及《文汇报》《澳门日报》等数十家报刊发表了学术评论和新闻报道。2014 年该书获得全国第六届冰心散文奖和改革开放 35 周年优秀文学理论奖。

　　我常说，振金是我们中文系中最有成就的同学，2020 年他接受了"广东省作家协会著名作家采访组"的采访，并拍摄了纪录片。

作于 2021 年

家国情怀尽在诗书中

——我与大洲

钟毓材

一

大洲、旭辉、伟生和智宏四位同学，是我们中文系里最年轻的学生，他们 17 岁考进暨大中文系。大洲原籍福建泉州，他是唯一从福建考来广州暨大的学生。大洲长得瘦小、白净，聪慧、灵活，思维敏捷，很快，他就有了"小白兔"这一花名，于是同学们，特别是女同学总是亲热地"小白兔、小白兔"叫他。他很有同学缘，大家这么称呼，他也乐意接受。

这个"小白兔"可厉害了，从小热爱文学，喜爱读书，对中国古典诗词情有独钟，能写一手好诗、好文、好字。

那时候我沉迷俄罗斯文学，介绍普希金的诗集和小说《上尉的女儿》《杜布罗夫斯基》等著作给他看，他也很喜欢。从此他也爱上了普希金。

　　我和他都是从小对文学痴迷，读过许多文学名著的人，于是一见如故，有着共同的话题，很快成为亲近的同学，时不时相约到石牌酒家喝茶、吃东西，谈心、谈人生、谈理想，交换读书心得……他来过我在华侨新村的家，观看我的藏书，阅读过我高中时与同学王坚辉合著的小说集《赤道线上的孩子》，赞赏说写得好。

当年的"小白兔"——李大洲
入学照（1958年）

　　我们还结伴到军区观看《南海战歌》，也一起看过好几场电影。

　　大洲对我的情谊，我是记得的，1959年元旦，我收到他的贺年卡片，上面还题了词，以那别致的书法写道：

毓材：

　　江河的源泉原是细小的溪流；伟大的英雄行为乃从对待小事情开始。

　　贺新春，祝进步！

大洲

59年元旦，暨大

我把它夹在当年的日记本里，保存至今。我们成了能够交心的同学，有什么心事，相互坦然倾诉。我把与霭楣的交往告诉他，听取他的意见，他也向我吐露心声：认为过早和女朋友确定关系，好像失去了自由……我劝他别这么想，反而认为他这么年轻便找到了情投意合的爱人，令人羡慕呢。他笑了……

1959 年刚刚开始，在饶苊子老师的婚礼上，我和大洲表演说相声，这"有情人终成眷属"的相声是我们两人共同创作的，以电影片名组合而成，颇为独特。饶老师很是喜欢。

这一年的五四前夕，我和大洲参加田汉的大型话剧《扬子江暴风雨》的筹备演出，他担任导演，我这才知道他对戏剧颇有研究。他告诉我，在中学时代，中国当代的话剧，像曹禺的《雷雨》《日出》，郭沫若的《屈原》《虎符》，田汉的《回春之曲》《咖啡店之一夜》，吴祖光的《风雪夜归人》，他全读过；同时，他喜爱地方戏剧，他说自己是看戏长大的……怪不得他担任话剧《扬子江暴风雨》导演时说得头头是道，指挥若定呢！

结果，《扬子江暴风雨》在五四运动 40 周年纪念大会上演出成功，受到全校师生的赞赏。

我在戏中和李耀华、孔令邦三人扮演毕业生，高唱那首《毕业歌》。经过一个多月的相处，我和大洲彼此之间更为了解了。

二

和大洲交往多些时日，我想他必定是少年得志，很早就显露出文学才情了，而且惯于独立思考，对问题都有自己的看法。他自信、直率，也敢于发表自己的意见。《暨南园》杂志创办，学淡、卓才和我成为编辑，中文系能写的同学，自然成了杂志写作者的主力。在第二期讨论人性论的专栏上，大洲就有文章发表。他那时便取用了"秦岭雪"的笔名，秦岭雪含义深远，秦岭为中华龙脉，白雪飘落于秦岭，那景致何等壮观，也饱含着对祖国山川大地的热爱……可见年少的大洲已经胸怀大志。几十年后，秦岭雪果然成为著名的诗人、书法家和艺评家，享誉海内外文坛。

可以说，我是比较了解大洲的。他也信任我，很多时候向我诉说心事。那次他和何维老师发生意见冲突，系里的人几乎全都站在何老师一边，批评他……他和我到"南洋馆"吃炒沙河粉，向我申诉他的不平，说明明是何老师不对，"从个人意气出发批评我，错在他，为什么反而错怪我了！毓材，你评评理……"我劝他："别为这事生气，更不要为此感到失意，学术争论，发表不同意见没问题，不过要注意态度，同时也得多角度看问题，人家是老师，你先有轻视的思想，才这么冲撞他……人家怎么看，可以不必理会。大洲，用不着苦恼，事情过去就没事了……"他是听我劝的。他又笑了，说人生有两三知己就够了。

那时候，我发现大洲是有特殊背景的，时不时会去广州军区见一位首长，他回来总会告诉我首长跟他说了些什么，那个年代，经过艰苦的革命斗争走过来的首长，学通马克思列宁主义，思想觉悟高，对党的政策理解比较全面，能灵活应用，特别爱护年轻人。他每次都鼓励大洲要好好读书。那年暑假他申请去香港，预先也只告诉了我。

后来，反右倾运动中，大洲受到不公平的对待，他受了委屈。然而他能够泰然处之，默默地承受，变得冷静、寡言。我内心是同情他，也了解他的。伤心人别有怀抱，他埋头读书，研究学问。作为他亲近的同学，我还不时约他散步、谈心，安慰和鼓励他。我和素娴相爱，结婚也第一个告知他，得到他的祝福。

大学最后一个学期，我休学在家，那年初秋，他毕业分配了工作，和智宏来我家向我道别，他已经知道素娴不参加分配，决定返港。五年共处的同学，如今各奔前途，分别在即，不免有些伤感。1965 年暮春 5 月，我离开广州来到香港。七年后的 1972 年 9 月，大洲被批准前往香港，第二天便和我见面。老同学相见，既兴奋喜悦，又唏嘘感慨。从此，我和大洲都走上从商之路，但也从未放弃文学，几十年来，在文学创作上相互关心与鼓励。

三

我和大洲的同学情超过了 60 年。

我赞赏他在文学上的成就。他创作的，不论是古诗、新诗，还是书法艺术以及艺评文章，总是充满家国情怀，爱祖国，爱人民，爱祖国的山河，爱祖国的古典文学和文化艺术……

我也钦佩他的为人，乐观，豁达，宽宏，念旧，爱母校，对导师和同学一片深情，从不计较过往的得失。对于之前不公平的待遇，他淡然轻笑，说那不过是一阵风，飘逝了，早淡忘了……

当我了解到大洲不为人知的身世与家庭背景，就完全理解了。他的爱国情怀，可以说是与生俱来的。他生长于爱国华侨家庭，祖父16岁到菲律宾，父亲在那里出生。他又出身于革命家庭，从小受到父母亲的影响和良好教育。他母亲是1931年入党的老党员，曾经参加过《小城春秋》小说里描述的厦门劫狱大行动。他母亲的入党介绍人王德，后为广东省委书记。20世纪80年代，王书记曾约见他母亲，并为她写了证明。大洲的父亲李先生，爱国侨领，是新加坡李光前南益集团香港区经理，也是香港联宗集团的经理。当年他父亲是军区联络人，属北京政治部管，20世纪50年代，联宗就同有关单位合办公司，做了许多有益的事。

我终于明白了当年大洲会去广州军区见首长的因由，我也理解了他当年为何在那样的处境中能够淡然一笑地承受……在我们同学周年聚会上，张书记向当年受到不公批判的同学鞠躬致歉，还了大洲公道。

大洲天资聪颖，他这一生博览群书，学识渊博。在香港从商之余，他从未放弃读书与写作，在研究中国古典诗词以及书法绘画方面有着独特的见解和心得。我赞扬他时，他总是笑笑说："我是'玩玩吓'的。"他哪里是"玩玩吓"？几十年来，他努力不懈，刻苦用心，在诗歌创作、书法和艺评方面成就非凡。他读懂了千年以来的诗人，特别是杜甫和苏东坡。他神游祖国大地，山河胜迹尽入笔底，浪漫潇洒，又充满深情。他怀念故乡，歌颂泉州东西塔、承天禅寺红梅，忘不了那山村，热风中鲜红的荔枝，石桥下涓细的流水，还有闽西家乡的南曲与庙会……秦岭雪诗歌评论集《情动江海，心托明月》，满载着海内外诗坛名家对其诗歌的高度评价，赞誉他的诗篇为心灵的吟唱，又是嘹亮的歌，更是当代绝句，具有民族文化的瑰丽诗境。大洲应是骄傲的，此生无悔的。他的诗集《流星群》《明月无声》和《情纵红尘》，长篇古风《蓓蕾引》，艺评著作《石桥品汇·闽港游艺录》《岩雪诗话》以及书法作品都会传世的。

大洲年逾80，仍然笔耕不辍，潜心撰写诗话、书画论、艺术评论，文采斐然，独特别致。大洲是了不起的。

四

我在歌剧《花外钟声》后记《佛钟常在心中摇曳》中写道：

秦岭雪，原名李大洲，是我在广州暨南大学中文系五年同窗同学。大洲从小才智过人，满脑子幻想；从那时候起，特别喜爱中国古典文学，并且开始学习写作新诗和古诗。我和他较亲近，两人常在暨南园明湖畔的月夜里漫步谈心，互诉对未来的憧憬。那情景，纵然跟随岁月的流逝，过去了将近半个世纪，却依然清晰如昨，历历在目。20世纪70年代初到香港后，他从商，却坚持读书、写作、习字。我去国十八年后回到东方，他已经成为香港著名的诗人、作家和书法家，在商场、文坛、书坛上得心应手，任意挥洒。据我所知，大洲从年少时便对戏剧有着特殊的爱好，之后对此更是不懈研究。当我写完《花外钟声》歌舞剧本时，希望找位作家朋友替我写序文，不假思索，即刻想到我这位老同学。一来是缘，弘一法师圆寂于福建泉州开元寺，大洲正是泉州人。无数的夜晚，在这宁静的古寺内，他举首明月，轻抚苍松，深思大师临终时所书"悲喜交集"的境界，于是有了他那首《弘一上人》动人的诗篇。二来，大洲对李叔同生平事迹有所涉猎，特别对弘一法师的书法有所研究。因此由大洲来写这序文是最适合不过的了。我在电话里一说，他就答应了。

果然是，大洲对李叔同——弘一法师了解甚多、甚深。他这篇内容丰富、文采粲然的序文，加重了我这部歌舞剧本的分量，增添了色彩。从他对我这部歌舞剧本精辟深入的分析以及对我的小说作品的解读可见，"知我者，大洲也！"在这里，我衷心地向这位几十年来一直鼓励和支持着我的老同学致以深深的谢意。

几十年来大洲一直关注、鼓励和支持我的文学创作。

那年，他一知道我完成了长篇小说《故乡别传》三部曲（包括《南来庵内外》《老家鹧婆岽纪事》和《离乡的女儿》），就说我的作品他一定要看。看了书稿，他又赞赏我了。起初我是希望饶芃子老师或者是曾敏之老师帮我写序的，可惜饶老师身体不适，曾敏之老师则非常谦虚，在给我的信中这么写道：

毓材：

久未联系，得与你通电话，十分欣慰。你传真的信及长篇小说《故乡别传》的总目录，各部内容介绍都已妥收，"作者简介"也看到了，你对故乡挚爱所抒发的感情令人感动。

你在信中以"尊师重道"的质量提出要我为你的长篇巨著写序，就我们超过半个世纪的师友历史感情来说，只有感到难得的荣幸，因为有你这样以不计流离颠沛的生涯而奋笔为文的同学，可说是暨大的骄傲。你和大洲同为师友所钦佩的作家与诗人。为就我写序能力而言，我是难以胜任的，这非故作谦虚，而是一点自知之明。想想看，我祖籍梅县，70 年来并未熟谙乡情与乡音，半生过的是坎坷、多难的岁月，辗转江湖，失学孤苦，差可自立，不致沉沦，已属万幸。你的长篇一定凄美感人，我怎能在序文中表达得精当呢？

…………

曾老师实在是太谦虚了。

大洲知道后，介绍我们暨南大学中文系学妹，著名文学理论家，接替振金担任广东文学研究所所长的才女钟晓毅替我写序。这位学妹接到我的书稿，欣然答应。书出版后，大洲读到这篇序文，赞赏说写得好。他重读了整部小说，特别喜欢第二部《老家鹩婆岽纪事》。

两年前，大洲一听说我完成了一部百万字的大型长篇小说，一定要看。他看完第一、二部书稿，在给我的微信消息上写道：

人物、场景都具历史感，你做了充分的准备，对生活的感受很深刻。人生传奇，百感交集。文笔瑰丽，饱含深情。往事如烟。血泪交迸。实为华侨儿女传……

今年我告诉大洲，这部小说正由我三弟子美整理排版，准备出版。他说："肯定有读者，符合我对小说的第一要求，好看！"

老同学的情意，我是永远铭记在心的。

2022 年 10 月于香港

永不忘却的情意

——我与卓才

钟毓材

一

　　来自五湖四海的暨南大学中文系的同学，虽然刚开学不久就分了甲、乙、丙三班，但是上课、课外活动，或者军训、劳动，全体同学都在一起。我分在甲班，卓才分到丙班，可是我们很快便有了较多的交往。卓才从小热爱文学，读书用功，写得一手好字、好文章。

　　开学不久，我和他常在一起编写班上的黑板报和墙报。接着，在江村炼焦、挖明湖的劳动中，也在一起组织出版刻板油印刊物的工作，如《炉边大合唱》《熔炉》《红旗飘》《战鼓》《战歌》等，都是我和卓才参与组稿选稿刻印出来的。我们接触多了，相互了解，成了亲近的同学。

1960 年春天，学校创办《暨南园》杂志，卓才、学淡和我被选为编辑，原本要卓才担任主编的，但他已经担任了《暨大学生》的主编，便婉拒了，只承担副主编职责。我们一起约稿、审稿和选稿，接触多了，我了解到卓才对编辑工作充满热忱、认真，年纪轻轻就有着审稿和编辑报刊的水平。那时候已经可以看出，他是一个难得的编辑人才。

1960 年 5 月，《暨南园》创刊号出版了，这是献给红五月的礼物，获得了全校师生的欢迎与喜爱。我们中文系的同学自然成了《暨南园》的写作主力。创刊号就有才秀、卓才和我三人用"文三才"的笔名写的社论《青年人要珍惜今天的幸福》，刊登了我写的长文《时间，理想，人生》，振金的诗《群英会》，卓才的散文《春雷赞》，还有学淡的《试评〈甘工鸟〉》和良球的《怎么运用群众语言》。

6 月份的第二期，设"有的集"专栏，探讨人性论问题，刊登了秦岭雪（大洲那时已经用了这笔名）和徐顺生的文章。作品讨论栏有我用"祝君美"的笔名所写的评论文章《侨生形象不容歪曲——评〈明湖短笛〉》和林湘贤的《遇到的是什么？——评〈夜遇〉》。另外，还有陈特精等同学的诗篇。

可惜的是，当时国家经济困难，纸张缺乏，《暨南园》只出版了六期便停刊了。

二

1961 年 4 月 18 日晚上，听到美国雇佣军——古巴反革命分子公然侵犯古巴的消息，全校同学都怒吼起来了。我们中文系同学感到愤怒，动员起来，每人写一首诗，第二天要早出诗刊表达我们的抗议，也表明我们的立场——我们坚决和英雄的古巴人民站在一起。

晚上，我写了《投枪集》，如下：

狂吠的狗并不真凶
美帝国主义就是狂吠之犬

我的爸爸和妈妈都是战斗英雄
他们胸前闪耀着勋章。

爸爸告诉我：
对疯狗就要一棍子把它打死，
对待美帝国主义就应该这样！

我永远记得爸爸的话。
　　——记一个十岁古巴孩子的话

美帝国主义口口声声叫嚷着：

帮助建立一个自由的古巴，

雇佣兵是爱国者，

装成同情古巴人民的一副嘴脸。

猴子披上绸缎，

还是猴子。

正如旭日东升，

地球运转的规律一般，

正义的革命斗争一定胜利，

不管遇到甚么艰难困苦。

所以，胜利必将属于英雄的古巴！

浩瀚的海洋无法隔离革命的友情

正义的呼声能穿越太空，

化成暖流给朋友以无穷的力量！

晚上，我与旭辉、新东、老汉（吴兆汉）一起编辑《反对美帝国主义侵略古巴》的诗刊。

后来，我们还参加过广州市百万人民反对美帝国主义侵略古巴的示威大游行……我通过熟读古巴历史，了解了古巴，那是加勒比海上具有独特风情的美丽海岛。古巴人民乐天，能歌善舞，我在中山纪念堂观赏过古巴芭蕾舞团的表演，热情奔放，我喜欢那首《鸽子》，极为动听……古巴的哈瓦那，解放前是欧美富豪的销金窟，灯红酒绿，夜夜笙歌，他们在那里过着穷奢极侈的靡靡生活。哈瓦那也有闻名于世的唐人街，侨居过二三十万华侨。如今，在大西洋彼岸，卡斯特罗领导古巴革命成功，在美国的门口建立了社会主义国家，也是南美洲第一个社会主义国家，大胡子卡斯特罗成为南美洲人民崇拜的革命英雄。

我知道卓才祖籍台山，他的父亲是古巴华侨，他对古巴有着一份特殊的感情，大是大非问题，他分得清楚，自然和全国人民、全校同学站在一起，反对美国雇佣军入侵古巴。在这一场狂风巨浪的历史大事件之中，卓才的主场是坚定的。他的《我怎能允许——一位侨属学生的家书》的文章发表在北京《侨务报》上。卓才在写给爸爸的信上首先告慰父亲，新中国成立了，过去的一切苦难都过去了，他如今是大学生，生活无忧。同样的，他说爸爸的苦难也已过去。华侨有了新生的祖国，有了亲娘，不再是海外孤儿了。最后，他赞颂中古友谊："爸爸，在这次加勒比海的风云变幻之中，我很愤恨。怎能允许美帝的侵略恶行，破坏古巴革命！他不能不为父亲的安危担忧。"

父子情深，卓才的这种感情，我是理解的。

三

1961 年 3 月，振金、卓才和我发起组织"南风文学社"，4 月正式成立，决定不定期出版油印刊物《炸弹和旗帜》和墙报《南风》等。

我开始学习写古诗，由于没有下苦功学会音律，始终没能把古诗写好。记得那次和卓才准备出版《南风》墙报，我把刚写好的《紫荆花》与《茶花》两首诗抄给卓才看，他看了说："你写的不是紫荆花，应该是樱花才对。"我们翻看郭老的《百花齐放》的插图，果然是樱花才对。他还认为把诗中的"红紫"改为"红英"更好。

樱　花

花浓香袭时，

岭南又早春。

红英处处飞，

东风万里传。

茶　花

园里园外识春风，

玉骨丹心烁绿丛。

清明采撷祭烈雄，

红似热血白示忠。

《樱花》最后的这一句也是卓才改的，改得好。我佩服卓才的文学修养，更加觉得他是不可多得的编辑人才。南风文学社每次出版的《南风》诗歌墙报专辑，都很受同学们的欢迎与喜爱。

南风文学社举办了多次活动。最令我们难忘的是 1963 年的师生春游越秀山，卓才在纪念杜桐主任的文章《1963：杜公和我们同游越秀山》一文中详细描述了当天杜桐主任带领我们中文系师生春游越秀山的盛况。卓才记性好，记得大洲的诗：

越秀山纪游（外一首）

九州润泽雨如油，

陇亩耕耘正待谋。

休怨天公阻行客，

何妨乘兴越山头。

拾　花

木棉树树缀风光，

漫拾红萼袖底香。

只为爱花情意切，

不教泥淖染红妆。

还有我的诗：

听　雷

轻雷一响动欢声，

细雨如酥草木新。

相约登临情兴在，

江山万里正芳春。

卓才也有诗曰：

和大洲《拾花》

木棉挺秀吐春光，

如火擎天散淡香。

为问名花谁是主，

羊城万姓爱红妆。

卓才此文收入《杜桐纪念集》中。

四

暨南大学于1978年复办，第二年，卓才调回暨大中文系教书，教写作课。学校找对人了，这之前，卓才在中山教中学、师范学校语文，深受学生欢迎，早已成为名师。这次调回暨大中文系教写作课，虽然辛苦，但是他尽心尽力，还敢于创新，开讲"经济写作"，撰写成书，实为全国首创。书中特地收入我的"客家娘酒"广告，作为范例。此书20多年长销不断，出了四版，印刷25次，共16万册。后来他又出版五本旅游写作系列教材，也是全国首创的。卓才的写作教材研究和教学实践在对大学写作学科建设与教材建设方面作出了贡献。

不仅在教学方面，卓才在文学创作和华侨研究方面的成就也是骄人的。他是有心人，也是难得的孝子，一生保存了父亲寄自古巴的相片、文件以及往来书信，经过苦心构思，创造家书报告文学新体例，并有数据相连接。此为前人家书成书所没有过的。他的长篇纪实著作《鸿雁飞越加勒比——古巴华侨家书纪事》出版后获得好评，成为古巴华侨难得的历史文献，并获得第二届"中山杯"华侨华人文学奖。由2006年出版《古巴华侨家书故事》开始，他就跨入华侨华人研究领域。2008年起，他在暨大东南亚研究所/国际关系学院（2011年更为为国际关系学院/华侨华人研究院）兼职教授、研究员，参与了一系列国际学术交流活动，著有《古巴随笔——追寻华人踪迹》，合作编著中国人抵达古巴170年纪念文集《从契约华工到改革先锋》。

他是大学教学生写作课的教授，文章自然写得好，著有散文集《水上仙境》，张振金、秦岭雪（李大洲）两位老同学都为之作序。

卓才退休后，退而不休。他在家乡台山建立研究基地，带领由十多位同好——包括副教授、中外博士和本土文化研究专家组成的侨文化研究团队，致力于侨乡文化事业，在中古友谊方面作出贡献，为此获得家乡侨务部门和古巴驻华大使馆的表彰。

古巴驻华大使馆颁发的纪念章和证书，表彰黄卓才为中古文化交流所作出的贡献

五

我在散文诗体小说集《人间别样的情与爱》的后记《文学梦圆》中这么写道：

第二篇，《来自哈瓦那的少女》，关于古巴题材的故事，也是我多年前所构思的。古巴情怀，由来已久，年轻时代，还在广州念书的时候，加勒比海风云急变，我参加百万游行，摇旗呐喊，高呼口号，支持古巴革命。后来与大学同学张兴汉一起编写电视剧本《司徒美堂》，翻阅海外华侨资料，方知古巴哈瓦那曾经是美洲华侨重镇，而且具有强烈的爱国传统，出钱出力支持孙中山先生革命和新中国解放战争。哈瓦那更是海明威喜爱的地方，他住在那里，在酒吧喝酒，抽雪茄，写作。从前的销金窟，现今红色古巴的首都，连同我喜欢的那首歌《鸽子》，于是我钟情于哈瓦那了。我在美国佛罗里达州的登帕，确实邂逅了这么一位从巴哈瓦那偷渡到美国来的美丽少女……我把这一亲历构成故事，采用散文诗体小说写法，也很快写出来了。写好之后，寄给我大学同学黄卓才，他是古巴华人历史专家，他很快读完，并且来了信，这么写道：

毓材，你的大作《来自哈瓦那的少女》，拜读了！这是一个主题深刻的浪漫故事，一个古巴少女身上舒展着时代的风云，个人命运与国家民族的命运紧紧相连。幸与不幸，都压在她稚嫩娇弱的肩上。幸而一个见义勇为的中国男子为她拭泪，替她分担。一夜之情，成为永久的牵挂，始终怀念。佛罗里达州登帕一夜情的萌生，纽约的不期而遇，最后又在古巴的哈瓦那邂逅，整个故事充满诗情画意。

对于老同学卓才的赞誉，我是感激的。卓才爱校、爱同学，我们每次回校集会，他为召集、接待、安排住宿和开会等工作，不辞劳苦，尽心尽力……

卓才积极争取，得到文学院的资助与支持，使2016年出版的中文系"赤子心文丛"收录了他、振金、秦岭雪（李大洲）和我的明湖四子作品选《一路春色》，由他担任主编。这是我们暨南大学 1958 年重建以来的首届中文系学生给母校 110 周年校庆的献礼。

卓才是一位有情有义的人。

他对家乡、对父亲那永不忘却的情意，是令我感动的。

他对母校、对师长、对老同学那永不忘却的情意，也是令我感动的。

《一路春色》封面

秦岭雪、张振金、钟毓材、黄卓才（从右至左）于"赤子心文丛"首发式（2016 年）

2022 年 11 月于香港

千磨百难　矢志不移

——记爱国归侨学友杜捷江

黄卓才

在我们中文系 1958 级的归侨学友中，没有谁像杜捷江那样经历过这么深重的灾难，也没有谁像杜捷江那么坚强和坚定。他蒙受不白之冤，被打成"反革命"，坐了八年牢，并被强迫"劳动改造"做苦力，留下一身伤痛。但平反后他对祖国无怨无恨，爱国初心矢志不移，晚年还为海外华侨教育和公益事业作出了重大贡献。

心向祖国

杜捷江出生于印度尼西亚东爪哇玛琅市一个爱国华侨小商家庭。虽然兄弟姐妹众多，但他还是有机会读到高中。他父母的家教就是勤奋读书、爱乡思土、报效祖国。1955 年在当地中华中学高中

杜捷江入学照（1958 年）

毕业后，他很想回到祖国深造，学好本领为人民服务。但总领事强调华侨教育需要像他这样的爱国青年，力劝他留下来为侨教服务。华侨社团总会安排他到一间比较偏远的小学去当教导主任，希望他能协助校长，在两三年内改变这间学校的落后面貌。他爽快答应，留了下来。经努力，连续两年，该校毕业生考上玛琅中华中学的比例从百分之十几提高到 80% 以上，学校获得侨众的好评。

1957 年，印度尼西亚开始陆续查封一些中文学校，不少教师失业。这当然是坏事，但正好为杜捷江回国深造提供了机会。社团总会转而鼓励有条件的青年教师回国，他积极响应。况且他的女朋友素芳已经先他一步回到了祖国，并于 1957 年考进了山西大学。

1958 年 7 月中旬，杜捷江回到了广州。其时已过了高考考期，但正逢暨南大学重建，招收侨生，专门为新归国的 200 多名印度尼西亚侨生提供了特别考试。杜捷江顺利考入暨大中文系，他非常感恩祖国对侨生的特别照顾。

暨大五年

杜捷江入学时已经 20 岁，比应届生稍大两三岁，显得老成持重。他诚恳正直，和蔼可亲。班里的同学觉得他性格有点"耿"，喜欢跟他争论。所谓"耿"，就是在学识问题上，他总是不让步，非要辩个明白不可。他这不是骄傲，而是一种求索的精神。其实他很谦虚，一言一行就像谦谦君子。这大概是因为他当过老师，习惯了为人师表。他不但勤奋学习，在政治上也积极要求进步，二年级就提出入团申请。团支部组织委员黄振兴觉得他符合条件，就当了他的介绍人。

杜捷江觉得自己不适合搞文学创作，而学好语言文字，往后无论做什么工作都有用；特别是要把普通话学好，不能带有印度尼西亚华侨口音。于是，在明湖边，草坪上，常常可以看到他拿着书本小声朗读的身影。慢慢地，他喜欢上研究汉语语音。三、四年级时，暨大为了解决师资奇缺的问题，便从各个专业学生中物色人选，培养一批自己的教师。中文系先后举办了语言班、文学班等，杜捷江被编入语言班。

五年级，在写毕业论文的时候，语言教研室主任饶秉才老师鼓励他报考社科院语言所汉语方言学的研究生，并带他到中山大学请教专家黄家教老师。

他考研落选了，留校当老师本来是顺理成章的。可是，毕业分配时出现了一个插曲，陶铸书记（广东省委书记、暨大重建后的首任校长）一句话改变了大家的命运。他指示，暨南大学（重建）第一届的毕业生，一律要到基层去，到最艰苦的地方去，到祖国最需要的地方去。这样，原来在各大城市一些高校、研究机构、新闻和文艺专业单位的分配方案就被取消了。中文系的华侨学生跟内地学生一样，也要分配到山西、河南、江西、福建和广东（含海南）各地去。1962 年杜捷江已结婚，妻子素芳比他早两年毕业，已在太原十六中任教。他跟主持毕业分配工作的卢大宣老师说："我是南方人，家乡在梅州（1960 年印度尼西亚排华时全家回乡），希望在广东工作。但如果组织需要，我也可以到山西去，因为我太太在太原。"卢老师惜才，说："你还是留在广东，然后想办法把太太调过来。"这样，杜捷江就被分配到海丰县（现属于汕尾市），跟他一起到海丰的还有黄振兴、陈新东两位同学。

在暨大的五个春秋，他收获良多，整个人的素质学养何止提高了一个层次！他说："五年里，除第一年我用带回来的工资自费吃饭，其余四年，都靠国家助学金。如果不是祖国和共产党培养，我是不可能有机会读大学的。"

教坛新星

到了海丰县，杜捷江被分配在彭湃纪念中学。该校历史悠久，其前身是 1913 年创办的海丰县立中学，新中国成立之初更名为海丰县立第一中学。1955 年为纪念中国早期农民运动领袖、革命先烈彭湃，经国务院批准，广东省拨专款建设新校舍。1957 年冬落成，广东省原副省长古大存到校剪彩，正式命名为彭湃纪念中学。学校环境优美，红瓦与绿树相映，设备也比较好。杜捷江专业功底深厚，又认真备课，因材施教，讲究授课技巧，获得领导和同事一致好评。县教育局为此先后组织了两次公开课，推广他的教学经验。

一颗明亮的教坛新星正在先烈家乡冉冉升起，异地分居的实际问题却困扰着杜捷江夫妇。海丰地处沿海一线，出于战备考虑，人才政策是可以调出，不能调进。他只好请调太原。一个在南洋长大的归侨到内地去，到黄土高原去，恐怕很难适应，同学和同事都为他担心。然而，爱人的呼唤令他不能不回应。

飞来横祸

1965年10月，杜捷江调到山西，分配在太原市区某中学。正当家庭团聚、琴瑟和鸣，工作也顺利打开了局面时，一场史无前例的政治风暴却以雷霆万钧之势席卷而来。

大字报，大批斗，红卫兵，造反派，停课闹革命，大串联，文斗，武斗……杜捷江也被卷进了派性组织。后来，当进行大联合、成立革委会时，由于他来校时间短，派性又小，两派都推举他进革委会当教育革命组组长，负责领导学校"复课闹革命"的工作。对立派有些行政干部断言他一个年轻的普通教师，要想领导全校教学方面的工作，绝对不可能做好，他们等着看笑话。杜捷江暗暗较劲：自己在其位就得谋其政。他牢记毕业时张书记的勉励，一直保存着杜主任的励志赠诗。他努力工作，凭借昔日当过教导主任的经验，团结广大老师把复课工作搞得有声有色。市里领导予以了好评，还指示他们总结经验，希望能搞个小型展览，让其他学校来观摩。一些老教师说，我们学校从未被市里如此重视过。此时，他怎么也想不到厄运已经悄悄向他逼来。

有一天，校园里出现了一条"反动标语"，杜捷江很快被认定为作案嫌疑人。

他有口难辩，根本没有机会申辩，就被隔离审查、拘押了。他想不通，尽管他当时还是教工团支部书记，但他的归侨身份被人认定跟敌特有关。"你在国外生活得那么好，为什么要回来？不是来做特务的吗？"按照这种"革命逻辑"，归侨杜捷江就是反革命。

杜捷江工作积极，言行端正，没有什么把柄可让人抓。于是，学校革委会决定外调，派人到广东梅县杜捷江家乡调查。经查，其父母弟妹一家归侨都是贫农，根正苗红，其中一个弟弟还是贫下中农协会干部，无可挑剔。

外调人员又赶到海丰，找到杜捷江的同学黄振兴，气势汹汹地问："杜捷江在暨大读书和在彭湃中学工作期间，有什么反动言行，你要老实揭发……"没等他讲完，黄振兴就义正词严顶回去："我不知道杜捷江有什么反动言行，只知道他是爱国华侨，一个好同学，一个共青团员，一个好老师！"

杜捷江落难，有谁来说句挺他的话？有！首先是正气凛然的老同学、共产党员黄振兴！

千磨百难

虽然拿不到什么材料，但杜捷江还是被送进了监狱，即使遭逼供、审讯，他就是不认罪。办案者一口咬定证据确凿，宣判"杜捷江认罪态度恶劣，但阶级出身好，判处20年徒刑"。

他被发配到煤矿服劳役。由于他"认罪态度恶劣"，故坑上的工种或坑下较轻松、较安全的工种都没有他的份，只能在既繁重又危险的采煤工作面劳动。6年多时间，长时间的超强劳动，再加上3次重大事故，险些让他葬身煤海。幸亏他"命大"，没死没残，只是造成了较重的身体伤痛。

更大的折磨是在精神上。他想不明白，自己热爱祖国，遵纪守法，勤恳工作，怎么落得如此下场？他难过至极。他的遭遇也连累了妻儿，使他们承受巨大压力，蒙受欺辱，这更使他痛心入骨。

于是，他在家信中建议孩子改名字，并改随母姓。妻子理解了，在征得捷江的兄弟妹们的支持后，正式提出了离婚。一天，法院的一位工作人员去找杜捷江，他很爽快地在离婚协议书上签了字。捷江和素芳从小在印度尼西亚东爪哇长大，又是玛琅市中华中学同学，互相了解、深深相爱。一个幸福美满的家庭竟被迫拆散，他俩心如刀割，两颗心都在滴血！

杜捷江一家三代人合影，后排右起第四位是杜捷江妻子素芳（1973年）

南下香港

1976年10月，"四人帮"被打倒了。杜捷江迎来了希望。在全国大规模平反冤假错案的浪潮中，他的冤案得到了重新审理。历经半年，几经曲折，1978年10月终于拨云见日。他获得平反昭雪，恢复工作，补发工资。

杜捷江随即要求调往太原十六中，与素芳在一起。那是恢复高考初期，他从1979年至1982年均带高考班及高考回炉班的课。由于素芳身体不好，一入冬哮喘就发作，十分难熬。于是他们要求调回广东。

杜捷江利用假期回到广州，来到母校，找到老师和同学，大家一致建议他申请去香港。他回到太原后，申请很快得到批准。1983年5月，他与素芳、儿子到了香港。他又找到同学、老师。在《文汇报》当总编辑的曾敏之教授十分同情他的遭遇，毫不犹豫地介绍他到报社资料室工作。

到了南方，素芳的哮喘病不药而愈。而他自己，平反并恢复工作之初，伤痛似乎不觉怎么严重，到香港后却因气候潮湿，疼痛得厉害。在《文汇报》工作的前五六年，他边坚持上班边到处寻医治疗，先后请过三位骨科医生，他们都非常吃惊，说："你的骨头怎么会是这样的？"杜捷江无言以对。医生给他治好了一些，但是要想康复还是得靠自己锻炼。他就打拳，练气功，这样身体才慢慢地有所恢复。

杜捷江在《文汇报》工作至 1998 年退休。他觉得在报馆编辑部搞资料工作虽未能做出什么成绩，但《文汇报》是爱国报纸，自己能为它奉献一分力量，也感到心安。"守其初心，始终不变"，他此生无论在何时何地，爱国的信念都十分坚定！

2016 年，暨南大学 110 周年校庆，杜捷江与同学们一起回到母校欢聚。他精神状态很好，谈笑风生。在中文系会议室的座谈会上，他倾诉了自己的不幸，同学们不禁潸然泪下；他谈及怎样锻炼身体，大家又为之振奋！在一场如此苦难深重的历练之后，杜捷江侃侃而谈，就像在讲述别人的故事。祖国母亲恩重如山，却也曾经愧对于他，但是他没有介怀。他的宽容大度和坚定爱国的精神令大家十分感动。

晚年奉献

谁也没有想到，后来杜捷江做了一件爱国爱侨的大好事——倡议、推动、参与在早年侨居地印度尼西亚玛琅市创建一所造福华裔子弟的大学——玛中大学。

杜捷江兄妹在厦门接受暨大校友会采访（2018 年）

杜捷江夫妇和妹妹的印度尼西亚母校，都是东爪哇玛琅市中华中学。这个学校于 1966 年被印度尼西亚政府查封。它从 1946 年到 1966 年间培养了不少人才，陆续回到祖国深造的有一千两三百人。"文革"之后从内地去到香港的有六七百人。1987 年，杜捷江夫妇与其他几个校友倡议组成了"玛中旅港澳校友联谊会"，杜捷江被推选为副主席之一，素芳则担任了十年的秘书长。为了更好地联络全球校友，给校友们提供交流平台，1991年他创办了《玛中校友简讯》（季刊），一直办到2015年。1996年，为纪念玛中建校50周年，香港校友会主持召开了全球校友大会。1 700人与会，开得很成功，雅加达、泗水、玛琅及香港四地校友会的文艺队进行了会演。

杜捷江编辑出版的校友刊物《玛中校友简讯》，具有大报风范

几年后，当大家商议建校55周年再举行一次全球校友大会，杜捷江极力主张在厦门举行，希望通过大会倡议推动印度尼西亚的校友企业家合力创办大学。厦门校友会人较少，力量较弱，为了帮助他们搞好筹备工作，同时考虑到妹妹也是厦门校友会的负责人之

一，她家又可接纳客人，香港校友会便决定派杜捷江夫妇前去参与筹备工作。2001年，900人的厦门校友会开得很成功。大会提出了"饮水思源，报效故里"的口号，倡议兴办一所大学，造福华裔子弟。

就这样，他们夫妇留在厦门生活了。

2001年厦门校友会后，印度尼西亚校友中的企业家们积极行动起来了，不久便组成机构，开始筹备建校工作，决定于2005年奠基。纪念玛中建校60周年大会决定提前一年，于2005年举行。杜捷江独自承担了香港校友会为大会编写纪念60周年校庆特刊的任务。为此，他跑了几趟印度尼西亚，后来在中国完成了编辑工作，制作成菲林，送去印度尼西亚的印刷厂付印。2005年7月，在玛琅市举行了4 000多人的校友盛会，共同见证了玛中大学的奠基典礼。

2007年，玛中大学建成开学。除了理工等专业外，学校还开设公共课教授华语，后来又设置了应用汉语专业，都是由中国派去汉语教师。2011年，该校开始有毕业生。2017年建校十周年庆时，香港

玛中大学

校友会派了文娱队前往助兴，杜捷江代表中国香港及大陆的校友会向大会致贺并赠礼。玛中大学十周年庆典学术论坛邀请了中国、印度尼西亚、美国的五位著名专家就如何办好新型大学发表高见，还

请杜捷江代表校友作了《从玛中大学对"饮水思源，报效故里"的实践，谈谈其内涵及历史影响》的专题发言。

2020 年印度尼西亚教育部对全国 3 000 多家高等学校进行了评比，玛中大学名列第 69，成绩可喜。但玛中大学毕竟是民办的学校，面临的困难不少，董事会近期已选拔十名热心教育的青年企业家加入，以充实有关部门的力量，助力解决经费问题。

2022 年 8 月，杜捷江又做了一件公益善举。他向厦门华侨博物院捐赠一批图书资料和实物，包括香港《文汇报》出版的《共和国五十周年纪念画册》《中华风采》《邓颖超影集》《香港〈文汇报〉四十年（1948—1988）》，以及《活在别处——香港印尼华人口述历史》《玛中建校五十周年纪念特刊（1946—1996）》《任抹中华中小学创校百年纪念特刊》《兴隆华侨农场建场 60 周年献礼图书——兴隆华侨农场专辑》《沈阳华侨志》《梅州华侨志》等图书资料 79 册，《玛中校友简讯》（1991—2015 年）73 期，照片 31 张，字画 2 幅，光盘 9 张，纪念品 4 件，共计 198 件。

如今，杜捷江在深圳与儿子一家同住，安度晚年。他仍时常关注母校，关注着自己参与推动而创办的玛中大学的发展。正是：

竹老节不变，花落有余香。

2021 年 3 月 10 日写于暨南园，2022 年 11 月 23 日修订

真诚：阿旭从任班团支书开始

叶满荣

当年的团支书黄旭辉

记得上大三的时候，黄旭辉是我们班的团支书。工作范围应当是宣传教育指导思想，贯彻落实校、系党团行动方略，掌握班内团员和同学的思想动态，消除各种错误认识，端正学习态度。他是客家人，依乡俗，同窗直呼"阿旭"。阿旭中等身材，心性善良、随和阳光。逢人欢言笑语，两眼放光。走路足生风，急匆匆。感人之处：真诚。阿旭能以年轻的心态看待班内团员、同学，怀着年轻人的纯真和热情来鼓励他们，解除其各种思想负担，让他们拥抱这个世界，以美好愿望看待生活，同他们谈失意、困难、忍耐、宽容、希望，揭示人生真谛。严于律己，以身作则。在纪律面前，不分亲疏，一视同仁。对犯错团员，进行劝导教育，甚至开全体团员大会，集体告诫。遇事速办，不推不拖。有人速报一位同学情绪不稳，他即设法劝止，防止其情绪失控。

阿旭在暨大读书时养成真诚待人、和人、友人作风，毕业工作后初心不改。在校学生处处长、招生办主任和副校长任上，努力做好本职工作的同时，协调好上下左右关系，敬重上级、平级领导，爱护身边共事同仁。他把大家的力量拧成一股绳，同心合力做好本部门工作，圆满完成交办的各项工作任务，得到上级认可、同仁赞许。

我家一喜一忧，均得到阿旭关照。1968 年"文革"期间，因路遇武斗，我迎亲北归受阻，返回梅州城。送妻回娘家后，本想在旅店住几天，到城内外转悠。阿旭得悉，热情留住。他家中至亲孩子不少，阿旭不厌其烦，又留友添扰。2019 年夏初荆妻病急住院，阿旭应我所求，打来电话温言劝慰，促其转躁为安。诸同窗有求，他均热心相助，时有耳闻。同学回母校聚会，他不受身份所束，与广州同学

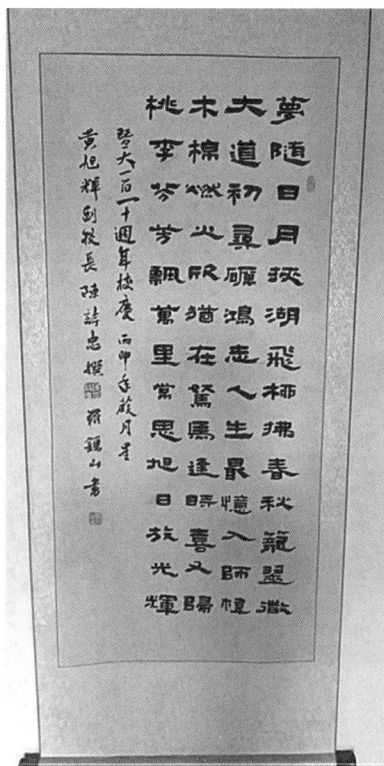

中文系 1967 届校友陈诗忠赋诗谢师恩

一道，忙里忙外，事必躬亲。

阿旭从暨大副校长任上退休后，任深圳新安学院（省办）院长。因家居邻近，我常访常聊。他离任前邀集暨大中文系在深圳同窗聚宴。有位同学站起来，沉着脸，一本正经问对面坐着的林广生："你在梅州东中教书，有次生火煮饭，眼泪直往下掉。是火烟熏的呢，还是有啥伤心事过不去？"林笑而不答，满堂大笑，其乐融融。赤子真诚更上一层：返璞归真。若说在读存赤子之心，是因历世尚浅。而今功成名就，梅州当代名贤榜上有名，前途呈异彩，余热发霞光，历世已深，继续坚守真诚，返璞归真，是已冷静思考，升华为精诚真谛。

叶满荣与黄旭辉（左）在广州合照（黄卓才摄，2013 年）

我们是学过文学的，说点题外话。有评家说：以上生活中的两层真诚，表现在文学创作中，就形成主观文学家和客观文学家。前者是心怀赤子真诚的文学家，如李煜、李清照；后者是阅世文学家，是从岁月历练中超脱出来的真诚，即"返璞归真"的真诚，如曹雪芹、施耐庵。他们把自己的这种真诚寄托于文学之中。如曹之《红楼梦》、施之《水浒传》。阿旭心存教育哲思，亦观天文地理，细察自然无穷变化。1959 年春，阿旭带领我们到粤北山区支农插秧，有一天黑云压顶，电闪雷鸣，大雨倾盆。阿旭诗兴大发，冲天赋诗："乌云滚滚阵阵上，雨如瓢泼水汪汪。雨幕深处银光闪，雷声响处笑声扬。"瞬间天空变化尽收诗行，真实响亮，天声也。我感此叹曰："赤子真诚几忆君，天声朗语旧时闻。客观阅世明真谛，返璞归真笑乐群。"

2020 年 12 月于深圳

生龙活虎忆球友

黄卓才

我们在读期间，遇到"三年困难时期"。但作为业余运动员，我们得到国家特别照顾，并未被缺衣少食、营养不良吓倒。同学中的体育爱好者，照样活跃在运动场上。

当年中文系的体育尖子生，我记得标枪高手方远生独占鳌头。他是1959级的侨生，后来在新闻班与我们1958级同窗。据说他在印度尼西亚回国前已经展露体育天赋。田径方面，张振金、李荣祥是飞毛腿，他俩分别是校运会男子400米跑冠军和男子3 000米跑冠军。印度尼西亚侨生钟毓材是跳高好手，曾获校运会季军。

我喜欢球类运动，所以对篮球、排球、乒乓球的球友印象较深。

我虽然七岁就开始接触乒乓球，但直到上了大学还只是个爱好者。球艺比较好的是梁智宏、李大洲。梁智宏在印度尼西亚长大，外号"大胖"。他的横板攻守兼备，身体虽然肥硕，但动作敏捷，杀伤力相当强。大洲有个爱称叫"小白兔"，个子小小，"兔"性十足，不止跑动快，也善于动脑，扣球路线和落点相当刁钻。那时候学校处于重建之初，体育设备差，我们只能在宿舍楼下草地的露天球台上"野战"。张兴汉（外号"三毛"）是客家人，来自"足球之乡"梅州，以"踢波（踢球）"见长，但有时也来打几板乒乓球。

喜欢运动的人，总有点调皮，我们也不例外。有一次下大暴雨，我和大洲爬窗进入空无一人的体育室，那里有张比赛级球台，我们在雨声掩护下打了个痛快，永远难忘。

球艺这个东西，常练则进，不练则退。智宏、大洲壮年都忙于商务，放下球拍，大胖变肥梁，小白兔胖得更圆滚可爱。2002年，毕业39周年聚会，在从化逸泉山庄，我摆了个擂台，挑战乒乓球，几位昔日高手都战斗力大减了。倒是我因为一直坚持，后来加入广东高校老年乒协，是暨大代表队一员，不乏比赛交流机会，所以至今还能挥拍锻炼身体。

篮球方面，我级有几位男同学打得不错。我记得丘英华（侨生）、林先和（外号"塔山"，客家人，转业军人）、邓自强（新会人，毕业后在香港反英抗暴斗争中英勇牺牲）牛高马大，投篮动作潇洒；特别是跳跃单手投篮，空中定格片刻，姿势十分优美，命中率也不错。陈特精（潮汕人），个子不高，但身手敏捷，篮底偷袭常常得分。他们都是中文系男篮主力，队长则是师弟方远生，他还是校队队长。据刘才秀回忆，自己虽是队员，但比赛场上只是候补角色。其实他身材好，技术也不差，但一山还有一山高，竞争就是体育精神的核心，不服不行。

中文系女篮也可能是一支巾帼劲旅，我了解不多。我的旧相册里保留着几张1962年5月4日的照片，其中一张是中文系男排与女篮的合影。当日我们男排夺得系际比赛冠军，她们是否也同时登顶？可惜没有留下记录。但就照片所见，中文系女篮英姿飒爽，成绩应当不俗。遗憾的是这支巾帼劲旅中，竟没有一个是我们1958级的。我们级的姑娘难道都是林黛玉？

校运会夺冠的中文系男排与女篮合影（黄卓才珍藏，1962年5月4日）

　　说起当年的中文系男排，是可以引以为豪的，因为我们是学校里的冠军队。我们的球员几乎都是来自"排球之乡"。其时广东有两个"排球之乡"，一个是我的家乡台山县（现为市），一个是海南岛的文昌县（现为市）。排球是美国人发明的，由华侨传入中国，台山、文昌这样的大侨乡自然得风气之先。1957年，台山排球队在青岛参加全国甲级排球联赛，是唯一以县为甲级队参赛的队伍。周恩来总理称赞说："全国排球半台山。"由此台山排球誉满天下。我也自小爱上排球。就在这一年，我已是广州市少年代表队队员、广州第十七中学校队队长。

　　当年暨大排球校队主力是清一色的台山人，教练钟敬老师也是台山老乡。队友朱新盛（1960级）、陈兆锦（1959级）担任主攻和副攻，还有一位穿76号球衣的同学（忘记名字了）也是主攻。我一直担当二传，个子较矮的李瑛（1959级）打接应。我们这些台山仔在场上常常以家乡话沟通、呐喊，"阿佢（打他）""斩波（跳球）""奥晒（界外球）"等台山话不绝于耳。中文系队等于半个校队，而

荣获冠军的中文系男排（黄卓才珍藏，1962年5月4日）

且校队主力都在中文系，系际比赛中我们不拿冠军谁拿？

我毕业后联系最多的队友是陈兆锦。他被分配到广东广播电视台，初期办公地点和宿舍在广州市人民北路的广播大院。陈兆锦是农民出身，在家乡做农业合作社主任，入了党，是以调干生身份入读暨大的。他工作踏实，为人正直，群众关系很好，后来在电视台升到群体部主任，可惜前几年已经走了。

李瑛毕业分配到肇庆农校教书。该校在鼎湖山脚下的鼎湖镇。此地风景特好，是著名旅游区，一个我百去不厌的旅游胜地，所以我一有机会就去探望他。后来，他移民去了美国。我们的教练钟敬老师也是移民美国了，不知他们能否在异国相逢，再打一场球？

广东省女子排球队访问暨大并与暨大男队赛后合影（黄卓才珍藏，1963 年 5 月 9 日）

朱新盛是新闻班的，毕业分配起点最高——北京的《体育报》。他去全国各地采访，只见其文，不见其人。在球友中，我最想念的就是他。钟敬教练也令我难忘。他带我们到中大、华工、华师等友校比赛，又常常邀请外校强队来暨大交流。他是个急性子，有时见我们打得不好，不能贯彻他的战略战术意图就会生气，然后外衣一脱，往地上一甩，亲自上场。但他毕竟年事已高，力不从心。输球退场，哈哈一笑，大家都忘了输赢。

最开心的是钟老师让我当了一次代教练。1963 年 5 月 9 日，组建不久的广东省女子排球队由我在中学的一位师妹带队，要来暨大与我们男子校队举行友谊赛——实际上是练兵。她们来得仓促，恰逢钟教练有急事要外出，他交代我为代教练。就是这一次，我有机会留下一张不穿球衣的合照。

作于 2021 年 6 月

忆密友陈新东

叶满荣

1958 年秋入学，时逢"大跃进"，暨大全体师生先后投入炼焦、筑铁路、建学校宿舍、支农插秧、挖明湖等劳动，同时投入全民练兵活动，过的是集体化、军事化生活。到 1960 年春才算完全安定下来，学习生活正常了，课余时间多了私人活动空间。吃完晚饭，我与潮州来的同窗陈新东常在湖边散步。湖风吹拂，湖镜照颜，让我们的心境平静，也增添了游兴，加深了同学情谊。渐渐地，我俩成了密友。

这"密"，说不出有多密来。只要人在就心里踏实，说说笑笑就觉得温

陈新东入学照（1958 年）

馨。我俩来自粤东韩江两头，我来自上游梅县畲江镇（梅州地段叫"梅江"），他来自下游潮州。同饮一江水长大，又都出自贫穷人家，借助国家助学金，才有了上大学的机会。感党恩，感学校恩，珍惜在暨大的学习时光，心里阳光、喜悦，走到一块，说到一块。

新东天资聪明，基础扎实，沉稳，不多言，温文尔雅，身体健康，并不硬朗，学习、工作、生活、交际能力都比我强。他写的习作，我常拜读，内容比较充实，结构比较严谨，文笔比较稳健。有个星期日，我们上越秀山五层楼（即镇海楼）游览，我戏咏："遥望暨南花开早，鱼跃栏杆戏游人。"写习作时把它加了进去，还添了些解释文字。新东看到后，在湖边路上说："看上去很幼稚，却是我们的生活写照，大学生活多梦幻浪漫啊。"

新东字写得好，常到明湖西北角旧学生食堂前写黑板报。有次过年时节，他把我的习作诗写在上面："贺新年，挂红灯，盏盏红灯映笑脸。来年挥洒千升汗，灌溉人间快乐园。"看他写完，我们又一起到湖边散步。新东喜爱绘画，有次把自己描摹的水彩松日图挂在床头墙上，图中红日高照，青松挺立，色彩鲜明，令我印象深刻。我也喜爱绘画，但画不好。有次我描摹了一幅青山图，请同窗林先和题字，寄给在南开大学上学的家兄。我在《六三感怀》中说了此事："满荣题绘塔山书（同窗林先和，从解放军'塔山英雄团'转业入学读书，人称'塔山'），墨迹留存畅想图。狂画早随鸿雁去，塔山屹立彩云浮。"

明湖散步，谈学习、生活、家乡、绘画、游玩，也说笑。后来还谈及陈、关之恋，一直谈到毕业分飞。关秀芳的《恋歌声声》说得明白，文中提到的媒人，包括我在内，共有26位本年级同学。是否"前无古人，后无来者"，我是闻所未闻，中间曲折尽人皆知。秀芳也考入了暨大学中文，晚我们两届。初见芳容是在学校礼堂舞台上。有一天夜晚，学校演出节目，见她登台亮相，歌舞翩翩，嗓音脆亮，引人注目。后来陈、关相悦相恋，不可用"男才女貌"说事。陈先寄信，关复信"陈先生"。我拜读过她的信，毫端隐秀，纸背渗情。

她的高三语文老师曾点赞："秀芳同学文才出众，将来会有作为。"果然不出所料，她在广东省社科院人口研究所发挥聪明才干，所写研讨文章已编成三本书待出版。

1963年秋，中文系1958级同学毕业分飞，各奔前程。我初到山西省大同市物资局搞文秘工作，新东初到广东省海丰县红草中学教语文。鸿雁传书，相互勉励。陈、关毕业后终成伉俪。一开始新东的教

丁身伟、叶满荣、陈新东（从左至右）在广州合影（1960年夏）

学环境较差，困难不少，但他从不叫苦，工作出色，昂扬向上，后到广钢中学任语文组组长，再到广州社科院任《广州年鉴》主编。初去时满目资料、数据，觉得枯燥，后渐入佳境，与六位同仁一道保质保量完成《广州年鉴》编纂任务，受到上级和各方好评。1991

年冬，新东为了做好来年《广州年鉴》总体规划，连续几天奋笔疾书。

自毕业以来，我个人或伴妻儿南来北往，途经广州，大都住在新东家。他家有老母，亲友常来，一家热情待客，热热闹闹。我们到过长堤、文化公园等处，促膝谈心，看戏赏景。很不幸，新东年过半百，身染脑疾，经历了两次开颅治疗。在头次开刀见好的1992年深秋，还有幸和他叙谈，见他笑容依旧，信心满满。对此，一年后，秀芳来信写道："我们毕竟很有缘分，你们夫妇远在千里之外的北国，却又能与身染重疴的新东相会长谈，并表示了你们深沉的关心。"很不幸，新东第二次开刀失败，于1993年10月10日去世。他的同村发小、中大历史系毕业的陈新民寄来挽联："读书教书编书　博学多才　名与书流芳百世；爱人友人助人　宽仁厚道　君为人纪念千秋。"此哀挽评价确切。我感此叹曰："开颅疗治命如丝，犹把情怀化作诗。留得真诚情谊在，人间天上总相思。"

关秀芳、叶满荣在泉州合照（2014年11月）

　　新东离开我们 28 年了。悠悠生死别经年，魂魄几回来入梦。新东走后，秀芳坚守坚持，全家有福。天上人间，仙奏诗吟，遥相守望，此爱绵绵不绝。明湖散步长相忆，近岭相思听嘤鸣。

作于 2021 年

恋歌声声

——我和新东的诗情画意

关秀芳

2013 年，在 1958 级师兄师姐们欢庆毕业 50 周年之际，我献上这组"恋歌"，既是纪念，也是赞颂。因为这里也有师兄师姐们的伴奏与和声，值此奉上我的衷心谢意！

50 年来，广生兄常在我的亲友面前颇有成就感地坦言："我是新东、秀芳的'媒人'。"其实何止广生，还有满荣、顺旺、大洲、卓才、振兴、振金、锦梁、特精、良球、良炳、恩云、学淡、湘贤、兴汉、松昌、身伟、有盛、世桐、旭辉、耀华、才秀、玉麟、伟生、大茸、大姐（若梅）……总之，因为新东，我与师兄师姐们广泛接触、沟通。最后，几乎各位都成了我们爱情的浇花者。

记得 1964 年暑假，我抛掉种种犹豫顾虑，直奔海丰。到海城当晚，我约见了捷江与振兴。月夜临别时，振兴兄从袋里掏出一元钱，嘱我第二天早骑单车到红草中学会情郎。要知道这一元钱是他袋里的唯一，我至今未忘这一元钱的情义与深意。也是这位振兴兄，成了我俩做人的楷模。"文革"期间，捷江在山西被打成"反革命"，山西外调人员对振兴写的"证明材料"提出苛责，振兴竟说："杜捷江是爱国侨生，在校表现很好，所以我当了他的入团介绍人。我只对这一段负责；至于他在山西成了反革命，我无法证明！"振兴的仗义，深深激励了我们。此后，捷江也成了我们的牵挂。大概在1986年前后，我出差太原，遵新东所嘱，请求山西省委党校教员派车陪我探望了尚未完全摆脱逆境的捷江兄。至于"满叔公"，更成了我俩的莫逆之交。我们两家，无论恋爱、结婚、生子或工作、生活，无论顺境或逆境、欢乐与困难，都共同分享，互相扶持，50年来书信来往不断，被满荣兄深情地称为"一道风景线"。

新东从发病、治疗到仙逝整整两年时间，牵动了我俩所有的亲戚朋友、老师同学、同事乡里、业务同仁、学生与家长，总之是千丝万缕总关情。

新东确诊脑癌从内科转到外科那天，卢大宣老师拄着拐杖、拖着病腿到医院探望，令我俩常忆泪长流！新东在《病中诗钞》有一首：

忆卢大宣老师到医院探病

男儿有泪不轻弹，我感恩师泪沾襟。

结交哪用论辈分？事到关头情义深。

新东注：在暨南大学曾受卢老师教导，后老师因病身残，行走不便。我在市一时他专程从家步行来探，深感老师情深而连连落泪。

新东第一次手术后回家过春节。饶芃子老师偕旭辉、卓才两师兄来家夜访。校长、教授的亲切慰问，令没有进过学堂的老妈妈既感激又自豪。是夜，新东只说了一句"我定能把病治好"便猛然抱着我狂吻！

在我的工作单位广东省社科院人口研究所当所长的世桐兄知我经济陷于低谷，便发动同窗解囊相助。我俩清楚，当时的 200 元，相当于各位半月工资。每位同窗探访，都令我俩感激涕零！

暨大师友们陪我送走了新东。我比师兄师姐们晚两届，他们一直认我是本级（1958 级）的媳妇（嫂子），同学情谊特别深厚。此后对我、对我的婆婆和孩子，继续给予真诚关怀和爱护。戎儿结婚，大洲兄还送了金戒指作贺呢。现在，一双儿女算是事业有成、家庭幸福。"阿娘"（我随新东如此称呼他的母亲）成了开心老太，一直活到百岁才去与她的丈夫、儿子团聚。

新东自画像

告慰泉下新东：我分享了你的人缘余荫，正安度快乐幸福的晚年。

新东诗才胜于我，但过去忙于工作，极少写诗。1992 年 8 月，我应振兴兄特邀，前往平远、梅州讲课。这是新东头次脑癌手术后我首次出远门。没想到小别一旬，竟激发了他的诗兴，《病中诗钞》第一首就是：

送　别

——一九九二年八月廿六晨送秀芳平远讲课

跋涉东去又送行①，白头不堪再伶仃。

莫道此生木铸就②，归来灯下听"弹琴"③。

秀芳注：①1991 年 11 月，我出发到粤东九县市进行人口调查，新东曾送我到楼下坐车（当时他刚从沪、杭出差返穗几天，实际已发病，但我们都误作感冒）。这次平远之行算是我近年的第二次东行，他仍然送我到楼下坐车，故用了"又"字。②新东乳名"木成"，我感叹他严谨有余浪漫不足，常戏谑他："你真是木头做成的！"③新东术后在家养病，他外甥送他三弦琴，他最爱我给他伴唱《莫斯科郊外的晚上》，这里兼用"谈情"谐音。

新东在诗后还写了"东自评"："此诗是爱情诗中空前绝后佳作。其诗源于现实，超然现实，思想性与艺术性高度统一，惜别、哀怨、追悔、向往诸多情愫跃然纸上。"新东曾嘱我："这是王婆卖瓜，别让人见笑。"不过，我觉得他这首诗是写得不错，至少是他自己的爱情诗中的"空前绝后"之作，让我痴品不厌！

我从梅州归来，新东几次催我和诗。说实在的，我不会写诗，只是被他缠不过，只好凑了一首：

听 琴

小别归来听弹琴，双双陶醉和随声。

呆子一旦幽思发，半生痴怨也是情。

1992年8月至12月，是新东精神最好的几个月。9月底，我陪他返阳江参加国际风筝节；12月初，为晓红办了婚事。这期间他写了几首诗送我：

共 勉

同是贫家儿，早知世事艰。

贫病不足道，情在苦亦甜。

新东双亲在潮阳农村，父亲残疾，每年的"超支款""高价粮"都是不轻的负担。我父母虽是城镇工人，但两人月工资总共不足60元。我是"大姐头"，有三个弟弟、三个妹妹，其中有个弟弟是农村户口，因此我的负担也很重。

1967年2月"文革"期间，我们约定返潮阳祖家结婚。新东寄我25元，嘱我趁北京串联之便置办嫁妆。然而车到汕尾站我突然发现嫁妆不见了！待到峡山面对望眼欲穿的准新郎，我气急败坏地说："行李不见了！"新东却温存地说："人到了就好，行李不要紧。"到了家里，两位老人也是一句话："人平安就是彩气，行李无紧要！"就是这两句话，让我此后无论碰到任何艰难困苦，都有一股化解的强力。

新婚非常"革命化"。他父母临时搬到邻居家，腾出房间给我们当新房。婚床用两块床板临时架起，晚铺朝拆。被枕从姐姐家借用。洞房之夜，一群老鼠在他父母房顶上吱吱走动，我不免惊恐，新东却说："那是

结婚照

'钱鼠'娶新娘，此刻它们正在祝福我娶了你呢！"我听了竟也随他傻笑起来，真是穷开心！丢了嫁妆，便简化婚礼，索性到汕头市度了一周蜜月，食宿购物，都把省钱放在第一位。

婚后两地分居十多年。我们的"两地书"除了报道两地"文革"乱象之外，就是为供养双方父母、兄弟、姐妹及支持有困难的亲戚、朋友、同学而精打细算；再就是绞尽脑汁保证我产前产后营养所需。确是"情在苦亦甜"！债务是在新东调来广州三年后才完全还清的，经济逐渐好转是在他调至《广州年鉴》编辑部之后，环境最大的改善是我们搬到了淘金北新居。而令我最心疼、最无法接受的就是：艰苦奋斗30年，他为什么竟无福与我共享两人苦心经营的"安乐窝"呢?！他写道：

醉空调

——得知磁共振检查无恙，偕妻小坐咖啡馆

半生贫贱求自强，未曾入馆半偷闲。

今日相邀庆康复，一杯冰水醉空调。

1992 年 8 月底，我为新东争取到当时最高级的检查——核磁共振扫描。9 月下旬，我陪他到市一医院请脑外科主任鉴别结果，知道一切平安，压在心头的大石落下了。我们便相伴逛街，他第一次带我进咖啡馆。这间小馆最低消费 30 元，我俩都不敢多花钱，只要了两杯冰水，就着从广州市第一人民医院买来的馒头，竟也对付了酷暑和饥肠。虽然洋气奢华的厢座与老土便宜的馒头形成强烈对比，但我们还是踏踏实实地享受了"二人世界"中最阔气的时光。他又写：

探病房

阔别二十旬，往事情殷殷。

医士争相看，堂堂一个人。

新东注：九月廿六日回医院询问病情，顺道探视住过的病房。

新东是位克己让人的厚道者，对人对事常怀感恩之心。他配合医护、关心病友，赢得病区很多人的关注、尊重，有位护士笑称他为"模范病人"。这里摘抄我的《护理日记》一则，以资佐证：

1991 年 12 月 5 日　周四

术后第三天，双眼已消肿，不过脖子仍然肿得厉害。中山医学院一批实习生来见习，新东详细向学生介绍自己病前术后各种情况。我告诉学生，他当过 20 年教师。有的学生再三返回病房提问，新东嘱我：把家的地址告诉学生，让他们有不明白的地方可到家里询问。一位典型的师长！在病中还不忘把自己的病躯作为教材，帮助学生学习……

重返阳江

——九月卅夜第三次抵临阳江

车驰一程程，钩月伴我行。

盼见亲人面，人间骨肉情。

我父母最疼新东这位女婿。新东住院手术期间，我妈妈为他求神拜佛、占卜算卦，甚至一日三次；我的弟妹们也十分尊敬这位大哥，闻有疾，人力、物力、财力竭尽所能相助，使我在艰难痛苦中得到极大的宽慰。新东手术成功，身体基本恢复以后，我就盘算着陪他返阳江宽慰我的父母亲朋。9 月底，《广州年鉴》编辑部同事赴香港公干，新东稍感空虚失落。恰逢阳江第一届国际风筝节举行在即，我便乘机邀几位同学一起返阳江。他写"钩月伴我行"是当晚返乡的实景。

参加第一届阳江国际风筝节

倾城睹风采，宾客八方来。

风筝寻常物，一飞连四海。

闸坡海边游泳

白日海空高，忘忧搏巨潮。

一洗尘污尽，还我容颜俏。

看风筝，游海泳，可以说是新东的夙愿，没想到能在术后如愿以偿，新东觉得特别畅快，故诗也写得特别好。

烈士陵园晨运送秀芳

街灯未泯已到园，满园腾跃满园春。

你我摆开龙门阵，龙飞虎跃战一场。

注：东肖虎，芳肖龙，因打羽毛球，故有末句。

新东因手术输血感染了丙型肝炎，门诊治疗几月未见好，阻滞了肿瘤化疗。1992年10月下旬到传染病医院注射干扰素，疗程四个月。据说干扰素既能治丙肝又能抑制肿瘤。传染病医院对面就是烈士陵园。他每天与病友到陵园晨运，我则在家中夜夜用电子瓦罉炖汤，早晨送到陵园，伴他晨运，陪他喝汤。我曾对好友戏称：我们又谈恋爱了，朝朝相约在陵园！

赏　月

赏月阳台前，嗟叹十七年。

从今应无憾，年年共婵娟。

新东是1976年8月调来广州的，算起来他在广州家中共过了17个中秋节。他哪里会想到，他此生最后一个中秋节竟是躺在医院病床上度过的。中秋当夜，我让他"吃"了月饼（其实没吞），也给他朗诵了这首诗。但他因肿瘤压迫视神经，眼睛睁得再大也无法看到那柔情万种的月光了。啊，揪心的"年年共婵娟"！

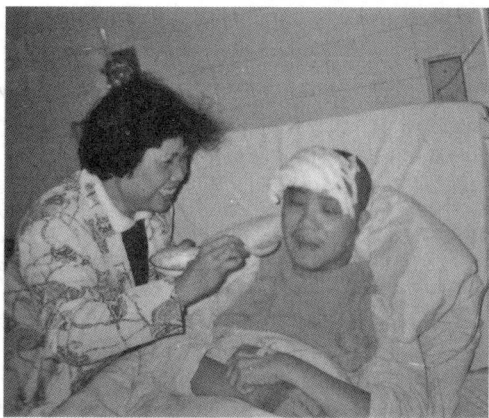

床前一碗汤

还会回来

——自由诗一首

我梦见回来，陌生的离去，
真情的还在，梦醒心花开。

还会回来，一样的审稿，
一样的书台，一切依然在。

定要回来，请为我留个照吧：
当早晨的阳光洒满路面，我已汇入上班的人海。

我已经回来，不是梦寐，实实在在，
伴随着健康的身躯，赢得了宽阔的胸怀。

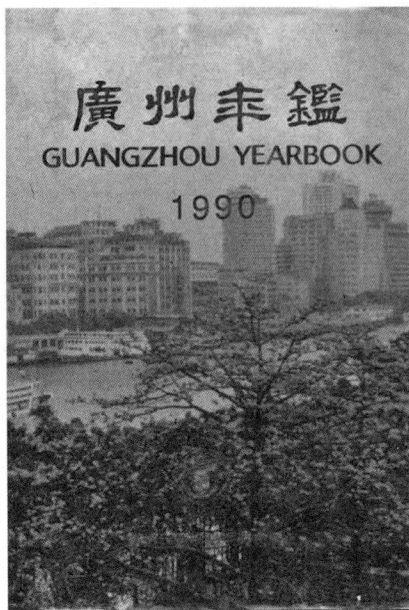

《广州年鉴》封面

新东毕生以工作为重。1991年11月从沪、杭出差回来，其实已发病，但为1992年《广州年鉴》的总体规划、编辑意见，他连续数天熬到深夜两三点。他此生最后十年全部心血都倾注在《广州年鉴》的编辑工作上。此诗写于1992年11月8日，当时新东精神不错，干扰素治疗效果似乎挺显著，对于重回工作岗位，我们都信心十足。

闻戎儿获奖书妻一首

一生辛劳何所求？儿女长成最风流。

请到树荫歇片刻，品味人生乐悠悠。

新东注：戎儿自进中大每年都获奖，今年连获两个奖项：一等奖学金和光华奖学金。

戎儿的确争气。他在华南师范大学读高中时已被誉为"学霸"，考进中山大学后更加奋发。新东第一次手术，他有半个学期无法返校上课，但期末考试仍列全班第二名；新东第二次手术，戎儿也有半个多学期无法返校，然期末考试仍列第二。1993年又得奖两项：中大二等奖学金、美国花旗银行奖学金。1994年毕业时被评为优秀毕业生，并获免试直升硕士研究生资格。不过他体谅家庭经济拮据，向学校申请保留学籍一年，先出社会应聘就业。他承蒙香港老板赏识与支持，2000 年作为主要创始人创建满堂红地产公司并任集团总裁，兼任满堂红集团副董事长，负责集团整体战略规

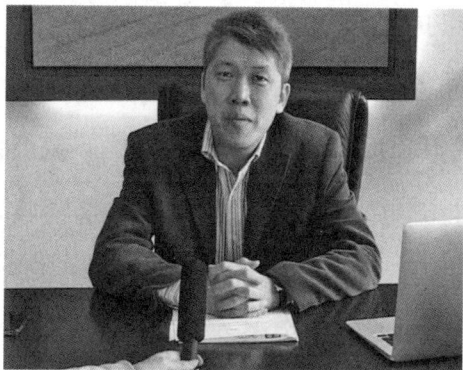

陈戎在向房地产业界介绍经营新理念

划工作，主要负责向日葵战略、核心人才和融资。他领导推出地产网络经纪人模式，将满堂红业务扩展至九个城市，并使团队达近万人的规模，颇受房地产业界关注。他是中山大学理学学士、香港科技大学 MBA。新东倘泉下有灵，又该给我写诗了。

晓红结婚送母女一首

才闻婴啼声，转眼女成人。

育恩孰为大，先把娘来敬。

新东注：1968 年冬，秀芳偕妈带着刚出生不足八个月的晓红到家乡峡山断奶，路过海丰红草，住在中学山上的教室里。山风伴着婴儿啼哭，秀芳唱起《听妈妈讲那过去的事情》哄小孩睡觉。其景犹在眼前，一晃二十几年了。

新东病后，特别关注晓红的婚事。1991 年 11 月他住院时我正在汕头出差。当我赶到医院时，他郑重和我商量的第一件事就是晓

红的婚事。当时新东的病还未确诊。晓红也很争气，她大学毕业时戎儿刚考上大学，她把弟弟读大学时的学杂费、吃穿用，甚至旅游等一切开支几乎全包揽了，这不仅为我们的经济分忧，更主要的是增进了姐弟感情和培养了家庭责任感。有意思的是，晓红出阁，戎儿用双份奖学金买了一台全自动洗衣机送姐姐。晓红出阁前那些日子，新东陪我给在穗的亲戚朋友送喜宴请柬，我俩还相携步行跨过人民桥呢。晓红出阁前夕，新东在医院没回家过夜。当我忙到深夜两点躺在床上时，忽然一股莫名的辛酸袭来，眼泪喷涌而出！我好像是第一次感受到孤枕难眠。早上8时左右，我在泪眼蒙眬中忽然听到新东轻柔的声音："别难过，我给你们写了诗。"看到这首诗，我破涕为笑，因诗中提到晓红断奶那一幕。当时是"文革"不久，《羊城晚报》被当作"大毒草"而"锄"掉了，整个宣传战线遭到大清洗，大部分工作人员都下放"五七"干校，哺乳期妇女也不例外。我只好提前为晓红断奶，让婆婆带返潮阳老家抚养。我们路经海丰时，在新东学校住了十天左右，没想到竟给新东留下了这么富有诗意的记忆。我们给晓红办了个"中西合璧"的婚礼。新东这位主婚人在录像机前留下了神采飞扬的形象。晓红结婚给了新东很大安慰。

12月下旬，新东开始感冒，逐渐出现第一次手术前的各种症状。连续做了CT、核磁共振扫描，皆诊断为肿瘤复发。当时我本想赶在春节前手术，但主刀主任考虑春节前后人力不足，劝阻了。新年元月18日，新东开始呕吐，病情严重了，当天便从传染病医院转到市一脑外科。我们就在那里过春节。

1993 年 2 月 4 日是我们结婚 26 周年纪念日。1992 年我们的"银婚"纪念日是在家里过的,孩子们送我俩织锦绣丝绵被和子母床罩,还为我俩照了许多纪念照。今年在医院,冷清多了。这一天,新东送我一首诗,并让我和他一首:

结婚纪念日杂句

二十六载乐融和,新东病苦欠债多。

喜看儿女胜吾辈,坎坷再大也乐呵。

和新东

二十六载几坎坷,苦辣酸甜色彩多。

莫道病魔添劳累,伴君制胜更融和。

新东在我的"和诗"旁画了个圈,并大书两字:"好诗!"我回赠他一个热吻,他竟装醉倒了的怪相!

没想到,这竟成了我们夫妇的绝唱!

新东的第二次手术安排在 2 月 12 日。11 日,护士又把他的头发刮光了。他对着镜子,吟了一首打油诗:

一载蓄秀发,今朝变秃花。

两回"出家"去,普度苦人家。

呆子偶发幽默,也会令人忍俊不禁!他当时的身体状况不错,体重150斤，各种检验指标，包括肝功能都基本正常。我们对手术成功充满信心。手术那天刚好电梯坏了，护士给他插好尿管、打了镇静针，不用我们怎么扶持，他就走上了四楼手术室。

手术摘取了乒乓球般的块块，像豆腐渣，经病理检验，未发现肿瘤细胞，大部分是坏死组织，据说那是钴－60放射治疗的后遗症。这本来也算是个好消息，至少可免受放疗化疗之苦。新东看了检验报告后，高兴地对我说："这下我可摘帽了！"

可惜手术感染了！连续高烧两个多月，抗感染的进口王牌药都用了，每天用药1 000多元，切口缝缝补补七八次都无法愈合。3月上旬，新东讲话逐渐困难。3月下旬，吞咽也不行了，整天昏睡。清明前，有医生透露，准备后事！

我无法接受这个残酷的预测。

我调动了一切力量对他进行强化治疗。我每天在耳边呼唤着他，不让他的灵魂远走；我娓娓追忆着暨大教学楼、体育馆、明湖边、铁路旁，还有海丰红草一纸之隔的宿舍，汕尾海滩弄潮等一切有我俩罗曼蒂克时光的情景，让爱情的依恋激发他的生命力（这其实是卓才兄给我支的招）……

他终于奇迹般活了过来，用医生的话说，是关姨这担心挽留了老陈。

5月初，新东自己又把胃管拔掉了。开颅手术好像没给他带来难忍疼痛，但插胃管却让他无法忍受，他甚至气愤怒吼："再插我就去自杀！"此后五个多月时间，只好慢慢给他喂食。6月至8月，他的手脚功能有些恢复，左手可以举到头上抓痒，有时举起双手和我比力气，有时用他特有的民间手法给我"出火"（按摩）；讲话虽极少，但偶尔讲一两句也还清晰，表明他的思维尚正常。我对他康复充满憧憬。

9月1日，师妹肖宝玲送来白兰花，可他目无光彩，只用手摸了摸。啊，他双目失明了！我抱着他大哭一场。不过他还懂得给我擦眼泪，捏耳朵，我怀着听觉、思维尚好的一线希望，为他申请高级检查。然而CT检查结果却给我绝望答复：肿瘤复发！这回是真的了，复发的肿块向左额和深部蔓延，压迫了视神经。医生征求我的意见：是否做第三次手术？我反问：做第三次手术最好的前景是什么？比如吞咽、语言、视力等重要功能能否恢复？回答是否定的。不过在完全排除各种意外情况下，至少可以延长一些寿命。

我又面临一次痛苦但必须是科学的抉择。

术后七个月，我们的精心护理把癌症带给他的痛苦减少到最低限度，好几位同房病友都发出了"老陈病得很幸福"的惊羡。但手术感染导致的连续高烧造成严重损耗，他的吞咽功能始终没有恢复，尽管我们竭尽所能给他增加营养，但还是"入不敷出"，整个身体已经消瘦，各种机能十分衰弱。若手术，全身至少要插上六七条导管，光是这就让人无法护理。

我征询了所有亲友（包括他那些当医生的同学）的意见，有的医生同学还亲自到病房为他诊断。大家都非常理解我的冷静态度：若不能挽救，就不要让他太痛苦！

终于，我放弃了第三次手术，争取搬到脑外科最好的病房，祈求在稍微方便的环境中，陪他走完最后一段路。

10月10日凌晨，新东终于舍我而去！

我与我的一双儿女和女婿、我的大弟弟和他的大女儿、我的小妹妹和她的丈夫、新东堂兄的小儿子共九人给他守夜送行。我们用曾经贡神的佛手果煮香汤为他沐浴，帮他穿上他外甥送给他的新西装和他自己最后出差从上海买回的新皮鞋。

我为他举行了简朴的告别仪式。他显得很安详。头发已长好，还显出了那个曾让他的同事赞羡的天然大波浪；伤口也愈合了，没人看得出他曾做过手术；脸颊除了稍微消瘦以外，还像往时那样帅气斯文，书生气十足！

他的同村发小，中山大学历史系毕业生陈新民寄来挽联：

读书教书编书　博学多才　名与书流芳百世
爱人友人助人　宽仁厚道　君为人纪念千秋

此联，足慰我心！

新东走后，我在他的遗物中发现一首诗稿：

赠秀芳

教授上街买餸菜，

左挎右背六七袋，

看她脸上汗如雨，

心中装满歌儿一台台！

人赞贤妻惹人爱，

厅堂厨房显风采，

我家这位女教授啊，

科研家务能文能武更气派！

歇一歇，青春的光阴时难再，

只要人长好，天外的财富滚滚来，

听我拙夫一声劝：

快把身上的重担卸下来！

这首诗稿写在传染病医院的"住院须知"上，还未抄到《病中诗钞》中，所以他生前时我未看见。

发现这首诗，我得到极大的宽慰和满足。说实在的，新东向来嫌我易露锋芒，故从不当面称赞我。即使是热恋时期，也甚少溢美之词，像此诗的衷心赞美，我还是第一次听到。我在这声声赞美中陶醉、享受！

谢谢你，亲爱的新东！

附记：

先夫陈新东（1938—1993），广东潮阳峡山人，是我大学的师兄，1963年毕业于暨南大学中文系，被分配到海丰县红草中学任教。我们俩从同窗恋到异地婚，"银汉迢迢鹊桥迟"，海丰、广州两地分居13年。1976年承蒙暨大老校长梁奇达相助调进广州钢铁厂子弟学校。他生命的最后十年献给了《广州年鉴》的编辑工作。

　　他支持我的人口研究，许多文章他是第一读者，常常帮我抄写修正。他一直鼓励我著书立说。1991年11月他发病住院，我正在粤东潮汕地区搞人口调查，他在病床上替我设计著作封面（见图）。

　　2013年是他那届同学毕业50周年。纪念活动组织筹备者建议大家写些歌颂师生情、同窗谊的纪念文章，以便印发留念。那年恰好是新东仙逝20周年，我便写了《恋歌声声》，天上人间同颂师生同窗情谊。现在编印，我深感欣慰。祈求与读者分享一对暨南学子恋爱婚姻家庭生活的甘苦。

2013年9月重忆整理

2021年6月再修订

没有终结的故事

——我与霭楣

钟毓材

在美国休斯敦，一位民国初年活跃于外交界的老夫人听完我这故事，沉思良久之后，说道："没有终结的故事是最凄美的。"

中国一位著名老作家听了我这故事，对我说："钟先生，无须任何改动，或作补充，就可以写成一部感人的长篇小说。"

一、一封意想不到的来信

1981 年，在美国纽约，中国的春节刚过去，一场大风雪之后。早在几个月前，我离开经营批发罐头杂货生意的"美联公司"，改在华尔街一幢商厦办公室和朱麒先生计划一齐经营"美丽华旅行社"业务。一天，忽然接获三弟从香港寄来的信，他信中有信，写道：

哥：

二哥最近回广州华侨新村老家，才发现这封信，我和他一看信封，美国周缄，料想应该是周霭楣寄给你的。未知她信内写些什么，恐怕阿嫂见到会不方便，我和二哥商量之后，所以寄到你写字楼。由于华侨新村老家早已经没人住，这信已经在那里好几个月了。

下面是三弟的署名，那信封上的字体果然是霭楣的，邮戳上的时间是 1980 年秋季的某一天。

霭楣的来信！我简直不敢相信！分别 22 年之后，在纽约市，在这异国严寒的冬季里，突然收到她的来信。我迫不及待，赶紧拆开来。信很简短，她这样写道：

毓材：

你接到这封信，一定会感到十分惊奇。

我这次从美国回上海，途经香港，在早年存放在亲戚家里的对象中找到你广州市华侨新村的地址。我犹豫了很久，好不好给你写信？最后我还是写了。

我们分别二十一年了，音讯全断。经过那可怕的"文革"，我时时担心你的安危。我很想知道你的情况，你现在哪里工作？还在广州市吗？

假如你不方便的话，就当作没有收到这信，烧掉它吧！如果可能，你就回信告诉我你的近况，哪怕短短的几句也好。

我现在住在纽约，地址：美国纽约中城东五十三街××号××室。

霭楣

一九八〇年秋

我真的非常惊奇、欣喜，而且感动。原来霭楣在纽约，她并没有忘记我，还写信给我。我立即提笔给她写了回信：

咪咪：

你接到我这封信，你会更加惊奇，我就在你身边！

我还是照从前写给你的信那样称呼你。你这个小名，永远珍藏在我的心底里。

咪咪，我来到美国纽约已经八年了。我知道你在美国，可是不知道在哪里，会不会在纽约？这些年来，我在唐人街的路上，在匆匆的行人中，都特别留意，多么渴望能够遇见你，然而都令我失望了。

你的来信确实令我惊喜万分，同时也百感交集。我们真的有缘，终于能够在遥远的异乡重聚，在祖国离别之后的二十二年啊！

我很想马上见到你。我的办公室电话是×××××××。你接到这信，请打电话来，别后的情况，我们见面时详谈。

毓材

晚上回到皇后区的家，我把霭楣来信的事告诉素娴，她同样感到惊奇，也很欣喜。读完信，她感慨地说："想不到霭楣真的在纽约，为什么这么多年都碰不见她……不知她生活怎么样？"

"我已经回信了，等她来了电话便知道。"我说。

这一夜，我怎么样也无法安睡。素娴和孩子们熟睡了，我起身走出厅来，窗外飘着细细的雪花。夜渐深，街道上很静。时不时的，隐隐约约，由拉瓜迪亚机场传来飞机起落的隆隆声。

…………

22年了，霭楣，1959年2月我和你在暨南园里一别，竟然还能够在大西洋彼岸的美国纽约相见。我禁不住心绪潮涌，浮想联翩，思情飞到祖国南大门广州市，那花城里的暨南园，22年前不平凡的火红岁月……

（一）相识相知在暨南园

1958年秋天，我和你同其他88位同学考上刚在广州市复办的暨南大学中文系。国内的同学来自五湖四海，外省的有好几位，有一部分来自岭东的客家和潮汕地区，一小部分来自港澳，你便是其中一位，最多的自然是归侨学生。开系初期分甲、乙、丙三班，我和你正好分配在甲班。这是不是缘分？应该说是吧！

霭楣，你想知道我见你的第一眼印象吗？

那是在班主任潘翠青老师主持的第一次会议上，同学们作自我介绍。你静坐一角，一身朴素的打扮，白衬衣、深咖啡色的长裤。身体瘦弱，圆圆的脸庞，过于青白，好像生着什么病似的，这一刻你令我想起林黛玉。那浓黑弯眉下的大眼睛里，总有一抹挥不去的忧郁，然而是充满智慧的，长而翘的睫毛更加令这双大眼睛有一种特殊的魅力。这时轮到你了，你站起来自我介绍道："我叫周霭楣，从香港回来的。请同学们多多帮助我，谢谢。"

你一口极其标准的普通话令我惊讶。能够说出这样标准的普通话，会是土生土长的香港生？我心中不禁打了个问号。

周霭楣（1958 年）

你坐下来，垂下眼帘，再没有看任何人。一本书放在腿上，举止是那么端庄、优雅，神情却带点冷漠、高傲，而又仿佛满腹心事。

很快我便打听到，你原籍福建泉州，上两代已经移居上海，你是在黄埔江畔生长并接受教育的。与其说你是香港女生，倒不如说你是上海姑娘更为贴切。你父母亲现在在新加坡，你到香港才不过两年时间。关于你的家庭情况，我从来没有问过，即使问了，你也不会说——你向来把自己的家庭和身世收藏在内心深处。因此许多同学觉得你世故、圆滑，还很神秘呢！

没过多久，在学习、开会、劳动和民兵训练中，我们接触多了，开始熟络起来，逐渐相互有了一些了解。

你告诉我，接到暨南大学录取通知书的时候，既担心又高兴，终于考上大学了。"本来我打算考外文的，中文只不过是第五志愿，谁知事情就是这么凑巧，偏偏考上中文系。我很早来到学校，那时宿舍其他同学还没到，很宁静，这样也好，可以看看书。我正在看《青春之歌》。"

你说："我从小也喜欢文学，在上海念初中和高中时都读过不少小说，但说不上研究，文学基础还是比较差的。不过，中文系有语言专业，我准备以后在这方面努力；我有这方面的长处，学话快，发音准，学语言会比较好，我父亲也赞成我学语言。不过现在都言之过早。你不同，你有文学才华，善于写小说，高中就出书了，很不简单。你送给我的《赤道线上的孩子》，我读了，故事吸引人，很有南洋特色。以后，在文学写作方面，希望你能帮我……"

我对你彻底改观了，你严格要求自己，追求进步，对自己的言行、每一个生活细节都很注意。体弱多病的你，性格还很倔强，劳动时干什么都很卖力，挑泥、锄地都坚持着；肩肿了，手起了泡，不吭声，可是第二天便病倒了……你很能体谅人，对待同学的态度都很好。你说，人家对你不好，你就应该更好去对待他，让他了解你。你就是这样的人，一个好姑娘！

那时候，我知道，学校领导梁奇达校长、系领导萧殷主任对你特别疼爱，也特别地照顾你。萧殷主任不止一次对我说："钟毓材，你是学生干部、共青团员，要多关心这些刚从香港、海外回来的女同学，她们毅然放弃原有舒适的生活，回来求学，准备把自己贡献给祖国，这种爱国精神就很值得我们嘉许。你要鼓励和帮助她们……"他还特别提到你呢！

这年的9月24日，暨南大学隆重举行开学典礼大会，你被选为大会司仪，一身白衬衣、深蓝色长裤的朴素打扮，斯文优雅。面对全校 1 400 多名师生，你没有一点儿怯场，反而落落大方，应付自如。陶铸书记——兼任我们大学校长，在大会上作重要讲话，号召树立共产主义校风。你这一天的表现，给人留下深刻印象。

霭楣，你呀，好厉害，全校出名了！

（二）工地上飘舞的红头巾

霭楣，1958 年的秋天，你还记得那是一个什么样的年代吗？

那是轰轰烈烈、热火朝天的大炼钢铁、"大跃进"的年月。

霭楣，你应该会记得的。这一年 11 月 8 日，暨大中文系全体师生奔赴西江边上的江村和工人们一起炼焦。我们这批大学生受到工人们的热烈欢迎。江村炼焦工地设在江边，四周风景很美，面对着一条静静流淌的河流。这是西江的支流，叫流溪河，河面相当宽阔，不时有帆船经过。江的对岸，有不少工厂，像炼铁工厂、炼钢工厂、炼焦工厂……夜里，那里满天通红，工厂的工人们通宵达旦地在那里战斗着。听炼钢工厂的书记说，这里叫珠江村，过去是很少人到的地方，颇为荒凉，现在成为热闹的工厂区，有钢铁厂、耐火砖厂、炼焦工厂……无数高炉日夜喷出红色的火焰……

最初，因为你身体不好，系领导照顾你，不让你到工地做体力劳动，留你在宿舍看管衣物。你闲不住，悄悄把同学们的脏衣物洗好、晒干后折好。我的自然也不例外，我对你说："你不需要这样做，我们自己会洗的。"你说："你们要劳动嘛，没有时间，反正我有空，应该做点事的！"

戴着暨南大学校章的美少女（1959 年）

后来，你主动要求到工地上去，你不想人家说你搞特殊。在工地上，铲煤、扛煤、舂煤、筑炉……样样你都很努力地干。那时候，在煤屑纷飞里，一大群忙碌的人中，一看见飘舞的红头巾，我就知道你来了。你每天都裹着红头巾，问你为什么不戴草帽，你答："我要变黑，希望阳光把我晒得黑黑的。"过了两天，你微笑着走上前来对我说："我昨晚做了个梦，我已经被晒得黑黑的，而且肩膀上有块坚硬的肌肉，可以挑很重的煤了……"又有一次，你神秘地向我摊开手掌，细声说："我只告诉你，别让人家知道，你看！"那红嫩的手掌上起了两个水泡，你的大眼睛闪着亮光，自豪地说："过两天，这水泡破了就长成茧了……"你呀！你就是这样天真而又可爱的姑娘！

这些日子，我和你朝夕相对，彼此的心更为贴近了。你身体弱，不能洗西江的冷水，每天要烧热水洗澡，很多时候，你也帮我烧热水呢。你一定记得，只要不是下雨天，每当中午休息的时候，我俩并排靠在那竹墙下坐着谈心，听着广播传出优美的《月圆曲》，谈论人生、理想、文学、电影、音乐，我们有着许多共同的爱好，有着永远说不完的话题。自然，我们也谈到对爱情的看法，你说："十年八年内我都不会谈恋爱，或许这一生都不会，我也不会有孩子的……"这时候你那大眼睛里忽然蒙上一层雾，阴翳了。你又变得神秘起来，是否又要我猜测你这话是什么意思，难道是身体问题，还是有所暗示？我鼓励你，与你讲起布朗宁夫人的故事，爱情的力量可以使人坚强起来，也会让人健康而美丽呢！

我接到通知，另有工作安排，和几位同学提前回校，而且立即动身，你听到了，匆忙赶来宿舍，喘着气，问道："真的这么快就走？"然后帮我收拾行李。临走时，你脸红红的，伸出手和我握手，想说什么的，却没能说出口，依依惜别之情表露无遗。

你知道吗？霭楣，我虽然回到暨南园，心却留在火热的炼焦工地上，留在那流溪江畔，留在你的身边，留在那冬日照耀的竹墙下。怀念我们一齐扛煤、筑火炉，在黄昏的夕阳里一起洗衣服的时光；你洗完了帮我洗，我们有说有笑，听着你欢愉的笑声……一旦静下来，尤其是在夜里，只要一合上眼睛，我便看见你那飘舞的红头巾，你戴着口罩，只露出那长长睫毛下的一双大眼睛，而这眼睛灵活得像会说话。

在梦里，那红头巾也在我的心里飘舞，那浓眉下的一双大眼睛，时而闪亮，时而忧郁……

（三）无言的告别

你也提前回学校来了。在这之前，我和你朝夕共处，形影相随，无话不说，亲切、开心、自然，现在有些不习惯，相约见面也得秘密传纸条了。

我们曾在暨南园的林荫道上，在月光下漫步谈心，周末一起到石牌买东西、洗被单。我看得出来，你不像在炼焦工地上那样开朗、那样欢愉、那样坦诚，好像心事重重，那大眼睛里总有挥之不去的忧郁……

萧殷主任要编一本民歌集子，安排我和你到他办公室抄写民歌手稿。这样，我俩又日日相对了一段时日，可是说话的机会并不多，你的眼神告诉我，你的心事越来越沉重了。萧殷主任赞扬我和你的工作态度，说我们细心认真。民歌手稿抄写完毕，取名《荔枝满山一片红》，萧殷主任亲自作序，由作家出版社出版。

你又病了。正好我父母亲从潮汕旅游回来，带来好多甜柑子。我带了几个和一些饼干去女生宿舍探望你，顺便也带几本书给你。你又瘦了，脸色苍白，你说："不知怎的，脚很痛……"见你这样我很心疼，不停地安慰和鼓励你。

1959 年的元旦来了。我到新华书店选了一本"文艺日记"作为送你的新年礼物，我在扉页上写道：

用你的笔记下你每天的生活，使你前进中的每一步迈得更稳更有信心。

夹上我的一张照片和给你的第一封信：

咪咪：

你告诉我的，这是你妈妈亲昵称呼你的小名，我也这样称呼你，你不会介意吧？

几个月来的相处，你给了我许多力量、快乐和帮助，凡是给过我温暖的人，我都将永远记住他。我常常想，不知用什么来答谢你，今逢新年——我们认识以后的第一个新年，想了很久，决定把这作为礼物送给你。

祝

新年幸福！

　　我以为你收到我的照片、礼物和信会很高兴，可是你没有，我不知道为什么。这令我感到不安和产生许多猜测。

　　果然，到月底，你决定回香港度寒假，说你妈妈病了。那时候你母亲是在香港，还是在新加坡，你没说。我不能再犹豫了，在你走之前，决定向你表白，让你明白我对你的真心。我永远都不会忘记 1959 年 1 月 31 日，这是我毕生中最难过、伤痛的一天。早课后你要到播音室值班，我写了纸条给你："请你值班后，到课室来，我等你，把一切都告诉你，咪咪。"快到中午的时候，你来了。空荡荡的课室只有我和你，我向你表白心意了。我说："霭楣，你知道，我很喜欢你，我们是不是可以发展比同学更加亲密的关系？"你把头低得很低，不敢看我，垂下眼帘，你表示十年八年都不会谈恋爱，更不会结婚，或许一生都不会。我说："我可以等你，你一生不结婚，我也可以……""我不希望你这样做，以后你会找到比我更好的人，会给你幸福。"你哭了，说，"你不了解我……"

　　我的心一下子碎裂了，脑海一片空白。或许是见我如此，临别时你说："希望以后你还像以前那样对待我、帮助我。"一说完，你快步冲出了课室，留下失魂落魄的我。

这之后，我再想约你，你都说没有空，仿佛有意回避我。我想知道你什么时候走，我想去送你，亲自和你握别，向你送上祝福。可是你却那样残忍、那样狠心，一句话也没再跟我说，就走了。

你绝不是一个无情的人，我更不相信你对我一点感情也没有。你由始至终有什么隐瞒着我，一定有极大的难言之苦。

然而你就这样走了，一句话也没跟我说，走了。

我原本以为你去香港个把月时间，放完寒假就会回来。一个月后，同级回港度假的同学纷纷回校来了，唯有你没有回来。不久，你来信了，说决定不回来了，可能会去新加坡。我彻底失望了，心碎了，几乎崩溃了……同学们怎么看我？他们在背地里怎么议论我、暗笑我、讥讽我？那些日子，我抬不起头来做人，上课、开会都躲在一个角落。我自卑、伤痛、失落、惆怅……

这段日子里，我给你写了不知多少信，你也一样，不知回过我多少信。我鼓励你要坚强面对人生，不论到哪里，都要记得祖国和人民，自然也要记住我（我心里这么想，但并没有写上）。

突然间，你没有信来了，我又担忧你了，我又有了许多猜测。大约过了两个月的时间吧，突然接获你的来信，信封显示香港寄出的，拆开一看，里面有一封浅蓝色的邮简，是从美国寄来给我的。我吓了一跳，你怎么去了美国？你信上说，通过教会的帮助，你已经到了美国，进了一间学院学习。你走得更加遥远了。你还说，因为怕影响我，不方便直接通信，所以只好麻烦香港的亲戚转寄给我。同时交代我写信给你，也先寄到香港，你的亲戚会转寄给你。霭楣，你就是这样细心，事事都为人着想，我好感动。可是，你先后来了五封信之后，第六封，也就是最后一封，你写道：

毓材：

这是我写给你的最后一封信了。

我苦思了很久，为了不连累你、影响你，决定以后不再写信给你了，再说老是麻烦香港亲戚转信也不好。大陆的情况我是了解的，有美国关系会带来什么后果，更何况你是共青团员，思想进步，一心一意争取做又红又专的大学生。真的，我不能影响你的前途。

从此，我们永别了。毓材，你是个有理想、有才华的人，希望你积极学习，努力写作，将来成为人民作家，而我呢，不论在什么地方，这一生，我都会洁身自爱。

附上我在校园里照的相片，给你留念。

祝

你健康、快乐！

霭楣

我读完信，悄然落泪了。

永别了，霭楣，我们真的永别了，我从此永远失去你了。

…………

我几乎一蹶不振。

学校领导、系里的老师们对你离开祖国都感到非常惋惜，尤其是向来特别疼爱你的萧殷主任。他知道我和你的事情，安慰、鼓励我，他说："爱情只是人生的一部分，绝不是全部。这半年多来，你给周霭楣写了许多信，劝她回来，已经尽了力。她离开祖国自然十分可惜，不过，以她一向的表现，她在外国应该也会严格要求自己，好好生活的。你不必太过担忧。你还年轻，前面还有很长的路要走，不论遇到什么困难、挫折、打击，都应该学会坚强面对，不要辜负党和祖国的培育。一个真正的革命者，是要经得起任何考验的，包括感情上的遭遇。你懂我的意思吗？"

"我懂。"我永远感激萧殷主任，我听他的话。

我必须振作、奋发。我不能辜负你的期望——虽然我们永别了，天各一方，此生相见无期。你不是希望我将来成为人民作家吗？我开始认真重读许多中外名著，更加努力学习写作，在老师的教导，特别在萧殷主任的指导下，我的写作水平有着明显的进步。我发表在《羊城晚报》副刊《花地》上的散文《寄万隆》，颇为轰动暨南园；与王坚辉合著的小说《海滨听来的故事》发表在《作品》上，又被香港文艺杂志和印度尼西亚华文报刊转载，影响很大；小说《万隆孩子》获得印度尼西亚翡翠文艺比赛一等奖；我们系组织电影创作小组，由我执笔的电影剧本《华侨儿女传》第一稿写出来了，交由珠江电影制片厂研究……

直到四年级，我和素娴走在一起；四年同窗，彼此已经十分了解，很快擦出爱情的火花，热火烈焰一下子燃烧起来，几乎把我俩都熔化了——这是我年轻时的另一个爱情故事，并且由此改变了我这一生的命运。我和素娴结婚，有了家庭，有了儿女。万万想不到，我会离开广州到香港，更没有想到会到美国纽约。素娴了解我和你的那份感情，知道我对你的思念，22 年来从未间断。这种思念已经超越了爱情，凝固成纯真的友谊、无限的牵挂。我常对素娴说："怎么都好，毕竟是自己曾经喜欢过、爱过的人啊！我希望能够见到她，你不会介意吧？"

"怎么会？我也希望能够见到她呢！"

霭楣，你知道吗？我来到纽约八年了，曾经在纽约唐人街附近的拉菲越街建立"美联公司"，几乎每天都在唐人街打转，希望能够在华人堆里遇见你，结果都令我失望了。八年了，你究竟在哪里？在美国的什么地方？茫茫人海，去哪里找你？素娴说："或许你不在东岸，美国那么大，怎么能够遇见？"

想不到你的信来了，而且你就在纽约！霭楣啊！你并没有忘记我，暨南园中相识相知未敢说相爱的日子虽然短暂，却让我俩终生思念和牵挂着。22 年了，你生活过得怎么样？瘦弱的身体还是那样多病吗？你那长长睫毛下那双永远叫我难忘的大眼睛呢，有没有改变？22 年了，你的一切我都想知道。

你收到我的回信，一定会来电话的，我知道。我心急地等待着。

……………

子夜过了，街道上很静。

屋外的细雪仍然飘舞着……

二、霭楣的电话来了，约见在曼哈顿东城

第三天的早上，我刚到办公室，电话响了，接来一听，是霭楣打来的。她一听是我，惊叫起来："我吓死了！毓材，你怎么会在纽约？我真不敢相信！过去快半年了，我以为信已经寄失；你可能不在广州了，或者发生什么事了，我还一直在担心呢！原来你在纽约。我做梦也想不到你会在纽约，你在信上说来了八年，你怎么来的？"

"我们全家1973年移民过来的。我和素娴结婚了，有两个孩子；大的是女儿，小的是儿子。素娴的父亲是美国老华侨，他帮我们申请过来的。你记得素娴吗？也是我们暨南大学中文系同级同学，丙班的。"

"离开太久了，一下子记不起来了。"

"你见到就会记得。"

她沉默了。

"你呢？生活好吗？先生做什么？有多少个孩子？"

我听见她在电话中轻轻叹息。

"我没有结婚，自己一个人。"

我的心立刻沉落了。

"为什么呢？为什么？"

她又沉默了一会儿，说道：

"一言难尽……错过了……是的，错过了。"她又那么轻轻地叹息。

一句轻轻的"错过了"，对我和她是如何的沉重。

"先不说这个，以后再慢慢告诉你。你在做生意吗？"

"是的。"

"我也想不到你会做生意，还写作吗？"

"业余也写一点。霭楣，明天早上有空吗？我来看你，我们一起吃早餐好吗？"

"好，几点钟？"

"早上9点钟好吗？"

"好。你知道我住的地方吗？"

"我知道。"

…………

我没有告诉素娴第二天早上约了霭楣见面。

这是我一生中最为漫长的一个夜晚，我在缓慢的分秒中企盼着黎明的到来，心潮涌动，想象着分别22年后我俩即将重逢的一刻。

这是纽约严寒的早晨，天色灰暗，飘起细雪。我坐地铁，从东49与50街口站出来，走三个街口便到53街。我身穿黑色大衣，手撑雨伞，来到53街，远远望见她站在大厦门前的檐篷下，身穿深蓝色棉袄、咖啡色长裤，围着白色围巾，一如从前的朴素，手里拿着一小包东西，正在那里等候。我俩走近些了，我发觉她脸色青白，身体也一如从前瘦弱。她见到我了，我永远无法忘记的、两道弯弯浓眉下的大眼睛，闪亮着。她快步走上前来，我俩同时激动地握住对方的手，这时候，她那长睫毛微微扇动，双眼一红，说不出话来。

"霭楣，想不到我们还能见到面，这简直是在做梦！"

"你……毓材，为什么这样瘦？身体没有事吧？"

"没有。你也是这么清瘦。"

她说："街角有家小餐馆，我们到那里吃早餐。"外面的细雪还继续下着，柳絮般的雪花在街道上空飘落。千言万语，一时间不知从何说起；我和她对望着，两人的眼里都闪烁着泪光。我告诉她："1965年5月，我就离开广州到香港了，幸运地逃过了'文革'的劫难。我毕业后被分配到侨光中学教书。初到香港时，我也曾感到迷茫、彷徨，后来有机会做生意，1967年建立贸易公司，出口食品土特产到美国、印度尼西亚、德国。1973年初夏来美国后，创立罐头食品批发公司'美联公司'，几年来，顶风冒雪的，走遍美国东岸、南部和中部22州寻找客户，建立销售网络；创业的风雪长路，走得十分艰苦，也颇为辛酸，怎么会不瘦？"她听了很感动。还像从前那样，眉宇间总有挥不去的忧郁，仍然有着许多心事。我问她为什么独身，她轻轻地叹息："一言难尽……初来到美国，需要恶补英文，后来考上学院，怕赶不上，全部精神都用在功课上。毕业了，有了工作，便申请爸妈和弟妹来美国，要负担一家人的生活，还有弟妹的学费……这么一晃，十多二十年过去了！"

她真了不起，很不简单，一个柔弱的肩膀竟然担起如此重负，何况在陌生的国度里，异乡陌路，独身前行，还要忍受着心灵的孤寂，怎么会不瘦？我的心突然像被揪住一般，一阵一阵地疼痛起来了。或许她是看见我的脸色了，补充说道："再说，要在美国寻找伴侣，很难呐，外国人嘛，不想嫁，土生土长的，台湾来的，没有共同语言，合不来，这样一拖再拖，便耽搁了。"她凄然笑一下。"不说这些了，毓材，我一个人也挺好的，不是吗？这两年，我回过上海、西安，去帮那里的医院培训护理人员。"

有缘千里来相会（1982 年，纽约）

餐厅外的细雪仍然在飘着，无声无息。前面是一条横街，经过的车辆不多，街道上的行人疏落，四周静谧。

我始终对于当年她不辞而别，一去不回耿耿于怀，忍不住问道：

"当年为什么不辞而别，不接受我的感情？我对你是真心实意的，并非一时冲动……你知道吗？你这样一走，再没回来，多么伤我的心，让我难过了很长时间。"

她低下头，不敢看我。

"现在不要紧了，我想知道原因。"

"对不起，当年我不得不这样做，因为我留在祖国是没有前途的。我家庭的复杂情况，不敢和你实说。我父亲原本在上海银行工作，1953 年出了事，被说成什么经济罪犯、现行反革命分子，好在后来没事，通过亲戚申请去了新加坡。我这种家庭成分，有希望吗？当年连申请入团的资格都没有呢！加上我自己知道，我不是读中文系的料子，没有文学才华，身体又多病……刚好有出国的机会，所以才这样……你想想，这一切，当年我能够坦白对你说明吗？"

我沉默了。

"毓材，我想不到你对我是这样认真，付出深挚的感情。我伤害了你，对不起……"

"你从美国寄来的最后一封信上说，恐怕影响我的前途，不再写信给我，从此我们永别了……失去你，我心疼、心碎、失落、惆怅，简直失魂落魄似的过了一段好长的日子，差一点就从此消沉下去了。你已经说永别了，你去了美国，明知此生无缘再见了，失去你，经历那刻骨伤痛之后，我下定决心大学期间不再谈恋爱，必须振作、奋发，集中精神读好书，努力写作。到了四年级才和素娴走在一起，改变了我这一生的命运。"

"那天你在电话中说起素娴，我思索了很久，依稀记起一些了。素娴，好像高高瘦瘦、青青白白的，她是中文系的美女。那年暑假你还托她来看过我，带来你的问候和关心，那时候，我住在教会宿舍。她一定会觉得我神秘。我不想人家知道我的事，其实那时我已经通过教会申请去美国。我不敢告诉任何人，包括你。结果到了美国才写信给你，好像还寄去在校园照的相片。那时我真的怕影响你、连累你，才狠心写了那封永诀信……毓材，我简直在做梦，但对我来说这梦是苦涩的。自接到你的信和电话，这两夜我都没有睡好，前尘往事，模模糊糊地浮现在脑海里。昨天下午，我到布明德百货公司转了好久，不知买什么给素娴好，结果选了一瓶香水，作为小小的礼物，请你交给素娴。"

"你干吗这样客气？我没有告诉她今天见你。"

"为什么？"

"我想自己先见见你。"

"这会影响你们吗？"

"怎么会？素娴从头到尾都知道我和你过去的情况。她知道你来信，也很高兴。这样吧，这周星期六，请你来唐人街'喜相逢'酒楼，我和素娴带孩子们一齐来吃晚饭。'喜相逢'你知道吗？"

"我知道。几点钟？"

"七点钟好吗？"

"好。"

回到家，我把霭楣送的香水递给素娴。

"这是霭楣送给你的礼物。"

"啊！你自己偷偷去见了她？"她惊叫起来，然而并没有责备的意思。

"什么偷偷地，说得那么难听。"

"她怎么样？快告诉我。"

"她？看来还可以，和从前一样瘦弱，脸色还是那样苍白。这许多年来，一直在医院当高级护理，不过，她没有结婚，一个人生活……"

"没结婚？为什么？"

我把霭楣说的告诉她，素娴听了，沉默好一会儿，感慨地说道："难为她一个人在美国生活、奋斗，还为了父母弟妹……很不容易啊……你和霭楣还真是有缘，离别了 22 年，结果还能够在纽约相见，太神奇了。"

"我约她这个星期六到唐人街'喜相逢'和你、孩子们一齐吃晚饭。她很想见见你。"

"我也很想见她。"

三、来访霞飞阁

素娴和霭楣在唐人街的"喜相逢"见面了。看得出她们两人都充满感慨，握住彼此的手久久没放开，那样亲切、喜悦、激动。她们是同学，谁也想不到，22 年之后会在遥远的美国相见。我的女儿盈盈和儿子山山对爸妈这位老同学印象良好。从此，我们像一家人，时有往来。每隔个把月，我会约她见面、用膳，通常都在中午时分。她一如从前那样节俭、简朴，每次她都说不要点太多菜。我知道她自己一个人生活，膳后，我总会多叫一两样菜给她打包带回去。

"你晚上热一热就可以，不必麻烦自己煮了。"

"说的是，其实我最怕煮东西，而且只有我自己一个人，经常都不知煮什么好呢！毓材，你就是替人想得周到……"

大约不到一年，我们全家决定南迁到华盛顿近郊的弗吉尼亚州亚历山大镇，开设冷冻海产批发生意，我特地向她辞行。

"为什么呢？纽约不好吗？"

我告诉她原因：一是那里还没有一家中国人开的冷冻海产批发公司，这是一个好机会，应该会有前途。二是盈盈和山山逐渐大了，纽约复杂的环境对他们的成长不大好，到弗吉尼亚州去比较适合。与素娴商量后，决定搬过去。

"这也是……那边的环境比纽约好。毓材，想不到你还真会做生意，而且雄心勃勃。不过，可要注意身体，别做得太累了。"

"十几二十年来，走南闯北，早已习惯了。"

"看你还真有那股冲劲。"

"祖国 13 年的教育，最重要就是革命乐观主义精神，勇往直前，一无所惧！"

"你真是的！你呀，还像从前那个样，一团火似的！"她瞄我一眼，笑了。

我说："以后我会常来纽约和冷冻海产供货商接洽生意，到时一定会抽空约见你的。"

"你要是忙，也不一定要见面，打个电话来就可以了。"她说道。

"等我们安定下来，请你来我们那里住几天。霭楣，你不是想看看我珍藏的相片吗？大学时代的我全都保存在身边呢！"

"好的，我会去看望你们的。说实话，我也真想看看那些相片，从前的许多事情已经模糊；好些老师、同学都记不起来了。"

我在弗吉尼亚的冷冻海产批发公司，定名为"金洋海产公司"，生意开展得颇为顺利，素娴也在公司帮忙。不久，我们在亚历山大镇的哈维连购置了一间两层红砖的屋子，屋子不大，可是相当精致，建在小丘上，四周树木围绕着，环境幽静。面对一条小溪流，两岸边上长满野花。我为这哈维连红砖屋取了诗意的名字，叫作"霞飞阁"，而小山丘下那条小溪流，我称作"金溪"。每逢周末、假日，我在这"霞云柳间红雀飞，金溪水岸野花香"的幽静环境里读书、写作，其乐无穷。

…………

第二年，霭楣终于来弗吉尼亚州探望我们。记得我到华盛顿火车站接她回到家，已经是黄昏时分了，素娴和孩子们见到她都很高兴。这一晚我们一齐在"新汉宫"吃饭，这家中国餐馆是我公司客户，我们也是这里的常客。老板李先生向来对我们特别热情，招待周到。我们点了这里的名菜：炸蟹钳、芋头鸭、姜葱椒盐大虾、清炒螺片，大家吃得很开心。回到家，霭楣、素娴和我三人在厅里谈心叙旧，话题多得说不完。

临睡前，我交代她："明天一大早我和素娴要去公司开门，安排出货，你睡迟些。咖啡、鸡蛋和面包，我放好在炉边上，你起来后自己煮早餐。我会把所有的相簿放在饭桌上，你吃完早餐慢慢看。我十点多回来接你到公司去。"

等我把手头工作做完，已经十点多了，素娴催促我快去接霭楣过来，别让她在家里急等。我开车回去，开门上到二楼，她并没有发觉我回来，静坐在饭厅的饭桌旁边，桌上堆放着那十几本相簿，一个放大镜。她应该已经看完相簿了，脸色苍白，神情忧伤，痴痴地凝望着窗外的花园发呆……我唤她一声，她才侧过脸来：

"哦，你回来了……"

"你吃过早餐了吗？"

"早吃过了……相片刚刚看完了，真的，许多同学都记不起来了。"

"你还带放大镜来了？"

"我眼睛不好，高度近视，小字都看不清了……我怕看不清楚一些相片，所以把放大镜带来了。"她笑了笑，又带着些凄然。

"盈盈和山山小时非常可爱，素娴倒没有什么变化，还是那样子……毓材，我来这里，真的不会影响你们吗？"

"当然不会，素娴了解我们的，她很高兴能够见到你，说：'难得和老同学在一起，好开心。'霭楣，我跟素娴说，等我们老一些了，接你来和我们一起住好吗？她说好哇，大家在一起，相互有个照应。"

"素娴真的这么说？"或许触动她孤寂的心灵，她眼睛里忽然有了泪光，低下头，沉默了。

我慌忙把话题转开去，问道："你要咖啡吗？每天到这时候我要喝一杯咖啡的，我去冲。"

"好，我也来一杯。"

我赶紧走进厨房去冲咖啡。等我端上咖啡放到饭厅的桌上，她的情绪已经平复了。她喝了一口咖啡，说道："你这里环境很好，幽静，好像住在树林子里呢！"

"是的，从来没有如此亲近大自然，体验四时变幻的奥妙。"

"早上，我到楼下你的书房里看看你的藏书，各种书籍都有，还订阅香港的许多杂志，我看你还剪报呢！"

"是的，身处海外，情牵故国嘛，十多二十年来，我时时关注祖国的变化、中国文坛最新动态。重要的资料，我会收集起来……"

"你呀！和从前一样，满腔热血的。我看见你书桌上还放着手稿，你还在写作吗？"

"这两年心境比较平静，开始动笔写些东西了。对了，霭楣，我和萧殷主任联系上了。"

"真的？"

"他看到我在《花城》上发表的中篇小说《再会吧！南洋》，很高兴，写信来了，我读了，流下了眼泪。萧主任非常疼爱我和素娴。霭楣，当年他也是十分疼爱你的。"

"是的……你回信给他了吗？"

"我马上回信了，还告诉他见到你了。我想萧主任一定会很高兴的。你下次回国，一定要去看望他。"

她又沉默了，接着轻轻叹息起来。

"毓材，我辜负他的期望了。我没脸去见他……"

"别这样，萧主任他理解的。那是时代所造成的，见到你，他高兴都来不及呢，怎么会怪你呢？"

可惜，我们都来不及回国去探望他，第二年的秋天，萧殷主任在广州病逝了，享年六十八岁。我打电话告诉霭楣，她听了在电话中沉默了好久，我们都感到十分哀伤。疼爱我们的萧殷主任走了，永远也见不到他了，我的伤痛是无法形容的。我写了《荔枝又红了》的纪念文章，表达了我对萧殷主任的深深怀念和敬意。

那天中午，我载霭楣到公司，让她看看我们公司的运转。因为忙，我们午饭通常都叫外卖。这天也不例外，随便叫了在公司里吃。晚餐，我们请她到七号公路上的"北京饭店"吃北京烤鸭。这是弗吉尼亚州最有名的中餐馆，历届美国总统和政要都在这里吃过北京烤鸭，店里进门的两侧墙上挂满了他们拍下的相片。老板姓徐，山东人氏，我们也是这里的常客，大家都很熟络。霭楣吃了这里的北京烤鸭，说真的很好吃，比别处做得都要好。

霭楣在我们那里多住了一晚，第二天临别时，和我们一家人在红砖屋前照相留念。

四、明日又天涯

1992 年，我和素娴决定回国发展了。一是我有机会投资我家乡的"客家娘酒"事业，二是对文学创作的执着，我要完成此生未了的心愿，必须把几十年来积累下来的素材、构思好的作品逐一写出来。只有香港才有那样的写作环境，我需要大量的数据，也想多了解了解祖国。

我特地到纽约向霭楣辞行。她听了，沉默良久，垂下眼睛，问道："这么快？说走就走……素娴也一齐去吗？"

"我自己先走，到泰国处理好业务后才到香港，一安顿好，素娴便会过来。以后我会常常写信给你，要是你搬了家，一定要告诉我，千万别再失去联系。"

"我知道。毓材，我曾经想过，等我退休之后，在杭州西湖边上买一个小房子，在那里养老、读书、种花……你说好不好？"

"怎么不好？太好了！记得从前你跟我说过的，在上海读中学时你曾经到杭州旅行，第一眼便爱上了西湖。上有天堂，下有苏杭，尤其是西湖，谁都喜欢。

"霭楣呀，我对你说，终老西湖，这是最富诗意的人生结局。西子湖畔，青山绿树，处处有情，行云流水，都是诗。

"但愿你能如愿以偿，买了湖边的小屋。到时我去你那里小住几天——你一定会欢迎吧？

"霭楣，让我扶着你，漫步在湖边，累了，坐在石凳上，望着烟波浩渺的西湖，你听我说断桥不断、长桥不长、孤山不孤的故事。"

…………

"哎呀！毓材，你说得太叫我心动了！"她说着，甜甜笑了。

可是，这诗情画意的情景只不过是梦幻，让我无尽地企盼。霭楣提前退休后并没有离开纽约，而是满怀着慈爱心肠，做了义工。她来信说，每天忙这忙那的，容易打发日子。

这许多年，我和霭楣保持书信往来，互报平安。每逢圣诞节前夕，我都会寄圣诞卡给她，遥祝她健康、快乐：

海外存知己，天涯若比邻。

但愿人长久，千里共婵娟。

海上生明月，天涯共此时。

…………

她也必定回信给我，我们彼此祝福。

岁月如流，那么一晃，十多年过去了，直到大前年的圣诞节前夕，我寄去的圣诞卡和信忽然被退回来，信封上用英文写着没有此人。我吃了一惊，立即打电话过去，往常她的电话时常没有人接听，可还是通的，而这次，电话竟然也截断了。

我的心一下子沉落了。

霭楣究竟出了什么事？若是搬了家，为什么不先来信告诉一声？难道……我又为她担忧起来了。

当年的霭楣（1959 年，广州）

我再一次失去了她，而且这是不是将永远失去她了？

我和霭楣的故事就此终结，还是永无终结？从好的方面想，她的眼睛逐渐看不清东西，或许身体出了什么毛病，由她的弟妹接到他们那里去住，不方便给我写信了。要是从坏的方面想，不，不，一百次一千次的，我都拒绝面对这残酷的现实：她已经不在人世，她走了……哦！不，不！

我绝不能接受这事实，她怎么可以这样狠心，这样残忍，再次不辞而别。她又让我猜测、思念了……我仍然像从前那样等待着、企盼着，有一天，一如 1981 年那样，离别 22 年之后突然在纽约接到她的来信，令我惊喜、感动、热泪盈眶……

（选自回忆录《南国多情的儿女》，有删改）

我与李荣祥 60 年不变的情谊

钟毓材

20 世纪 80 年代初，我还在美国纽约经营中国罐头食品进口批发生意的时候，忽然接到大学同学李荣祥从香港寄来的信，说他全家已由深圳横岗到了香港，正等待批准前往南美洲苏里南。原来他母亲和妹妹早在许多年前去了那里，现在正等候母亲申请他全家过去。

苏里南一下子又牵动了我的情思。那遥远的、地处热带的美丽小国家又多了一个我的老同学在那里生活了；漂泊海外，感同身受，初到陌生的异乡谋生并非易事，老同学的艰辛、繁忙可以想象得到，他没有来信，我们因而再次失去了联络。我又有了牵挂。

没过多久，我由纽约南迁到弗吉尼亚的亚历山大镇，改为经营冷冻海产批发公司。一住十年，往后的再一个十年，我从美国到泰国，奔波忙碌了好几年后回到香港；这期间，我重新提起停了十几二十年的笔，开始几乎荒废了的文学创作，陆陆续续地写了好些作品。获得《开放杂志》金钟先生的厚爱和支持，刊登了我的那些华侨题材的系列小说，如《再见吧，西贡河》《峇里岛寡妇》《波兰女儿》等。有一天，我忽然收到金钟先生转给我的一封信，一看，又惊又喜，是李荣祥从苏里南的帕拉马里博传真过来的；他从《开放杂志》上读到我的小说，于是通过杂志社来找我。失去联系十多年的老同学，又如此传奇地再次联络上了。我立即写了信给他，他一收到我的信，马上打来了电话，我听得出老同学的话音里充满激动、喜悦和感慨……他说："我多年前曾到纽约找过你，可是你已经搬走了。我太高兴了，现在和你联系上啦！"他说他每年五六月份都会回香港和家乡，明年一定会回来的，到时一定和老同学见面，我们有太多话要说……

感谢现代发达的科技，明明是来自那么遥远的苏里南的电话，老同学却好像在港九什么地方和我聊天似的，距离一下子拉得这么近了。

他的电话，勾起我许多回忆。李荣祥是我暨南大学中文系五年同班同寝室同学，大家同是客家人，又同对文学有着特殊的喜爱。他初见到我，就说："我在《广州学生》和《广州文艺》杂志上读过你的文章，形容印度尼西亚万隆是花园中的花园，让我印象深刻。"我们成为比较亲近的同学。尽管那时代的政治变幻莫测，每

李荣祥大学入学照（1958 年）

个人都有这样那样的遭遇，但火红年代，青葱岁月，暨南园五年的大学生活，间中虽有苦涩，但也有许许多多美好的回忆：江村炼焦、挖明湖；共同编写、刻蜡版、出版宣传小报；打篮球、跑步；骑单车去城里看电影，上小吃馆子；校园里的林荫道上、月夜底下的谈心，谈人生、理想、文学……"三年困难时期"，吃不饱，缺乏营养，他患上肝炎。疼爱儿子的慈母，不辞劳苦地从香港挑着吃的东西来给他：一大玻璃罐的油浸咸鱼，煎好了的，给他添油水，加营养。荣祥把这藏在床底下，吃饭时悄悄拿出来加在饭菜里。我在的话，他便给我一些。只用水煮熟的"无缝钢管"（通心菜）或是猪母菜，一点油也没有，这时候捞上那煎咸鱼的花生油，又香又滑的，简直是天下第一美味，令我此生难以忘怀！

钟毓材与李荣祥夫妇相聚于香港

这一年的五月，荣祥夫妇回香港来了，一别将近 30 年的老同学在香江畔相见了。1963 年暨南园分别之时，我们还是二十几岁的青年小伙子，风华正茂，如今，经历了风霜雨雪的人生长路，两人都鬓发花白了。骤然的聚首，令我们感慨万千，话多得说不完。他在苏里南 20 年，最初替人打金，每天工作十几个小时，日夜不停地做，慢慢积蓄了资本才自己开金店，总算有了成绩，赚到了钱。

现在两个儿子和一个女儿都成家立业，他自己半退休了，留下一间金店由小儿子帮着打理。荣祥在苏里南的奋斗岁月，我当然能够想象其中的艰苦辛酸，他笑笑说，20 年经他手做出各类金饰的黄金，最少也有半吨以上呢！他说以后每年这个时候都会回来的，因为他喜欢吃荔枝。我为老同学事业有成、子女成才、家庭美满而感到欣慰。

这之后，每年荔红蝉鸣的季节，他们夫妇就会从苏里南回来香港和横岗家乡小住个把月时间，我们总有相见谈心的愉快时光。我们之间的友情，半个世纪以来，不仅没有改变，反而更加深厚了。我每次都对他说："你现在半退休了，生活闲适，是应该拿起笔来了，把你在苏里南的生活、感受、所见所闻写下来。"我知道他当年念大学时，经常伏案在那里写东西；他是可以写的，我鼓励他。据我所知，还没有人写过关于苏里南的内容，"你将是第一个人"。结果，荣祥不负我所望，拿起了笔，而且一发不可收，每年都有三四篇短篇小说发表在苏里南的《洵南日报》上。文如其人，行文朴实，故事充满生活感，感情真挚，深受当地华侨读者的喜爱，他很快就有了文名。四五年下来，就有了现在我和三弟子美编辑的他的文集《情牵苏里南》，正如子美所说，这是关于苏里南的第一本华文文学作品。

《情牵苏里南》出版后受到各方面的好评，荣祥家乡深圳龙岗的乡亲还特地为这本作品开过隆重的研讨会。这本书在苏里南也受到当地华侨的欢迎与喜爱。

作于 2021 年 12 月

五十年来住此湖

——说兆汉

叶满荣

　　同窗吴兆汉，比我们班里的同学年长许多，大家称他为"老汉"。1959年秋，中文系1958级同学与全校师生一道，挥锄挖土，推车担泥。大家鼓足干劲，干了好几个月，终于在学校中间的低洼地挖出长方形的新湖。中间一路通南北，把湖分为两半。学校接受杨嘉老师建言，把东湖定名"日湖"，西湖定名"月湖"。合称"明湖"，又叫"日月湖"。湖光楼影，日月争辉，多富诗情画意。老汉写了首七言诗《明湖即景》："昔日挑土诗满箩，今日观湖景也多。鱼跃湖面溅水波，鸟飞柳林唱晨歌。晨雾冉冉绕亭阁，微风习习抚面过。最喜亭里学生哥，书声琅琅温功课。"又写了一首新诗《明湖》："倘若/没有肩挑百担/倘若/没有挑灯夜战/怎会有两颗晶莹明珠呈现眼前/……/是谁/在校道嵌上两颗明珠/是谁/把养眼的美景绘制/是他们/莘莘学子。"后来诗文结集《声音》，目录上标明的题目是"五十年来住此湖"。明湖挖成后，老汉在读在职，确实住在明湖边。在读，我们六位同学与老汉同住湖北边三层红顶学生宿舍；在职，老汉毕业后留校，住在湖南边教师宿舍楼。直到20世纪末才搬到羊城苑去。当年我们七位住在二楼面湖房里，开窗就见明湖美景和周围风光。你看，当年我们"肩挑百担"，"在校道嵌上两颗明珠"。堤柳新栽，湖心亭新建，红木桥新架；无堤岸杨柳依依，岛树荫荫；清风吹过，已现粼粼波光；东眺群山郁郁，远岫挑空；西南望田野青青，南到七里外珠江岸，西接十里外东山界；其间村落棋布，水网纵横，荫堤绕绕；朝霞银翼齐飞，碧野长天两色，好一派南国田园风光景象！过两年，南边工字形五层教学大楼升起，东西两边师生宿舍和蒙古包状食堂建成。虽处"三年困难时期"，已能满足教学生活基本需要。

暨南大学是一所具有悠久历史和光荣传统的华侨高等学府，在海内外闻名遐迩，令人向往。1958年暨南大学在广州重建后，海外侨生和港澳生怀着报国求学的良愿，几经周折，排除阻力，纷纷回来。在这大背景下，在印度尼西亚教学多年的吴兆汉偕恋人李兰回国。老汉在印度尼西亚《生活报》和《新报》发表过不少诗文，我看过他的诗文剪报集，可惜"文革"时期被烧毁。我们住在同一房间里，知根知底。老汉性温心善，老实斯文，聪明好学，已涉足社会，略知世情。我们共读于堂，讨论于室，散步于路，聚游于野。老汉是老大哥，有惑求教，诲语谆谆，生活多关照。我离校到山西大同后，每次返乡都到明湖边教师宿舍寻访，常访常聊。"老汉漫谈清泉水"，"话说东西南北中"。我写诗赠他，他写诗送我。我诵："联榻同窗忆昔年，温良真善数君贤。春来几度观园景，桃李芬芳满目鲜。"他答:"鹏城五羊遥相望,高速虽短难相逢。休问明湖旧相识,春风得意古诗翁。"明湖情深,当年读书在此相谈相助,毕业分飞,回来亦在此相叙相欢。

1992年返乡过穗,老汉已到成人教育学院教学。他退休前住在明湖边,教在明湖边,写在明湖边。所读所思所写,大都在明湖边完成。五十年来住此湖,确实如此。毕业58年后再回首,老汉留校教授"写作""大学语文""东方文学"等课程,教余写作,在各报刊发表评论、译文、散文、诗歌多种。有相当部分登载于著名报刊,如北大之《外国文学》、本校之《暨南学报》。

吴兆汉(左二)在毕业50周年聚会上(黄卓才摄,2013年)

还有《名家作品欣赏》《外国文学研究》《星火》《羊城晚报》。"评论九章"实乃老汉数十年教学心血之结晶,它着重研究了国内外一些知名作家作品的风格形成过程，概述了作品的情节和思想，精辟分析人物、语言等。引导读者在阅读名人名作的同时，领略、沉吟、把握、觉醒，还作出跨时代跨地域的文学比较之论，讨论了相关联的时代特征和文学创作规律等，扩大了读者的文学视野。特别是《论芥川龙之创作思想》《"弃绝"赏识》《略读"咒语"的艺术特色》等文章，思辨严密，论事精当，足见老汉在暨南园耕耘数十年收获多多。译文六篇，刊在《名作欣赏》《当代文学》《羊城晚报》上，介绍了印度尼西亚文学作品，加深了中国人民对印度尼西亚文学的了解。散文42篇，尽写人生旅途所见所感，体现"杂"的特点。文无定法，有话则长，无话则短。没有华彩辞藻，没有深奥高谈，没有故作惊人之笔。用平和、生动的语言，写平实精采之章，做到形散魂不散。或扬真善美，或鞭假丑恶，或显喜好、情趣，或采集古今知识精华和地方特色。大块文章，小块文章，乃至"碎片"文章，光彩夺目，如繁星闪烁。老汉新诗胜过古体诗，新诗写来得心应手，主旨明确，结构严谨，节奏感强。诵之朗朗上口，饶有韵味，见情趣、意趣、理趣，如吊亡之作《你怎么就这样走了》（怀念李双芳先生），段段饱含浓烈情感，催人泪下。"你走了，/让我们以辛酸眼泪送别。/你走了，/请一路走好。"李双芳先生尽力捐款捐物，支持慈善事业，可喜可嘉，精神不灭，应加赞颂。从历史长河中看个体人生，只是匆匆一瞬。能留点记忆，留点闪光，就足够了。

作于 2021 年

同窗十咏

叶满荣

同　学

当年踏入暨南门，九十同窗习汉文。
聚梦难全诗集结，明湖诵响学人闻。

复聚暨南喜梦圆，欢声笑语胜琴弦。
群炉共炼当年史，数载同窗今世缘。
欣现明湖新气象，乐游秋日旧湖园。
层林水阁芳菲路，草地清风爽朗天。

李异耘

忆君当日辩声高，眼镜晶光瘦体摇。
车过南昌同说服，杭州驻赏一湖娇。

杨学淡

狂描画像传狂性，幸识琴音结凤鸾。

本喜同声双比翼，何悲永别一身鳏。

音容最忆微微笑，恩爱难忘念念还。

但愿和鸣天与地，梦魂长守慰离颜。

林湘贤

训诂暨南意气盈，安身不在古书城。

钟声夜半催迁客，总是语林未了情。

林广生

园丁栽种入东山，育李培兰人未闲。

四季芬芳迎面起，一身俊俏退休还。

徐兆文

娴静当年苦用功，移居香港失芳踪。

妙龄秀色今何似，又在明湖柳径逢。

梁　江

当年合唱炼焦歌，响彻云霄众口和。

遍地焦炉红火旺，满天星斗照天多。

雄浑奔放歌炉炼，婉转轻松唱割禾。

我喜梁公气豪爽，指挥若定壮山河。

曾顺旺

暨南欢笑五年情，报到神州万里行。

两度倾谈南与北，一朝永诀痛和惊。

上林有志酬家国，冥界何由减寿龄？

人世难知极乐意，还从花甲记平生。

廖世桐

系级领军忆廖公，矫身健笔舞蛇龙。

同研丁卷书长卷，共对新容看旧容。

在位雄豪书剑气，休闲淡泊拂清风。

相逢一笑宽天地，万里高秋月朗空。

注：廖世桐曾为中文系学生会主席。2002年冬同学聚会，他展示我级同学老照片。

诗咏学友（组诗）

秦岭雪

毕业 30 周年聚会师生合照（1993 年，暨大校内）

同 学

——为 30 年后的聚会而作

走出校园的浓荫

路

风雨中回旋

而我们的友

紧握如拳

当列车远去

也有惜别的泪

摔成两瓣

只有你捶击我肩

天涯海角再见

而今鬓发已斑

不必回首话当年

明湖的水还是那样清

江村的月还是那样圆

何处寻找你的青春

不是举案齐眉

也非儿女窗前

在跳荡的眼波里

我们把它点燃

香江赠徐兆文学姐

流溪炉火依然红，长记短柬诉情衷。

一别岭南十二载，伤情莫怨太匆匆。

毕业 39 周年聚会记盛

黄卓才

金秋季节，中文系 1963 届校友举行盛大聚会，欢庆毕业 39 周年。

明湖情结难解难分，同窗情谊历久弥深。

这次聚会历时三天。11 月 15 日，来自香港和内地的校友入住暨大招待所，参观校园，与部分老师和在母校工作的老同学亲切团聚。

16 日上午 9 时，庆祝会在校友楼举行。张德昌、饶芃子、艾治平、黄展人、陈经耀、郭绪权、徐位发、李淑英等老师和 36 位同学出席了这次盛会。北京、天津等地未能到会的老同学发来了贺信和贺电。

暨南大学中文系 1963 届校友毕业 39 周年聚会 (2002 年)

　　庆祝会由黄旭辉同学（暨大前副校长）主持。中文系主任费勇教授致贺词。校党委张德昌老书记、博士生导师饶芃子教授、唐宋诗词研究专家艾治平教授首先讲话，畅谈师生情谊，介绍自己最新的教学科研成果。廖世桐（研究员、广东省社会科学院社会学与人口学研究所前所长）、李大洲（香港著名诗人、书法家）、钟毓材（著名华人作家）、邓良球（作家、《广东公安报》原主编）等老校友踊跃发言。张振金校友（作家、教授、广东省社会科学院文学研究所前所长）发言时朗读了自己为这次聚会创作的诗。大家深情回顾了在 1958 年、1959 年师生一起修筑铁路、炼焦、挖人工湖、参加磨碟沙学校农场劳动，以及在"三年困难时期"师生互相关心、互相鼓励、共克时艰的情景。校友们说："正是时代赐予我们同吃、同住、同劳动的机会，使我们师生感情特别深厚。也正是在建校时和社会上大量体力劳动的艰苦生活锻炼了我们的意志，使我们更加珍惜时间，抓紧学习充实自己，更善于面对生活中的种种严酷考验。"加上当时的系主任、著名文学评论家萧殷教授坚持理论联系实际培养人才，老师们努力提高教学质量，所以，中文系这一届同学中涌现出许多优秀人才，诸如大学副校长、教授、研究所所长、研究员、作家、诗人、书法家、记者、报纸编审、中专和中学校长、中学特级教师和高级教师、市一级宣传部部长和文化局局长、企业家、公司经理等。而我们的一切成绩，都离不开老师的教育培养。

　　会上，老校友向与会老师敬赠了礼品，然后师生一起玩抽奖游戏。聚会筹划小组和师妹关秀芳提供了丰富的奖品，丁身伟、徐达仪等同学又带来了土特产，使与会者都有收获。

　　会后，校友们在校友办崔仁辉主任的陪同下参观了校史展览室，他代表学校向全体校友赠送了礼物。在校友楼和教学大楼前面，师友兴致勃勃地合影留念。

师生大合照（2002 年）

庆祝会前，早到的郭绪权、徐位发、李淑英等老师和36位同学在明湖楼饮茶，然后到湖心岛漫步、照相。这里的一草一木很容易勾起他们的回忆。当年这儿只不过是一片低洼地，并没有湖！是1958、1959两级的一千多位同学，与老师们一起肩挑手抬，硬是用"大干加苦干""苦干加巧干"的精神，挖出一个人工湖来。明湖，洒下了他们太多的汗水，留下了他们无尽的情思。正因此，四十多年过去了，明湖情结依然萦绕在大家心头。

在湖心亭前，大家神情严肃地为不久前去世的梁奇达老校长默默致哀。

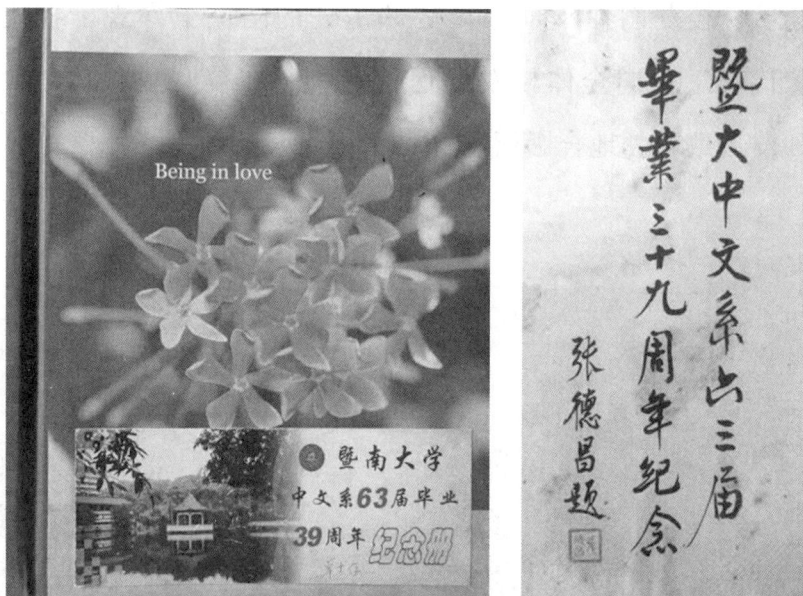

纪念册和张德昌书记的题词

中午，庆祝酒会在广州酒家筵开五席。主管校友工作的贾益民副校长前来祝贺，他所描述的母校近年所取得的成绩和今后的发展蓝图令校友们为之欢欣鼓舞。

下午，老校友和部分老师由在母校任教的黄卓才校友带领，乘豪华大巴前往从化，入住逸泉山庄。当晚，得到从化市街口镇党委王建新书记的盛情宴请。校友们在景色宜人的山庄里尽情聊天、娱乐，度过了难忘的一晚。

17 日上午，假座山庄的西餐厅继续座谈。老师、同学们争相发言，欢声笑语使静静的山庄会所顿时热闹起来。老班主任郭绪权教授的话带有总结性，他说："这是一次非常有意义的聚会，整个过程充满了乐观向上的精神，表现了我们师生依然年轻的心境。"

余兴未尽，校友们漫步于流溪河畔的从化温泉松园。当年炼焦的工地在广州市西北郊江村镇的流溪河边。虽然两处有些距离，但同一条清清的河水足以引出遥远的记忆。流溪河怀旧后在凯旋宫举杯话别，互道珍重，为这次聚会画上圆满的句号。

香港校友李大洲、梁智宏为这次聚会提供赞助。

作于 2002 年

第五辑

笔墨之缘

天下文名曾子固

——曾敏之作品印象

秦岭雪

一、明月君来照一滩

20 世纪 60 年代初，聂绀弩从流放地北大荒返回京华，曾敏之写了一首七律慰问老友。绀弩和诗作答，首四句是："天下文名曾子固，忽颁佳句动衰颜。清猿我自啼三峡，明月君来照一滩。"曾子固，即宋代大散文家曾巩，其文以风骨胜，这一句用来借喻曾敏之的道德文章。曾敏之在 20 世纪 40 年代为名记者，任《大公报》采访主任，驰骋于重庆及其他国统区。他关于政治、军事、文化的采访报道倾动朝野。现在，重庆的红岩纪念馆还陈列着他的著名特写——《十年谈判老了周恩来》。因此，"天下文名曾子固"并非游泛之词。第三句以清猿啼峡自比，万分凄清，催人泪下。第四句以明月相照形容老朋友的关切，对于曾敏之在当时的环境下不计个人得失，重道义、重交谊的精神表示赞赏。多年来，读敏之先生的文章、诗词、书信，有一种强烈的感觉，就是：他大半生恪守儒家传统的道德观念，讲气节、重友道，他和当代一些著名文化人（包括巴金、沈从文、萧乾、吴祖光等）的交谊历几十春秋而不变，真正经得起历史的考验。他最精彩的文章就是悼念朋友的祭文。忧愤催发了诗思，凝结成血泪，锻造了寒光闪闪的利剑，真是气冲斗牛、掷地有声，每读斯文，热泪盈眶。我以为，它代表了曾敏之散文的最高成就。

　　曾敏之兼任暨南大学中文系客座教授，但这位学者却几乎没有什么学历，可以说，他完全是自学成才的。他 15 岁任小学校长，开始写文言小说，写艺术评论，创作散文；20 余岁进《大公报》任记者、采访主任，因参加民主运动，坐过牢，新中国成立初期任香港《文汇报》、《大公报》、中国新闻社驻广州办事处主任；20 世纪 70 年代后期外派任香港《文汇报》副总编辑、代总编辑，大半生写过无数新闻、报道和评论，在新闻界有令人瞩目的地位。因此，他首先是一位战斗的、不屈的新

曾敏之先生指点江山、激扬文字（图片来源：《北京青年报》2015 年 1 月 6 日，李辉文）

闻战士。

同时，他又雅好文艺，富于辞采，爱读史书，长于思索，用昭明太子萧统的说法就是沉思与翰藻兼而有之。他的杂文集和游记曾在全国性的评奖中获奖；他的散文集《望云海》独树一帜，颇得好评；他的诗词评析，不论是专栏还是专著，在中国香港、中国台湾和东南亚一带一纸风行；作为一名学者、教授，他还撰写过许多文艺论文，出版过关于鲁迅和《红楼梦》的专著。作为旧体诗词的写作健将，曾敏之和陈芦荻、胡希明、吴有恒、黄施民时有唱和，活跃于广东诗坛，积有诗词近千首，其中不乏佳制。应当说，曾敏之是记者和编辑中的才士，是新闻界的作家、学者、诗人。他在文学上的成就，以散文和杂文最为显著。

二、文传碧海千秋业

人民文学出版社于20世纪80年代初期出版了曾敏之的散文集《望云海》。这本书从20世纪30年代末编到80年代初，时间跨度40年，包括国民党统治时期、新中国成立初期及"文革"之后三个历史年代。从1958年到1976年这18年，被一位前辈称为"广东两支笔"之一的曾敏之（另一支便是秦牧）完全停止了歌唱。这是本书的一个特色。《望云海》有两组文章值得特别留意。

一组选自曾敏之20世纪40年代初期出版的《拾荒集》，包括《烧鱼的故事》《芦笙会》《遇旧》等篇章。曾敏之于20世纪30年代末曾在广西少数民族地区生活过，这组散文以清新健康、富于诗意的笔调描绘苗瑶地区的风情，刻画苗瑶劳动人民的质朴和热诚，反映了年青一代的痛苦和要求。无论题材的选择、气氛的营造、描写的真切生动、作者感情的投入，在当时的文坛都称得上是一种新的创造。因此，文章得到茅盾先生的赞赏，另一位著名作家说有高尔基《草原》的风味。

《遇旧》一篇是这样开头的——

溶江河是我的旧游之地，也许是怀念比较真切吧，今年秋间，我以一种久客思归的心情回去走了一趟。溶江九月的秋涛已经停止咆哮了，江水轻轻舔着两岸的流沙，沙渚上显出如老人额上折折的皱纹。它告诉我，这溶江泛滥的山洪曾经几度涨落了。自然真挚，无限低回，它令我想起鲁迅的《故乡》。

接下去，《遇旧》这样描写一位苗族姑娘：

银钿很天真，年纪大约 18 岁，挽着一个苗髻。两鬓挂着银环，一身原始装饰，走起路来琅琅地响，两颊红润像熟透了的苹果，深蓝的眼睛，射出无邪的稚气。

语言简洁而生动。

重读这组文字，我仿佛也沐浴着龙头山的秋阳，行走在西南瑶乡的山间草地，耳畔传来"桐花开啦，妹提竹篮走过来呀"的悠扬

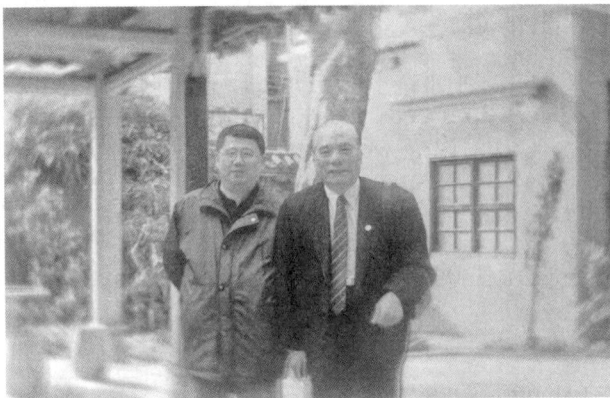

秦岭雪与曾敏之师在香港

歌声，我的眼前晃动着银钿、俾花、俾夏的美丽影像。

不得不说，曾敏之文艺创作的第一页是十分璀璨的，它显示了作者进步的社会观、深厚的文学积累以及细腻而丰富的艺术感受能力。

然而，因为生活，因为时代的召唤，因为抗日的烽火，曾敏之不得不放下芦笙，他投身于新闻战线，拿起了投枪。这样，一直到30年之后，我们才有机缘读到他同样真挚动人、同样精于布局谋篇但浸透了血泪、充满了悲剧意味的至美文字。这就是《司马文森十年祭》《文传碧海千秋业》《风范难忘》这么一些新时代的祭文。

遗憾的是，因为工作需要，曾敏之未能将他的主要精力用于抒情散文的创作，为读者奉献更多至情至美的文字，真使人有"千古文章未尽才"的慨叹！

三、书生报国笔一支

近十年来，曾敏之写了大量的小品、随笔、杂文、序跋、札记，出了六本集子。其中《观海录》获中国作协1989年全国优秀散文奖。

这些文章，海阔天空，上下古今，政治、经济、文化、人物掌故、艺林逸事，包罗万象。看似信手挥洒，随意点染，其实都是明心载道，有感而发。

北京的一位作者写了一篇《飞雪赋》，用士大夫的趣味欣赏大雪，还说什么"任它窗外雪压三山，风摧五岳，于你何妨！"曾敏之大不以为然。他列举历代诗文，说明即使是封建时代的政治家、诗人，对于社会民生也不会如此冷漠。最后，他慨乎言之："竟有《飞雪赋》这类卖弄文采而堆砌不通的文风出现，能不令人感慨系之吗？呜呼！"这种对国计民生的关心，这种"看云，云舒卷于胸；听涛，风涛激荡于耳"的意绪充溢于片言。曾敏之笔下无闲文。

敏之先生也爱喝两杯，也有他的感情追求，写得一手颇见功力的黄庭坚书体，出口成章，善于联句赋诗。从旧观点看，敏之先生也是一位风流倜傥的文人雅士。但他不谈风花雪月，不为怪异之论，不作消极的悲鸣，不贩卖小道、哗众取宠，他的文章总有益于世道人心。他曾说："我写专栏，每一篇都是认真的。"以严肃的态度写雅正的文字，质朴甚至于冷峭，不为浮嚣之词，这是曾敏之小品、随笔的一大特色。在十里洋场，这是非常难得的文品、人品。

"书生报国，秃笔一支"，这是曾敏之为文的宗旨。十余年来，他写了大量鲁迅式的杂文，对封建主义的遗毒，诸如文字狱、瓜蔓抄、裙带风、一言堂、贪赃枉法痛下针砭，对两面派、风派、投机分子、腐吏、俗吏狠狠揭露，呼唤社会主义民主和法治，呼唤重视知识、重视人才，为改革开放摇旗呐喊。

曾敏之自述治学途径，其中有一条是"从史学进入文学领域"

（见《曾敏之散文选·序》）。他曾经通读、精读《资治通鉴》，明历代治乱得失。他以新闻记者的敏锐以及史家洞察历史的识断发而为战斗性的杂文。一是针对性强，有很强烈的现实感；二是以古鉴今，立论有据，思辨严密，条理清晰，很有说服力。这类文章大体写得严正、犀利。而另有一类短文，如《想起了张之洞》，写得委曲蕴藉，含不尽之意见于言外，犹如一首精美的旧体诗用了十分恰切的典故，引人遐思。

十年来，在海外，大概没有另一位作家写了如此众多而又如此真挚的关于国运、关于祖国现实政治的文字。一位老新闻战士、一位老知识分子，赤子之心，情见乎词。于是，我想起了杜工部的诗："三顾频烦天下计，两朝开济老臣心！"动人的曾敏之情意结啊！

四、最多风韵是红桥

一部《全唐诗》伴随曾敏之度过大半生。他通读、熟读、吟咏、背诵、研究、撰写赏析文字（出有专集二册）；而他大概从十来岁开始，几十年来以旧体诗词遣兴怡情，交游寄慨。如果把近千首望云楼诗词加以详注，那将是一部很丰富的自传。

敏之的律诗意境开阔，感慨良深。如《中秋雅集寄台湾》：

隔海台澎入望遥，蟾光皎皎共今宵。

　　白云精舍情无限，秋水蒹葭信有潮。

　　忍说分离违盛世，还期聚合奏箫韶。

　　殷勤为寄黄花酒，伫看千帆逐浪高。

　　但我更喜欢一些情致深婉的绝句和小词。如写于 1975 年的《双溪寺所见》：

　　双溪早已破禅关，烟锁重门镇日闲。

　　正是天南春漠漠，花开无语老空山。

　　又如，1987 年作于北戴河的《游联峰山所见》：

　　簇簇丛林隐小楼，几人挟策问封侯。

　　涛声若警浮生梦，宫阙高寒少白头。

　　他有一组《春花吟》作于"四人帮"倒台之后，写得轻倩潇洒。摘录二首：

　　花径珠凝遍地金，丝丝黄菊见丰神。
　　莫嫌独对花无语，陶令高风韵自清。

　　滇池娇卉珠江客，玉立亭亭顾盼斜。
　　我爱淡交情似水，逢人从此话山茶。

敏之也像历史上一些婉约派词人一样，将忧患意识写入诗中，在词里面则较多地吐露个人幽约的情怀。如《浣溪沙·记扬州之游》：

轻车来听广陵潮，亭榭溪圻映画桡，绿杨袅袅易魂消。

欲觅锦帆遗旧垒，最多风韵是红桥，从今客梦也迢迢。

敏之先生曾说，写旧体诗词是他的一种癖好、一种兴趣。但因为经常吟咏，长期养成练字、练句、炼意的习惯，对于其他文体的写作大有裨益。他的一些散文、游记，常常巧妙地嵌入一些诗词，或引发情绪，激起波澜，或穿针引线，结构文章，做到情深意挚，诗文并茂，这已成为曾文的一个显著特色。这种写法，源于古典散文。20 世纪 60 年代，杨朔也曾有尝试。但在抒情纪事或纪游的文字中大量引入精致的诗词而又显得十分调和、饶有意味的，应首推曾敏之。我以为这是他对散文艺术的一种贡献。

在中国香港、在海外，从 20 世纪 30 年代就开始严肃地进行文艺创作的作家已如凤毛麟角。像曾敏之先生那样，一生追求光明、追求进步、热爱祖国、淡泊名利、默默耕耘，在新闻工作、文艺创作、学术研究几方面都有出色成绩的更是少见。我谨借此文向这位老作家表示敬意，并祝他身强笔健！

作于 1993 年夏

编书：两次愉快的合作

黄卓才

我读中文系的时候，喜欢学编辑，曾当过校学生会《暨大学生》大型黑板报（周刊）主编和《暨南园》综合性纸质杂志的副主编，并与同好学友陈新东、钟毓材、杨学淡等结下深厚友谊。想不到毕业二三十年后，我们又有机会在一起编书。两次愉快的合作，成果不错，留下美好的回忆。

第一次合作是 1988 年初，我有感于对侨乡建设和海外华侨华人现状的研究亟待加强，以及国内外读者对这方面信息的急切需要，觉得可以编一本工具书，供华侨华人研究和侨务工作者参

黄卓才与徐位发老师

黄卓才、陈新东、张兴汉在北京合影（从左至右）

考。作为华侨大学教师，有资料之便，且这同时是应尽的责任。

我把这个想法告诉平时联系密切的徐位发老师和老同学张兴汉、陈新东，得到他们的支持。张兴汉当时已从山西调回母校，在东南亚研究所工作。徐位发老师是中文系党支部副书记，后调任暨南大学高等教育研究室主任并任《教育研究》主编。陈新东则是广州市社科院《广州年鉴》的主编。虽各有各的工作，但利用业余时间聚聚，一起做点有意义的事情，是很开心的。

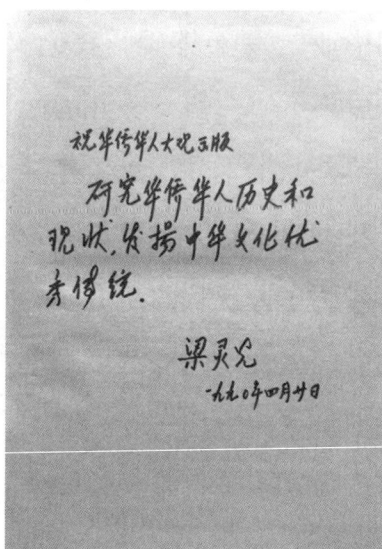

《华侨华人大观》和梁灵光校长题词

每个周末，我们就在暨大会合。经过一年多时间，我们编成了一本50万字的《华侨华人大观》。这中间，为了请国务院侨办海外司提供侨情资料，我们还一起上北京组稿，与该司黄明爱等同志商量出版事宜。

这本书的编写工作得到时任中文系主任饶芃子老师的支持，梁灵光校长题写了祝词。后来还被载入校史。

第二次合作是与张振金同学一起编《秦牧全集》。

《秦牧全集》编委会［秦牧夫人紫风（前排左二）、人民文学出版社副总编辑何启治（前排左一）和编委在一起。后排右起二、三、五为黄卓才、罗君策、张振金］

1994年，在人民文学出版社工作的罗君策校友（中文系1961级）发起，要为我们中文系前系主任、当代著名文学家秦牧组编出版一套全集。这是个突破性的大胆想法，因为当时全国的出版社还没有出版过当代作家的全集。可喜的是，当他向社领导提出此建议时，得到社长陈早春的支持，并指派副总编辑何启治负责组织编委会。广东有黄耘、紫风等一批作家和秦牧研究者被聘为编委，其中也包括张振金和我。

编委在工作

三位编委同学同游长城（从左至右：张振金、罗君策、黄卓才）

《秦牧全集》计划编十卷，我俩各负责前六卷"散文部分"的两卷。

工作进行顺利，小小插曲只是讨论是否能集齐所有作品。在特殊时期被指为"大毒草""响尾蛇"的《艺海拾贝》早已恢复名誉，被批判过的《地下水喷出了地面》也没有什么问题。为保持历史的真实性，所有的作品原文照录，一字不改。这么一来，我们工作的着力点就放在《花城》《潮汐和船》《长河浪花集》等集子以外，寻找散落在大小报刊的作品了。原来，秦牧没有剪报收藏作品的习惯，这就给我们的编辑工作带来了考验。好在我们平时对他的作品有所了解，有所积累。几个月后，编辑任务终于完成了。1994年9月，秦牧辞世两周年前夕，人民文学出版社首次隆重出版《秦牧全集》十卷本，而后又出版了《秦牧全集》的《补遗卷》。

当年的编辑工作主要在广州进行，后来我们有一次上京参加秦牧作品研讨会的机会，见到了不少大作家和评论家。

人民文学出版社和广东教育出版社出版的《秦牧全集》

　　我们还有机会与罗君策同学一起到秦牧先生的故乡汕头市澄海县樟林乡参观访问。时任汕头市文化局局长的中文系 1964 届校友方烈文，曾在人民文学出版社与罗君策一起工作过的中文系 1965 届校友、时任潮州市电影公司经理的林有钿热情接待了我们。同学相聚，饮工夫茶，吃潮州点心，讲红头船故事，不亦乐乎！

　　想不到，十多年后，2007 年 7 月，广东教育出版社再出《秦牧全集》增订版（12 卷），张振金和我又有机会再当了一次编委。

作于 2021 年 11 月

【附】

雨中，访秦牧家乡
黄卓才

　　粤东一望无际的潮汕平原上，"红头船"停泊过的"樟林古港"附近，就是已故著名作家、当代散文大师秦牧先生的故乡。

　　初夏，雨中，打着伞，我和同来的人民文学出版社《秦牧全集》编委们兴致勃勃而又行色匆匆。眼前的兴旺景象与印象中的秦牧先生的音容笑貌互相交错，我沉浸在人与环境、历史与现实的思索之中……

　　樟林乡在澄海县北部，距县城 13 公里，离汕头市 20 余公里，现在属东里镇管辖。它濒临南海，地处韩江南北溪出海口。由于水陆交通便利，宋代已是南方著名的渔盐之区，明清时更迅速发展成为一个繁华的商埠，被称为"粤东通洋总汇"，是古代海上丝绸之路的一段。经济繁荣带动了文化的发展，从古至今，樟林都是文化之乡。60多年前，少年秦牧在这样的环境里受过深深的浸染。

在热情的乡亲带领下，我们来到了秦牧故居所在的小巷——林厝巷。这条演绎过秦牧儿时多少有趣故事、铭印着秦牧依依别母动人情境的巷子，深深的，约有百米长；窄窄的，只可容四人并行。巷口又有门楼，汽车是进不去的。巷子两边，大屋一间挨一间。这些大屋青砖灰瓦，屋顶横看像戴着镶花边的毡帽，典型的乡村古老民宅，典型的潮汕风格。

我踏进了秦牧住过的老宅。听说我们要来，住在这儿的秦牧侄子一家早已出来迎客，邻居们也闻讯而至。

编委合照于秦牧澄海家乡老宅门口

黄卓才与编委一起参观秦牧家乡的故居

这是一间当地称为"四点金"式的大宅。进了门，经门楼间，走过宽阔的天井，才到大厅。大厅两旁是睡房。大厅还真不小，我们一行十多人，加上主人、邻居，共二十四五人，或坐或站，大厅竟全能容纳。秦牧小时候在这老宅里住过四年，此后又曾多次回家，但如今已经无法寻觅他留下的痕迹。也许，他就是在这门楼间、大厅里帮母亲扫地，就是在这天井的石阶上劈柴吧；也许，他就是在这房间里读书，听姐姐讲故事吧。往事已成追忆，故居里，甚至找不到秦牧当年的一片字纸、一幅照片。这显然与秦牧从来不把自己看成是什么了不起的人物有关。秦牧一生辛勤笔耕，留下了400多万字的作品（其中散文约300万字），被公认为当代散文大师，在世界上也是一位有广泛影响的作家；而他永远只把自己看作社会平常的一员，勤勤恳恳地创作，俭俭朴朴地生活，平平易易地待人。这，正是他的人格伟大之处。

从老宅出来，走到巷尾，我来到小河边。雨花飞溅，河水高涨，我有机会体验了秦牧在他的童年回忆文章中描述过关于小河往昔的情趣。可如今，小河已经很小了，又浅又窄，莫说捕鱼、捉蟹、划船、游泳，就是洗个澡也不方便了。它只是一条普通的小河而已。是的，即使在当年，这也只是一条南方水乡极常见的小河罢了。但，看看地图吧，它曲曲折折地汇入韩江，义无反顾地流入浩浩南海。这也许就是它不同于山间那些流淌了一段就干涸了的小溪之处。秦牧出身于一个没落华侨商人家庭，先后在新加坡的热带果林和祖国一个乡村里长大，而后在抗日战争的硝烟中走上文坛，又在一边繁花似锦、一边风云莫测的天地里走向世界，人生途程上不乏磕磕碰碰、跌跌撞撞。他之所以能有今天的成就，不也就是因为他始终执着于目标、坚韧不拔地向着文学的海洋汇流吗？

骤雨乍歇，我们抓紧这个机会，又匆匆赶到了秦牧当年就读过的萃英小学。

萃英小学已经改成了樟林中学。一座 U 字形的四层课室大楼，容纳着十多个班的学生。我们到达的时候正值放学，学生的活泼可爱和穿着的鲜艳入时，与城市学生无异。十年景物一番新，60 多年了，已是几番新呢，当年的痕迹哪儿去找！校长说，有的！你看那个古井，那一堵围墙……啊，找到了，在绿叶婆娑的凤凰树底下，是一个用石头凿成、高出地面尺许的井台。井口很小，仅可容一个一尺左右口径的水桶升落。而井内呢，早已被泥沙填满了。围墙只留下一小段，通花的，满是古老的图案。

我在校园里漫步，寻觅着秦牧当年留下的脚印。他自小喜爱做

三位老同学编委同访秦牧家乡（1994年，汕头）

文学的梦，个性倔强，自然是一个十分执着的"寻梦者"。而他又不是那么循规蹈矩地上学，他后来在文章里坦言少年时代的好吃、贪玩和俏皮（少不了还有逃学），坦言对数学无论如何也提不起劲，总觉得搬弄那些枯燥无味的数字符号，真比什么都难。但他在高小阶段就啃起了鲁迅、巴金、易卜生、契诃夫的作品，虽然那时家里要靠典押度日，但他仍在油灯下读得津津有味，如痴如醉。对于这样一个个性突出的学生，我想，当年萃英小学的老师一定是大慈大悲，以极大的耐心循循善诱，因势利导，因材施教，并没有因为秦牧俏皮、数学成绩差而嫌弃他，这样的乡间教师是多么了不起啊！在这里读了两年书后，秦牧"飞象过河"，在两千余名考生的激烈竞争中，以语文成绩特优荣登榜首，考上了汕头一中，这也是他对老师悉心抚育的一个很好的回报吧；而他在后来成为闻名中外的大作家，那更是可以告慰于师长了。人，以及人的能力、人的发展，真是一个猜不透的谜。"宁欺白须公，莫欺少年郎。"莫非当年的乡间老师们就已通晓个中道理了吗？秦牧后来那么爱护晚辈，热情扶植青少年作者，该也是有所师承的吧。

"樟林古港"是我们访问的最后一个点。一提到古港，给我们带路的当地朋友脸上就露出了庄重与自豪的神情；从他们的热心与神秘中，让人猜想这个地方必定会与秦牧有着某些关联。

古港口遗址在 324 国道（汕汾公路）东里镇路段一带，从当地文友编撰的宣传小册子里知道，两百多年前，清廷开始放松海禁，潮汕商民纷纷集资，造船出海。那时候，这儿风帆上下，樯橹云集。动辄百数十号的红头船队，就是由此北上苏州、上海、宁波、青岛、天津，南下安南、暹罗、新加坡等地，进行贸易活动；人口过于密集，又加天灾人祸，无法安生而只好"背个市篮去过番"的潮汕人，也从粤东各地涌到这里，然后从这个港口登上红头船，漂洋过海，出国谋生。于是，奇迹出现了，樟林乃至整个潮汕变成了一个著名的大侨乡。发展到今天，分布在世界各地的潮人，竟与故乡人口一样多！海外樟林人、潮汕人的经济实力和对侨居地的巨大贡献，更是震惊寰宇，叫人艳羡。这么说来，樟林古港无疑是值得怀念和向往的，当地政府和群众准备在这儿建"古港公园"，建华侨博物馆，秦牧也激情澎湃地为樟林古港公园挥笔撰写"碑记"，就是顺理成章的事情了。

然而，昔日烟波万顷的港湾，如今已经变成了绿浪滔滔的柑林和稻田。崭新的住宅楼和屋顶上蜻蜓般成群的电视天线代替了旧时的码头、货栈和樯帆。当年苍茫的海面上，现在是闻名远近的五金工具厂、链条厂、凉果厂，以及依傍着汕头经济特区、引来了大量外资而发展起来的"东里工业村"……我们只能从发黄的史料和照片上一睹古港的倩影，凭借想象复活旧时的情景了。

雨，又下大了，以至滂沱。在高高的"樟林古港"碑亭前，我们冒雨拍照留念。我不但想拍下这个碑亭，也想在脑海里刻下这个孕育过一代文坛巨子、历史与现实交相辉映的赫赫名乡的风采。

归途上，雨完全停了，雨后的天空格外的寥廓而明净，映入我们车窗的是闪着银光的无垠绿野，以及一个接一个正在开发建设的工地……我默念着秦牧在"碑记"中号召人们"虚心尊重客观法则，勇于面对现实，开拓未来"的话语。我坚信，创造过辉煌历史和业绩的樟林人、潮汕人，必将创造出一个更加美好的明天！

（原载《中华散文》1994 年第 2 期，原文无插图，有删改）

李尚杏的诗情墨意

叶满荣

　　李尚杏，广州大学中文系教授。他于1958年考入暨南大学中文系，与我们成为同学，后转外语系。1963年于俄文师训班毕业，各奔前程，在职未谋面。20世纪末，我退休返乡，回母校参加暨南大学中文系1958级同学聚会，幸晤李君。此后多聚多聊，加上书信、电话往来，对李君的诗情墨意有些了解，乐开心怀。

　　李君开始赐我格律诗拗救论文书页复印件，并写上自己对拗救的认识，妙谈拗救得失。拗救，顾名思义，拗而救之。何处可救，何处不可救，视情况而定。有评家讲：既拗，全救难矣。接着应我所求，妙释景联。母校百年大庆前，征明湖南湖亭联。我应征南亭联被录用，但把"亭移时序赏风光"的"风光"改为"春光"。"风光"应"亭移时序"而来，"时序"即春夏秋冬四时。凭栏观赏四时风光，非独赏春光，觉改动欠妥，即向主事方校长办公室呈述，未被采纳。乃多方求教。赞同者言："春光"俗，"风光"雅，不改为佳。而李君回信讲到，学长大作佳联，改与不改皆善。杨万里《晓出净慈寺送林子方》："毕竟西湖六月中，风光不与四时同。接天莲叶无穷碧，映日荷花别样红。"好诗，无人深究"四时"与"六月中"连结不合逻辑。李君说得对，若改为"毕竟西湖六月中，风光不与三时同。"就合逻辑了，把夏季抹去了。但若问"三时"指什么？说清楚也生疏，作诗不可如此作雕虫，会意便可。再说，郑板桥题画诗有"留得春光过四时"句。这跟春光常驻说法一样。可见四季风光，也可称作四季春光。原以为我手写我口、我心识我联，其实懵懵然。李君释联，见识超卓，使我茅塞顿开。

李尚杏参加毕业39周年聚会（2002年11月）（由左至右，前排：张德昌、艾治平、陈经耀老师；后排：汪汉灵、李尚杏、丁身伟、苏章地、徐顺生）

李君常写旧体诗，诗如其人。古腔新意，描景说事，抒性写真，给人启迪，饶有韵味。早在入暨南大学的前两年，李君常到环境清幽的图书馆读书看报。抬眼望，占得一绝诗，写得优哉游哉，自然轻松。诗曰："平房掩映近书楼，覆地桐荫总似秋。冬去春来常读报，不知寒暑哪知愁！"1971年李君《盱江夜涉口占》曰："濯足沧江月，伊人在水洲。相思怜此水，长向故人流。六载居湘屋，时怀溪畔楼。今来时入梦，两个百花洲。"李君在此工作六年，调走后故地重游。"今来重入梦"，睹物生情，相思相怜，情真意切，好诗。1973 年，李君奉调重赴南昌任教。车循盱水北行道中，用宋之问《登大庾岭》诗韵，口占一律："且作衡阳雁，南迁又北回。白云凭出没，红豆盼归来。江畔春无际，岭南花正开。荔枝行欲熟，故里粤之梅。"此诗写得弯弯绕绕。车循盱水北行道中，思绪在"白云""红豆""荔枝""故里"间回绕。绕出游走闲心、岭南春色和相思情怀。格调清新，望近思远，托物咏怀，有景有思有盼，好诗。1985 年，李君有幸调回广东，住在白云山下，感作七绝诗 16 首。感受到什么呢？"二十三年别五羊，归来还住水云乡。家山松竹绿于染，尽日弦歌引兴长。""山前一带是农家，小院墙头尽种花。常绿多花还有刺，籍鹃正好作篱笆。""细数高楼尽八层，眼中破土忽嶙嶒。孟尝主政珠还浦，真见南溟飞大鹏。""山不为高水不深，绕湖山路隐丛荫。由君信步无车马，时有鸣禽送好音。""山下陂池好放舟，云山秀色镜中收。烟波浩渺来何处？汩汩涓涓自在流。""名山胜处拜名贤，水月松风应未眠。想象英灵同乐乐，伯牙琴向子期弹。"此组诗展现了开放广州的崭新面貌，散发着羊城郊野的田园气息，心仰家乡胜境名贤，弥漫着秀湖迷茫烟波，鸣唱着珍禽灵鸟好音。李君把返粤后的内心喜悦写得如此强烈，可谓喜极而歌，山川带笑。2008 年前后，李君接送小孙上学，数过越秀山北麓陶瓷大厦侧道。每忆曾任陶瓷公司经理、不幸英年早逝的杨恩云同窗，不免叹惋，作五律四首记之。"美奂美轮在，斯人斯疾丧！""重行千百转，朝日又斜阳。""重湖还故主，归燕认栖梁。"其心也善，其情也深，其音也哀。李君返粤后，有次送友人夫妇回澳大利亚，口占一绝："何需水击三千里，不必风培六月长。今日图南真快事，飞天万里走康庄。"此诗化庄子《逍遥游》之句，写今日送友图南飞天之章。写出时代变化，谱出响亮乐章，抒出雄豪之气。上乘之作，极佳。2014 年 12 月 21 日，李君大札有诗：《湖边散步默诵大苏诗赋口占习作》，诗曰："谪迁乃爱四时秋（先生谓岭南无四时，菊花开时即重阳，凉天佳月皆中秋），珍重美人狐首丘（本句自救。朝云留葬惠州西湖）。九死情怀荔枝叹（后三字或作'叹尤物'，刺苛政也），平生事业惠儋州（后三字或作'许三州'）。从游浑泯华夷界（先生在海南黎族子弟多好学），后起尽期贤哲俦（本句自救。先生期以姜张没出）。可似慧能参五祖，少年兄弟谒梅（圣俞）欧（永叔）。（尾联或作：艳说佛堂参五祖，可知人世遇苏欧。或者：试问蕉夫礼弘忍，可期寒士谒梅欧。）"李君路上诵古诗怀古事，且吟且解，还列出备选项。可谓吟诗吟出新花样，解诗解出古人情。

"文革"后，陈芦荻老师曾为广州北园酒家撰写门联："极胜楼台光郭北；几番觞咏集名园。"暨南燕集，多会于此。李君作纪实五律，诗赞荻叔，其中两联："美饱有同嗜，北园名五羊。题联诗老健，惊座酒徒狂。"荻叔联李君诗俱佳。荻叔联不在了，李君感叹不已。听他说，有次路过北园酒家门口，邂逅荻叔。得悉李在协助一班学者和丘逢甲后人整理丘仓海诗文后，连说："好嘅好嘅，丘仓海诗好嘅，值得出版。"

李君能诗、能文、能书法。其书法，善楷善草，笔势自然雄健，灵动多姿。诗书竞秀，相映成趣，一绝也。前述诗作用草书、楷书书写。其文论，论证缜密，引人深思。论中华书艺，以《观怀素自叙帖后记》为题，用楷体书写，端庄秀美。它发之于心，比之名山胜水、奇峰幽谷、李（贺）诗徐（悲鸿）马之形，配之文言节奏之章。书癫狂，写险怪，挥气势，描秀美。源流远溯，名帖纷呈，气象万千，妙哉！李君的这篇书艺论说，文从字顺，言之有物。文风明快，汪洋恣肆，有颇强的表现力。优秀文言文的文字简约，节奏感强，读之朗朗上口，饶有韵味。这是文言文的魅力所在。李君此文做到这点，着实不易，节录数行共赏。"少小读书，兼习绘事。颇喜临写悲鸿之图。尝谓徐先生之奔马，以大写意笔法出之，豪放逸迈，一洗万古凡马空，恍如太白之诗才焉。""夫李贺歌行，奇谲幽异，飞蛇走虺，则笔冢云云，宁非唐诸王孙锦囊中之阿堵物耶？嘻！""晚清书流，乃自振起，师法碑刻，操笔为刀。宛若云贵高原之横断山脉，高崖绝谷，险峭万仞。""考印刷之术，肇于晚唐、五季。手书钞写，极于初、盛，故有唐一代，书人至夥，势使然也。拟之山水，可为桂林、阳朔。则独秀、老人、伏波、象鼻、点翠、叠彩诸山，一一可名，为欧、为虞、为褚、为薛、为颜、为钟、为孙、为柳也；其不可名者，尚计千百，则并为无闻之书家可耳。然则张旭、怀素，可以七星、芦荻二岩属之：幽奇险怪，正似狂草本色。""吾以是笑谓学书于癫狂，常忧画虎；而师法二王，又每成刻鹄。求其于阳朔之外，异峰突起，磅礴崔嵬，蠹为路南石林者，亦鲜矣。"

李尚杏自述：生于梅州贫苦之家，自幼多病，家庭生活困难。虽有幸入学读书，但资质平庸。全靠勤奋，积累了一些知识。回顾大半世，走着之字路。盘旋曲折，也曾蒙受无妄之灾。没想到总算否极泰来。40 岁以后，欣逢升平盛世。退休后，自言恬淡度日，不再汲汲于求，戚戚于求。弄孙之乐，其乐无穷。至于何以进中文系 1958 级沉潜一段后，转学俄文，毕业后以教俄文为业，他说自己没文学创作天分、灵思，不是搞文学的料。然而，我后来听到、看到的却是，李君天资聪明，斯文沉稳，后天努力，虽以教俄文为业，但小学、中学、大学、工作后，一直酷爱古汉语、旧诗文、书法。浸染甚深，下笔不凡，文辞渊雅，诗格老成，真学通中外者也。虽以教俄文为业，仍情系暨南中文。毕业到如今，58 年过去了，情牵暨南中文师友，书信往来不断。他非常珍惜在中文系 1958 级读书时光，因为和我们一起度过了江村炼焦、挖明湖、挑砖建宿舍的激情岁月，一起听中文恩师讲解经史诗赋。进校之初，就用劳动的汗水、战斗的豪情和生活的节拍，与中文系 1958 级同学结下深厚的情谊。加上爱好取向，一生一世，情系中文系 1958 级，直到地老天荒，此情无限。如果说，李君在湘思粤之诗，诉说着对家乡的无限眷恋，那么，他接到广州旭辉、才秀学长来信的喜悦心情，以及 2014 年修书寄意，便诉说着他与暨大中文同窗相助相娱的深情厚谊。前者，李君题诗诵曰："久客思归可望归，巫阳为卜是耶非。""殷勤多谢传书雁，不向西山赋式微。"后者，2014 年 12 月 21 日，李君大札曰："泉州未得从游，殊负大洲学长招邀美意。身不由主，徒呼奈何。《石桥品汇》充实光辉，无愧佳集。大洲多才，且为师友中之田文、孟尝君，良足教佩。吾兄以诗品艺，多中肯语，亦为是书知音。古人论诗多为绝句，而吾兄乃以七律出之，尤不易也。读书乐，偶作诗亦一乐。相期珍重。"从中品得四意：歉意、赞意、励意、书意。小字，一笔一画写，写得端端正正，墨筋笔骨，尽显字里行间，书意也。同学相聚日日乐，窗谊交融处处新。感此吟曰：

诗书竞秀静无音，墨意诗情细探寻。
若问此生情何寄，中文五八聚文朋。

作于 2021 年

新绿映眼紫荆红

——读秦岭雪的诗集《流星群》

黄卓才

《流星群》封面

香港诗人秦岭雪的诗，直率、潇洒、典雅、秀美。新近，花城出版社为他出版了《流星群》，我反复诵读吟味，更以其为"真诗"。

我以为，诗是美的创造，是感情的有韵律、有节奏、有文采的喷发。而它的基础是个人来自生活、来自人生体验的真情实感。

"诗人要绝对地忠实于自己的感受。如果不想说真话或者不能说真话，那就不要写诗。"这是秦岭雪的话，也是他的艺术宗旨。

别看他职业上是一个生意人，手里拎着塞满合同、货单的皮包，匆匆出入于香港的写字楼、广州的交易会、厦门的外贸洽谈室……谈起诗、作起诗来，他比做生意更投入。本质上，他是生活的情人，对生活充满了爱，对生活的诗意有着真诚的膜拜。"登山而情满于山，观海则意溢于海。"他的诗无论是状物、写景或纪游，无论是叙事、抒怀或赠答，都有一股真情实感的激流在奔涌。

他出身于福建一个有书香传统的华侨商人家庭，喝着南方古老口岸和文化名城泉州的乳汁长大，家庭和社会都在他的心灵中植入了诗歌的基因。20 世纪 60 年代初，他在暨南大学中文系完成了学业，去粤西小城从事教育工作，70 年代返回家乡担任梨园戏剧团的编导。在那里，他经历了"文革"的动乱，其后移居香港。他眼睛盯着文学，睡梦中叨念着文学，但为了生计，他不得不挟文而从商。虽然时势变幻，世事纷纭，个人的境遇几经变迁，但他对理想和事业有执着的

名画家林墉为《流星群》所作 12 幅插图之一

追求，像蜘蛛钟情于清晨的露珠，像樵夫向往葱绿的小树，像孤独的帆船和快乐的飞蛾，"用火与光追逐遥远的星宿，勇敢地拥抱燃烧的红烛"（《追求》）。

诗人的特性是敏感，而敏感来源于对生活的深切关注。秦岭雪的脉搏总是与时代一齐跳动，他的呼吸总是和祖国人民息息相通。这一点，对于一位旅居香港的诗人来说，显得格外可贵。他抒发思乡之情的作品，在诗集中占有相当分量。《雁南飞》和《戈甲》可以说是渴望乡情冲击、抚摸的真实记录，也是一切港澳同胞、海外华侨思乡之情的高度概括。

秦岭雪的诗中回荡着一个主旋律，那就是真诚的爱——爱国爱乡、爱生活、爱艺术、爱美……他在《舞娘的歌》里，对欺骗无知少女的可恶骗子进行无情的鞭挞；在《阿诗玛》中，对那场把著名演员杨丽坤逼得疯狂的"大雷雨"发出"青春何罪？艺术何罪？"的严厉责问，其恨之切，正好反证其爱之深。

一个优秀诗人的气质素养，不但表现在充沛的激情方面，而且其应该具备一双穷微极隐的慧眼。倘若缺少这样一双善于洞察和发现的慧眼，其诗作必将陷于平庸。正如歌德所言："不要说现实生活没有诗意，诗人的本领，正在于他有足够的智慧，能从惯见的平凡事物中，见出引人入胜的一个侧面。"秦岭雪的诗，大多取材于"惯见的平凡事物"，但他勤于思索、开掘，以自己的独特发见熔材炼意，使作品具有平中见奇的思想光芒。

比如流星，对于这一闪即逝的星象，人们往往慨叹它的昙花一现，为它的过速陨落而神伤。秦岭雪在《流星》中却反其意而用之，从那短暂的一瞬间，见出引人入胜的一个侧面，从而赋予它应有的生命价值，不仅"让人世间/有缘的看客/感到惊奇"，而且"用灿烂的光华/在夜空中/烙上痕迹"。他以"脸色青青"的启明星和"珠泪盈盈"的银河小伙伴作对比，揭示了流星心灵的奥秘，突出了它敢于拼搏、勇于献身的精神："与其高悬天空/清清冷冷/不如化作一团火焰/在深切的渴望中/求得永生……"这些诗句蕴含哲理，足以引起紧紧把握自己的命运，"在深切的渴望中"思考着、寻觅着人生真谛的生活强者的共鸣。

又如玫瑰，诗人吟咏道：为什么她"披上了盔甲，举起了投枪"，"也许是因为人们的多情"？经过一番思忖，诗人写道："我仿佛记得古代诗人的吟唱/'当窗理云鬓，对镜贴花黄'，/朋友，美的力量/往往无须浑身武装。"（《玫瑰》）这显然又是诗人的独特发见。其他如《小溪》对源与流的探索，《海鸥与浪》对波动永恒意义的发掘，等等，无不闪耀着生活辩证法的光彩，渗透着作者的哲理思索，给人以有益的思想启迪。

"诗可以是实录，但又不仅仅是实录。在有条件的时候，可以而且应该升华，把比较单纯的感受加以提炼，让意象包孕着某种玄想，甚至于哲理，有如蝉蜕，有若升仙，到达一个新的境界。我把这种自然的升华称为'形之上'。诗是心田之花，而又切忌太黏着现实的土地。"秦岭雪的这些经验之谈，可从他的作品中找到印证。

秦岭雪为人豪爽，性情开朗，才思敏捷，加上他知识的丰富和古典文学修养的深厚，他的诗形成了豪放潇洒、典雅的风格。一首《将进酒》，描写打倒"四人帮"之后与一群南粤诗人干杯的场面，三次用"要痛饮"开段,又以"压不倒的是欢声笑语,卷不走的是手中的笔"那样铿锵的诗句,直抒胸臆,把感情表达得淋漓尽致,有一种荡气回肠的力量。《海潮》描述一个变幻的过程,含义深远,藏而不露,为读者留下了许多想象的余地,但同样表现了这种风格。而且他不让自己的风格凝固,一组《西湖》风景小诗,精巧、纤雅、秀美;而情诗,如描写相见恨晚心情的《相逢》,模拟幽怨口吻的《回答》,则有更多的缠绵和机智。这说明,他没有捆绑自己的手脚,而是发展自己的风格,他有一个广阔的天地。

秦岭雪也写过一些概念大于形象、意境的作品,如《足迹》。听老华侨叙述旧事,而自己缺少这方面的切身体验,写起来就不免捉襟见肘了。

(刊载于《广州日报》1987年9月9日文艺版)

构筑自己的文学天地

——《一路春色——明湖四子作品选》序

张振金

《一路春色——明湖四子作品选》是我们暨南大学中文系1958级四位老同学的文集。入学58年后的今天，当年的文学好友有机会合编一本作品选，向母校110周年校庆献礼，我觉得很有意思。

每个时代都会给人留下深刻的烙印，比如经历的事件、受过的教育、思维的模式、价值的判断、人生的追求等，这对于我们这一代人来说尤为明显。那是1960年的春天，我们在读大二。国家生产开始复苏，大地露出一片春色。中文系主任、著名文学理论家、青年创作导师萧殷教授，提出以"岭南春色"为主题，组织全系学生分组到广东各地去采访写作。萧殷认为，中文系的学生应该懂得文学的基本知识，又要能写得一手好文章。这是"春色"写作的出发点。这一抹春色，在我们的心目中，是时代的亮色，更是理想的象征，它成了我们一生的向往和追求。于是，《一路春色》成了这本文集的主标题。

所谓"一路春色"，不是一帆风顺，而是在时代的风雨中，我们能够坚守文化人的独立意识和人格精神。苏东坡当年唱出"岭南万户皆春色"的时候，他是被贬南来经受着各种苦难，但他从苦难中看到生机，从苦难中得到了超越。所以，春色不是生存的境况，而是对生存境况的态度，是生命中顽强、明亮、刚健的东西。也许我们是幸运的。在"大跃进"的年代，我们踏入大学门槛。每个人都是理想主义者，心地纯正，充满朝气。当我们在湖畔的树荫下打开一本书如痴如醉地阅读的时候，人生的理想也在一页页地翻开。但是，历史似乎要加倍磨炼我们这一代似的，当我们一踏进校门，"运动"就一个接着一个，在批判和声讨的氛围中我们不能静心读书，还遇上了饥饿的岁月，开挖校园人工湖（明湖）、流溪河畔大炼焦、支援粤北农村插秧和磨碟沙暨大农场耕作等也占去我们不少的时间。大学毕业，被分配到"老、少、边、穷"地区。不久是"文革"，创造力最旺盛的青葱岁月在混乱和折腾中被耗费了。当这一切烟消云散之时，我们已经人到中年。理想要重新扬帆，事业几乎是从零做起。

我们成了这样一代人：青春的逝去，理想的失落，命运的迷茫，生活的艰辛，处境的困厄……一一向我们挤压过来。但我们不屈服，不放弃，我们在坚守，在探求。我们的内心很豁达，很刚强，很阳光。我们的前面一路春色。"夜雨孤灯梦，春风几度花。"无论是顺境还是逆境，我们都顽强地构筑自己的理想人格，也在构筑自己的文学天地。

李大洲（秦岭雪）从内地到香港，于烦嚣的市井中更见其君子之风。在他的身上，交织着诗人的气质和哲人的情愫。平常的人与事，在他的作品中蕴含了博大的内涵，构思新颖典型，文化气息浓厚，看似平常却奇崛。钟毓材一直生活在香港和海外，没有漂泊的失落，却一直钟情于文学，一方面吸取海外的艺术所长，一方面坚守中国传统的伦理道德，蕴含了浓厚的家国情怀，不同凡响，引人思索。黄卓才思维灵动，视野开阔，文风纯净、自然，又有几分潇洒，见出他为人的豁达与涵养，他的作品折射出人生的智慧与思想的火花。我在文学研究之余一直写散文，着重发掘平常人与大自然中的美。与我的学术论著一样，创作注意文笔的鲜活，融情于理，力求体现"诗性感悟与理性精神融合"这个特色。

略感遗憾的是，这本文集限于篇幅，一些长篇作品和理论著作没有选入。因此，未能充分体现各人的文学劳绩。即使选入的作品，也不敢说如何光辉灿烂。"满堂花醉三千客，一剑霜寒十四州。"面对时代给予的苦难和折磨，永远保持个人自由、独立、尊严的人格精神，保持个人生命的活力和光彩，也许这才是更为重要的。

在母校 110 周年庆典之际，仅以此作表示，感谢母校和师长的培育之恩。暨南大学文学院院长程国赋教授和中文系领导的大力支持，使这本文集得以顺利出版，谨此表示深切的感谢。

作于 2016 年 6 月

诗化美文的盛宴

黄卓才

我的同窗好友秦岭雪，才子也。

岭雪兄是极度爱美之人。他坦言追求"四美"——美文、美衣、美食、美人。这并非虚言。他以美文为"四美"之首，把赏美文、写美文视为最高精神享受。最近推出的港版新著《石桥品汇·闽港游艺录》，百篇美文才气横溢，篇篇精彩。这对他自己，对他的文友书友，对广大散文爱好者，都是一席美的盛宴。

本书开卷第一篇《浮桥往来》就十分抢眼。它是为儿时好友、今日的福建书画大家林剑仆国画集写的"代序"。开篇就像一幅写意画：

60年代末闲废，常约几位友好往浮桥一带散心。斯时，浮桥尚未开发，只是一个附郭的小镇。而街后就是农村，果园菜地，牛鸣鸡啼。自安永德山区奔腾数百里的晋江就从这里冲向平原汹涌出海。春潮夜涨，颇有"潮平两岸阔""月涌大江流"的气势。秋日芦花劲放，斜阳下一脉清流、几点渔帆，古老石桥上行脚匆匆，远处农家炊烟渐起，又别具一种萧疏意味。不消说，此种春秋佳景是很令失意的半吊子文人陶醉的。再来，就是浮桥镇的小食，未受洋菜、港菜、京菜、蜀菜、沪菜污染的地道闽南风味，肉粽鱼丸春卷卤肉壶仔饭，比之当今海峡彼岸人士津津乐道的美食实实在在有过之而无不及。记得一位早年从南洋归国的前辈画家常常坐着三轮车颠簸五六里地来一间名为"竹下"的小店饱醉一番，又复哼着南曲颠簸回城，足见"竹下"风味是何等魅力⋯⋯

太美了！我真舍不得匆匆刹住引述。摹景寄情，山野田园风光及时代民俗风情次第展开，多么生动的画卷，多么雅致的文字！整整写了一页书，评论对象林剑仆的身影才不急不慢地显露出来。而我们读者，已经沉浸在秦岭雪描绘的意境里了。读下去，可知他是从少年时生活环境和交谊落笔，逐步揭示画家的成长、个性和艺术特色。我国传统文艺批评中，有"文如其人"之说。评论家要"知人论世""知人论文"，所以常用一种取喻明理的方式方法评价作家、艺术家及其作品。依象立言，把探幽抉微的论述与摹形拟象的描绘融为一体，既给人以义理上的启发，又让读者在阅读鉴赏中获得风采夺目的艺术美感。岭雪兄是深得其中精髓的。他画龙志在点睛，形象的写景和叙事无疑是为后文的理性评点铺垫。就一般读者而言，即使不熟识书中的评论对象，也完全可以首先把这篇文章甚至整本《石桥品汇·闽港游艺录》作为优美散文来赏读。

但秦岭雪这次扮演的毕竟是评论者的角色，评点的准确到位至关重要，而"知人论文"首当其冲。书中，有一篇是给我的散文集《水上仙境〉写的序。十年前的作品了，直到现在还为方家和读者所津津乐道。好在哪？首先它评述精当，是知人论文的典范。我和岭雪兄从大学同窗，而至各自在社会上滚打，相交50多年，友情长存。也曾秉烛共读，互为吟唱；也曾对阵乒乓，饮茶倾偈；还有推心置腹的书信往来，"联床风雨夜"的互相探望……何止探讨文学与人生，肝胆相照，亲如兄弟，乃成莫逆之交，彼此脾性喜好，无不了然于心。这么彻底的"知人"，论起文来，怎么能不深刻通透？这篇序写得亮丽、优雅，从情思、文理到结构再到语句，无不精美绝伦，引人入胜，堪称上等美文。他是这样点评我的生活和创作的：

一般的说法，人到中老年，总有夕阳心态，感觉迟钝，兴致索然。但卓兄永远年轻，他打球、旅游、摄影、写作、策划各种活动、交友、搞出版、投资股票，节目多多。卓兄有诗人的热情、美的视角，笔端跳荡着发现的喜悦，未曾经历过的生活对他永远新鲜，永远有巨大的吸引力。这就是我们通常所说的"永葆赤子之心"。

如此评论，非深知我者写不出。当然也有点过誉，但完全是真情流露。他说的"永远年轻"，是指心态而非年龄。说我"有诗人的热情、美的视角，笔端跳荡着发现的喜悦"，这也许不完全是高帽子，他写出了我的人生态度和创作追求，并把它提升到一个高度。这对我是一种激励，而对读者也是很好的启迪——让我们更加深刻领会"热爱生活、心态年轻才能写出好作品"的道理。

秦岭雪的美文之美，有博、精、雅三大特色。

博，是就学术视界和文章内容而言。他经历丰富，做过教师，入过梨园，长期从商，与港台和大陆文艺界、学术界名士交游广泛。他自小好学，博览群书，博闻强记，知识丰富，是个不追求学者名分的真学者。他不仅广博，而且对学问的钻研力求深透。如钻井探寻石油，锁定了目标，即使是入地千米，不打出油来决不罢休。再加生性聪颖，善思考，故多有真知灼见喷薄而出。无怪乎其诗作和书法都是一流上品。

《石桥品汇·闽港游艺录》的几辑序跋，驰骋于绘画、戏曲、书法、诗歌、散文小说、四弦一声六大领域，评述对象60余人，学问视野之广，知识面之宽，知人论道的准确深刻，令人折服。他赐赠序跋，非知之较深的圈内好友是不会轻易动笔的。一贯的宗旨是，要么不答应，一旦应允，必定不肯应景敷衍。以他的"厚积"，这样的短文，只需"薄发"即可交卷，他却写得特别用心，务求写出自己的独特见解和真实感受。故而，读者不仅有机会分享他的灼见，还可为文化知识的私人库存加码增磅。

精，是指篇幅的短小精悍和文字的精炼。中国传统美文、散文中的精品，一向崇尚短而精，语约而意丰。他在给我的散文集《水上仙境》作序时说，文章宜"行于所当行，止于不可不止"。直言不喜欢时下那种"上天入地，散漫无垠，掩卷思之，一片茫然"的

"大散文"。纵观《石桥品汇·闽港游艺录》，以千字文居多，偶有长些的也不过三四千字。他给自己两本书法集写序、跋，全文竟只有150余字，精炼到无法增减一字的地步。更难得的是无论长短，都抓住要领，立论精辟，一箭中鹄。书中文字，袒露出来的都是一片掏心掏肺的挚诚。挚诚而不做作，不转弯抹角，没有空话、废话，故能短小而精悍。而能如此惜墨如金，无疑是成熟老到的表现。秦岭雪的诗，以高度精炼被评论界誉为"现代绝句"；而他反复锤炼出来的序跋，我觉得也可称之为当代难得的"精短散文"。

雅，我指的是诗意、诗情和文字的优美古雅。

秦岭雪本质上是个诗人，不仅写过不少好诗，平时生活也是诗意盎然。每遇美人美事，即喜形于色，陶陶然，欣欣然。他看好友的作品，总先寻幽揽胜，发掘它的美，然后用欣赏的姿态来写评论。这样，文字间流淌出来的自然就是诗人情怀。比如他以《火与冰的遐思》为题给香港名画家林天行的《天行西藏》画册写序：

太阳和寺庙金碧辉煌，灵山圣湖的玉洁冰清，自由的想象，如梦的情思。

火与冰，既清晰又朦胧。

这就是林天行笔下的西藏……

从题目到内文，满纸都是诗化的玉帛。

散文家杨朔曾把散文当诗来写，秦岭雪的诗化追求不亚于杨朔。而且，他比杨朔幸运，生在一个开放的年代，一个可以比较自由抒写的文化环境，所以他的诗化可以更潇洒、更真实、更淳美。

秦岭雪挚爱中国古典文学。数十年的修习精研，潜移默化的浸染，让他的文字在不知不觉中带上了古雅之气。他自述"闲里挥毫，见墨色自纸上晕出，实处有骨，处处得韵，方圆刚柔，浓淡干涩，稍称己意，平生之乐，以此为最"。他给叶满荣老同学的《六三感怀》写跋，先描写外貌："满公圆胖其形，木讷其口，少年老成，同窗以'满叔公'称之。退休南旋，秃顶豁齿，唐装布鞋，俨然一老儒矣。"简古整齐的排比，略带调侃而风趣幽默的语境，勾勒出一个旧体诗人的气质特征。随后笔锋一转："然读其旧体诗，雅韵健笔，满纸锦绣……"这并非吹捧。实际上，我中文专业当年毕业 60 余人，能以旧体诗词及对联创作登大雅之堂的，仅有此公。"孟子曰：颂其诗不知其人可乎？余则曰：不读满公诗，断不知满公其人。同窗诸君子以为然乎？"岭雪兄这段文字乍看有点老气横秋，但细细品味，尤其是用于跟同样有古文学养的友人交流切磋，则顿觉余味无穷。如今能承继古文格调或运用古典文辞写作的人已经不多，让年轻人赏读赏读，承接一点古雅之气，我觉得也未尝不可。

（原载《香港文学》2015 年第 30 期）

真诚做人，真诚为文

——邓良球散文集《桥的记忆》序

张振金

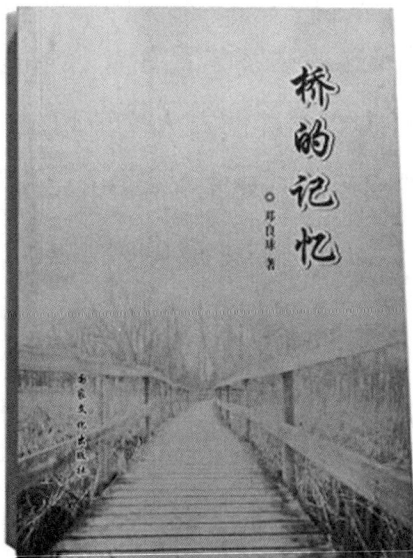

《桥的记忆》封面

今年五六月间，旭辉、良球、卓才和我一起商量暨大毕业50周年纪念活动。各项内容商定之后，又补充了一点，这就是谁有可作纪念的物品，也欢迎拿来交流。会后，我对良球说，你在省公安报做总编，写了不少文章，是否可以编一本散文集，作为自我总结，也可以拿来与同学分享？良球表示同意。没想到，才过了五六天，良球就打电话告诉我，散文集编好了，要送来给我看一看，让我写几句话。这本散文集就是如今摆在我们面前的《桥的记忆》。

由《桥的记忆》引起我对在暨大读书生活的记忆。那时，中文系一年级有九十位学生，分成甲、乙、丙三个班。良球是乙班的团支书，我是丙班的团支书。虽然分成三个班，其实上课、住宿、生活、劳动、文娱活动等都是在一起的，实际上就是一个班。因此，同学之间亲密无间。我与良球因为在一起开团干会议，听从学校和系领导布置工作，联系更多一些，对他的了解也更多一些。

良球给我最深刻的印象是真诚。他的这种真诚，是包含了善良厚道的品格、坦荡豁达的胸怀、朴实无华的作风。他为人很谦和、很低调。我们常说的文如其人这句话形容良球最为妥帖。

入读暨大时期，是一个以阶级斗争为纲的年代，对于文学现象和学术问题都可能会进行批判。良球勤奋读书，也勤于思考，不跟风，不随俗，对争论的问题都认真想一想，并能坚持己见。

比如，有一次全系批判电影《柳堡的故事》，连那首唱遍大江南北的主题歌"九九那个艳阳天……"，也被视为"小资"情调加以否定。会后，我问良球是否赞同这种观点？良球不可置疑地摇了摇头。除了批判作品还批判人，谁对当时"大跃进"的浮夸风说了句真话，谁就有可能被视为右倾受到批判。良球作为团支部书记，又是共产党员，却不愿主持那样的批判会，甚至还公开为那些被批判的同学辩护。当整个社会都处于浮躁狂热的状态，仍然以真诚之心处事，以真诚之情待人，那是很不容易的。

回过头来看良球的散文。几十年过去了，翻读他的每一篇作品，随处都可以感受到他的真诚。能够真诚做人，才能够真诚为文。其实写作就应该是这样的，那些虚假的、夸饰的东西是作品的大敌，绝不可能引起读者的任何兴趣。

良球的散文，不少篇章都写到人物。他写人物不以情节取胜，而以真情动人。以《时代的卫士》为例，公安民警除了一身警服之外，与其他人没有什么区别。但是在危险关头能够"拿命去搏"。作者描述一位公安战士勇敢与歹徒搏斗之后说："当了公安，就要尽职尽责、忠贞不渝，随时都要有作出牺牲的思想准备。没有这种准备，不要进公安门。"《母亲的三件"宝"》是写得朴实动人的篇章。母亲一直生活在农村，"为了给我带孩子"，才住进城里来的。母亲进城时，只带一担水箩、一个木柜、一把钳子，这便是她全副"身家"了。进城以后，母亲依旧生活俭朴，穿的全是唐装的衣服，大襟衫，直筒裤，而且都是黑的。"有一次，我在街上买了一套浅灰色、暗花、对胸纽扣的衣服给她，她一接过手便沉下脸来，老半天才开腔：我都几十岁了，这衣服我穿不出来，还是剪布自己做好。"作品以这类平常的生活细节，既写出母亲的节俭性格，也写出儿子的孝心。

《桥的记忆》，写家乡的一座木桥，"长年累月，它总是沉默不语，弓着背让人走过，即使是受到挑重担或过耕牛而承受加倍的压力，也不叫一声。"这是以事物的意象来隐喻人的精神。《夏天是男人的季节》也属此类。"世上有一种男人，生性就像夏天。"以夏天比喻男人的性格，是新鲜而独特的。"夏天是燃烧的季节。人有了夏天的气质，活在这个世界上就有了燃烧的生命。人的生命，应该有旋律，有色彩，有烈焰。只有燃烧的生命，才是发光的生命。"
良球在这部散文集里，写桥，写夏天，写水，写瓦片，写雨，写木
棉，写山野的花……其实都是写一种人生、一种品格、一种人性、
一种生存状态。这些散文表现出作者思考的素质，是其内心深处迸
发出来的思想之光，是于真诚朴实之中透视对人生和宇宙的沉着和
大气。

良球秉持"修辞立其诚"的散
文之道，处处真诚地表现生活的真
实与内心的真实。鲁迅先生说过，
作者写出来的作品，对于其中的事
情，虽然不必亲历过，最好是经历
过。良球在生活中，每天有所遇、
所见、所闻、所思，然后见之笔端，
而又从自我的角度来展开，不但表
现自我的真实内心，而且有自我的
真实感悟，看似平常的文字，往往
包含深刻的含义。他的作品，在真

军人邓良球

诚中是蕴含了情趣与智慧的。比如《走过这道门槛》，作品描写自
己60岁那年，从工作岗位上退下来了，一时难免有离群、寂寞、失
落之感，甚至早起来，不知当天要做什么事。走出宿舍大院，在门
口站立良久不知要往哪里走去。经过相当长的一段时间，才从迷茫
到清醒，才慢慢感悟到人是要老的，"关键在于一个人的心态和情
绪"，"你若长日感叹自己老了，你真的会变老，必然充满气；你若

保持青春激情，你就觉得自己不老，心中仍然燃烧着烈焰"。佛经上说，能够善待别人是一种慈心，能够善待自己则是一种智慧。能够很好地处理人的生老病死，确实是需要智慧的。

　　说到良球散文的语言，从他的《走过那片松林》就可领略到："每次走过这片松林，心潮陡涨，思绪如烟。回首往事，展望今天，两种情感在碰击、在翻腾。想当年，正当轰轰烈烈的年代，千刀万斧将它活活砍倒，刀光闪闪将它劈成木材，投入炼铁的土高炉化作缕缕青烟。就这样，那铺青叠翠的松山，转眼间被剃个光秃秃的和尚头。此后，没有浓荫，没有鸟语，没有松涛的呼啸，留下来的只是愚昧而荒谬的历史一页。"经过封山育林，修复生态，"眼下，成片成片的松林莽莽苍苍、葱葱茏茏、生机勃勃，绿茫茫地一碧连天。山风吹过，林涛瑟瑟，散发出浓郁的松脂香味。"良球在作品中描写自己回乡看到松涛滚滚的山色，联想到往日砍山伐木的荒谬，心头感慨中充满了喜悦，再写到自己长期生活在"水泥森林"的城市，更觉得"大自然给予的恩泽享有另一番感受"。这种感受是真实的，因而笔下的文字也就自然、真挚、流畅，并且表现了深深的诗意，从而给人以感染。

2013 年 10 月作于广州天河

有个性 露真情 见学养

——黄卓才《水上仙境》序

张振金

《水上仙境》的一个"仙"字，无意中透露出这本散文集亮丽多彩的境界、随谈漫语的文笔和作者飘逸洒脱的心态，三者相得益彰、融为一体，构成了这本散文集的主要特色，给人以美好的感受。

我不敢猜测卓才是否读破万卷书，但他行过万里路是无疑的。《水上仙境》分为异域风情、北美观察、华埠见闻、芝城墨迹、澳游散记、雪泥鸿爪、生活印记七辑，绝大多数的篇章，都是描述异国他乡的社会人生和自然风物的。涉猎广泛，令人神往。

你看，他在北美洲中部的安大略湖垂钓，在澳大利亚昆士兰观赏"大菠萝"，在拉斯维加斯亲历大沙漠，在尼亚加拉体味世界大瀑布，在加拿大私家大庄园与世界驰名的生物学家聚会……展现在我们眼前的是另一种异域风情，另一种人生状态，另一种精神意识。最可贵的是，这全是作者的亲身经历、真情实感，而不是象牙塔里的编造，不是天马行空的虚构。真实性这一点，许是当前散文创作最应当坚守的，如果连基本事实都可以像小说那样虚构，这不是散文的创新；相反，将会失去散文创作长期以来所形成的审美特质，导致散文本体的消亡。

《水上仙境》封面

一篇散文不在于描写了什么，而在于表现了什么，让读者想到什么。我在研读中国百年散文和撰写《中国当代散文史》时，反复思考过历史上那些之所以流传于世的名篇，究其原因，千差万别中，有一点是相同的，那就是作者都有一种自由自在的创作心态，随心所欲，文无定法，常以一种随谈漫语的形式，从容不迫地抒写一种发自内心的生命体验，且深刻又独到，别人无可取代。

《水上仙境》大抵是游记式的散文，但不是常见的那种游踪记录。作者着重忠诚地描述异国生活的原生态和自己见闻的实地感，在人情练达中充满了真切的生活感受。这不仅使作品鲜亮有趣，而且真实地体现异国的文化潮流和文化风气。比如，《喜逢水上仙境》，显示人们以平等为前提的自由自在的生存状况；《洋人的"擦边球"》，体现在某些外国人看来，"赌博和脱衣舞纯属娱乐和消闲而已"；《教授庄园里的聚会》，看到西方社会的等级观念虽然还不能说已经完全铲除，"但人与人之间平等相处的意识已经渗入到他们的日常生活之中"；《象牙塔里的艰辛》，感受到中国留学生在异国谋生创业的艰难；《澳游五味罐》，则又揭示"种族歧视在某些白种人中是多么根深蒂固"……所有这些，都让我们在快乐或痛苦中，领略到各种人的生存状况、生命的价值和追求、人类精神的丰富性和复杂性，以及人性的美和丑、善和恶，等等。

我读卓才的散文，自始至终，都觉得亲切平和、充满乐趣，有如春日湖边垂钓，雪夜炉边闲语。这种感觉，我在读鲁迅、周作人、梁实秋、沈从文、孙犁、秦牧等杰出作家的作品时，就随处能感觉得到。这是因为他们拿起笔来，都以一种平常之心，真挚自然，随谈漫语，随手拈来，涉笔成趣。愈是臻至成熟的作品，就愈是以随谈漫语的形式，抒发自己发自内心的人生感受。其间，无一定之律，有一定之妙。

我不是拿卓才的散文同历史上那些大师名作相比；而是说，卓才受过系统的文学修炼，懂得中国散文的深厚传统，又经过长期的创作实践；而他一以贯之执笔为文，主要是使他的写作教学像一条小河，充满了鲜活之水，潺潺地流向学生的心田。所以，他的语言朴实流畅、随谈漫语、娓娓道来、无拘无束、时空的转移、抒叙的交织、情景的融合，都相当自然得体。这是一本有个性、露真情、见学养的散文集。

他这种朴实流畅、随谈漫语的文风，其实也是他人生风格的反映。我是卓才的大学同窗，在暨大苦读了五年。他做人散淡，遇事从容，爱好多样，交游广泛。他是一位诚实、善良、热情、负责的人，对任何事物都抱有几分童真和浓厚的兴趣。这样的为人，做起文章来，绝不会危坐正襟、肃然处之、毫无诗意。我在文学研究之余，也偷闲写点散文，也许受到一种严肃氛围的影响吧，与他相比，我的散文就拘谨有余、放纵不足。

作于 2004 年

永葆赤子之心

——黄卓才《水上仙境》序

秦岭雪

　　卓才学兄年过耳顺而耳聪目明，身手矫健。前不久还荣获广东高校职工乒赛奖牌。但更为难得的是退而不休，年年有新作从电脑键盘敲打出来，如文秘写作、旅游写作等方面的著作。他的专业是写作学，即在大学里教授写作课兼及语言学。这是比较严谨理性的学科，糊涂如我是不能胜任的。另外，卓兄是散文写作的发烧友，也是此中好手。中学、大学时代主编各种专刊、学刊、系刊，经常亲自走马上阵。后来研究秦牧，撰写这位岭南文星的评传，并成为秦牧的入室弟子。书中那篇《雨中，访秦牧家乡》，朴实流畅的文字、灵光闪耀的思辨、磅礴如大河沛然而至的气势就颇有"秦"味。但这似乎是研究秦牧的副产品，不足为奇。更加吸引我的是本书所收集的近十年间所写的域外风情见闻录。

　　因为种种机缘，卓兄退休之后有机会出国旅游探亲，足迹遍及三大洲，行程十万里，并曾两度在美国华埠打工。这种亲身的参与使他的见闻录超越了导游式的层面而进入中西文化的比较以及东西方不同民族性的探索。本书第一辑那篇《旋涡中的人》记述广州来的新移民阿虹和她的加拿大丈夫在性格、观念上的差异和碰撞，从家庭经济到生儿育女以至农产品经营艺术，娓娓道来，自然真实而深刻，有浮雕式的明晰，浪漫温馨之中带着几分现实的无奈，短短千余字竟胜过一本论著的许多章节。又因为作者的历练和涵养，面对五光十色的景象，并无"刘姥姥入大观园"的迷乱；即便描写西方社会某些方面的优裕，也总是不偏不倚、不卑不亢，显现一种稳重成熟的气度，并对自己民族的未来充满信心。一次教授庄园的聚会，令卓兄想得很多很远，但他斩钉截铁地写道："东西方的生活各异其趣，我们不必刻意拷贝别人的模式；但他们今天所拥有的、所具备的，对于我们，锐敏的知识分子和一切善于追赶时代潮流的人们，在不远的将来，也应该不是梦！"

　　作家是好奇的，杜甫早就说"岑参兄弟皆好奇"，卓兄尤其好奇，从少年时代起就对新鲜事物有浓烈的兴趣，迄今犹然。我看过他初中毕业时的一张照片，卓兄和另一位少年同学站在故乡台山的土地上，用手指着远方，照片上的题字是：到广州去！而他真的由乡入城到广州去了。读着他这些描绘异域风情的文字，我想，在他退休后的某个时刻，在明湖畔的宿舍里，他一定也曾用手指着窗外对夫人梅姐大声说：到美国去，走向世界！于是，他展翅高飞了，并以精到而细致的笔触记下耳濡目染的一切。一般的说法，人到中老年，总有夕阳心态，感觉迟钝，兴致索然。但卓兄永远年轻，他打球、旅游、摄影、写作、策划各种活动、交友、搞出版、投资股票，节目多多。卓兄有诗人的热情、美的视角、笔端跳荡着发现的喜悦，未曾经历过的生活对他永远新鲜，永远有巨大的吸引力。这就是我们通常所说的"永葆赤子之心"。本书有一篇《怀念红草莓》，作者这样描绘这种近乎荔枝的洋水果：

　　眼前这些草莓，一串串、一片片，在绿叶的掩蔽下，静静地躺在垄畦上。它鲜红鲜红的，大约有荔枝那么大，涨鼓鼓的果肉被薄如蝉翼的果皮包裹着，透露着红玛瑙般的晶莹，饱含着的果汁好像就要溢出来似的，散发着诱人的清香。草莓底下垫着一层又厚又软的麦秆，那大概是初春播种和草莓长出嫩苗时用来保暖的。红艳的草莓，翠绿的叶子，金黄色的麦秆，互相映衬，显得格外鲜明亮丽。

　　我觉得这段文字似乎有一种象征意味，草莓的新鲜、亮丽、成熟饱满，隐喻着作者的心态，也折射出文章的格调。

　　论到文章，因为作者的功力以及文章学的修养，这本《水上仙境》的许多文字是可以作为范文让大中学生认真揣摩的。卓才兄的行文，不论状物、叙事、议论、抒情，始终保持朴素整饰的风格，即不枝不蔓、准确精到。作者并非没有生花妙笔，劈头第一篇《尼亚加拉瀑布奇观》写来色彩缤纷，翻腾奇崛，惊险处令人心胆俱裂。但是就在最精绝处，作者也十分懂得节制，总是戛然而止，余

卓才与秦岭雪在广州进出口商品交易会 (1986 年)

韵悠悠。东坡论文，"行于所当行，止于不可不止"。正如作者自己所说，行文如打乒乓，要注意一张小小球台的规范。本书的文字总在一两千字之间，长的不超过三千字，不是无可发挥，而是如祖咏作试帖诗止于意尽。尔来文坛流行大、小散文。小者几百字，说玄谈禅，感慨呻吟，故弄玄虚，如穷巷，如枯木死水，贫窘寒瘦；另有一种所谓"大散文"，上天入地，散漫无垠，掩卷思之，一片茫然。中国文字是最善于表情达意的文字，也是最讲究含蓄的文字。鄙见三四千字就堪作大文章，既有充实的内容，也有飞扬的文采。卓兄善作短文章，这也是我喜欢这本书的原因之一。

张振金学兄是研究当代散文的专家，在这方面有不少高水平的著述。这本书请他作序最为合适。我因为和卓兄习性相近，好学而贪玩，数十年间有兄弟情义。他出版第一本散文集子，圆了青年时代的梦，我深感高兴，故不揣浅陋写下点滴读后感附于张序之后，共作鼓吹。

2004 年 7 月 10 日作于香港

警世入心的钟声

——钟毓材《花外钟声》序

秦岭雪

李叔同——弘一法师是一个永远说不完的话题。首先，是同时代人的回忆，其中包括黄炎培、马叙伦、柳亚子、欧阳予倩、夏丏尊、叶绍钧、丰子恺、朱光潜、钱君匋、内山完造等著名人士的文字。其次，是有关的传记、小说、影视和研究文章。从 1942 年法师圆寂之时迄今，海内外报刊对于法师的记述和解读几乎从未间断。直至近几年我

《花外钟声》封面

们还可以看到《弘一法师全集》《弘一大师艺术论》这样大部头的著作刊印流布。中国近代十大书法家的评议，法师名列榜上，而李叔同的名曲"长亭外，古道边"时时从屏幕间飘出，引起怀旧的人们一阵阵感叹唏嘘……应该说，李叔同——弘一法师是中国近代文化史一道闪亮的风景，是新艺术启蒙时期的重镇，而在宗教界是一位弘扬南山律宗的承前启后的祖师级人物。他由儒入释的人生道路在社会学上也具有某一种典型意义。这些都值得崇敬、值得纪念。但是，大多数人更感兴趣、更加受到触动的是李叔同——弘一法师的传奇，是从翩翩公子到大德高僧的跌宕。李叔同生命的轨迹恍若瀑布飞泻，真是飞流直下三千尺，令人目瞪口呆，令人头晕目眩，令人百思不得其解！这种人性的艰难搏斗，这种感情深深回旋的悲歌，恰恰是文艺作品最生动的题材，她长久地期待着作家的慧眼和掣鲸鱼于碧海的腕力。

去年冬天的某一天，我大学时代的同窗好友、小说家钟毓材忽然邮来一份沉甸甸的文稿，拆开一看，竟然就是一部以李叔同为主人公的歌舞剧本。钟兄在电话里说："你是泉州人，也算和弘一法师有缘，请帮我看看，倘有时间，写个序。"说真的，闽南地区的文化人谈起弘一法师，都能说上几句；也有几位文友，写过有关法师的小说和散文。但像毓材兄那样详尽地占有资料，经过数十春秋的酝酿，然后以充沛的激情驱遣极富辞彩的文字挥写一部奇情与血泪交迸、诗思和禅理共融的巨构，还"未之见也"。这需要立志，需要沉潜，需要气魄，也需要功力。

有人称誉小说家刘绍棠，曾说"10岁神童，20岁才子"。其实，毓材兄也是位早慧的作家。他青少年时期写的小说20世纪50年代就结集为《赤道线上的孩子》，由北京某出版社印行。后来，他又精研电影文学，并结识王蒙、从维熙这些大家，经常互相切磋。再度流寓海外之后，他几十年间从未中断小说的创作，写下数百万字的短、中、长篇。其中有40万言的美国华工血泪史，有80万字的客家妇女的颂歌。毓材兄的小说，有严肃的主题，有苦涩的人生况味，有飞扬的意绪，有浪漫奇诡、缠绵悱恻的爱情，有动人的故事情节，充满着乱世的悲情。歌舞剧《花外钟声》同样体现着这一种特色，又因为作者喜爱电影艺术，善于营造戏剧氛围，能够游刃有余地在诗意、人物刻画和戏剧性之间取得平衡。这样，《花外钟声》就不仅能阅读，能吟诵，令人振奋欲歌，字里行间澎湃着海潮般的韵律，有恢宏的气势，继承了西方古典歌剧乃至近代歌舞剧的传统；同时，这部歌舞剧的一生二旦的格局、错综复杂的人物纠葛、主人公思想性格的巨大变化所蕴藏着的深刻的戏剧契机即矛盾冲突和行动性，以及作者那种从极细微处生发戏味的笔墨，又令该剧能演，好看，荡气回肠，深具中国戏曲的某些特点。读着毓材兄的清词丽句，我感动之余，忽发奇想：这出戏搬上舞台，该是怎么样一种情景？那风雷激荡，那风流俊赏，那风华绝代，那风狂雨暴，那风定雨歇，那变幻人生的千般境界，那酸甜苦辣的百般滋味！

　　《花外钟声》是传奇，又不仅仅是动人的故事。它以严格史实为经，以李叔同半生行状为纬，在时代风云变幻的大写意的背景下，以工细妙笔勾勒他青壮年时期思想性格的变化，用传统国画的术语说，是"写则大写，工则极工"。作者还大量引用或化用李叔同的诗词，让读者真切地感受到一代才子的音容笑貌、胸襟志节，听到他的心声。毓材兄受过正统的文学教育，在古今中外的经典里汲取了营养，在创作上他坚持思想性、严肃性、现实主义，所写可能是风花雪月，却寄寓着雨雹冰霜。这种艺术追求和目下屏幕上的生拉硬扯，张冠李戴，视历史为面团的"创作"相去何止千里。因读《花外钟声》而想及历史剧（或以著名人物为主角的戏剧）创作上的一个原则问题。也许，这是题外话了。

重要的是走进毓材兄如花似梦的戏剧世界，去感受民初的时代风云，去体味人生的悲与乐，去聆听那警世入心的花外钟声！

作于 2004 年 4 月 2 日

（原载《一路春色》，安徽师范大学出版社 2016 年版）

书叶满荣学长六三感怀诗后

秦岭雪

流溪河畔一席谈，仍是客家乡音。愚钝如弟，实难明其意。然则远戍漠南塞北，而又窃取若干权力，位列科长，以此"艾艾"古音，何以沟通下属，团结群众？不免存一大疑案。当年毕业分配，张副书记德昌师等自有一二应遵循之原则，亦大抵已尽"照顾"之能事，是以安车平五路，少有扭捏叫嚣者。唯此种"语言障碍"或一时未及列入考虑，遂致才思俊发如满公者脱离风流文苑，误入仕途经济，今日思之，稍感遗憾焉。

满公圆胖其形，木讷其口，少年老成，同窗以"满叔公"称之。退休南旋，秃顶豁齿，唐装布鞋，俨然一老儒矣。然读其旧体诗，雅韵健笔，满纸锦绣。属笔之时，观察入微，情真意切，数十位师友之性情面貌并40年间功业罗列胸中，而后选韵炼句，从容驱遣之。诚如老杜所言：庾信文章老更成，凌云健笔意纵横。72首诗几乎无一浮泛语，无一应酬语，老到精当，雅俗杂糅，或自铸新词，或套用旧句，乘兴高吟又饶有余韵。满公亦喜于绝诗首两句采用对偶，刻镂精细而不露痕迹。唐人家数，满公熟能之。足见腹笥宽阔，渊源自有。远非今日一班凑足三韵28字满口腴词之诗家可比。

孟子曰：颂其诗不知其人可乎？余则曰：不读满公诗，断不知满公其人。同窗诸君子以为然乎？

壬午冬日于香港

越十年，时届2013年，有1963届学友毕业50周年聚会。满公复作七律46章。一腔豪情，满腹珠玑，一歌再歌，情不能已。而诗艺愈见成熟，中间两联以有限之文字熔铸深厚之内容，巧而健，诸君自能闻弦歌而知雅意，毋庸我喋喋。鄙人最感动者乃满公之忘怀得失，放眼未来。通篇无一牢骚语，哀怨语，愤激语，叶帅所谓满目青山夕照明也。学校何幸有此老学生，吾人何幸有此老同窗。编后掩卷，心绪激荡，谨祝满公身健年康，再添华章。

大洲又记

2013年10月1日

为弘扬地方文化而笔耕

——《潮州底处所》后记

吕炎生　郑良权

　　我们的文友丁身伟先生心怀至真至诚，退休后，坚持笔耕不辍，写了许多佳作。近期，他积极宣传潮州的历史文化，认真探研求索，用心写出不少可读性强的文章，并将发表的和尚未发表的数十篇美文结集成书出版。这是件好事，此举是可喜可贺的。

　　该书名为《潮州底处所》，内容集中包罗了"潮州掌故""史海钩沉""文化源流""名胜古迹""名城今古""潮人湖事"等目，文中洋溢着丁先生对家乡的满腔热忱和对潮州历史文化的热爱。该书帮助我们进一步认识潮州的历史，是一本有史料价值的书。新年过古稀的丁身伟是宋朝因忠谏而受贬潮州刺史丁允元的后裔，退休前在韩山师范学院任教。韩山韩水的灵气和深厚的历史人文气息，陶冶了他的性情，触发了他的灵思，使他不懈追求，不懈写作，成

《潮州底处所》封面

绩喜人。退休后他有足够时间专门做些自己想做的事。这是一种乐事，也是种享受。他十分热爱潮州历史文化，细读潮州文史资料，认真研究，细心求证，为弘扬潮州文化贡献自己一点力量。他认为文章一旦发表了，是向世人表示能写是福。为了宣传家乡，更好弄通一些潮州历史不明白的问题，丁先生不顾年岁已高，深入实地调查，倾听各界人士意见，研究有关史料，才立论写出文章。如写《丁允元府》，他多次骑自行车到潮安县仙田乡实地了解调查，访问多位村里老辈，听听他们关于丁氏建造府第流传下来的一些事，看看那里的出土文物，并细观现存老厝的建筑风貌，量量尺寸，画出丁氏宅府的图样，弄明丁府建造概况和村中为什么有一巷叫陈处巷等史实后，并从《潮州府志》中找出相关的资料，才写出这篇可读性强的文章。历史的真实有时跟传闻有出入，丁先生态度认真严谨，细心研读文史资料，找出正确的论证，并到实地考察调查，最后提出自己的见解，推翻前误，达到去伪存真。像《闲话韩山侍郎亭》一文中，道出自唐代来我潮的人认为双旌山（韩山）是韩愈闲暇时休憩的地方，而且建造了揭阳楼（后来的侍郎亭建于原址），并亲自种植了纪念树（橡木）。他用文史记载的事件来证实揭阳楼是韩愈办公的地方，并非闲游之处。侍郎亭却是溪东父老为怀念韩文公而修建的。

潮州是个好地方，地灵人杰。丁教授博学，对潮州的风物和事迹很有考究。他有感写出了《潮州的兰花》《湖州名花朱植艳》《年年月月花儿开》《香而脆的潮州卤鹅》《潮州朱代的花瓣形门》《大漂探源》，多次到石庵探求"寒拾留响"的铭刻题名及时间，为后人留下宝贵的风土人情和纪事。

大学时代的吕炎生　　　　　　　丁身伟入学照

韩山韩水有潮人。出生于湖州江边卧石村的丁身伟先生，深受百年学府——韩山师范学院优良传统对学子潜移默化的影响，发扬当年奋战生活在韩山边石头屋刻苦耐劳求进的精神，凭他的聪明才

智，勤学苦研，笔耕不辍，完成了不少作品。如今《潮州底处所》一书出版了，这是对丁先生后半生辛勤写作、苦中求乐的一个总结，也是丁先生一生勤奋的结晶。

勤奋，确实是丁身伟先生最大的特色。人生就是那么几十年，能做些自己想做的事，是莫大的幸福。如今丁先生实现了自己的愿望，真是他的福运。

（原载丁身伟著《古诗文杂评》，暨南大学出版社 2014 年版）

致卓才信论书法

秦岭雪

卓兄：

来示敬悉。拙书未寄出，您的调侃没有着落。现代人动辄称
"书家"，涂鸦自诩"墨宝"，真真笑死古人。据弟看来，现代有书
法艺术家，却缺乏传统意义上的书法家。大胆说一句，中国六十年
代之后即沈尹默、沙孟海、林散之诸先生辞世后无书家。中国文化
根基浅，腕上功夫未臻。而这两方面密不可分。当今书论家，极少
言及此点。这和旧体诗词的创作近似。少读古旧之书，侈言旧体诗
词创作，必然贻笑大方。但少读古旧书何以写不出上乘的书法作
品，我也未曾深入研究。只是一种多年来注意书法现象的感觉。不
过，我敢说这是真理。

弟下月赴星洲开会，学校的二个会均未能参加。

素梅姐均此。

近安！

弟大洲顿。十一月五日

黄卓才注：

这是大洲（秦岭雪）学友给我的一封信。他随手书写，比特意
创作的书法作品更真实，更有真情。我收到后，反复展读，爱不释
手。于是送书画店装裱，悬挂于客厅，亦可供来客分享。

大洲的每一封来信都是书法作品。而内容，除深情厚谊外，所
谈所论，又总有真知灼见，给我带来有益的启迪。本信谈书法，说
到根本上，就是多读书。他让我明白，少读书，没有相当的学问和
人格修养，字写得再好，也只能做个"书法艺术家"，而不能成为
真正的书法家。大洲此论，其实适合各行各业研究者，对于我，更
是一个鞭策。

杨万里诗书奉振兴学兄

秦岭雪

泉眼无声惜细流，
树荫照水爱晴柔。
小荷才露尖尖角，
早有蜻蜓立上头。

杨万里诗书奉
振兴学兄

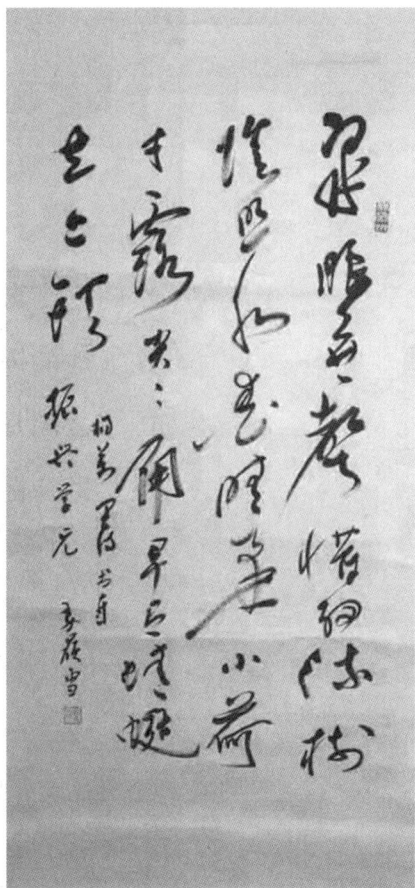

题赠卓才学长

——试步恩师洪柏昭教授《〈古巴华侨家书故事〉读后作》诗韵

叶满荣

不聚门庭赏嫩葩，学成四海可为家。

人文天地能挥笔，科学田园好种瓜。

三国牵心同月亮，两洲献智共中华。

书通半世亲情在，故事酸甜念古巴。

2007 年冬日于深圳下默林

附：洪柏昭教授赠黄卓才原玉

诗两首

洪柏昭

读《水上仙境》赠黄卓才

天高云淡午窗明，展卷氤氲满室馨。

异域风情飘翰墨，人间仙境荡心旌。

谧深观察窥玄圃，洒落情怀见性灵。

我已江郎佳气尽，羡君才调尚纵横。

注：卓才为暨大中文系首届（1963 年）毕业弟子。《水上仙境》为其近年创作之散文集，多记美、加、澳等异域风光、华侨情事，文笔优美。

《古巴华侨家书故事》读后作

五邑侨情眼底收，古巴风物豁星眸。

家书远寄牵家史，身事遥连国事搜。

组合辑连蒙太奇，交叉穿插意识流。

左丘司马无前例，独辟新途策划周。

冰雪由来育异葩，一枝红艳出山家。

晶莹秀润文章笔，精密高深科学瓜。

四海五湖无畛域，两洲三国共纷华。

殷勤若问根何处，侨属渊源自古巴。

注：①此书体例富有创意，以40多封家书牵连古巴史、侨乡史、侨属成长史，纵串横连，时空交错，视野广阔，图文并茂。

②卓才之父1925年从家乡台山出国谋生，由苦工变成小商，中间只回国探亲一次，1975年终老古巴。卓才自幼由母亲抚育成人，后成为教授、作家。其子现为加拿大植物生物工程公司首席科学家、执行副总裁。其女现为美国芝加哥某华文报主编。卓才子、媳、婿三人均为博士，女为硕士，一门有成，皆两代教育有方故也。

丁亥初冬于暨南大学

李大洲寄语：

洪云师好诗。格律严谨，造句清奇。师生情谊，跃然纸上。他与敏之先生都有旧文士气息。

他以笔名洪云在马国权、曾敏之主编的"大公文汇"专栏上发表不少文章。他的旧诗尤擅长句，喜以新事物入诗。如赠卓兄诗中之蒙太奇、意识流。他曾抄录20多首赐阅，有一首写航天的，上天入地，新意迭出，宏伟奇诡，颇有长吉之风。又著《三苏传》，亦出新之作。他的专业是元曲，有《元人散曲选》问世。

致萧殷主任的信

周霭楣

亲爱的萧主任：

相信您一定没有想到我会给您写信吧？您好吗？

今年初和毓材联络上，上周末也见到了淑贤（素娴），我们一起吃饭谈天，得到您的地址。他们都很惦念您，问您近来身体可好？毓材事务很忙，叫我先转告您，不日他也会给您写信，并寄一份他的作品让您看看。

我于一九六〇年二月初来美就学，原想念化学，结果转念护理，于一九六四年毕业开始工作，六七（一九六七）年再回学校念书，开始以半工读，最后于七〇（一九七〇）年向单位请假二个学期，于七一（一九七一）年初结束，获得护理硕士学位（哥伦比亚大学师资学院）。目前仍于康纳尔大学附属医院纽约医院（即母校）工作，为外科部"护士专家"（clinical nursing specialist）。我自小喜

写信人周霭楣

欢护理工作，虽然当时对此职业未必有真正的了解，现在倒真正体会到助人之乐了！我刚来时是自己一人，七年后弟妹父母也陆续移居加拿大和美国，所以我的生活也安定舒服得多了，不那么孤零零地（的）。当然现在对这里的生活习惯、语言也都比较适应，不过朋友们都说我的思想、起居还是道地的中国传统。

廿多年侨居海外，又近年减少写家信的机会，中文实在差得不可见人，原先有些不敢写信献丑，但实在想让您知道我还没有忘记您当年对我的关怀，更想知道一点您的近况，要是萧主任能不嫌弃的（话），给我一些更正指教就太好了。

第一次动笔，就先写这一些，请代问候师母，来信请寄至（美国地址，从略）。

专此敬请

近安！

周霭楣　敬上

（1981年）4月2日晚

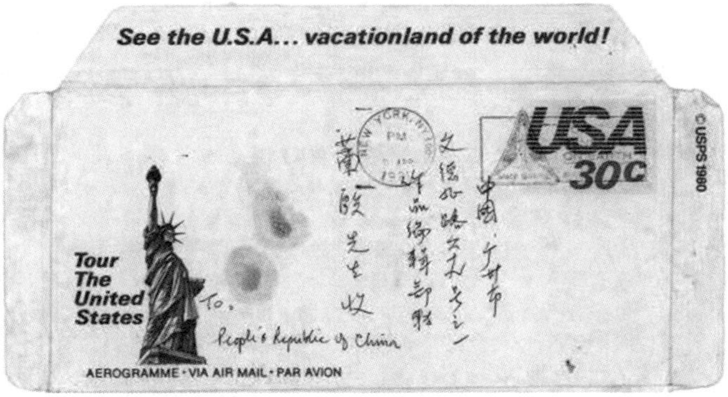

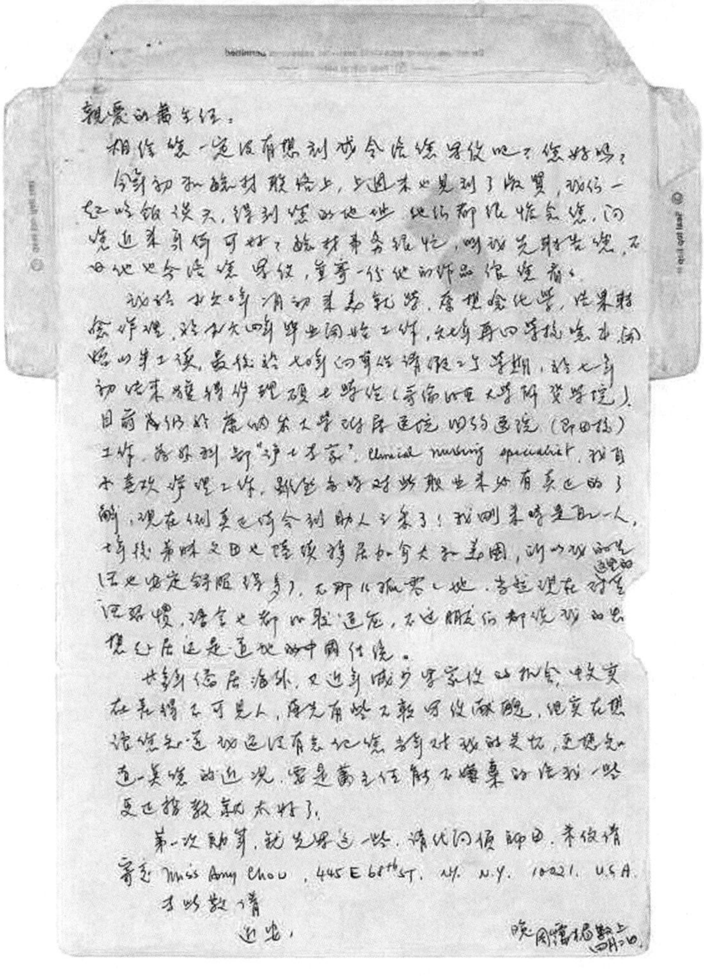
親愛的蕭先生：

相信您一定沒有想到我会给您写信吧？您好吗？

第一次购算，就先写这一些，请代问候師母，来信请

寄至 Miss Amy Chou, 445 E 68th ST. N.Y. N.Y. 10021. U.S.A.

Clinical nursing specialist

第六辑

独上高楼

百年暨南

创业者的豪情和期望

——在 112 周年校庆大会上代表 1958 级校友致辞

黄旭辉

黄旭辉在 112 周年校庆大会上致辞

各位来宾，各位老师，各位同学，各位校友：

大家早上好！

首先，让我代表 1958 级校友，向精心培育我们的母校和老师表示衷心的感谢，并致以崇高的敬意！

60 年前，我们考入暨大，成为暨大在广州重建后的第一批学子。那一年，我 18 岁。一个甲子，在暨南园我经历了从学生到老师到副校长的人生，现在是一名退休干部，也是一名老校友。

黄旭辉在 112 周年校庆展出 1958 级入学照片前（黄卓才摄）

当年我们刚进暨大时，刚好是我国"大跃进"、大炼钢铁时代。所以我们一进校就到芳村去修铁路，为广州钢铁厂上马做准备。我们中文系还被分配到江村去炼焦炭，供炼钢时使用。在江村炼焦将近一个学期。我们系的同学还为此谱写了一首雄浑、抒情的《炼焦大合唱》，在校内演出，得到师生的好评。

暨大是 1958 年在广州华侨补校的校园上重建的。当时地盘很小，只有五栋三层的学生宿舍和一座小小的教学楼。范围就在现在明湖以北到中山大道这狭小的地方。所以，陶铸书记来校视察后，决定把黄埔大道以北的地块全部征过来，作为暨大建校用地。当时，香港爱国商人、暨大董事会副董事长王宽诚先生捐赠的 100 万元人民币已到位，学校用这笔款在黄埔大道边新建的教学大楼也正在测量、放线。师生都期望新校区早日南北连通，改善学校的环境。

就在这个时候，1959 年秋，学校决定在校区的中部开挖明湖。这个决定一宣布，就得到全体师生的热烈响应。在要挖明湖的地方，其实没有湖，只有两片洼地，再往南就是刚征过来的荒岗、菜地和一个尚未搬迁的石牌村落。我们挖明湖的时候没有什么机械，只有锄头、扁担、簸箕之类的工具。我们就是靠手挖肩挑，靠师生的艰苦劳动，硬是用不到两个月的时间，在 1959 年的 12 月底，顺利完成了开挖的任务，并修了一条从明湖到新教学大楼的新校道，即后来命名的真如路。

现在，当我漫步在垂柳依依、碧波荡漾的明湖岸边，总有一种创业者的豪情涌起，觉得自豪。在这里跟同学们讲这些艰苦的建校劳动，是希望同学们明白现在优越的学习环境来之不易，希望大家能够更好珍惜今天的学习机会，更加努力学习，早日成才，报效祖国。

我们的五年大学生活并不单是劳动，我们也抓紧时间上课、自学。但因为是新办学校，师资比较缺乏，中文系除了从中山大学调来十多位青年教师，学校领导还想办法调进曾敏之、杨嘉、陈芦荻、艾治平等一批比较有资历的文艺界人士来任教。有些课程确实一时找不到合适的老师，便从中大中文系聘请一些知名的教授如王海章、詹安泰、高华年、潘允中、赵仲邑等来校授课。同时我系系主任、文艺理论家萧殷比较注重学生写作能力的提高，为此邀请了张天翼、孙犁、秦牧、陈残云、周钢鸣等专家来校讲授创作课程，介绍创作经验，并组织 1958 年、1959 年两个年级的同学，分赴广东各地去采写《岭南春色》。所以我们这一届同学毕业之后，在各自的岗位都有不俗的表现。比较突出的，有曾任广东省社会科学院文学研究所所长的作家、文艺评论家张振金，旅居香港的诗人、书法家李大洲，出版过多部长篇小说的钟毓材等。更令人高兴的是，旅居南美洲的李荣祥同学也在遥远的苏里南出版了第一本关于华人的小说散文集《情牵苏里南》。这说明我们暨大培养的人才，已在世界各地开花结果，为传播中华文化贡献了一份力量。

至于说到我自己，自从 1963 年在暨大中文系毕业留校，工作至今就没有离开过暨大（"文革"停办的八年除外）。可以说是暨大培养了我，我也把毕生献给了暨大。在暨大工作的 50 多年时间里，我变换过多个工作岗位，负责过多种不同的工作。我觉得自己对工作都尽心尽责，努力做好分内的事，得到领导和群众的好评。比如在 1992 年，我在招生工作中取得了成绩，被国家教委授予了"全国普通高校招生工作先进个人"的称号。

老师们，同学们，60 年弹指一挥间。暨大经过几代人的努力，已经在 1996 年 6 月进入"211 工程"的行列；2017 年 9 月，成为国家双一流建设大学。上个月，习近平总书记来校视察，充分肯定了我校的办学成绩，并要我们努力擦亮百年老校的金字招牌，把暨大办出特色、办出水平。让我们大家一起努力，为把我校办成国内一流、国际知名的学校而奋斗！

2018 年 11 月 16 日

我国第一部现代地域文学史

——漫话我的文学研究之一

张振金

我是贫寒的农家之子，不同于书香门第出生的人，从小饱读诗书，我直到初中二年级，才在课本上读到鲁迅的《故乡》。后来，虽然上大学了，但由于种种原因，也没有能够全心读书。自知"墙头芦苇根底浅"，所以，我的文学研究都极力避开古典文学和纯粹理论的课题，而侧重于现代和当代文学，这样，一来可以边写边学，二来能够藏拙。

《岭南现代文学史》是我的第一部学术著作，全书 28.7 万字，1989 年由广东高等教育出版社出版。中山大学中文系黄修己教授在《中国新文学编纂史》中说："张振金著的《岭南现代文学史》和陈辽主编的《江苏新文学史》，先后出版于 1989 年 12 月和 1990 年 3 月，这是出版最早的两部地域文学史，而岭南这部比江苏的还早三四个月。因此，可以说《岭南现代文学史》是全国第一部行政区的地域文学史。"黄修己教授接着说："这种行政区的新文学史，都有其独特的作用，为全国性的新文学史所不能取代。"

文学都是有地域性的。钱穆说："讲起文学，可以分别从两方面来讲：一方面是时代性的，是纵的；另一方面是地域性的，是横的。"他举例说："《楚辞》是地域性的，是南方文学。"

举凡一个地区的文学，必须有本地区一批成熟的作家和作品，否则就很难构成这一地区的文学。岭南文学并非岭南人的文学。不管是土生土长的岭南人，还是在岭南长居短留的外地人，他在岭南地区生活，写了岭南地区的人和事。或者所写的虽然不尽是岭南的人和事，但也不同程度地表现了岭南的色彩和神韵，这样的作品，都可以算作岭南文学。总之，所谓岭南文学，就是发生在岭南文坛的事。有的虽是岭南人，但长期在外地活动，所写的也是外地题材，与岭南文学的源和流并未发生必然的联系，这就不属于岭南文学了。这只是一个大体的划分。其实，省港澳和两广都是同饮一江水，尤其在那战争的年代，生活动荡不安，作家流离漂泊，香港和桂林更是广东作家重要的生活和创作之地。为了反映这些作家的创作全貌和广东文学的发展动向，是不能把这部分的创作排除在岭南文学之外的。

岭南现代文学是中国现代文学的重要组成部分，它的发展轨迹与中国现代文学是基本一致的，但也有自己独特之处。发现基本一致的比较容易，发现独到之处就不容易了，而这恰恰是其价值所在。可惜许多重要的作家和作品，在新中国成立后出版的十几部

《中国现代文学史》里，都很难找到自己的踪影。这其中的原因是很多的。有对岭南文学史知之不多，还有过去的现代文学研究重在根据地和解放区的文学，对于国统区和半沦陷区的文学则研究得不多，造成许多空白。从这一点看来，认真搜集岭南文学史料，就不仅是叙述岭南文学发展的需要，而且也是对中国现代文学研究的丰富和拓展。

举几个例子来看看吧。

五四新文化运动由北而南扩展，大革命却由南而北推进，岭南现代文学在这南来北往的潮流撞击之中，绽放出不少独具姿色的花朵。过去不少文学史家都说以1932年发表的夏衍的《包身工》为代表，报告文学产生于20世纪30年代之初。其实不然。不少描述广东农民运动和中国大革命重要事件的文章，都可说是最早的报告文学。曾经担任《岭东民国日报》主编的革命烈士李春涛同志写的《东征纪略》就是一例。它发表于《岭东民国日报》，后来转载在毛泽东同志主编的《政治周报》1925年第三期上。全文一万余字，叙述国共合作时期国民革命军从东征出发，强攻惠州，占领海陆丰和紫金老隆，直下东江，到追击闽南边境残敌，讨伐军阀陈炯明的战斗历程。作者把生动的描写、精辟的议论和热烈的抒情结合起来，既有新闻的真实性，又有文学的形象性。作者还高度评价了以周恩来为原总政治部主任的政治工作，"是革命军打胜仗的根本原因"。

在新诗方面，发表在1918年《广东省会学生联合会月报》、1920年《劳动界》、1921年《劳动与妇女》等杂志的不少新诗，以及彭湃同志在1920年参加农民运动后写的歌谣体诗歌，从时间上来说，与中国第一部新诗集即胡适的《尝试集》相差不远，但思想内容似乎深刻得多。它们突破了五四时期"劳工神圣"和"人道主义"两大主题，表现了更广阔的社会内容和强烈的革命思想，反映了广东作为大革命策源地的精神风貌，更富有时代精神。

在小说方面，伟大的革命先行者孙中山的挚友朱执信，1919年发表在《新建设》上的白话文短篇小说《超儿》，更可谓中国现代小说的滥觞。再如冯铿、洪灵菲、戴平万的小说，真实地描写了大革命失败前后南中国的社会状貌，具有史诗的品格，在中国现代文学史上也提得不多，尤其是冯铿，只说她是左联五烈士之一，对她的作品就很少具体论及了。理由是认为她的作品不多，影响不大。这也是一种误解和偏枯。且不说她的《深意》等100多首短诗，抒发了她在大革命复杂变幻的年代里的思想感受，闪耀着哲理的火花；就说她那两部中篇小说《最后的出路》和《重新起来》，前者表现了知识者在大革命失败后"从沉沦到革命"的主题，这也许在当时丁玲、华汉、胡也频等人的小说中也可以找到，但后者《重新起来》塑造了一个在革命低潮中不动摇、不彷徨、不留恋舒适生活，勇敢地迎击暴风雨，投身到工农运动中去这样一个女革命者的形象，预示着革命高潮将重新起来，思想和艺术都达到了相当的高度，这就并不多见了。称这是当时小说的优秀之作，也毫不过分，但中国现代文学都从未提及。

至于在抗战和战后，岭南的作家和作品就更多了，而且风格是众多的。就以"中国诗坛社"的诗人群为例，作为抗战时期的一个诗歌流派，他们自然有其总体抒情风格，那就是粗犷雄直，充满热力，以此区别于"七月诗派"那种"别具一种悲愤、凝重、冷隽的特色"。但他们又有各自的抒情个性：蒲风的刚健激越，黄宁婴的亲切细致，陈芦荻的热情豪爽，陈残云的朴厚凝重，李育中的亢奋坚实，黄药眠的恢宏博大，鸥外鸥的离奇怪诞，楼栖的朴素平实，等等。每个作家的风格也不限于一种，如黄宁婴除了亲切细致的抒情，也有激昂慷慨的歌唱，还有愤怒辛辣的讽刺。

特别要说的是黄宁婴的《溃退》和黄药眠的《桂林底撤退》两部优秀长诗。

1944 年春夏之间，日军大举进军湘桂，蒋介石政府继续采取投降逃跑政策，造成了抗战史上最悲惨的一幕——湘桂大撤退。黄宁婴的《溃退》，全诗 35 章 2 300 行。它一方面描述了人民在撤退中的灾难和不幸，"疏散疏散又疏散，逃难逃难又逃难。多少人骨肉分离永不相见，多少人饿死冻死在路边"。另一方面揭露蒋介石官兵的不战而退、腐败无能的可耻行径。黄药眠的《桂林底撤退》，全诗 29 章 2 500 行，首先揭露桂林撤退前达官贵人的享乐偏安，接着描述人民在撤退中的灾难与不幸。这两部长诗，以宏大的气魄、鲜明的画面，给抗战史上最悲惨的湘桂大撤退留下了形象的巨幅画卷，具有史诗品格，无疑是中国现代诗歌创作的重要收获。

然而，生活在某一地方的作家，他的作品必然带有那个地方的特色。岭南现代作家的风格虽然是众多的，但都有着岭南的色彩和神韵。梁启超曾这样论述中国南北文化的差异："赵燕多慷慨悲歌之士，吴越多放诞纤丽之文，自古然也。自唐以前，于诗于文于赋，皆南北各为家数。长城饮马，河梁携手，北人之气概也。江南草长，洞庭始波，南人之情怀也。散文之长江大河，一泻千里者，北人为优。骈文之镂云刻月，善移我情者，南人为优。盖文章根于性灵，其受四围社会之影响特甚焉。"（梁启超《论中国学术思想变迁之大势》）他认为由于南北地理、气候、人情、社会情况不同，反映在文化特色上亦各不同。北方豪迈粗犷，南方柔婉细腻。这当然只是基本倾向，并非概括一切。因为文化和人都是多侧面、多层次的。同时，文学风格又是不断变化的。鲁迅说得好："风格和情绪、倾向之类，不但因人而异，而且因事而异，因时而异。"（鲁迅《准风月谈·难得糊涂》）它尤其受到时代精神影响，古人说的"治世之音安以乐""乱世之音怨以怒""亡国之音哀以思"，就是这个道理。

岭南的一个"南"字，具有独特的魅力。这块古称"南蛮"的边境，山川灵秀，土地富饶，民情豁达，远通海外，华侨众多，人民富有开拓创新精神。从 20 世纪末到 21 世纪初，长达数十年，岭南又是中国革命的旋涡，人民曾经与中外反动势力进行过浴血的搏斗，最终取得了胜利。这一切，都给岭南文学以深刻的影响，使之具有一种独特的资质。这不仅是自然景色、民情风俗、神话传说、文化传统，也不仅是某种性格和气质，而是这一切的总汇，是生态和心态的交融，从而形成一种岭南独特的色彩和神韵。这是本书着重描述的。如果只用一句话概括它的美学特征，那就是刚健雄直之中有一种奇丽之气！

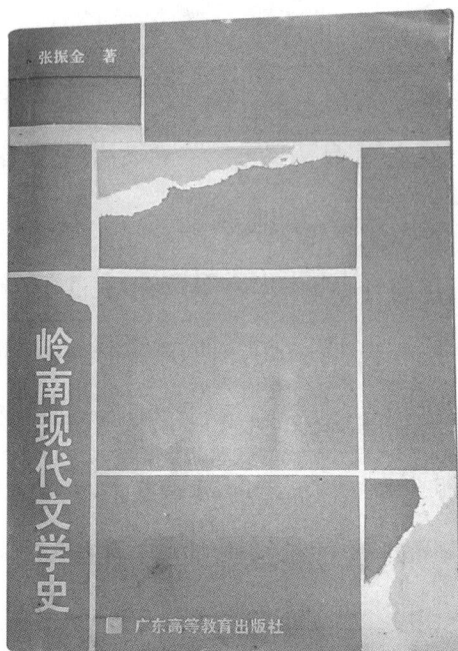

《岭南现代文学史》封面

从整体框架构建上，我重点叙述每一时期的文艺思潮、创作动向和重大事件，然后以文体为经、作品为纬，叙述每种文体的发展和每个作家的成就。对于作家作品的评述，我不采用曾经有过的那种时代背景、作家经历、主题思想、艺术特点、不足之处等，面面俱到，刻板呆滞，而是对每个不同的作家作品有所侧重，分析其主要特点、成就和影响，指出这个作品有哪些别人不可取代的独特之处，给当时的文学发展增添了哪些新鲜的东西，起了哪些作用。比如，丘东平描写抗战，着力于血与火的生死厮杀，刻画慷慨激昂的英雄性格；黑炎描写北伐，善于在哭与笑的日常生活里，勾勒卑微琐碎的战士心态。两位作家在描写战争方面，各自有不同的开拓，作出不同的贡献。此外，还要在特定的历史环境中，注意研究作家的心态，并有机地融到作品中去。因为一部文学史，在很大程度上是作家的心灵史。我以为这样可以表现文体和作品的发展，从而增强其历史感。

学术研究永远需要有新见解和新材料来丰富或修正前人的成果。因此，我认为对文学史的描述，应允许个人有不同的观点、不同的侧重点，包括个人不同的视野、标准、审美观念、价值观念，以及不同的表现方法。过去的中国现代文学史，大都是集体编写，往往经过集体的协调和商讨，就把个人的棱角磨平了。为了克服这些弊端，使文学史变得丰富多彩、各擅胜场，我赞同不妨多多地由个人来编写文学史。

作于 2022 年 7 月

暨南园：哺育我文学思想的摇篮
——《我走过的文学创作道路》节录

钟毓材

一

　　说起我这一生与文学结缘的因由，得从很小的时候说起。我出生于印荷时代的巴达维亚（现印度尼西亚首都雅加达），成长在西爪哇美丽的山城万隆。我的父亲出生于广东梅县城北东厢堡田心钟屋。他从小聪明，才思敏捷，可惜因家贫，只读了几年私塾。15 岁便到县城当学徒，18 岁出省城（广州）做工，工余时间勤奋自学，博览群书，熟悉中国历史和文化。20 岁过番到巴达维亚，在大港唇阿森加的百货批发大字号"协怡生"吃头路（打工）。父亲由于工作认真勤快，为人忠厚诚实，得到老板赏识，很快从卖手升为掌柜。父亲节衣缩食，努力积钱，立志要自己开店，十年之后，于

1935 年在万隆芝加隔大街开设百货批发商号"昆和生"。父亲善于经营，一两年间，昆和生便成为万隆百货批发业的名店，赚了钱。我们兄弟三人有幸成为父亲的儿子。父亲记性好，年少时读过的书和诗，他都记得很清楚，而且很会说故事。我们三兄弟从小听他绘声绘色讲述《三国演义》《水浒传》《苏武牧羊》《木兰从军》《岳飞传》……父亲说得有感情，有动作，非常生动。我们兄弟听得津津有味，70 多年后的今天，我仍然记得父亲讲述这些故事时的那表情、那神采、那闪耀的眼睛……

他又教我们兄弟背诵唐诗，李白的《静夜思》、王维的《九月九日忆山东兄弟》、杜甫的《春望》、孟浩然的《春晓》、杜牧的《清明》和《秋夕》，我们兄弟尚在年幼，父亲生动地叙述诗人生平故事、解释诗中含义，使我们容易牢记。父亲重视写字，他能写得一手好字。他说，字如其人，作为有知识的人，字一定要写好。父亲从小教我们兄弟写毛笔字，摹临颜体字字帖，他自己则喜爱王羲之，他勉励我们长大后努力学习王羲之的字。父亲是个爱国爱乡的人，他总是那样深情地诉说唐山故乡的民间故事，《黄豆鸟》《李文古的故事》以及"上夜三斤狗，下夜三伯公""河唇洗脚刘三妹"的趣闻；他告诉我，我们老家东厢堡田心钟屋大门前有一片水田、一条小溪流，他小时养一群小鸭，放到田里寻食；站在钟屋前面禾坪上远眺，可以望见云天下连绵的青山，那山里长有许多当离花，春天开红花，秋天结果，很甜，"九月九，当离好蒸酒"。每一次说起故乡，父亲总是双目闪烁光芒，带着无限情意，他所描述的唐山故乡，叫我这个生长在南洋城市的孩子羡慕得要死。父亲还喜爱电影与戏剧，收藏许多时代曲的唱片，他喜欢胡蝶、阮玲玉、周璇、白杨、秦怡、李丽华……我深受父亲的影响，潜移默化地，年幼时便爱上了祖国文化、文学和艺术，同时对美丽神奇的故乡充满着情意、充满着向往……或许如此，我从小喜爱看书，喜欢幻想，心灵早熟，十三四岁开始阅读来自中国的进步书籍，如鲁迅、瞿秋白、巴金、冰心、老舍、闻一多、郁达夫、丁玲等作家的著作以及左联五烈士的选集，还有方志敏烈士的《可爱的中国》和韬奋先生的《经历》。虽然不是全都懂得，然而已经深受进步思想的影响，热爱祖国，也爱上了文学。到我晚年撰写回忆录的时候，认真查阅我的钟家族谱，发现我的文学基因是与生俱来的。我的三曾祖叔（三叔公太）钟钦荣（讳用和，又名履崖，号独佛）和六曾祖叔（六叔公太）钟应荣（讳动，字天静，又名辟生），两人都是清末民初著名学者、作家与爱国诗人。我的曾祖父（公太）钟桂荣（讳炳枢，字少南），不幸英年早逝，在世只活了26个年头，同样富于才情，对袁枚兄妹的诗情有独钟。我的祖父钟兰香（字伯威）和父亲钟崇光（字君陶），原本都是聪慧而有文才的人，可惜因家境贫寒而不得不从商养家，所以祖父晚年归乡养病之时，才有"人生不易为，平心论是非。大事由天定，业艺任从挥"的慨叹。我和三弟毓标（笔名子美）的文学基因就是曾祖父、祖父与父亲赐给我们的，我想这是独一无二的。三弟从小特别聪明，读书成绩优异，喜爱中外文学名著，中年后亦走上文学创作之路。他以微型小说、散文诗与古诗词闻名海内外文坛，我则致力于长篇小说、歌剧与电影剧本的创作，遗憾的是父亲过早病逝，无缘读到我兄弟俩的文学作品。

我就读万隆"清华中学"初一的时候，教国文的张君豪老师成为我的文学启蒙老师。他是抗日志士，又是《新报》记者，是我年少时崇拜的偶像。张君豪老师特别喜欢我，在他的影响与教导下，我写了《我大姐的死》《三轮车夫的一天》《小偷的悲哀》《黑夜与黎明》等作文，张君豪老师看了很高兴，详细批阅，都给 80 多的高分。他还请我到他家里看他的藏书，亲切地教导我要多读好书，多写，多了解生活……张君豪老师对我的爱，我永远都记得。也应该说，从那时候开始，我立志要做作家，萌生追求文学这美丽的梦了……

1949 年开始，风起云涌，进步思潮轰轰烈烈地席卷南洋群岛。万隆山城，很快升起五星红旗，《东方红》《解放区的天是晴朗的天》《团结就是力量》《南泥湾》《没有共产党，就没新中国》《歌唱祖国》的歌声响彻每一间进步学校的校园，西爪哇美丽的山城成为千岛之国进步青年向往的"小延安"。我很快接受进步思想，热爱共产党，热爱新中国，有了信仰与理想，于是以满腔热血，怀着美好的心愿，希望把自己奉献给国家与人民。1952 年春天，我回到了祖国，那年我 16 岁。我先在故乡两年多，在那火红的岁月里，严格要求自己成为又红又专的三好学生，争取成为共青团团员。除了努力学好功课之外，我还认真阅读了许多中国和苏联的文学著作，如《风云初记》《太阳照在桑干河上》《暴风骤雨》《铜墙铁壁》《董存瑞》《红岩》以及《钢铁是怎样炼成的》《卓娅和舒拉的故事》《普通一兵》《真正的人》《青年近卫军》《被开垦的处女地》《远离莫斯科的地方》《三个穿灰大衣的人》，开阔了视野，丰富了心灵；上了高中，喜爱《牛虻》《战争与和平》《静静的顿河》《苦难的历程》《母亲》《幸福》……更迷上普希金、莱蒙托夫、屠格涅夫、托尔斯泰、赫尔岑、车尔尼雪夫斯基、契诃夫……被他们热爱祖国和民族、歌颂自由的高贵情怀深深感动。接着，爱上了法国文学，阅读雨果的《巴黎圣母院》、巴尔扎克的《高老头》和《欧也妮·葛朗台》、福楼拜的《包法利夫人》、司汤达的《红与黑》、小仲马的《茶花女》、梅里美的《嘉尔曼》和《高龙巴》、乔治·桑的《安吉堡的磨工》和《魔沼》、罗曼·罗兰的《约翰·克利斯朵夫》……一下子登入了瑰丽的、多姿多彩的文学殿堂，认定文学是人间最美丽的事业，值得我去追求、为它而奋斗了……从初中到高中，所有的语文老师，都特别宠爱我，作文总是给满分（五分），增强了我对文学创作的信心。我在广州市第七中学（原培正中学）读高中的时候开始写诗、散文和小说，一些小说和诗发表在《广州青年》杂志上。这时候，我结识了具有文学写作才华的同学王坚辉，我们同是归国的印度尼西亚侨生，热爱文学，又有着共同理想，很快成为亲密的朋友，一起编辑黑板报《七中生活》与《七中文艺》。1958年，我们合著的短篇小说集《赤道线上的孩子》由北京少年儿童出版社出版，这是第一次有归国侨生在中国出书，而且还得到国家的重视。中国新闻社还特派记者来访问王坚辉和我，写了报道，照了相片，刊登在海内外的报纸上，影响很大。

高中毕业，我考上暨南大学中文系，中国著名文学理论家萧殷、广东诗人杜桐担任系主任、副主任，当年的老师有著名作家曾敏之、杨嘉、马隐荫、艾治平、何维，诗人陈芦荻，古典文学老师有郑孟彤、戴植秋、陈经耀、彭俊等老师；教授语言的有饶秉才、陈垂民老师；年轻老师有饶芃子、潘翠青、卢大宣、罗宜辉、张兴藏、农林、郭绪权、黄展人……在这些老师的悉心教导下，我们的文学知识与写作水平有了很大的提高和进步。

那年秋天，在"大跃进"和大炼钢铁的热潮中，我们师生到广州郊区的江村炼焦。我们在炼焦劳动中学习写民歌，把文学理论与实际生活结合在一起。近半年内，我们中文系学生除了创作民歌外，也收集广东各地涌现的民歌，在萧殷主任的指导下，选出其中优秀部分，还由他亲自作序，取名《荔枝满山一片红》，由作家出版社出版。翌年春节，中文系第一、二届学生又在萧殷主任倡议下，组织下乡采写《岭南春色》，分别到粤北、潮汕、兴梅和海南等地区采访好人好事，从而培养与提高我们书写报告文学的能力。

由于萧殷主任的特殊人事关系经常邀请全国著名的作家与学者前来暨大中文系给我们作各种文学专题演讲，如张天翼讲述人物塑造问题，康濯讲述如何选择题材，秦牧讲散文创作，还有吴组缃、艾芜、韩北屏也都讲述有关文学创作的问题。广东著名作家如杜埃、陈残云、周钢鸣也都讲述了文学专题，如革命现实主义与革命浪漫主义问题，也介绍了广东文坛动态等，邀请来的中山大学和华南师范学院教授如黄海章、王起、詹安泰等给我们讲述古典诗词、戏剧等专题……这些著名作家与学者丰富生动的专题演讲，增加了我们中文系学生的文学知识，同时开阔了我们的视野。尤其是我，钟情于文学写作的人，受用终生。萧殷主任、杜桐副主任和系党总支副书记张德昌都是爱才的人，对我特别关爱，尤其是萧殷主任，他有意培养我，希望我能够成为作家。我的文学创作在萧殷主任的细心指导下，有了显著的长进；我的散文《寄万隆》发表在《羊城晚报》的《花地》上，轰动暨大校园；我和王坚辉合著的小说《在海滨听来的故事》发表在《作品》上，获得好评。香港的《海洋文艺》曾将之改为《异国情鸳》刊登，传到海外文坛，海外评论家还赞扬了这篇小说的思想性与艺术性。

萧殷主任调升为中南局文艺处处长，主持广东作协工作，组织广东第一届青年文学学习班，他特意介绍参加学习班的青年作家陈国凯给我认识。我俩一见如故，成为好友，常有往来，时时在一起相互切磋文学创作。这期间，通过同班同学黄裕珠介绍，结识了她在印度尼西亚的兄长、著名青年作家黄裕荣，结下文学友情。他不幸得过小儿麻痹症，不良于行，然而他身残志不残，刻苦用功，努力不懈进行文学创作，卓有成就，被称为印度尼西亚的保尔·柯察金。我们都是热爱文学的年轻人，后来就成为书信往来的文友。当年他正在主编印度尼西亚《火炬报》文艺副刊，发表了我的散文《父亲的爱情》，同时素娴用笔名萧婷写的散文《明湖的春夏秋冬》。那时候，裕荣又组织印度尼西亚翡翠文艺征文比

钟毓材（后排左二）在北京拜候萧殷主任（右二）

赛，邀请我参加，结果我以短篇小说《万隆孩子》得了一等奖，散文《遥思远念》也被选为十篇优秀散文之一。裕荣赞赏我和王坚辉合著的小说《异国情鸳》，写了评论文章，刊登在印度尼西亚《火炬报》上。

钟毓材伉俪回校与同学欢聚（20世纪90年代）（前排由右至左：黄卓才、伍素娴、钟毓材、黄旭辉、张振金、吴兆汉、邓良球；后排由左至右：廖世桐、林湘贤）

　　大学时代，我曾经完成电影剧本《华侨儿女传》的初稿，也构思过《郑和下西洋》的剧本。在萧主任的指导和鼓励下，构思与酝酿描述印度尼西亚革命的长篇小说《椰岛上晓雾迷茫》，完成第一章《西爪哇姑娘》。事实上，后来发表的许多小说，好像《折翼鸟》《再会吧！南洋》《南来庵内外》等著作都是那时候开始酝酿、构思的。

所以我说，萧殷主任是我的恩师，暨南园、明湖畔是孕育我文学思想的摇篮。

二

《香港四重唱》四部曲终于要出版了！

我爱香港。我在这里前前后后住了几十年，也将终老于这地方。香港的青山碧海将永恒地美丽。

香港从默默无闻的小渔村，发展成为今天国际知名的大都会。香港，这是一个风高浪急的地方，被殖民统治时期，这里暗流汹涌；这又是孙中山先生点燃革命圣火的南国边陲岛屿。

我熟读香港历史，几十年来在这里经商，亲历维多利亚两岸无数的风暴，也见证了香港回归祖国怀抱的历史时刻……

如是，有人说，香港是最难写的大书。

那么，由我来写吧，我鼓起勇气，接受挑战。退休后开始动笔了，春夏秋冬，漫漫长夜，耐住寂寞与孤独，不由想起曹雪芹、黄叶村，十年辛苦不寻常。而我，22年的岁月，埋首香港北岭的斗室里，呕心沥血地书写，把构思了一辈子的香港故事化成文字，组成篇章，于是有了《香港四重唱》。

《香港四重唱》是一部讲述香港百年沧桑、风云变幻的长篇小说，包括"花飞季节""风起时候""潮正南来""云散四方"，共计160万字。这是一部色彩缤纷、情节丰富多彩、令人眼花缭乱的大书。

百年以来，一代又一代香港人为逃避战火、天灾人祸，为逃避贫穷、压迫，千方百计，通过各种不同渠道，甚至偷渡，不惜牺牲生命来到这弹丸之地的南国边城，追寻自由、财富、安居、爱情与幸福。他们挣扎、奋斗，成功与失败、苦与乐、情与欲、生与死，抑或再度从这里逃离，到更遥远的他乡去追寻梦想，逃离与追寻成为一代又一代香港人的宿命。

于是，逃离与追寻就是这部大书的故事主线。

来自江南苏州苗氏家族，南京柯氏家族，上海丁氏、卜氏与曲氏家族，北京云氏与毕氏家族，粤港香氏与何氏家族，以及新界原居民彭氏家族，北归南来的南洋华侨，前后三四代人云集在香港这地方，以极其错综复杂的关系，演绎出爱恨缠绵、致富兴旺、沦落衰败的故事，有血有泪，可歌可泣。我在书中盛情歌颂香港人的奋斗精神、爱国爱乡的情怀，更以美好情意，描述乱世人间可贵的亲情、友情与爱情。

我把这部大书献给香港人，也献给世间想了解香港的人。有位文学评论家的好友这么赞誉道："有了《香港四重唱》，香港文坛从此不一样！"

如果是，我是应该骄傲的。

《香港四重唱》要出版了，我要感谢的人自然很多，首先是我三弟子美，我每次出书，他都分外劳神，逐字校对，排书样，奔走安排出版。感谢香港作联、香港散文诗学会的文友与世界华人文化研究会同仁们，他们向来关心我的文学创作。还有张德昌书记、饶芃子老师，我的大学同学李大洲（秦岭雪）、张振金、黄卓才、李荣祥、黄旭辉、张兴汉、叶满荣、李尚杏、刘才秀、黄振兴、杜捷江……他们一直以来都在我身边，相互关注与支持文学创作活动。对于我的大学老师与同学的情意，我总是心存感激的；尤其是大洲，曾经为我的歌剧《花外钟声》写了精辟序文，《故乡别传》三部曲出版，他又介绍广东社科院文学研究所所长钟晓毅写了文情并茂的序文。几十年来，大洲对我文学创作的关心与支持，他的真情厚意，我是不会忘记的。在这里也应该感谢我这位才情焕发的钟晓毅学妹。

我敬爱的张德昌书记，已将近90高龄，他平生喜爱中国古典文学，尤其是诗词，退休后曾担任《华夏诗报》社长，著有诗集《一路歌声》留世。我写有《暨南园那些芬芳的夜晚——张德昌书记和我们在一起的日子》的文章，送给我时时怀念的老书记。饶芃子老师，成就斐然。她很年轻，从中山大学中文系毕业后来到暨南大学中文系，从助教到教授，到博导和大学副校长，桃李满天下；她又担任过广东省作家协会副主席、中国文艺理论学会副主席、中国世界华人文学学会会长等许多重要职务。饶芃子老师在比较文学和海外华人文学研究方面作出重大的贡献，在比较文学与海内外华人文学界、学术界享有很高的声誉。她的学术成果斐然，获奖无数。主要著作有《文学批评与比较文学》《艺术的心镜》《心影》和《比较文学与比较美学》等。

与我同届的大学同学，不负老师们的教导和期望，出了一批人才。旭辉是我梅州市同乡，又是联合中学的同学，他由招生办主任升为副校长，任劳任怨，为暨大的发展作出贡献。振金在文学上是最有成就的一位，曾任广东社科院文学研究所所长，他是诗人、散文家和岭南文学史研究专家，著作甚丰。大洲（秦岭雪）从小聪明、勤学，博览群书，文学功底深厚，来港从商仍是书生本色，未忘文学与艺术，成为闻名于海内外文坛的诗人、作家、艺评家和书法家，他的诗集、艺评著作和书法作品是会传世的。卓才，1978年调回暨大中文系，教写作课，成为名师。他勇于创新，开讲"经济写作"，撰写成书，为全国首创，后来又出版《旅游写作》等系列教材，为大学学科教材建设作出了贡献。他在文学创作方面也有成就，利用保存父亲的相片、文件和往来书信，构思成书，取名《鸿雁飞越加勒比——古巴华侨家书纪事》，创造长篇家书报告文学新体例，出版后获得好评，荣获第二届"中山杯"华侨华人文学奖。他晚年为家乡文化事业与中古友谊也作出了卓越的贡献。兴汉，也是勤奋治学的一位，努力研究世界华侨与客家历史，颇有成绩，著有《华侨华人大观》和《从徒工到侨领——司徒美堂文学传记》等。荣祥，旅居南美的苏里南，从商不忘文学，他的写实小说集《情牵苏里南》，被称为苏里南第一本华文散文集，深受当地华侨的喜爱。三弟子美为《情牵苏里南》写了序文，我写的《很遥远、却又很近的苏里南》，记述与荣祥60年不变的情谊，作为跋文，附在书中。尚杏和满荣，对古诗甚有研究，他俩都能写一手好诗，均在客家地区诗坛上有了诗名。才秀担任广州大学中文系书记，振兴是平远市委常委兼宣传部部长，他俩都是具有才学的、优秀的国家干部。其他的很多同学，毕业后分配在不同的岗位上，发光发热，为国家和社会作出了贡献。

这里，我还要特别感激卓才，由于他积极地争取，得到暨南大学的支持，并主编出版了他、振金、大洲和我的明湖四子作品选《一路春色》，这是我们 1958 年暨大在广州重建首届中文系学生献给母校的纪念作品。

我常常说，我这一生做过许许多多的梦，许多梦都无法圆，只有文学梦，应该是圆了的。几十年来，完成长、中、短篇小说，散文诗体小说，歌剧，电影和电视剧本，以及回忆录等，将近 500 万字，付出了我全部精力和心血。我心存善念，胸怀怜悯，希望写出我对这世间的爱与恨，对这大时代的赞颂与悲叹，也写出我同时代人的苦难、辛酸、失意与祈望……我爱我的祖国，山川大河、五千年历史、灿烂文化与伟大的人民。我爱我的故乡，岭东秀丽山水，山岭上开满当离花；母亲河梅江，那江河水，滔滔汩汩，永远在我心灵中流淌。我也爱生长的第二故乡，印度尼西亚西爪哇的美丽山城万隆，覆舟山下丰饶盆地，四季如春，繁花似锦，我在很年幼的时候从这里开始编织我的人生美梦。我怀念生活过的美国东岸的纽约和华盛顿近郊弗吉尼亚，热闹繁杂的大都市与辽阔宁静的原野，鲜明对照的生活，我体验过；漂泊异乡，寒冬风雪，在那里度过许多孤寂的长夜。忘不了在那色彩斑斓的佛国、湄南河畔那些向佛、静思的日日夜夜，黄金半岛上有着我的文学创作丰收的黄金季节。香港，是我生命中度过最长岁月的地方，应该还会终老于此地。这南国岛屿，一百多年从小小渔港演变成国际动感大都会，不管是维港两岸的璀璨、繁荣与喧闹，还是青山碧海、围村田园，处处盛开的紫荆花，都寄予我的挚爱与深情……我就是这样地活过、爱过、写过。

2002 年初稿，2022 年修订于香港

（节录自《我走过的文学创作道路》）

秦岭雪的笔墨人生

叶满荣

一

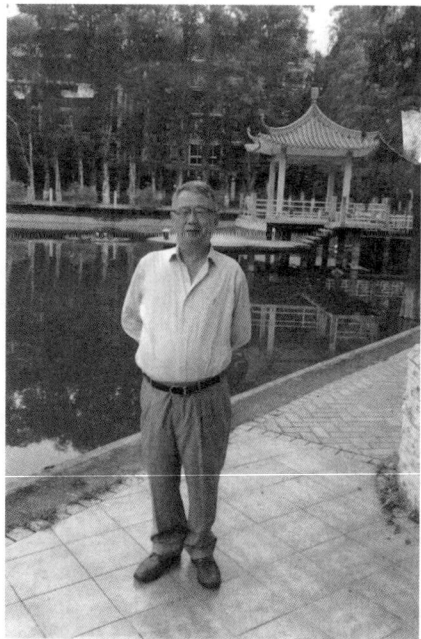

秦岭雪

暨南大学中文系 1958 级同窗秦岭雪学兄近日赐我近著《鹿堂闲笺》，是几年前出的《石桥品汇·闽港游艺录》续篇。含画说、书道、戏人、诗品、闲话、微信、怀友七篇章。最耀眼的是诗性短文。近几十年，秦君以诗为文，写了不少诗性短文，在闽港艺术界颇有名声，求文的不少。于是，我首先拜读了几篇评画的诗性短文，有特色。

　　特色之一，文论虽短，所论却全面系统。拿苏东坡的《题西林壁》诗意作比，横看、侧看、左看、右看、高处看、低处看，全方位看，识得庐山真面目。如秦兄为画家蔡健如先生《彩墨情深》画集而写的跋，分六部分，作出全面评论。第一说画义，说"画通于诗，无声而有象"，"始于造型，妙于意境"，"中国画实质上包含着中国诗"，"读蔡君画集，每一幅千回万转"，"粉妆玉琢、黑白掩映之后都提炼出一种意趣，一种巧思，一个诗的题目"，这就是画。这是说画的线条，画的色彩，画家的构图。第二说蔡健如巨作《强音》是怎么个强法。第三说蔡健如《金山丽水》画图。站在它面前，不仅能看到永恒的大自然："深沉、盘郁、亮丽、苍茫"，同时看到祖国壮丽的历史画卷："战士指向南粤，更加郁郁苍苍"，并拿潘天寿的《雨后千山铁铸成》画作比较，说"铁铸成，蔡君此件足以当之。画论云：强其骨"。第四说蔡健如画集自序。它告示我们：蔡健如"吟风弄月"般的画图，进入全球水墨五百强之列。"那清冷的月光似照进心里。那枝枝叶叶仿佛在月光下醒来"，示知"丰富与有序，阴阳向背，枝叶交映，笔笔都有交代"。"让客观事物穷形尽相，降伏笔下"。第五说蔡健如绘梅兰菊竹四君子，起名《相爱》《相亲》《相依》《相偎》。这四君子"亦有情，蔡健如云之"，"前无古人，谓之独创"，"因有爱有情有笔，点点滴滴，顾盼生辉"，"瘦骨棱棱的汉子就这样风雅起来"，"画中有我"。画家有意画四君子，也为自己画像。序者有情，注入古典辞章情韵，用他精心构建的现代诗行，抒发情怀："花枝摇曳，小红低唱吹箫。……"第六为蔡建如画作结。说"山水画有神性、感性、理性。今人言之。健如画有匠心、苦心、雄心。秦岭雪言之"。秦兄请出"今人"，与之唱和，唱出画意，和出美声。

再看秦岭雪如何评说林天行先生的《仙草小语》（楚颂新声——菖蒲系列展），分别从自然状态、古诗文隐喻、画家画水草自励、艺论等方面全面系统论说。水草芳姿，美人君子寄托，法天胜天通天之说，无法而有法、无序而有序等浮现眼前。水草之俗雅、动静、古今，听秦兄娓娓道来，渐入无穷境界。

陈方远教授画壁画，秦岭雪写《留住你》："三读：一读物，有山峰、大门、岩石等。二读史，有留着辫子的青年人、有唐朝面庞、缈远笛声、空寂沈园、城墙等。三读心，有画家色彩造型，表现情怀，如个性化语言，能饮能唱，闲快乐，一声嚎叫！还有特别在意的细节。所有这些，一齐化作满目斑斓的壁画，化作历史留影，留住你。"

特色之二，诗性评说。且听秦君对《强音》的评说："数度站在蔡健如巨作《强音》之前"，"很自然，胸中回荡着李太白的名句——黄河之水天上来"，"很自然，轻声吟唱起不朽的抗日歌曲《黄河颂》——你是我们民族的摇篮。五千年的占国文化，在你这里发源。多少英雄故事，在你周边扮演"，"融汇古今，化为血脉，尽情挥洒，分不清是理是法是情，由远及近、由朦胧而显豁，那浩浩巨流，那翻涌不息的浪花。……"这时而铿锵作响、时而大气磅礴的诗性评说，诉说《强音》所展现的黄河奔腾不息的历史和现实画卷，回荡着由远及近、流着中华血脉、交响古韵新声的历史长流的流响。

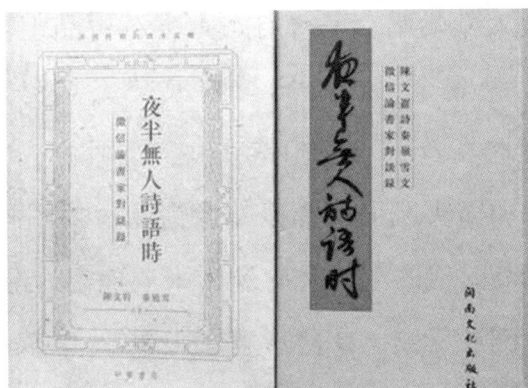

秦岭雪著作

以上只是收入秦岭雪《鹿堂闲笺》《石桥品汇·闽港游艺录》中的新近几篇。纵观全书，秦兄与画家交流甚密，所作画集序、跋、评不少，高论多多。《鹿堂闲笺》之"画说"："沈默画出了威尼斯独立纪念碑和街头所见两幅以雕像为题材的图画。在水域，在花都，文艺复兴与时代的流风余韵令画家流连忘返"，"只是一管毛笔，直描横扫，倒卷反侧，在薄薄宣纸上晕染、堆垛，再现了女独立战士的飒爽英姿，勾勒出小天使一般优雅的儿童群像"，"画家借鉴西洋画的种种技法，实现立体感、质感，造成多层次的审美效果"，"拓展了中国画的表现空间"，"有立体感、且具金属硬度的雕塑"，如"高耸的乳胸，浑厚的臂肌，紧握刀子的手，呐喊的口形，翻卷的旗帜，都有肌理可寻"，"笔的力度、线的规范、色的重轻以及光暗、结构，都处于高度和谐之中。而铜像背后的柱子更隐隐透露出大理石的晶莹、圆润"，"以宣纸、水墨、少量的色彩为物质材料，以毛笔为唯一工具，以国画技法为本，追求青铜可触感，这才是画家着力处，是画家的得意之笔"。秦岭雪认为："道释画的最高境界在于平常中显出伟大，于世俗里显出神圣光辉。""试观沈默君的罗汉图，108位尊者，或动或静，或狂或谐，都迥异流俗，表现出深湛的内心修养，这就是佛性。"在形象刻画上，"尽量让笔下的罗汉中国化、平民化"，做到"个性鲜明，表情丰富，明心明性"。秦兄说：叶金城画虎，"豪气干云"，"信手千变，出神入化，并深具人性美"，"由此生发，则马牛猿猫，无不形神兼备，生机勃勃，趣味盎然"。秦兄说：陈怀华画小楼屋顶，"用浓墨一笔笔晕染"，"这是在宣泄一种情绪"。这孤高的一角，是他们当年知青的住所，是画家心目中的神圣殿堂。王来文画"老成之荷"，只有"独步的红蜻蜓，偶见一朵小小的莲花"，"这是在回首青春的浪漫，坦然面对凋零，并预示来岁丰盈"，"这种感悟就是禅"。蒋少强画"傲视尘世、同时对历史作纵深透视"的鹰，这是"浊世的雄谈"。王武龙以《慰藉大众心灵的使者》为题，画出弥陀佛的别样笑脸，不是"自视清高，鄙夷世俗"，笑天下可笑之人，而是"知足常乐，享受人生，勇者无畏"。秦兄说："我们大可不必去深寻他作品中的深刻主题，但可以领略他的温情，他们圆融自在，自得其乐。用一句俗话说：他是在自己山头唱自己的歌。"

在其他方面，秦岭雪亦高论多多。如《石桥品汇·闽港游艺录》之"书道"："书以风骨为主。""擒纵两字，书家要诀。""擒纵是张弛"，"于笔墨是松紧，于章法是节奏"。有"书为心画之说"。"刘登翰先生将他的书法定名为墨象。"在墨的天地里，登翰寄托"精微而又壮阔的神思，这就是墨象。"陈文岩论书，首标"泼墨浇心"。能"泼，则善养气而得之豪迈，长剑依天下不事雕饰。以此知先生之书法重气骨重笔力重兴趣，与柔弱、疏秀、古淡、矜持无缘"。

《石桥品汇·闽港游艺录》之"诗品"："余读少强兄'空谷鸡声润'，不禁拍案叫绝。前人论诗：宋人能以细微处生发，并视为一大特色。这里着一'润'字，发前人所未发，是超越前人之处。"施子清少小离家老大回，作诗云："邻人惊变化，老梧自苍青。""真是树犹如此，人何以堪！"吴东南"以诗为杂感，为投枪，为号角"，具有强烈的战斗精神。蔡其矫"有涛声、回声、回声续集三集。声者，时代之强音也"。

《石桥品汇·闽港游艺录》之"文心"：中国社会百态：国难家仇、成败荣辱、离合悲欢、甜酸苦辣、哭笑吟默（沉默），里面都有，秦兄作了精彩点评。如在陈方圆《丁酉纪事》的跋中说道：一次，接到陈方圆《古钱杂录·序》一文："每风月临窗，把手而玩，怀昔抚今，颇契遐思，真乃集千古于一室而游上下于须臾也。是以入商周，闯暴秦，笑刘项，悲鄂王，欣久治，赞武功，惊冤狱，叹昏庸，吊李白，哭雪芹。缅怀往史，神魂激荡。物外之趣，教益殊深。"秦兄赞叹："这真是世间第一等凄切深沉的文字！"没想到这位平日见面总是"嘿嘿"一笑的原泉州梨园编剧，竟如此有才，神驰今古，妙笔生花。

《石桥品汇·闽港游艺录》之"戏评"："名角和名角成长历史及其效应是中国艺术的一个核心。""没有名角就没有中国戏剧的传承，也就从根本上取消了丰富热烈妙趣横生的历史。"暨大同窗钟毓材《花外钟声》，"以严格的史实为经，以李叔同半生行状为纬，以极工妙笔写意，用传统国画术语说事，'写则大写，工则极工'"。秦兄说：庄长江先生"从艺60载，编导300部"，对闽南地方戏曲，"一是扎根深"，"举手投足，十分规范"，"二是追求热"，"历经艰难挫折，不改初心，以戏为业，以戏为歌哭，呕心沥血，无怨无悔。年届80，苦耕不息"，"三是功夫细"，"于戏史，于传统，实事求是，不妄改，不虚构，强调存真"；旧戏改编，极尽取舍、提高炼句炼字之功。

《石桥品汇·闽港游艺录》之"四弦一声"：洪建筑的《影之

旅》"意在存真，是一本写意之作"。它单纯、明晰，让人倍感亲切。许友情的篆刻"印章数以万计，散见世界各地"，他是一位"享有盛誉的篆刻艺术家和木板年画收藏家"。许为旅港晋江人，读武夷世家弟子彭厚斌的《图说武夷茶》，可知其茶说之精湛、玄奥，可知"茶乃山中精魂，禅道之瓣香"。记有《回乡小记》《泉州西湖游记》《雪峰传奇》等。其中讲到：泉州西湖"桥有三，皆仿国之杰构"。泉州藏于山中的雪峰寺流传不少传奇故事。

以上表明，秦岭雪的《鹿堂闲笺》和《石桥品汇·闽港游艺录》，是极富思想文采的好书。它以序跋形式，评析了众多文化友人的文艺著作。它旁征博引，贯古通今，纵横博议。用诗化语言、抒情手法，把描形、说事、议理融为一体。之所以能做到这点，在于秦岭雪深度融入家乡泉州，融入香港社会，融入亲朋好友，融入文艺圈。秦兄文质彬彬，收放有度，一身书卷气，一派名士风，从容淡定，交游广泛，呼朋引伴，诗酒诵和，解衣推食，胜友如云。应诸友所求，秦兄为其诗文书画剧集以及其他杂集作序跋，是很自然的事。积数十年之功力，铸就今日之书，也是很自然的事。

二

要指出的是，秦岭雪的功业不止于此。他原名李大洲，现居香港，诗人、艺评家、中国书协香港分会副主席。出版著作有《铜钹与丝竹》《秦岭雪短诗集》《流星群》《明月无声》《情纵红尘》

（以上为新诗集），《蓓蕾引》（古体长篇歌行）、《苏东坡》（现代长诗），《石桥品汇·闽港游艺录》《鹿堂闲笺》（以上为文论集），《秦岭雪学书小辑》《乱花惭欲迷人眼》（以上为书法集），《司空图二十四诗品》《夜半无人诗语时》（以上为书法论），《岩雪诗话》（诗词论）。1963 从暨南大学中文系毕业后，只在学校、剧团待了一段时间，然后进入香港商界，当上香港联宗公司经理。他身在商场心在翰。挟笔走南天，往返港粤闽，游走于商界、学界、文艺界，融入其中。会其友，参其事，写其文，抒胸臆，发心声，当融家。毕业不久就融入适合写作的大环境，而今成为港闽粤的笔墨大家，顺理成章。

秦岭雪作为暨大知名校友，深度融入暨南园。这里有大多情思，大多的牵挂。1993 年秋的首次老同学聚会，他就写了《同学》一诗："走出校园的浓荫/路　　风雨中回旋/而我们的友/紧握如拳　　当列车远去/也有惜别的泪/摔成两瓣/只有你捶击我肩/天涯海角再见　　而今鬓发已斑/不必回首话当年/明湖的水还是那样清/江村的月还是那样圆/何处寻找你的青春/不是举案齐眉/也非儿女窗前/在跳荡的眼波里/我们把它点燃。"这首诗写得真好，有景有情有神，过去现在未来，全写到了。更妙的，是画龙点睛，说得真切。他多次参与老同学回母校聚会筹备，出钱出力。他心牵师友，作诗颂之。写郑孟彤师，"豹眼圆睁""拘挛甚"。写饶芃子师，"一扇鸦云姐样风"。写彭骏师，"弥陀鬓发苍"，"拔山盖世说楚王"。写中山大学名师黄海章、詹安泰，"大将居上游"。久别徐兆文学姐，他思情不断："沙溪炉火依然红，长记短柬诉情衷。一别岭南十二载，伤情莫怨太匆匆。"有写面貌，有写神态，有写状况。发式、姐风、豪说、将风，尽展读者面前，诗到细微吟精致。

秦岭雪积极参与家乡戏剧活动，题咏乡诗，笔走龙蛇。秦兄与泉州戏剧有缘。求学年代，曾论《从董西厢到王西厢》。三十年前，深究梨园戏《朱牟》口述本和几次整理本。"文革"前，与陈君平合作，改编小说《欧阳海之歌》为歌剧。曾任职地方剧团，创作过小戏，结交了一批戏人。深知"戏，出人意表，丰富多彩。戏味，是对戏剧艺术特殊规律的掌握"。秦兄的《林任生剧作集》序，说2018年自己曾向泉州历史文化中心建言出版林任生剧作，得到赞许。年高八十的剧作家庄长江写二万言书，传扬他的为人为戏，宣扬他对泉州梨园戏作出的重大贡献。秦兄助力出版，又作序传扬，亦作出贡献。秦岭雪在其《乱花渐欲迷人眼》书法集自序中说："书法之生命在于动。""乱，亦含丰富之意，从无比之单纯、简约抵达无限之丰满、深邃，这是书艺之美境。"秦兄说自己"近二十载沉浸于书法艺术"。他的书法有家学渊源，笔法成熟。他的草书惊俗骇目，酣畅淋漓，雄奇奔放，已得古今草家之神韵。秦兄无论走到哪里，都不会忘记家乡。他的《明月无声》："曾在乡间小路/踏碎一片银霜/今夜/同一缕月亮/照亮邻近的村庄/也无声地/落在你的唇上。"不就是"床前明月光，疑是地上霜"的诗意图吗？月是故乡明，它不但"照亮邻近的村庄"，还"落在你的唇上"。家乡月亮跟你多亲啊。2014年初冬，秦岭雪邀集暨大中文系同窗到其家乡泉州一游。向城红世界，面水碧汪洋。双塔留桑影，南音绕厝梁。登名山而望远，万轮进出。转古巷以寻踪，百教传扬。这座历史文化名城真美，真有历史文化意韵。三天畅游，游遍全城，尽兴而归。

秦岭雪融入中华优秀传统历史文化，融入传统意韵，构建现代之诗。为此，秦兄投入巨大热情，倾注很多心血。秦岭雪这个名字就含浓浓的中华文化意韵。它摘取了韩愈"云横秦岭家何在，雪拥蓝关马不前"中的三个字。他写的大量现代诗注入"古典情致现代雅韵"。其短诗被作家古剑先生称为"现代绝句"。如《白鸟》诗："青草还是唐朝的青草/七月的晨露里绿得伤心/一条/美妙的弦线/自王维水田中/逸出/众弦屏息/只一声裂帛。"古剑先生评："这是现代绝句。短短数行，描出恬美风景画，给人美的享受。没有一点传统修养，写不出这样晶莹剔透的诗。"现代绝句，"即短诗，诗行少，十句八句，像绝句一样短小凝练。酽得像茶，醇得像酒"。秦岭雪说："传统和现代诗的区别是：传统诗把诗人要表现的东西放在诗的里面，而现代诗把诗人要表现的东西放在诗的外面。"这往往造成朦胧感觉。要理解诗意，不能直解，要跟着诗路绕弯子，左绕右绕就绕入诗境。且看秦兄《怀素自叙帖》句："未化作蛟龙遁去。"怀素帖首段烧去六行，后人仿照补上。说未遁去，是说仿字形似，未达神似，赞其书精。《听雨的人回来了》诗："想望更宽广的世界/两把伞　只在小圈里运行/听雨的人回来了/枕上有不眠的星星。"同济大学文学院钱虹教授说："这才是诗人心目中的典雅而又浪漫的真正爱情，才称得上古典情致的现代雅韵。"

秦岭雪写的两首长诗另是一番景象。先看现代长诗《苏东坡》。它以苏东坡的"问汝平生功业，黄州惠州儋州"句作为切入点，写成了长达二百多行的史诗。《黄州》一节，开篇几乎句句用典："开窗放入长江/岷山雪浪轰然拍过/"，"劈出剑门夔门/跃舞日月光耀/"，"大江东去/仰若玉龙顶仰天长啸/……/浊浪滔滔"，"词坛一声惊雷/回响历史永恒的呼号"。如钟晓毅教授所言，诗人的意象在高度凝练的句式中挤压出来，显示了其掌控语言的能力。《惠州》一节王朝云那一声清脆的"我愿意"，钟说确有越过历史烟云走进当下现实人间烟火的穿透力。她与逆境中的苏东坡脉脉深情相伴："携手/七千里路/十八滩头的惶恐/五改诏命的屈辱/侍奉六十年垂老的生命/……"这个有情有义的女性

秦岭雪自题诗照

形象，更容易击中读者的灵魂。难怪朝云归天后，苏东坡写下千古悲歌："不思量，自难忘。千里孤坟，无处话凄凉。……"对朝云的形象，提供了全新画面："如一脉清泉/渗入宽博的土地/像一声天籁/与天风海涛交汇/冰雪般晶莹具嫦娥的风姿/……"再看古体长歌《蓓蕾引》，214 行，1 498 字。它叙说秦岭雪的朋友傅君与林蓓蕾的爱情婚姻悲剧故事。它采用赋比兴、想象、夸张、排比等传统手法，极尽铺排之能事。悲切之情，辩说之理，天地之声，万类之状，神灵之说，古今之事，随手取来，巧加糅合，尽情渲染，达到很好的艺术效果。部分名句："雪腮晕红迎旭日，玉树牵风未遮颜。""清清烟波静静眉，君心我心两相知。""蜡炬有心空滴泪，春蚕无意自成诗。""形可灭兮影可离，寸心相知共天地。""朝朝暮暮

不分离，生生死死相扶持。""奇文未可轻抛却，其与笔墨同生死。""唤得熏风入万束，剪得梅花上笔端。""红丝铰断涕淋淋，蓬头乱发别知音。"以上诗行，精美、华彩、形象、真切。全诗入情入境，荡气回肠。

以上可见，秦岭雪学兄的人生，是笔墨人生，是翰墨人生，诗性人生，人文人生。不管晴阴顺逆，手有羊毫，就显风神，龙游天下。心里有诗，就显风景，啸聚咏朋。腹有人文，就显见识，神驰今古，其乐无穷。有诗叹曰：好学贪玩乐一身，墨填笔写总求新。谋生不觉劳筋骨，放浪还原本性真。

最近几年，秦岭雪在长期积累、学习研究的基础上，以耄耋之龄投入古今诗词、书法、文论、戏剧研究，与医师陈文岩先生合作，出版《岩雪诗话》《夜半无人诗语时》两书。疫情防控期间，秦君与陈医师微信对谈，分别选古今 42 位诗词家、书法家，秦写论，陈作七绝评诗，合著两书。秦写 42 篇七万字诗评文、42 篇六万字书法评论。诗话从大的方面把握，从重点、特色方面切入，点面结合，旁征博引，比较多思，层层解读，新意迭出。笔法老到，语言精致。指点江山，激扬文字，有很强的概括力和表现力。书法论文字不多，尽入骨髓。其书评对书法家的认知和感受，对具体书作的微观分析和评述，以及书评语言的意象化表达，都表现了颇高的境界、识见和功力。对诗论，我有近八千字摘文。其中之半以《在中华诗词天空云游》为题，刊《香港书评家》杂志。书法论摘两千字。为篇幅所限，从略。

2022 年 10 月 1 日作于深圳

深耕十六载 作品终出海

——我的长篇报告文学创作

黄卓才

潜心深耕 16 年，我创作的长篇报告文学《鸿雁飞越加勒比——古巴华侨家书纪事》在国内以中文出了三版之后，终于在西班牙萨拉戈萨大学出版社推出西班牙文版的全彩印纸质书和电子书。扬帆出海，参加世界文化交流，我的夙愿实现了！

春 播

我这本书的写作准备，始于 2005 年。当时我的写作学研究基本告一段落，可以腾出手来整理父亲的家书了。我父亲黄宝世是古巴华侨，在那个遥远的岛国生活了 50 年，寄回来的家书应有百多封。但几十年来经过台山—广州—中山—广州数次搬家，能够保存下来的，只有40多封。当我按时间顺序整理，阅读一遍，十分惊喜的是，在由1952年我投考初中起，到我中年当教师至父亲1975年去世止，一封封信，竟然能把家事、国事、世界事和古巴华侨历史串联起来。

父亲的家书多是侨汇和书信合一的。这种带侨汇的信，广府人叫做"银信"，潮州、闽南人叫做"侨批"。我决心让这些银信（侨批）动起来，用现在的话说，叫做"活化"。

《古巴华侨家书故事》初版封面
（2006年）

"活化"有很多方式方法。大概因为我是中文系出身的，首先想到的是用文学作品的形式，写一本书。一是用来纪念父亲——一位平凡而伟大的古巴华侨，同时用来纪念伟大而苦难的古巴先侨，为他们树碑立传。

我开始动笔。鲜活的现实和复苏的历史场景，像电影蒙太奇一样在我脑海浮现；一个完整的家庭生活史进程井然有序，脉络清晰。随着键盘按键的起伏，顺境逆境，甜酸苦辣，人生的快乐、沧桑和苦难，亲情的甜蜜和离愁别绪的艰涩，家乡的景物和异国的风情，全都细细体味一遍。我时而亢奋，时而沉思，时而失眠，时而泪水盈眶……如凤凰涅槃。我以散文的纪实笔法，终于把几十年与我血肉相连的故事记录了下来，并在书稿前面写下这样三行大字：

谨以此书纪念我的父亲和古巴华侨华人先辈

并敬献

暨南大学100周年校庆

　　这本既有文学形象性又有严谨学术性的文史合一书稿获得暨南大学"211工程"的支持。随后交到暨南大学出版社，又被重视。责任编辑由文学编辑、中文系硕士校友胡跃生和社外特邀编辑、暨大东南亚研究所副研究员黄松赞担任。他俩是最先看好我这本书的编辑，黄松赞老师还热情地写了责编后记。我请老同学、书法家秦岭雪题写了书名，《古巴华侨家书故事》于2006年12月顺利出版。

　　就像春天播种、插秧，我撒下了希望。

夏　种

　　初版面市，反应的热烈令我惊喜。初印"试水"的1 500册迅速售罄，出版社赶快加印。一段来自古巴华侨读者的读后感，更让我受到鼓舞。他说：

　　看这本书的时候，我在火车上。我几乎要当着别人面，莫名其妙地流下眼泪……人性中所有的优点都在字里行间以巨大的震撼力显现了出来，太平常了！太不平凡了！实在是难以吞咽这种感觉。

我觉得这本书很值得推荐给成长中的人们看看。

署名：加勒比海游客（网名）

后来得知，他是古巴华人，真名陶炎，哈瓦那华人街著名中餐馆老板娘陶琦的弟弟。他在回上海探亲的旅途中看了我的书，在网上写下了这段感人的文字，并千方百计联系我，成了我这本书最早的知音读者。

开放的时代给我带来好机遇，我以文会友，结交了许多海内外的朋友。不少读者不止向我倾诉读后感，还热心帮我寻线索，找资料，甚至在我还没有去古巴之前就捷足先登去我父亲的侨居地做田野调查，去给我父亲扫墓。

最令我感动的是胡其瑜教授、吕美枝女士、袁艳博士、刘博智教授，以及朱霖、谭艳萍两位古巴海归等一批由读者变成的倾力相助的朋友。

胡其瑜教授是美国布朗大学拉美族裔研究中心主任，古巴华侨华人研究专家。2008 年她带古巴华裔学者吕美枝来暨大参加国际学术会议，并介绍我认识。祖籍新会的美枝女士回古巴后亲自赴我父亲的侨居地大萨瓜调研，给我提供好些人脉和资料。袁艳副教授当时是南开大学历史系在读博士，她为做《融合与疏离：华侨华人在古巴》的博士论文，在北京国家图书馆查阅古巴百年老报纸《光华报》时，发现了 1965 年我父亲黄宝世为纪念抗战胜利 20 周年在中华会馆讲话的全文报道，当即设法传给我。这份资料实在太珍贵了。朱霖是古巴留学海归的领袖人物，网上"古巴留学群"的粉丝很多，对我帮助很大。旅美华人摄影家刘博智教授和在北京工作的古巴海归谭艳萍相约，带着我的《古巴华侨家书故事》一书两次访问大萨瓜，又给我提供了许多照片和信息……

与此同时，我也努力寻觅古巴华侨历史资料，阅读所有能够找到的古巴华侨华人及其社团活动等有关报道。通过几年的积累，我终于在 2011 年初再次动笔，对初版进行修订，更名为《鸿雁飞越加勒比——古巴华侨家书纪事》。这个"纪"字，是老同学林广生的提议；秦岭雪再次题签，更加神采飞扬。钟毓材从香港给我寄来古巴城乡生活的记录影碟和自己的散文作品《哈瓦那少女》。三位学友的贡献，大大增强了这本书的文艺色彩。

7 月 23 日，第二版在深圳出厂，当天急运广州。我在第二届"中山杯"华侨华人文学作品征集截稿日 7 月 31 日之前一周，把样书及时快递到北京《中国作家》杂志社——"中山杯"盛事由中山市和中国作协联合主办，评奖工作交由《中国作家》杂志社组织的评委会全权负责。

同年 11 月 13 日，第二届"中山杯"颁奖仪式在石岐举行。我这本书从全球征集的 200 多本作品中胜出，以"长篇报告文学"（纪实文学）荣获主体作品奖，并位列得奖的七部作品之首。暨大前副校长、恩师饶芃子教授和党委书记蒋述卓教授出席仪式。饶老师荣获华侨华人文学研究终身成就奖，我的学生、旅美著名作家苏炜以其诗剧《铁汉金钉》获原创作品奖。三代师生一同获奖，特别高兴。

与饶芃子副校长、蒋述卓书记在颁奖会场留影（2011 年）

中山是我毕业后工作过 15 年的地方，它成了我的第二故乡。我当地的学生、作家、广州私立华联学院副校长曲辰（黄向农），以及美籍华人著名作家刘荒田等多位好友见证了颁奖。

深　耕

家书纪事作品的第三版于 2016 年出版。暨南大学出版社和国际关系学院/华侨华人研究院把我这本书纳入"世界华侨华人研究文库"。

这是顺理成章的事情。我已获聘国际关系学院/华侨华人研究院兼职教授和研究员多年。学院把我的书看成是自己的成果，让我有机会参加学院举办的国际学术会议与中外学者交流。

媒体的宣传为我的作品传播插上了翅膀，特别是中央电视台做了多次报道，还邀请我到北京录制了《我有传家宝》的侨批专题节目。这个节目由著名主持人水均益主持，并迅速传遍大江南北，海外的朋友陆续发来微信说看到了。中央、地方的纸媒、影视也有不少报道和评价。这就督促我努力进一步精耕细作，精益求精。

2014 年 6 月，我联络分别居住在国内、加拿大、美国的家属，组成一个"跨国家庭访问团"飞赴古巴。我们首先是寻找先人的足迹，为父亲扫墓；同时也进行古巴华侨华人历史和现状调查——这对于创作者来说，叫做"深入体验生活"，对于学者来说则称为"田野调查"。

古巴之行进一步加深了我对父亲、华侨、华裔和古巴社会的了解。百闻不如一见，实地观察和感受为创作提供了丰富的素材。

经过多年研究，我逐步认识到前人所著的华侨史，大多有一个缺点，那就是"单边"记录，即只有海外的华侨史而没有侨乡史。实际上，华侨史有半部在侨乡。只有把海外的华侨史和侨乡史结合起来，才能写出完整的侨史。因此，我尽量抽出时间进行侨乡调查。我陆续访问了台山、斗门、南海等侨乡，发现了松咀村、东宁里、大濠涌、河清四村等"古巴华侨村"，收获了许多第一手材料。

于是，我一边修订《鸿雁飞越加勒比——古巴华侨家书纪事》，一边创作它的续篇《古巴随笔：追寻华人踪迹》。

暨南大学出版社 2016 年 12 月推出的《鸿雁飞越加勒比——古巴华侨家书纪事》修订版面貌焕然一新——更加大气的版本、更好的用纸和装帧，在精编精印"市场版"的同时，为适应学术活动和学者的需求，还特意增加了"学术版"。

2017 年，《古巴随笔：追寻华人踪迹》一书也在广东高等教育出版社出版。

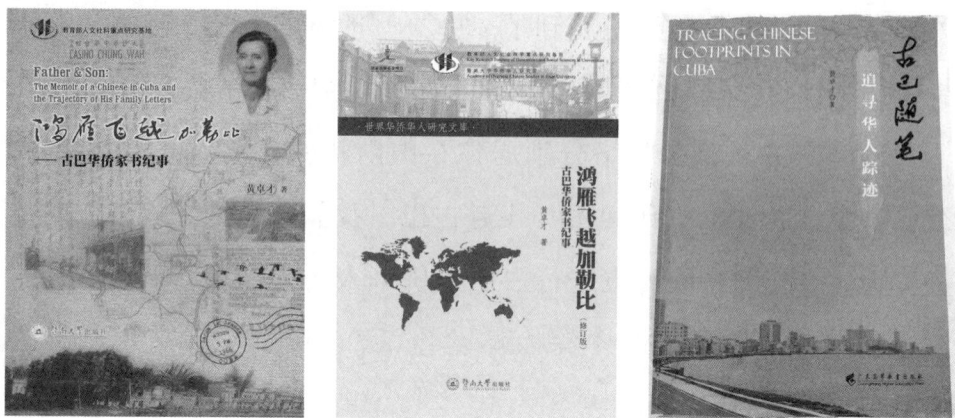

《鸿雁飞越加勒比——古巴华侨家书纪事》两版及《古巴随笔：追寻华人踪迹》封面
（2016、2017 年）

出　海

2015 年，张天慈小姐从古巴、西班牙留学归来，由朱霖陪同到广州来找我，说她在国外读了我的家书故事，很感动，想翻译成西班牙文介绍给西方读者，问我同不同意。

我当然同意啦。通过古巴海归领袖朱霖的介绍、接触和交流，我觉得张天慈小姐很有语言天赋，西班牙语学得很好，完全能胜任翻译工作。作品翻译成西班牙文出版，就能更好地参加世界文化交流。这是我梦寐以求的。

张天慈小姐说干就干，回到新疆家里立即投入工作。她集中时间、精力专心翻译，一气呵成，完成了译稿。为此，她牺牲了半年的就业时间。其间只抽身参加中央电视台的西班牙语比赛的总决赛。她荣获第四名。

　　为了西班牙语译文更本土化，提高译著的质量，张小姐又请她留学古巴时的导师、哈瓦那大学著名亚洲史专家、土生华裔玛利亚教授审订书稿。

　　2008—2016 年间，广州的广东华侨博物馆、北京的中国华侨历史博物馆和中国人民大学家书博物馆相继开馆。三家博物馆不约而同收藏并长期展出我的作品。这对于我是有力的激励。

　　在创作实践中，我逐步认识到展览对于推广文学作品的作用。2017 年是中国人抵达古巴 170 周年，纪念活动很多。我与广东华侨博物馆合作，举办了"古巴华侨历史与华侨家书展"，在广州展出两个月后再到台山、江门巡展。中山市博物馆也展出我的家书。2018 年，"中华家风"展览在北京中华世纪坛举行，黄宝世家书家风故事成为其中的一个部分。这个展览后来又移师天津。六地的展览，参观人数超过 20 万。父亲的家书和我的家书纪事著作，在中国华侨历史博物馆、中国人民大学家书博物馆、广东华侨博物馆等文博机构长期展出，扩大了作品的影响。

　　2018 年，我携家属和研究团队第二次去古巴。这时，张天慈入职清华大学拉美研究院，工作忙得不可开交。我的侨文化研究团队成员、暨大西班牙语教师闫立博士挺身而出，前来支援。经过多次国际学术会议交流，闫博士对我的作品已了然于心。作为拉美研究青年学者，他十分乐于加盟译稿的工作。后期的翻译、校勘、统稿和联系西语编辑，是他顶着疫情的压力倾力相助完成的。我不懂西文，就挑起编辑图片的担子，并学习使用智能翻译软件，协助检查书稿。

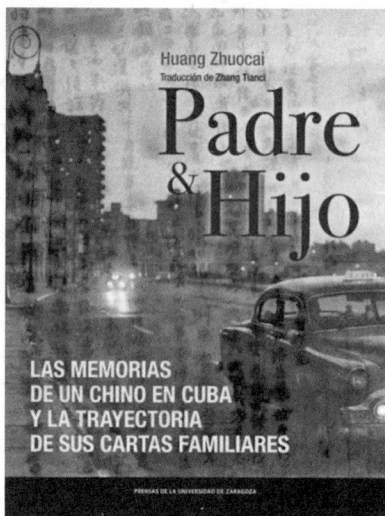

西班牙萨拉戈萨大学出版社出版
的西文版（2021 年）

在中国、古巴、西班牙三国多方学术机构，学者和朋友的合力下，西文版六年磨一剑，又获得广东省高水平大学和暨南大学中华文化港澳台及海外传承传播协同创新中心联合资助，留西班牙学者黄艺老师帮助联系萨拉戈萨大学出版社，我的作品终于成功出海！

习近平总书记于 2018 年 10 月视察暨南大学，指示我们要"把优秀的中华文化传播到五湖四海"。讲好中国故事，已经成为时代赋予我们的神圣使命。从 2005 年着手创作算起，至 2021 年底西班牙文译本在海外出版，历经 16 个年头。深耕 16 载，作品终出海。能够为此出点力，我非常开心。

我要衷心感谢所有曾经提供支持和帮助的单位和朋友！

2022 年 3 月 16 日于暨南园

补记：2022 年第 11 期的大型文学杂志《作品》发表了我的《古巴家书》，九万多字。这是补入新材料的修订本（总第五版）的节选本。

爱忙活　享乐趣

——散记黄卓才

叶满荣

《暨南春早》主编，暨南大学中文系 1958 级黄卓才勤快，很忙。

我俩两年多前就开通微信聊天，近期聊了许多。卓才说："满公，为编回忆录，我付出许多时间和精力。组稿、读稿、打字、设计体例等，以至有几篇想写的稿子未能写出。"现在正到准备定稿、交稿阶段，"我想编成突出主体、照顾全面、宽厚包容的集体主义风格的《暨南春早》，敬请大家支持"。之前有些同学担心这部回忆录是否能编成。十几年前就说要编了，一直未成；现在全级同学都已经进入"80 后"了，还成？

黄卓才说："时不我待，这次一定要成，一定能成！"这是他近几天的呼喊，意欲善始善终。

是呀，卓才看上去像是暨大守门人，埋在湖边草丛中的"明湖"石刻，他细细考辨。他说碑文有错了，呼喊纠正，留住明湖真实的历史记载。当年明湖渔火还在他心中燃烧，不能熄灭，要写进去。春天到了，他到明湖拍照，向分散各地的同学们传递暨南早春信息。夏天来了，到南湖留影，传送映日荷花红颜。连续两年，他拍湖景照，我题明湖诗。他把我诌的诗收入回忆录，不嫌诗丑。我亦不怕读者笑话。在百余篇收入回忆录的文章中，有他20多篇。其中写暨南往事、明湖缘起，又占去一半。18个月前，卓才振臂一声喊：写回忆录，就是要当好暨大看护人、传承人。他不断组织同学群网聊，聊江村炼焦的激情岁月，聊《岭南春色》实地采风日子。聊老师、同学、读书、练兵、娱乐、游玩、毕业握别、再相逢，就为找回五年记忆，不忘六秩窗情。写进回忆录，留住历史，留住暨南情。《暨南春早》成书在望，大家翘首以待。

从20世纪70年代末调回母校任教起，卓才就一直很忙。他教写作课，要花好多时间改作文。还开"公关编辑""演讲与辩论"，都是自己创设的新课。他跟我讲教学和研究心得："我不固守在中文系基础写作、文学创作课的一亩三分田，跨界开创'经济写作'学科，编著、主编了两本教材、教辅。20多年来，出了四版，25印次，印了16万册，被全国许多高校采用。后来，再跨界开创'旅游写作'学科，又策划编著五本教材、教辅。还为电大（后改名'中国公开大学'）合著、主编《文秘管理与写作》，出了三版，印行近5万册。教材在暨大不算科研成果，但我乐此不疲。至少有20多万大学生读过我的教材，这就够了。"

《经济写作》的四个版本　　　　　　　"旅游写作"系列教材

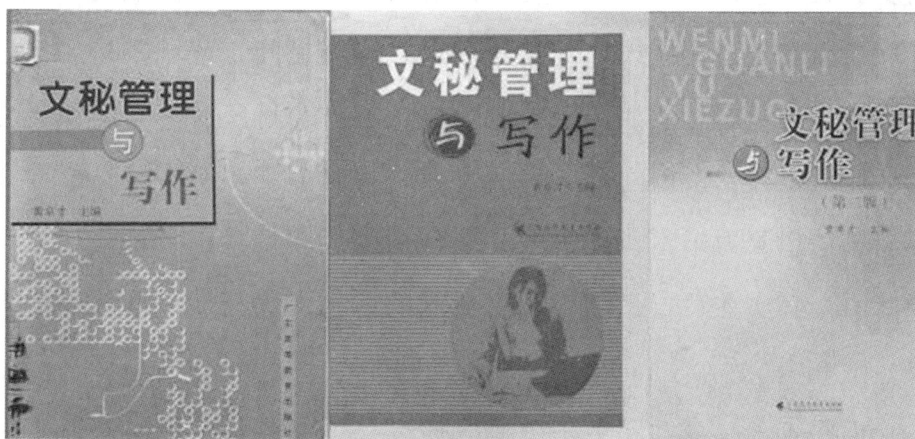

《文秘管理与写作》的三个版本

　　是的，有这么多高校用过这些创新教材，有这么多学生读过卓才教材，这专业写作大学堂够大了。怎么做到的？工作能力强，为其一。有开创精神，勇于跨界拼搏，为其二。时逢改革开放，社会需要大量写作人才，于是现代写作学科创立了，迅速发展壮大了，为其三。卓才准备好了，得天时，逢地利，施展雄才，会忙活，教、研双丰收。一万年太久，只争朝夕，忙啊。我在深圳书店看到过卓才兄这些教材。很多本子，厚重。

有位古典文学教授（我们的老师）说，写作课没必要开。卓才却觉得很重要。20世纪90年代，他编了顺口溜："本科课程三件宝，写作、外语与电脑。"告诉学生，无论读什么专业，学好这三门课，就有了谋生本领，走到哪里都不怕。他还把这个顺口溜写进教材的后记。

中文系毕业的卓才，曾面向全校开"文学写作"选修课。他也偏爱散文写作，是散文写作高手，出版了《水上仙境》散文集。收录百篇散文，写异域风情、北美观察、华埠见闻、芝城墨迹、澳游散记、雪泥鸿爪、生活印记等。眼界开阔，题材广泛。写出风光之秀、他域之异、侨情之厚、生活之趣。写得多姿多彩，足见卓才文心炽热、想象力丰富，理解力和表现力强。一切景语、物语、人语皆情语，其实在写自己的心，写自己的情。文气呵成，形散而魂不散，妙。

近些年来，卓才又做华侨华人研究，爱结伴游，继续写。走到哪写到哪，侨乡见闻、旧宅居观、友人感事、同窗忆旧、旅游感觉等，尽成文章，刊发在国内外多家报刊上。卓才写的《古巴华侨家书故事》，开创文体新例，深刻反映华侨华人家国之思，反应强烈，被翻译成西班牙文，走出国门，获奖颇丰。忙，凡有生活的地方就有宝藏。构思开挖忙，散文创作忙，华侨研究忙，忙啊。不写不行吗？"不行！我教人家写作，自己必须有写作实践，才能教出真功夫。"

卓才大学时代就与同学访问秦牧，拜秦牧为师。"我喜欢他的散文，思想性、知识性、趣味性很强，别具一格。"他说，"后来，秦牧担任暨南大学中文系主任，我在他旗下教书，写《秦牧评传》，有过密切交往。再后来，编《秦牧全集》，任广东省作协秦牧创作研究会常务理事，做过一些研究。秦岭雪说我的散文带有秦牧味儿，也许是的，潜移默化嘛。"写书忙，编书忙，忙啊。有些事儿，他和张振金同学一起做。毕业多年后，他俩还有机会一起研究秦牧创作，编书、开会，同赴北京，共登长城，难得。

卓才跟我讲，还做过"小儿科"——刚从中山调回暨大时，一边备课上课写论文，一边与同窗陈新东合作写东西。当时新东亦由海丰调返广钢中学，当语文科组长。两个当了15年中学语文教师的同学，谈起作文教学，有很多共识。"那就写出来吧，算是一个工作阶段的总结。"他说。他俩合写指导中学作文的文章，陆续发表在北京《中学生》杂志，后编入中国少年儿童出版社出版的《文章病院》一书。短期内，印数50万册，在全国影响很大。不久，他乘势编著《全国中学生获奖作者谈作文》，曾敏之师赐"序"，印行27万册。广东改版《作文获奖揭秘》又印1万册。"以上两书，可说是我15年中学、师范语文教学的经验总结。对于大学来说是小儿科，不上眼。对于中小学，则是高端产品。当年许多中小学语文老师知道我的名字。我做过青少年知识普及，觉得有意义。"

这就是卓才所讲的"小儿科"

黄卓才讲了两个插曲：

其一，"《中学生》杂志庆祝发刊50周年，我和太太应邀出席大会并发表讲话。与从秦城监狱出狱的王光美同桌吃饭、合影。我就坐在她身边。她兴致勃勃地听我介绍暨大，说有机会要去看看。"陈新东其时还在广钢中学当语文教研组组长，天天要上课，无法抽身赴京参加庆祝。后来他太太告诉我，这些成果成了陈新东调往广州市社科院当《广州年鉴》主编的敲门砖。

其二，"中文系1964届的谢金雄同学是调干生，毕业后当过佛山市文化局局长。他觉得我们的文章也可指导青年作者创作，便拿去刊登在他兼任主编的《佛山文艺》，据说反映不错"。

卓才忙，追溯到暨南大学中文系在读期间，他是校学生会《暨大学生》大型黑板报主编，《暨南园》杂志副主编，我们年级的学习委员，出过《战鼓》《炸弹和旗帜》油印刊物。当年的油印刊物，要用针笔一笔一画地用力刻写在特制钢板蜡纸上，他有耐性，愿意为同学作嫁衣裳。

从 1958 年秋到现在，入学、毕业、入职、退休。从"恰同学少年"到"踏遍青山人未老"，他一直很忙，乐在其中。在繁忙中磨炼成长，变得有能力、有魄力，能写能干。忙得出名，天下有人知，成绩傲人。

黄卓才主编分别由暨南大学出版社、中山大学出版社出版的两套应用写作丛书（共 14 种）

他退休后还一直在忙。不同的是，他多了一个保健、玩乐心态。他认为，会忙活，享乐趣，有益身心健康。他说，在玩乐中做成实事，做出成绩，是人生最高境界。

忙人黄卓才者，如是也。

2022 年 4 月初作于深圳

干一行专一行的本领源于母校培养

黄振兴

从暨大毕业后进入单位工作几十年，人生道路不是随心所欲、自己可以左右的。当时，我们处在计划经济时代，一切都要听从组织安排，党叫干啥就干啥。因此，我走过一条由从教到从政的道路。

由从教到从政——我的工作经历

1963年8月，我和杜捷江、陈新东一起分配到海丰县从事教育工作。后来由于三人的需求不同，几年后各奔前程：杜捷江调往山西，陈新东调往广州，我则留在海丰，进入县委机关科教办工作（分管教育、卫生、科技、计划生育等单位），实现了从教师转行，成为行政干部。

在海丰县工作 16 年后，由于家庭存在较大的实际困难，我要求调回家乡梅州市平远县工作。1979 年 6 月，我满怀信心回到家乡，但工作安排却不尽如人意。平远县委组织部称："现在县委机关人数超编，你只能到县委党校去当教员。"又是教书！还是一个全新课题。虽然心里不舒服，但不能不服从。幸好在大学里学习了哲学、政治经济学、科学社会主义理论，讲政治理论，还是有一定底子的。于是，我干一行，爱一行，专一行，讲好每一次的理论课，做到不仅要有高度的政治思想性，还要有良好的知识趣味性，因而受到来党校学习的干部一致好评。一年后，县委任命我为县委党校秘书（副科级），协助校长搞行政工作。三年后，县委调我到县委宣传部任副部长，六年后提升为部长。任正职一年后，市委组织部任命我为中共平远县委常委，兼任县委宣传部部长、县文联主席、县社科联主席，一直工作到 60 岁退休。

退休在家休息一年后，适逢中央、省、市、县都要成立关心下一代工作委员会（简称"关工委"），县委任命我担任县关工委主任，一干就是 20 年。发挥余热，老有所为，做了一些力所能及的工作。县委、市委、省委组织部，省关工委，省老干部局等单位多次授予我"全省优秀退休干部"

退休后的黄振兴

和"先进工作者"称号。2020年底，我辞去县关工委主任职务，县、市、省委组织部，省关工委，省老干局授予我"特殊贡献奖"。《秋光》杂志2021年第11期还发表一篇文章介绍我的事迹和照片，文章标题是：《平远山区"不老松"，默默奉献二十年》。

县委常委宣传部部长黄振兴为中国银行平远支行干部职工作形势报告

最大资本是母校暨大给我的

回顾几十年来的人生历程，我觉得自己由从教到从政，从政又能不断进步，主要靠自己刻苦努力，勤奋工作。最大资本就是母校暨大的培养教育，给了我走向社会立身行事的本领和技能。另外，暨南大学五年制本科生也是一块金字招牌，令许多人刮目相看。所以，我深深感谢母校的关心教育，永远铭记暨大恩师的辛勤培养。

1958 年高考，我第一志愿报考暨南大学中国语言文学系（中文系）并如愿被录取。1963 年秋季毕业离校。时光荏苒，转瞬之间，过去了 63 年。现在，暨南大学中文系 1958 级同学中的一批精英倡议大家编写一本回忆录，表达对母校的眷恋、对恩师的铭记、对逝去岁月的回味，我觉得这是很有意义的。我的同学多数已到耄耋之年，大家还能心灵相通，互通音信，时赐佳音，这真可说是一种福气。其中，有不少同学老当益壮，思维敏捷，笔耕不辍，还在书写"中国梦"的华丽篇章，这更是令人羡慕和佩服的。这些 1958 级中文系的佼佼者，是第一届中文系的骄傲，也是母校的光荣。

我在暨大五年，除去参加炼焦，投入"大跃进"的运动中，实际专心致志攻读语言文学大概只有四年。况时逢"三年困难时期"，同学们的学习精力也大打折扣。大三以后，我被调入语言学师资培训班，主修语音、文字、语法、修辞，文学方面便有所忽略，功底无法打深。可以这样说，在语言文学方面，老师已经带我入了门，但我没有真正登堂入室，与其他研究卓著、成果丰硕的同学相比就有很大差距了。

回望母校，不尽依依。母校是我的人生驿站，也是我人生的最大转折点。在我身上，打上了永远无法脱去的暨大印记。对母校的思念之情，犹如一杯甘醇之酒，历久弥香。

有三件事，在我脑海中留下深深的记忆：

一是省委对暨大高度重视。当时，暨大的校长是由省委书记陶铸兼任的，校名也是他书写的，这在全国省一级高校中也许是绝无仅有的。陶书记多次为我们作报告，要求我们有"理想、情操和精神生活"，学习"松树的风格"，做社会主义建设坚强可靠的接班人。省委把教育家、中山大学教务长王越调来暨大任副校长，专抓教学工作。省委还选派一批部队的能人悍将加强暨大学生的思想政治工作。当时学校党委书记梁奇达多次强调：暨大复办的第一届必须培养好，打响第一炮，为母校争光。为使中文系培养出一批拔尖人才，省委把中国作家协会中的老作家、青年创作部部长萧殷调来任中文系主任。暨大还聘请中山大学多位语言文学大师来校讲学，聘请广东省作家协会的著名作家来暨大中文系作报告，华南师范学院中文系主任也来给我们讲课。这一切，充分体现了省委和学校对中文系的重视。系主任萧殷告诫我们：作家是社会大学培养的，你们在校就要博览群书、博闻强记，大量积累理论知识、专业知识，为以后的发展打下坚实的基础。以后调来的诗人、中文系党总支书记兼系副主任杜桐则要求我们要谦虚谨慎、戒骄戒躁；毕业后若到中学，三年内要谦逊，从初中教起，三年后就要超过其他大学的毕业生。中文系党总支副书记张德昌是部队转业的。他谦虚谨慎，平易近人。平时讲话柔声细气，温文尔雅，做思想政治工作如春风化雨，润物无声；动之以情，晓之以理，导之以行。还有系政治秘书叶孟贞老师，也很善于做思想教育工作，经常来宿舍看望关心我们，嘘寒问暖，谆谆教诲我们要努力学习，立志成才。校、系领导的教诲、鞭策，对我毕业后的工作起着很好的激励和鼓舞作用。

二是老师对教学工作殚精竭虑。当时暨大的老教授不多，但授课的中年教师都是有水平、能独当一面的。由于他们精心备课，讲授又旁征博引，条分缕析，讲得生动活泼，深受学生欢迎。饶芃子、郑孟彤、艾治平等老师的课我都听得津津有味，入心入脑；既丰富了文学知识，又得到了精神享受。饶秉才、陈垂民两位老师讲授语言课非常严格严谨，绝不允许学生把方言融入普通话里。饶老师本身是客家人，但与我们梅州学生的交谈中，他从不讲家乡话，就是到他家做客也是一样，目的就是要我们中文系的学生严于律己，讲好普通话。他俩不仅要求我们掌握专业知识，而且还要求我们大胆实践，积极研究。他俩还组织我们对广东方言进行调查，明确广州、客家、潮州话的标准音以及语音特色。毕业前夕，上级通知暨大中文系学生多数要到中学任教时，他俩在语言知识方面组织我们再学习，再深造，把汉语拼音、语法修辞学到滚瓜烂熟。只要对方讲出一句普通话，立即要用拼音字母写出来，声母、韵母、声调都不能错。写出一句长句，能很快分析出主语、谓语、宾语、定语、状语、补语。由于打下了这个基础，我们之后到中学任教时，在这方面得心应手。其他大学中文系毕业生，特别是工农兵大学生，经常要向我们请教。我和杜捷江、陈新东是一起分配到海丰县工作的。杜捷江在海丰县第一中学——彭湃纪念中学任教时，我作为教育局蹲点组的一位成员去听课。课后大家一致评议很好，认为杜老师语文功底深，讲课很有技巧。我想，他若在那间学校工作下去，评上特级教师（教授级）没问题。陈新东在海丰县红草中学任教，教学水平也得到师生的一致好评。后来由于夫妻分居，他调回广州广钢中学当语文科组长，后又被抽调到市里担任社科院创办的《广州年鉴》主编。总之，暨大五年，老师的一言一行、教学水平、教学风格、治学精神成为我一生的工作风范。

与来访的暨大学友关秀芳（左）、杜捷江（右）合影

三是学校对学生关怀备至。暨大学生来自五湖四海，有侨生、港澳生、内地生（含应届生和调干生）。大家和睦相处，团结一致，互相帮助，这是母校老师教育、关心的结果。我作为农村的贫困生体会尤深，我的学杂费、生活费学校全部支付了。在"三年困难时期"，为了照顾海外以及香港、澳门归来的学生，学校专门开设"南洋馆"（凭侨汇证供应肉食的食堂），使他们的生活水平不至于降低。而对内地的学生，学校也想尽办法弄来物资，改善同学们的生活。一天一斤大米吃不饱，学校把三餐改为两餐，而且发明"双蒸饭"，膨化饭粒，填饱肚子。学校还每月给大家发点饼干，让学生在自学中饿得难受时补充一点食物。我作为班里的生活部部长，每月都要去校部领取食物，发到每位同学手里。为了减轻学生的体力负担，学校还把体育课中的田径、球类项目取消，改为教大家学习太极拳，而且终生受用。毕业前夕，我不幸得了肺结核，学校安

排我住病号房，吃病号餐，还送我到中山医学院治疗。毕业后，学校允许我回家疗养一段时间，生活费照发，还允许我在县医院、乡医院诊病取药治疗，减少了来回步行县乡之间 60 多公里的劳累（当时没有公交车），而且医治也极为方便，每天打针，在乡医院即可进行。虽然花了一大笔医疗费，学校还是全部给我报销。由于学校的关心，我的病好得很快，几个月后我便走上工作岗位。

往事如烟，母校给了我太多太多。在那段美好时光，我收获了知识，收获了品行，收获了友谊，深深感谢母校给我的一切。母校难忘，永记恩师，母校是我一生的情结。

百舸争流千帆竞，乘风破浪正远航。现在，母校已经出现了崭新变化，取得了辉煌业绩。祝愿母校事业兴旺，人才辈出，腾飞壮哉！

作于 2021 年

特级教师苏章地

惠来一中

苏章地老师系惠来一中特级教师，中学语文高级教师。

苏老师 1934 年 1 月生于印度尼西亚加里曼丹，广东揭阳人，1951 年回国求学，1963 年毕业于暨南大学中文系。同年走上教育岗位，先后在惠来隆江中学、神泉中学、东陇中学任教。1978 年调入惠来一中，一直负责高三及升大补习班语文教学，并当班主任，在高考第一线上，努力拼搏，无私奉献，至 1996 年退休。他和同事为高一级学校培养输送了数以千计的合格新生，称得上"桃李满天下"。

苏老师师德高尚，师业精深，执教严谨，以苦为乐，以校为家，一心扑在教育事

苏章地入学照（1958 年）

业上。对业务，他有着系统的、坚实的教育教学理论和语文专业知识，仍孜孜以求不断进取；对学生，有着高尚的责任感，严格要求而又热情关怀；对青年教师，无私地传、帮、带；对教改，勇于实践，不断创新。他怀着一颗赤子之心，忠于党的教育事业，坚持教书育人，30多年如一日，呕心沥血，把毕生精力和心血献给了教育事业。在师生中、社会上享有崇高的威望。他辛勤工作，精心育人，出色完成各项任务，教学、教育、教研取得了显著的成效，历年来被评为"先进工作者"。1986年被评为"汕头市优秀园丁"和"汕头市优秀归侨教师"。1987年被评为"广东省优秀归侨教师"。1988年被评为"广东省优秀园丁"，并荣获"桃李杯"。1987—1988年两次受县政府和汕头市政府记大功表彰，并晋级奖励。1989年被评为"广东省优秀教师"，同年被列为县委组织部管理的优秀专业技术人才。1990年8月被评为"广东省中学特级教师"。1991年9月国家教委、国家人事部授予他"全国优秀教师"称号，并给他颁发奖章。1993年被评为"南粤教书育人优秀教师"和"揭阳市教育系统优秀教师"。

苏老师担任班主任工作30年，始终坚持把德育工作放在首位，多渠道、多方式地开展思想政治教育，注重育人实效，取得良好效果。1987年县教育局把他的先进事迹印发给全县中小学、进修学校和幼儿园，作为老师学习的典范。1988年被县、市教育局选送，参加汕头市教书育人报告团，到各区、县作巡回报告，为期十天，听众上万，评价很高，影响很大，其先进事迹被广为传颂。《汕头侨联》期刊（1988年3月30日）、《南方日报》（1988年9月9日）、

《汕头日报》（1991 年 1 月 20 日），从不同侧面刊载了他的事迹。他的名字被收入《广东改革开放群英谱（1979—1989）》，他的传略和业绩被编入《广东高级专家大辞典》《中国专家大辞典》《中国当代教育名人大辞典》等辞书。他撰写的《语文教学要培养学生的创造力》《师德与爱生》等优秀论文，获得奖励，其中获汕头市师德论文竞赛一等奖的《师德与爱生》是他教书育人师魂的真实写照。

苏章地（前排左三）参加暨南大学毕业 30 周年聚会（1993 年）

苏老师被选为汕头市第八届人大代表，惠来县第一届教育学会语文分会副会长，惠来县第七届侨联常委，惠来县第四、五届政协常委，任文教卫专委会主任。他积极参政议政，为地方建设事业的发展建言献策。苏老师无愧于"人民教师"的称号。

苏红梅

2020 年供稿

华文教育之花

——忆裕珠

钟毓材

一

应该是 20 世纪 90 年代开始第一年，旭辉告诉我，裕珠从加拿大多伦多到北京开会之后，回程路经广州，特地到暨大母校拜见张德昌副书记和饶芃子老师，也和旭辉、卓才等同学见了面。她问起我，旭辉告知她我在美国。她说："当年在大学期间，我和毓材是比较亲近的同学，他在思想和学业上帮助我很多，我很感激他，惦记着他，很想与他联系。"我问旭辉，裕珠到北京开什么会？旭辉说，她接受国家邀请参加北京召开的世界华文教育首届研讨会。哇！不简单，裕珠为暨大争光了！她虽然身处海外，却没有忘记祖国，没有辜负萧殷主任和杜桐副主任的教诲与期望，在多伦多华文教育事业上作出贡献，得到中国驻多伦多领事与国家侨办的嘉许。旭辉说，是呀，这次她回暨大，北京有关部门首长还特地打电话给张书记，说："你们有位校友黄裕珠从加拿大回国开会，准备回母校参观，她是国家邀请的贵宾，请你们务必好好招待她。"张书记说："我们会的。"旭辉告诉我，几十年不见，裕珠依然像从前那样豪爽、热情、亲切。她怀念大学时代的生活。我说："阿旭，裕珠是我们梅州同乡，和我又同是归国侨生，她在暨大读书的时候，追求进步，性格豪爽、活跃，特别喜爱话剧，工作与劳动都表现得很积极。她知道我会写小说，希望我在文学写作上帮助她，我们又曾经一起参与电影剧本的创作，一起到过中山香洲海上，与渔民一起体验生活，一起去过很多次珠影，很多时候在一起讨论研究剧本，成为亲密的同学。我也时时想念她，知道她在多伦多，可是没有她的地址，无法和她联系上。"旭辉说等他们见到面就把她的地址给我。那时候，我已经计划从美国回流东方，在泰国曼谷投资点生意，与两个弟弟一起开设制衣厂。那期间，我在美国、中国香港和泰国三地奔走、忙碌着，始终未能和裕珠联系上。

到了第二年，玉梅告诉我，裕珠不幸病逝了，我顿时感到失落、哀伤、惋惜……怎么会？她才50多岁，正当壮年，最有作为的时候。原本以为和裕珠联系上，或者相约见到面，有许多话要和她说的。我离开第二故乡17年之后回去雅加达，由我年少好友兼同学林万里陪同到她家，见到了她的长兄裕荣，同时也见到了她的父母。我要告诉她，我虽从商，却没有放弃文学，坚持业余创作，出了书。我更要祝贺她，作为老同学，为她在海外华文教育事业上作出成绩而感到骄傲。然而现在没有机会了，没有了……四海漂泊，春去秋来，异乡的长夜里，午夜梦回，不时浮现出与裕珠在暨南园中同窗共桌温习功课、明湖畔漫步谈心的景象。裕珠突然病逝，让我迷惑生命的无常，哀叹绽放的花朵忽然在西风里凋零，为她的早逝，我感到伤痛。

到了千禧年，裕珠的先生王炳中回国参加世界客属亲宗会，路经香港，玉梅和他在酒店见面，给我电话，说炳中找我。我和炳中通了电话，说的是客家话，分别将近半个世纪，听到了彼此声音，感慨万千，既高兴又悲伤，惋惜失去了裕珠。他说："是啊，完全没有想到，她会突然中风，抢救无效而身亡。"他又说："毓材，她时时提到你，很想找到你的。遥想当年，我们在一起游东湖、烈士陵园，一起看电影，你和素娴、玉梅还不时到我家，吃我妈煮的饭菜，那些年，我们大家有过欢乐与美好的时光！"我说："是的，我记得，我和素娴也时常怀念着的。现在我们联系上，以后可以往来了。"炳中告诉我，他担任多伦多客属亲宗会工作，经常会回国参加会议，也回过梅州老家好几次。"因为明天一早坐飞机回加拿大，毓材，下次我们才约见面。"我说好，要求他把裕珠的资料给我，准备将来撰写回忆录用，他答应了。

回到多伦多，他通过裕珠在香港的表妹把裕珠的资料寄来给我。厚厚的一叠资料，其中有炳中书写的裕珠生平事迹，附有五张相片，两封有关裕珠逝世的英文吊唁信件，一篇荷兰华文学校校长

纪念裕珠的文章《忆故友》。我看了，深为感动，也很哀伤。这些
资料对我来说，无疑是珍贵的，我会好好保存。还没有来得及感谢
炳中，裕珠的表妹打电话告诉我，炳中忽然中风病逝了。这不幸的
消息，又增添了我无限的哀恸。炳中突然离世，我们相约成空，从
此无缘再相见了。

纷繁世间，人生苦短，对于裕珠和炳中过早逝世，作为他们的
老同学、老朋友，我是惋惜的。

当年中文系的大一女生（1958年）

同游广州东湖（1962年）（由右至
左：钟毓材、伍素娴、王炳中、黄裕
珠、李玉梅）

二

黄裕珠在 1937 年生于中国广州，父亲为侨居印度尼西亚邦加岛第五代侨生，是一位有名的西医，祖籍广东梅县。裕珠童年在家乡梅县读小学，1950 年跟随父母亲全家迁回印度尼西亚邦加岛。不久再迁居印度尼西亚首都椰加达（现为雅加达），1951 年至 1954 年在雅加达协和初中毕业。1954 年至 1957 年在雅加达八华中学高中毕业。高中毕业之后，她与当时广大进步的爱国青年华侨一样，响应祖国号召，以满腔热情奔赴新中国怀抱。1957 年先进广州华侨补校，1958 年考入新办的暨南大学中文系，成为首届中文系毕业生。

她在暨南大学五年求学期间，认真学习，积极争取进步，工作和劳动表现出色；担任班上文娱股，努力工作。又热心参与学校各种文艺康乐活动，被选为暨大文工团话剧队队长。裕珠曾被评为"暨大五好学生"和"暨大侨生积极分子"，出席过广东省归侨侨生先进分子代表大会，受到暨大及广东省侨务部门的表彰和奖励。张振金同学记忆犹新——我们在江村炼焦，萧主任亲临炼焦工地，见到裕珠一身煤灰，只露出一双眼睛，认不出是谁，我对萧主任说这是裕珠。后来我把表扬裕珠劳动的一首诗给萧主任看，他十分感动。萧主任对我说了三个"想不到"，想不到炼焦时间这么长，想不到炼焦这么苦，想不到同学表现得这么好，尤其是港澳、华侨同学的表现更令他想不到，例如黄裕珠这样一个华侨女学生……

1963 年黄裕珠中文系毕业后，响应国家号召——应届大学毕业生到祖国最需要的艰苦地方去为人民服务，她被分配到花县炭步公社中学担任高中语文教师。裕珠在艰苦环境下，为培养农村中学生尽心尽力，工作了 15 年。在任教期间，裕珠多次被评为"先进教师"，出席花县及广州先进教师代表大会。

1978 年，黄裕珠全家按侨务政策获准出国到加拿大与亲人团聚，裕珠与夫婿王炳中及三个孩子定居多伦多市，在新的陌生的社会环境下，一切从头开始。她乐观、进取、勤奋，投身医院护理工作 10 年，为发展中加两国人民的友谊，怀着热爱夜以继日忙于护理与关心医院患者的工作，深得医院领导、医务人员及患者的爱戴和赞扬。裕珠在努力融入主流社会的同时，并没有放弃暨大所学的知识，没有忘记传承与宣扬中华文化的责任，时刻关心加国华文教育，她接受多伦多市教育局的聘请，担任公立小学中文兼职教师，发挥了暨大中文系培育的素养和教学技能，积极为宣扬中华文化、发展中文教育、促进中加两国人民友谊作出了有益的贡献。裕珠得到了祖国的认可和嘉奖，祖国也给了她荣誉。1989 年，中国国务院侨办在北京召开世界华文教育首届研讨会，邀请裕珠作为加拿大多伦多代表到北京出席盛会，与全球各地华文老师研讨和交流华文教育经验。她本人在大会上作了专题发言。裕珠会后到上海、山东等地参观和交流华文教学经验。除了教学，裕珠还为多伦多小区华人服务做了许多工作，曾经被华人小区选为多伦多教育局的华人学生家长协会主席。

黄裕珠应国务院侨办邀请来北京开会（1989 年）

1992 年，黄裕珠由于长期辛勤工作，积劳成疾，因心脏病发作，两次中风，于 8 月 12 日医治无效，与世长辞。

噩耗传出，引起侨社及亲朋的悲痛，在追悼会上，有两百多位亲友及社会各界人士前来吊唁。中国驻多伦多总领事馆派出两位领事前来致哀，并代表总领事馆赠送花圈。多伦多市教育局、多伦多全科医院也派出代表赠送花圈。国安大略省议员、多伦多市议员及教育局委员也亲临哀悼。

以上文字来自王炳中书写的黄裕珠生平事迹简介一文。他附来两封悼念黄裕珠的英文信件，翻译如下：

第一封信

多伦多市教育局主席彭·麦康尼致王炳中信，对黄裕珠逝世表示深切哀悼。

尊敬的王先生：

　　教育局委员们得悉尊夫人黄裕珠女士病逝，深感悲痛，在此谨代表全体委员致以慰问。

　　黄裕珠女士在与教育局合作中广交朋友，她喜爱华人文学与创作，同时热爱儿童，在合作中充分表现了她热心致力推广多伦多的多元文化精神。那些深为黄女士友谊感动的人们，将深切怀念她的忠诚和温暖。

　　值此悲伤的时刻，请接受我对你们家属的慰问。

彭·麦康尼

1992 年 9 月 2 日

第二封信

　　多伦多全科总医院伊顿南区 12 楼护理经理彼得·尼鲁逊，致电王炳中及全家，表示悼念黄裕珠女士。

尊敬的王先生及全家：

　　值此悲痛时刻，谨代表伊顿南区 12 楼全体人员，表示深切的同情与慰问。

　　我几年前在另一科室认识黄女士，我赞扬她那友善、稳定、高水平的工作。后来黄女士又调来我们心脏专科工作，她的日常工作充分证明了她为直接服务病区而表现出的热诚，护士们都乐意与黄女士合作共事，病人们也赞扬黄女士的出色工作。

　　我作为部门领导人，了解到黄女士是百分之百全心全意工作，因此，她是受到表彰最多的人员之一。

在此让我们再次向你们表示最深切的诚意的慰问。

我们永远怀念黄女士！

彼得·尼鲁逊

1992 年 8 月 25 日

荷兰华文学校校长阮素文也写了专文《忆故友》悼念裕珠，此文刊登于北京出版的《华文教学通讯》上。

阮素文校长的文章，让我们知道裕珠原来担任《华文教学通讯》的多伦多特约通讯员。她们是在北京召开的世界华文教育首届研讨会上相识的。她们一见如故，成为好友、好姐妹。阮校长赞扬裕珠的为人，欣赏她的才学，说裕珠在大会上朗读自己创作的诗篇《光荣的使命》，获得热烈的掌声。对于裕珠的离世，她表示深切的哀悼，她写道："她，虽不是什么伟人，又没有什么丰功伟绩，但是她一生坚强、勤奋、真诚，热心公益，更为侨居地的华文教育东奔西跑，现在她虽然离我而去，但她的精神、她的音容笑貌将会永远留在我心中。裕珠，我的大姐姐，我怀念你……"

看了以上文字，动心动情。是的，裕珠活在我心中，也活在老同学心中！

三

遥想当年，在那火红的年代，暨南园、明湖畔五年的大学生活，我们怎么能够忘记？由于我和裕珠都是从印度尼西亚回国的爱国侨生，又是梅县同乡，又同是热爱文学、积极争取进步、有着共同梦想的人，很快成为比较亲近的同学。我们一起温习功课，讨论写作，一起劳动，一起演出话剧《扬子江暴风雨》，一起创作电影剧本……我们时时在一起谈心、谈人生、谈理想。她介绍在印度尼西亚的长兄黄裕荣给我认识。这位印度尼西亚著名华文作家的大名，他的传奇，我早就听说过。裕荣从小得了小儿麻痹症，不良于行，然而他身残志不残，坚强勤奋，苦学成为作家，被称为印度尼西亚的保尔·柯察金。他担任当地华文报纸《忠诚报》文艺副刊《火花》主编，创作了许多诗歌、寓言和文学评论文章，获得广大爱好文学青少年的爱戴与尊敬。一经裕珠的介绍，我和裕荣成为知心的文友，相互通信，共同讨论文学创作。

大学生时代的黄裕珠（1963 年）

裕珠又介绍她的男朋友王炳中给我认识，炳中是她同乡。我们都是梅县客家人，有着共同语言，很快成为好朋友。炳中高高瘦瘦，白白净净，长得一表人才，是个有学识的人，思想进步，觉悟高。从中山大学毕业后，他被分配到中山医学院马列主义研究室当讲师，也曾担任广州第十六中学的政治指导员。那时候，炳中的母亲也在广州，他们在东山租了房子。王伯母是一位慈爱的妇人家，又是烹调高手，煮得一手好吃的客家菜。她把未来的儿媳妇裕珠当作亲女儿般疼爱。由此，裕珠的好同学——我、素娴和玉梅，王伯母对待我们也像她的儿女一样，怕我们饿着，不时煮些好东西给我们吃。王伯母的慈爱，我永远都记得。真的是，那些年，我们有过值得回忆的喜悦与美好的时光，我们一起游赏东湖美景，一起看过许多电影，一起欣赏歌舞剧《宝莲灯》……

往事并不如烟，春梦也不是了无痕，前尘往事依然清晰地在记忆中。裕珠，你不会忘记，我们挑灯夜战，流着汗水，用双手挖筑明湖，由此，暨南园才有了这一颗明珠、这一座地标！我们长忆明湖的美丽，花红柳绿，湖面倒映蓝天白云……如我如你，不论经过多长的岁月，经历怎样的风雨，纵然是在天涯海角，明湖都在我们心中。

裕珠，你一定不会忘记，我们一起参加电影剧本的创作小组，得到学校和系领导的重视与支持，特别批准我们五个同学——你、我、振金、兆汉和锡房，到中山香洲海湾体验渔民生活。我们和渔民一起坐船出海，迎着朝阳，乘风破浪，你激动、喜悦、兴奋；看见捕获大量的龙须鱼，我们为渔民的丰收而欢呼……我们多次到珠江电影制片厂，我们的电影剧本初稿得到编导们的指导和帮助，获益良多。我们又实地观赏拍摄电影，你好感动、好惊喜……

裕珠，你一定不会忘记我们中文系的壮举——参与采写《岭南春色》的活动，我和你，还有李耀华、温锦珠与冼燕萍到清远县的马头石山，采访广东特等劳动模范曾桂梅女士。马头石山矗立在清远县北部，当这座好像骏马腾空似的雄奇大山出现在眼前的时候，

毕业前的合照（1963年）

我们禁不住惊呼起来。当我们知道曾桂梅女士不平凡的传奇事迹之后，肃然起敬。她就是生长在这大山里的人，一个贫苦的孤女，在党的培养下，从土改干部到公社党委书记，十多年来，她带领山区人民艰苦奋斗，开山辟地，建造水库，把贫瘠的山地改为良田，彻底改善山区人民的生活，获得人民群众的爱戴和拥护。她多次被选为劳动模范，还上过北京，和刘少奇同志照过相。我们见到的，是瘦削硬朗的50来岁的妇人家，朴素而平凡，然而她作风雷厉风行、干劲冲天。我们初来的几天，她无暇接受访问，忙于开会，组织群众准备春耕以及疏通河道等许多工作。当她知道我们是从海外与香港回来念大学的，就好像母亲似的关爱我们；她让厨房特别做了一餐丰盛的晚餐招待我们，歉意而又深情地说："你们都是祖国的好儿女，离开父母和家庭回来读书。今晚就在这里补过年，就像在自己家里一样……"平日干练的女强人，这时呈现出慈爱一面，还夹菜给你们女生吃，裕珠，你感动得眼含泪花，问道："曾书记，我们可以认你做妈妈吗？"她反问道："怎么不可以？"于是我们有了曾妈妈，了不起的曾妈妈！离开的时候，我们依依惜别，舍不得离开曾妈妈。回程路上，我们频频回望，想多看两眼那像骏马腾空的马头石山，那雄奇的大山！

…………

　　裕珠，我希望与你联系上，自然更希望能够和你相见，我要告诉你许多分别后的事情。1969 年，我离开 17 年之后重回第二故乡，在雅加达由我童年好友林万里相陪到你家见到了你长兄裕荣和你的父母亲。林万里是印度尼西亚知名的华侨作家，曾经和裕荣在翡翠文艺基金会一齐工作过，彼此很熟悉。我的到来，令裕荣惊喜万分。"哎呀！毓材，想不到你会回印度尼西亚来，更想不到我们会有见面的一天！"不过很快，一问起你，大家的心情沉重起来了；在那特殊时期，无从得知你的近况，你的亲人担忧你的安危……

　　印度尼西亚呢？刚刚经历了惊天动地的风云巨变，血洗之后的大地，残留的废墟处处可见；大举排华之后，华侨成为惊弓之鸟。如今全面禁止华文，偌大的城市再也见不到一面华文招牌，华文报纸没有了，裕荣也放下了笔，他感到失落、惆怅。我们感慨唏嘘，身处乱世，觉得无奈与悲哀，我们相对无言。

　　裕珠，我要告诉你，我和素娴有了两个孩子，一个女儿、一个儿子，我们全家于 1973 年移民美国，素娴和她的父母亲团聚，我们先在纽约八年，经营罐头食品批发生意，后迁居弗吉尼亚州的亚历山大镇，改为经营冷冻海产批发生意。我从商之余，没有放弃文学创作，写了许多作品。裕珠，我和素娴时时想念你，惦记着你。祖国改革开放，演绎春天的故事，我计划回流东方了。

　　裕珠，我要告诉你，我和萧殷主任联系上了，他如今身患重病，长住医院，他写信关心我和素娴，牵挂着海外的学生。我知道，当年萧殷主任也是特别疼爱你的……

裕珠，我还要告诉你，我这一生有许多奇遇。我在纽约见到了霭楣，她在医院里担任高级护理，没有结婚，独身……她记得你。

裕珠，真的，我有许多事要告诉你，以为我们可以联系上，更希望能够相见聚会，然而什么都落空了，再没有机会了……万万没有想到，带给我的竟然是噩耗，是许多人的哀思，来自多伦多的哀思！

花开花谢，寒来暑往，时间永恒地流逝。裕珠和炳中，这一对恩爱夫妻，爱国爱乡的客家儿女，从此双双长眠在异国的土地上，地久天长。北国的春花夏日、秋天的红叶和冬季的飘雪，都会陪伴着他们日夜望乡的灵魂……

2022 年 4 月 29 日

香港新界处处的鱼木树，开满了白花

我写格律诗

叶满荣

我爱格律诗，走进去风光无限，意韵无穷，便习写起格律诗来。做事得有材料，作诗也一样。作格律诗的材料，就是方块汉字和格律图像。把方块汉字按格律要求填进格律图谱中，格律诗便写成了。格律诗分律诗、绝诗，格律图像不难看懂，整体图像由五言八句或七言八句组成，分别叫五言律诗和七言律诗，简称五律七律。截取律诗前后各两联和中间两联，便取得绝句诗图像。叫五言绝诗和七言绝句，简称五绝七绝。这律诗图像的内部架构有两项要件：

其一，是按平仄配搭的声律要求组成的声律图像，即格律图像。中心要义：一是"一三五不论，二四六分明"。即每句处在一三五位置的字，声律要求可以放宽，并不要求全合律。处于二四六部位的字，在音节重要地位，从严，要求合律。二是每句诗的平声字不得少于两字，少于两字叫"孤平"，要避免。三是韵句最后三字不能出现三个平音字，出现则叫"三平调"，要避免。四是出现平仄不合情况，要在本句和对句中作出适当调整，叫"拗救"。意谓拗口了，补救一下。

其二，按方块字的句意词意字义要求组成的句法图像。中心要义：一是每两句组成一联，八句组成四联。首联叫"起联"，第二联叫"颔联"，第三联叫"颈联"，第四联叫"落联"，也叫"尾联"。这四联，分别承担律诗的起承转合的责任。二是第二联（颔联）、第三联（颈联）为对仗联。即字数相等、意思相对（或相反）、结构相同（或相近）的两个句子对称地排列到一起，组成两副对联。联意与全诗贯通。绝诗无对仗要求，别的要求与律诗一样。三是颔、颈两联韵句（即对句）的最后三字由一个双音节、一个单音节组成，要求两联有别。即颔联是双单组合，颈联则单双组合。反之亦然。四是颔颈对仗联避免出现合掌句。即避免上下句意相同或相近。五是避免出现非修辞需要的重用字。凡事分主次。写律诗最重要的，是声律上做到二四六分明，句法上做到颔颈联对仗。做到这点，律诗就做成了。其余各项，争取努力做到即可。一三五不论中的"拗救"，该居末位。即能救则救，不能救则罢。这一切，均是为了诗的精练、意韵饱满、声律和谐，把格律诗写好。

看清了格律诗的图像，实际该怎么做呢？诗有六义：赋、比、兴、风、雅、颂。要重在立意，工于发端，工于炼意炼句炼字。要以情感人，用形象思维，含蓄婉转，艺术夸张，以少见多，以小见大，意境深远。要有自己风格，余音袅袅等。以上写诗通则都是要做的，要尽力做好。格律诗只是添加了格律要求。难作面面观，谈四点体会。

第一，怎么开头，怎么写下去？我的做法是：看清写作对象的中心要义后，围绕此中心试着开头。开头不顺，换韵再写，尽量找韵字多的韵部写。写律诗，要写实，不能只玩虚。若无实际内容可写，就不写律诗。一般开句易，对句难。开句能自由思考，对句就被格律限制住了。要按要求顺下来，就得作一番努力。只要认可头四句，后四句一定要写下去。会遇到困难，但要知难而进。不能求最好，可以求其次。曹丕讲："文以气为主。"写文章讲气势，写诗讲气韵。要一气呵成，不要停下来。一停，气韵断了，不好再接。一般写作道理，无非是谋篇结构，如何立意，怎么开头，怎么推进，怎么收尾。律诗四联八句，基本做法是起承转合。怎么"起"，就是怎么开篇。有"凤头"之说，可从写景、叙事、抒情、议论、史实、追忆、发问、比喻等方面开头。"凤头"之意，指开篇引人入胜，并为下面几联留下广阔空间。这只是道理，实际上不用考虑这么多。只会确定立意，考虑围绕立意，如何找到突破点。有两种情况：找到，水帘洞洞天，眼前一亮，思路全开，一气呵成，很快写完，自觉很好、不错，还可以。若没找到，无从下笔。或下了笔，顺不下来，只能换韵再开头。若再不顺，只好搁笔。三年前卓才兄命我拟祝寿贺诗《母校重建60周年》，想了一天多，换了几韵部都不顺。为母校写过好些诗，无新思，无从写起。翻德昌师诗序，见"雅集"二字，灵思一动，诗涌心头，起承转合全有了。气韵冲来，无阻挡。就是呀，祝寿不就是再次雅集吗？雅集后怎样？

暨南光景、人事音书，一齐涌上心头，起句曰："又到暨南雅集时。"看到了什么呢？"紫荆花放最多姿"（2002年聚会，印象深刻）。怎么承接呢？有道是同学相见日日乐，哪有不乐之理？承之"兴怀何限同窗谊"。既讲"何限"，自然想到老师。接"上进当铭绛帐师"。怎么转呢？回想当年炼焦和老师传经解惑："焦炭炉中翻火焰，书山高处猎新奇。"秦岭雪说改为"珍奇"好。对，既猎，必得珍物，改"猎珍奇"。怎么合呢？想到"等闲识得东风面，万紫千红总是春"，便合成"等闲会得诸朋面，醉向宴堂觅小诗"。秦岭雪说改为"明湖"好。对，把宴堂小境，化作明湖大境，即暨南大境，合入"醉向明湖觅小诗"。理论上开了头，如何展开，如何收合。即讲完"凤头"，再说"豹尾"，又有几法：以问答、对仗、递进、承述、对比等方式收合。这些道理要知道，实际做法就一个"悟"字。从学习积累中悟出道理来。把感情充进去，把功力放进去。入乎其内，出手其外，形成一股气韵往前冲，一气呵成，有望写出好诗。如何展开，如何收合，依赖作者情感与能力的组合之功。半月前，《我写格律诗》《我写对联》初稿诌成，秦岭雪学长勉言："文字圆熟"，"玩得转"。过誉，谢鼓励。这却是写格律诗的关键语：练就文字圆熟、玩得转的基本功，便有望做到挥洒自由，能雅能俗，写出好诗。对于我，一位业余爱好者，只是愿望，无力达到的。还有，律诗八句四联，绝诗四句两联。诗行多寡，决定谋篇布局有别。一般来讲，律诗实幻，绝句宽广。如前说的暨南贺寿主题，七律写到同窗之思，炼焦聆教之念，还写到饮醉向湖觅诗，都是具体事物。用绝诗写，肯定做不到。绝诗可玩虚玩大，从大的方面去概括，大开大合，或倾泻情绪，或寓意，或哲理，或持写，等等。如前说暨南同主题同时贺寿诗，我还拟了一首七绝诗："杏坛高筑校风清，课厦弦歌天外鸣。赤子梯行谋一事，广宏教泽系侨情。"它立足于暨南侨校办学的整体观，四行画出轮廓。有宽度有长度。这里的"课厦弦歌"，非指本年级当年听课，而是说整体的暨南教育。结句不是结到留有想象空间、比较松散浪漫的向湖觅小诗上面，而是直白了当，归结到暨南教育的基本出发点上头。它没了律诗的真实浪漫，却有了绝诗的宽广厚实。同一主题，律诗可写实轻松浪漫，绝句善容大概全感事。

第二，怎么写人？要写人物风神、性格、行为、遭遇和悲欢离合，表现自己的爱憎美刺，争取创造出清新、独特、生动、感人的艺术形象，展现诗中主人公的风采。我写了祖先、乡亲、师友等一百多人，争取写好一些人。我写《祖先祭》十首，头首《中华始祖黄帝》："降服蚩尤德治先，中原定鼎辟新天。汉家陵寝千秋祭，万古云霄日月悬。"祖宗功德，如日月光辉，温暖子孙后代。末写父母："国辱时艰出外洋，养家教子费思量。涝灾溺难人何在，痛别三更叙梦乡。"父母离别，刀割心肠，永远的思念。写手足情，1958年家兄桂荣从天津南开传《中秋寄弟》："中秋明月照花前，拂拂金风星满天。往岁家乡同赏月，今年南北各游园。望星思弟云山远，对月依稀左右边。屈指三年或五载，分离骨肉再团圆。"41年后，我从山西大同传诗答兄："几番故里屋坪前，为探蟾宫久望天。又是中秋明月夜，何当共赏隐林园。重描远景虎山上，再下鱼钩竹水边。叶落归根多祈盼，分离骨肉再团圆。"以"重描远景"

"隐林园"之思，寄意老有所思所乐，祈盼"分离骨肉再团圆"。古有潘岳悼亡、元稹《悲遣怀》诗，选取平日生活片段，寄望同穴来生，语挚情痴，浅语悲怀，寄托相思，刻骨铭心，感同身受。夫妻离别，拆散鸳鸯，永远的痛。往事萦绕心头，悲情所至，倾泻而出。2019 年 5 月 9 日，爱妻张锦珍不幸病逝。10 月 1 日，全家老少护灵返乡，葬妻于梅州畲江镇凤凰仙庄。归途泣写《返乡葬妻感怀》："捧土葬妻山水间，新坟翠柏两茫然。心中吉庆金婚宴，眼底灰飞冥纸烟。怨怨恩恩恩怨怨，年年岁岁岁年年。仙庄不见离人面，怅望西天落日圆。"此后一年，思量半世相处相伴点点滴滴，再泣写《遣悲怀》六首寄思。其一："巧织精缝织女功，几多欢喜几忧忡。织来老宅融融暖，缝出强妻暗暗容。王府南端关庙侧，物楼北向四层东。回观旧日安居处，诗被催成人未逢。"其四："迎亲百里走单车，返转家园再接她。北去南来茬苒过，见闻造反乱如麻。晋乡住稳初安定，儿女到齐始像家。愧我累卿愁到老，自然先我死为佳。"其六："气急有时较认真，可饶人处不饶人。久违也诉分离苦，托雁曾传爱意新。半世相随称老伴，百年同穴记相亲。今裁诗魄含深意，结发夫妻弥足珍。"另三首想日常："几番邻聚约阳台，暖叙寒暄笑眼开。远事新闻床上得，街谈巷议枕边来。"为家计："曾经机织学修车，事

叶满荣与妻子张锦珍（2007 年）

事艰难为顾家。"念先亲："牵建先坟后己坟，践行孝道厚人伦。"到如今："蓦隔幽明声断绝，云空寂寂一鸿哀。"心相牵："仰观星座晶晶亮，北斗栏杆南斗斜。""年年祭祀传心话，天上人间合一群。"真正的死亡是被人遗忘，爱妻永远活在我全家心中。爱妻离去，对于我，老年失伴，孤雁哀翔。对于儿孙，慈言在耳，请再无音。再也听不到妈妈唤儿唤女声，听不到奶奶姥姥唤孙声。深圳一片云，大同一堆雪。阳台一枝花，窗边一轮月。呜呼，雪散云消，花残月缺。亲友悲哀，全家泣血。

　　写暨南恩师，王、萧、张、曾、郑、饶、陈诸师，铺陈其政绩教绩，也写其精神面貌。王越老副校长，"再裁诗魄情难掩，又见文思信可思"。他以耄耋之年写《忆陶铸》诗，痛切怀念这位"慷慨说簧宫"的老校长："太息狂涛掀宦海，江淮何处觅遗踪！"萧殷主任从延安走来，从北京走来。名作家王蒙说他是自己的文学启蒙老师，一生鞠躬尽瘁，诲人不倦。萧身故后，包括王蒙在内的众多弟子到其家乡立碑刻铭，大报刊载，令人感动。"一颗文星凋粤境，三千弟子刻碑铭。"中文系老支书张德昌师，坚定信念，文采风流。"文革"后回母校，由中文系书记一直升到学校党委书记，干出一番事业，获上下一致好评。"乾坤再振雷公奋，学府重光师长还。"曾敏之师从抗战走来，"新闻文学两传奇"。"博识广闻强笔力，忠心剑胆巧谋思。""文革"后，又风风火火，奔走于港穗沪，为三地文教事业发展操劳。郑孟彤师主讲古文史，任课最多，安贫乐教。"暨南面听先秦史，晋北遥闻秋菊诗。"晚岁常刊诗，意境高远。"繁星皓月碧空清，一字新鸿天外鸣"，多美。饶芃子师身为博导，教研比较文艺学称誉教坛，她不把学生看作时间过客，而把他们看作自己艺术生命的延续。学子著书，求饶师作序者多多。她看清"动"是艺术生命的真谛，老退开怀。陈芦荻师参与广州文艺家石马桃园雅集酬韵，诗韵悠悠，令人陶醉。"开放万千新气象，嫣红姹紫尽舒妍。知时好雨随风洒，觅意春心入画眠。"这是陈师诗的集意句。写同学诗多为七绝句。邓自强学长的抗英殉难，"往事追思悼国殇"。陈新东、关秀芳夫妇的永别，不忘真诚密友谊，感吟恩爱夫妻情。杨学淡、吴云兰夫妇的不幸，"狂描画像传狂性"，"音容最忆微微笑"，"梦魂长守慰离颜"。徐兆文学姐的天生丽质，"妙龄秀色今何似，又在明湖柳畔逢"。问而不答言它，给读者留下想象空间，也是作诗一法。伍素娴学姐的音容心境，"随和文弱细言声，才性遭逢知自争"。江村炼焦，她与大家一样，数月扛煤，不辞劳苦，说平常也不平常，毕竟平日缺少重体力劳动锻炼。特级教师苏章地学长，"名标特级显精神"，教绩傲人，高标仰望。几位写书学长，振金、毓材、大洲，著作多多，名声在外。"经多识广神思远，花甲年华好著书。"梁志宏学长和自己，"大胖呼完小胖呼，你我当日胖呼呼。我今骨瘦如柴木，君影壮移日月湖"。大胖小胖，校园留影，终生不忘。童景梁学长，"翻仰嘻哈天地宽，此间风景笑中观"，暨南中文一景。中文系学生会主席廖世桐学长去了，记住他的笑貌胸襟："系级领军忆廖公，矫身健笔舞蛇龙。""相逢一笑宽天地，万里高秋月朗空。"写当年围棋世界冠军谢军："桌上几棋子，胸中百万师。察微观大局，胜算出神奇。"下围棋，察微观大局，神奇出于胜算，这是基本点。悼陈晓旭，其一："红楼入梦说纷纷，尺幅荧屏荡入魂。从艺人生真且醉，向禅意境淡还纯。缘终巧合生同愿，善大巨捐死共尊。我仰长天深一叹，名伶西去世惊闻。"其二："冷吟俏说神情似，娇喘痴癫面貌同。叹绝颦儿迷本性，惊真飞燕泣残红。弯眉紧皱含悲怨，弱体魂消兆险凶。我向西天歌一曲，潇湘妃子戏里逢。"1986 年版电视剧《红楼梦》林黛玉扮演者陈晓旭，其父说与林一模一样，性格倔强孤僻，父亲带名记者采访都不接待。红楼入戏，真假难分。可悲者，戏为人生，染绝症遁入空门，次年其夫跟进，同堂拜佛。尘缘终结，沙门同道，生同愿。身后善大巨捐，死共尊。从艺迷醉，活现林黛玉。面禅纯淡，向佛而终。二十年后红楼人物聚会荧屏，她留下一句名言："扮演林黛玉，我认识了一个世界。"感此而歌，悲悼戚戚。

第三，家国时事，咏怀古迹，旅游观光，政治讽喻，战争风云等，怎么写？家国时事要写真写实。我爱作文化游。每到一处，通过观赏学习，力求看清此处历史文化中心要义，紧紧围绕这中心谋篇觅句。联系现实，说古今之变，发兴亡之叹。这样，才能写出历史文化的深度，才有时代沧桑感、立体感。为纪念民族英雄邓世昌殉国 110 周年，我作《海魂赋》。其一："率舰迎涛撞，威风倭胆寒。人亡忠魄在，百载壮军颜。"其二："岂容匪贼犯，誓死卫江山。甲午风云涌，壮歌激海澜。"其三："曾染将军血，海疆涌怒涛。三军严阵待，气壮镇溟妖。"邓世昌和全舰将士壮烈牺牲，我们怀念他们、纪念他们。我爱家乡一山一水、一草一木，作《老虎坑》："还是家园景致真，蕉林瓦舍自分明。松排虎岭千重翠，竹影梅江万片清。吠犬盘行红稻岸，天鹅落聚绿沙汀。醉迷蓦地传乡韵，弦管悠悠奏晚晴。"这就是家乡实景美，有山有河有沙洲，有竹林田园瓦舍蕉林人家，有船有天鹅，思念人在天涯。有感于2022年春时事："美霸近来闹得凶，北围东犯集群攻。岂惊来势天将塌，正祭东风压西风。运去那堪黄昏暗，时来遍染朝霞红。逆时一搏嚎声没，时代洪流声浪洪。"美霸言行，时代洪流，当今大势，融于心，发于情，上笔端，愤然挥笔。不知多少次路过长江，看到如今以上海为龙头、重庆为龙尾的长江经济带正在形成，回想古今赤壁之战、解放中国的渡江作战，以及长江三峡的建成发电，心如潮涌，写就《长江》："西流汇合峡门争，顺势冲波发电源。造地无声平野出，宣威有迹水龙腾。曾经万里赢航誉，阅历千秋享战名。今日沿江连一带，弄潮惯走浪涛惊。"这是中国改革开放时代洪流的回响。长江流日夜，山河月更新。我瞻仰黄花岗七十二烈士墓，看到辛亥革命领导人黄兴写的对联："七十二健儿，酣战春云湛碧血；四百兆国子，愁看秋雨湿黄花。"觉得这就是此处历史文化的聚焦点。就以它为中心，前铺当时的环境气氛，后接继承者的壮志，合之今日之变化，写就《瞻仰黄花岗七十二烈士墓》："乌云翻滚叫昏鸦，苦雨凄风黯中华。七二健儿溅碧血，九州国子湿黄花。既来壮士开前路，自有英豪伏恶蛇。军伐帝王今可在，天翻地覆鬼吱嗟！"这"黄花"二字双关：既指墓所在地地名，也指烈士墓前的献花。我写了八首《古都行》，其中《开封行》："古代都城北宋雄，繁华销尽霸图空。宫墙石马秋风冷，故国黄河落日红。图治始闻京邑盛，求仙终笑帝王庸。民哀兵败蒙囚辱，国灭全抛祖辈功。"北宋建都开封，开头搞得不错。后来宋徽宗迷信道教，招至北宋灭亡。

徽、钦二帝被俘不返，开封衰落。我抓住开封的这段历史，便把握住时代脉络。与读者一起，发天下兴亡之叹，让警钟长鸣。我登上岳阳楼，心仰范仲淹"先天下之忧而忧，后天下之乐而乐"的壮怀，回味杜老登楼感赋，耳听吕洞宾三过岳阳必醉的传说，联想自身落户晋北、今上此楼的机缘。目睹洞庭波涌，城楼雄立，写就《岳阳楼》："忧乐豪篇在上头，古今国子慕名游。江湖独立雄三楚，风物全收隘九州。心仰骚人歌醉客，情钟诗圣赋城楼。微躯落户关山北，今见乾坤日夜浮。"写了五座长城关隘，其中《望嘉峪关》："名关虎踞两峰中，风口长城卧玉龙。大漠无边连陕树，西天有路赶征鸿。谁能吐气三千里，我欲翻山一万重。似水柔情何足恋，卫疆戍险是英雄。"极写守边将士的英雄气概。当代诗词要反映出时代精神，要反映出当代气息、思想、情感、观念。"推陈出新"，就是这个意思。我写了十八座名山，其中《庐山感事》，其一："回想当年看现今，阴晴昏晓此登临。千峰雾漫匡庐景，万字铭书老帅心。独立危巅传虎啸，穿行葱岭听林吟。山深莫畏寻无路，且向溪边听笑音。"其二："岳在人非变古今，匡庐感事再沉吟。中枢失纳元戎谏，大地遭逢暴雨侵。喜见名山呈秀色，忍观硕鼠乱民心。登游切盼东方静，好入深沟醉密林。"彭德怀庐山受批的近事放进庐山去写，自然写景写人写故事，把它们融为一体，让读者去体会，这是怎样一个场景啊！还得联系今日，硕鼠们在干什么，让读者去思考吧。当然，既是写山写水，也可纯写自然之美、景观之奇。我写广州《白云山》："南游远上翠山巅，喜见山亭对景联。旭日朝霞红雨乱，天风海水白云闲。古公郭老留双句，秀岭奇观集两言。脚下鸟鸣瞧不见，迷离缥缈已成仙。"1963 年，白云山管理者把古大存同志的"天风海水白云间"句挂在山亭索对。次年郭沫若登山，对之"旭日"句，并将"间"改为"闲"。一字之差，意趣大变。我看此联已把白云山绝景说尽，无须加句。就用这联，议此联，再加缥缈、升仙的感觉，便情景交融了。

第四，炼意敲韵举例。写格律诗要求符合格律，更望写出好诗。所以，一切服从格律，不是最佳做法。基本符合格律，写出好诗，才是为诗者的追求。①"孤平"。"南朝四百八十寺，多少楼台风雨中。"这联上句只有两个平音字，接近孤平，拗口，却依然是唐诗中的名诗名句。读者会觉得：历史真实如此，不能为合律而改变它。②"三平调"。唐代崔颢写的《黄鹤楼》名遍天下，而其"白云千载空悠悠"句却是三平调。这"空"字可改否？不能。写诗凭感觉，这悠悠千载白云，加进"空"字，立显世事苍茫之感。这是全诗画龙点睛之笔。一字之奇，意得象生，神行语外，意境极妙。这"空"字是改不得的。有感于此，我写《黄鹤楼》和《明湖》诗，均用"思"，铸就两句三平调："登楼渺渺思悠悠"，"明湖闪闪思悠悠"。也觉无可代替，就用这"思"。③颔、颈联韵句最后三字的音节之变。我随便翻查了二十多首《唐诗三百首》中的著名律诗，都没看重它。音节无差别多于差别，显然不是有意为之，大概率无意使然。我写诗亦顺其自然，大概率或一半对一半，自然形成，无生硬感觉。④"拗救"。重在补救"三平调""孤平"和接近"孤平"之句，使之念来顺口些。一般句凭感觉补救，可救可不救。既拗，怎么救也是拗的。"一三五不论"，可以不救。⑤颔、颈联的"合掌"。诗意去重复，求精，要避免合掌，但不是绝对的。"独有英雄驱虎豹，更无豪杰怕熊罴。"毛主席这联接近合掌，有加重语气、强调之感。⑥灵活用典。可正用，也可反用，依诗立意而定。我写《武汉长江大桥》："开基创业气冲霄，一代英豪架大桥。南北沟通多便利，江山点绘更妖娆。临江不诵浪淘尽，望远多思道路遥。又听飞梁连异域，宏图大展看今朝。"诗颂今朝，格调高昂。搬引苏东坡"浪淘尽千古风流人物"词意，用了"不诵"。就是不要停留在原词意的历史回顾、英雄淘尽的情调中。要向前看，前路遥远，英雄辈出。架起长江第一桥的职工，便是当代英雄。⑦意象。也称意境、境界。是诗人用形象思维的方法反映现实生活而生的一种艺术境界，是感情与形象的结合体。"情与景会，意与象通。"诗的感人程度，看意境深浅。谢灵运的"池塘生春草"，是"万古千秋五字新"。《敕勒歌》中的"天苍苍，野茫茫，风吹草低见牛羊"，是"中州万古英雄气"。我写《观太原晋祠难老泉》："当年李白唱游歌，百尺清潭写翠娥。果见瓮山南海眼，喷泉响玉泛萍波。"这翠娥便是清潭和李白感情结合而生的意象。清秀，如翠娥般的天生丽质。微波荡漾，如仙娥般的轻柔。把清潭人格化了，真美。实际也如此：难老泉水日夜流，流出江南清秀，流出稻香一片。我写《水仙花》："仙子凌波意，频频续韵章。今观花蕊嫩，水面溢清香。"仙子凌波，便是水仙花的意象。中国文化塑造了许多这类意象，如松竹梅兰菊，各有所指。我爱作文化游，喜读毛主席、苏辛雄豪诗词。恰逢中国复兴、英雄辈出。因此，走到那里，抒天下英雄气，雄豪意象出现一些。如写枫树，"热血存刚气，丹心献赤诚"。说其有血性，存刚气，献赤诚，热血青年形象。写梅州剑英公园，"共和开国一元戎"，"吕端大事不糊涂"。借古喻古，抒发叶帅扭转乾坤的英雄气概。写大同白登山古战场："行棹覆舟巧运筹，美人如水碧悠悠。初嗔绝境重围解，再笑边庭战事休。"说一场危险突围战，如何借美人化解。突出美人形象，突出美人作用。写战争中的刚柔兼用。意象物寓意，可以随立意而变。我写瞻仰黄花岗烈士诗，依传统文化塑造的意象，拿乌鸦指代凶邪："乌云翻滚叫昏鸦。"但写咏物诗《乌鸦》时，却为其辩白："一样怀慈念，怜雏献爱心。何因身羽黑，众口斥邪禽。"就因立意不同，作出改变。写燕子，唐人有感南京王谢豪门今昔变迁，曾发"旧时王谢堂前燕，飞入寻常百姓家"之叹。这燕子是意象物，借此发兴亡之叹。我面对当今村落，回想过去，发出新声："老屋堂前燕，寻常百姓家。古来村野住，莫叹夕阳斜。"⑧颔、颈联的句意词意对偶。毛主席诗词中的句意词意鲜明强烈之对，带强烈或较强的感情冲击力，印象深刻。如"金猴奋起千钧棒，玉宇澄清万里埃"，"高天滚滚寒流急，大地微微暖气吹"，"金沙水拍云崖暖，大渡桥横铁索寒"，"猪圈岂生千里马，花盆难栽万年松"。根据需要，我习写过这类句子，如："源长总揽先朝胜，润窄慎言现世功"（《黄河》）、"洁馨君子度，平淡庶民情"（《咏茶》）、"秋声入梦传鼙鼓，晓色天开息战场"（《望大同古残墙》）、"只为凤城飞彩凤，乐将烈焰涌春潮"（《攀登大同采凉山红石崖》）、"百路弥陀临下界，一群游客上天梯"（《云冈佛阁》）、"把酒纵谈新日月，凭栏讥刺故王侯"（《北京行》）、"唯闻过客哀歌去，但见沉舟大浪摇"

(《南京行》)。⑨神话传说。写历史文化景观，要特别留意注入相关神话传说，让诗带神奇色彩，引人注目。如咏泰山，古有帝王封禅之说，我写"入图神幻追前事，缈缈缥缥溯汉封"。咏恒山，古有"金鸡报晓"传说，我写"忽闻公鸡报晓啼，众山苏醒一山奇"。恒山还有白云洞白云飞出传说，我写"万朵白云幽洞出，一团紫气净空来"。咏嵩山，该山有金童峰、玉女峰。虽未闻传说，我写"金童身侧弹仙乐，玉女知音莫自哀"。咏崂山，李白有餐霞食枣之诗（"崂山餐紫霞""食枣大如瓜"）。我写"美传食枣真逢道，盛说餐霞不见仙"。⑩历史人物。咏历史文化景观，要紧紧抓住历史人物，见人见事，把景观写活。咏山海关，我咏："谁怜化石寻夫女，我读降满换代篇。直奉交兵狂犬斗，平津决战醒狮宣。"把所涉人物写进去：有孟姜女哭倒长城，吴三桂引清兵入关，吴佩孚与张作霖的直奉之战，四野入关参加平津决战。咏雁门关，"雄关忆昔马嘶嘶，李牧曾驱十万师。国史传扬边将勇，词章颂赞汉军威"。把李牧等守关将领写进去。咏大同方山魏陵，"太后有为书国史"。咏天山，"谪放林公何感叹，英雄长啸仰高天"。把林则徐望天山作《塞外杂咏》事写进去。咏太行山，"孟德歌吟何苦叹，名山论战气雄豪"。把曹操过太行作《苦寒行》事写进去。咏滕王阁，"王郎高阁生文气，秋水长天送客愁"。把王勃作《滕王阁序》事写进去，以壮滕阁文色。⑪景物。什么情况下写，怎么写，视情况而定。从我家乡（畲江老虎坑）祖屋门前往东南五里外看去，双螺坑村身后五指山状形抹色，红壤醒目。山后为三板嶂九龙嶂。我滚动时间写："隔江遥望意无穷，醉入自然造化中。地辟双螺连岳秀，天伸五指抹岗红。云横远岫浮三板，雨洗深山浴九龙。霞灿鲜明千嶂亮，月羞梦幻万峰朦。"写出它的雨晴昏晓变化，写出它的迷人景象。写游走西岳华山："西岳攀登难不难，先从入口看山峦。高峰万仞天梯立，绝壁千寻石栈盘。擦过危崖终历险，蹑凌绝顶任凭栏。畏途莫叹猿难渡，意兴浓时敢竞攀。"写出华山之险，攀登之难，登顶之乐，无限风光在险峰。写北京西郊八达岭居庸关景物，描实景，吐真情，直接切入严关主题："险隘严关巨石隆，西行最喜过居庸。迎风隧道穿峰直，出塞关山作势雄。"今天过此险道，穿几十米长长山洞，出洞绝壁千寻，铁网护山拦巨石，危乎高哉！写游走中岳嵩山："远望嵩山秀色开，数峰清瘦出云来。入山爱看棒拳动（指观少林寺），登岳休言佛道衰。喜见黄河流一线，惊呼绝顶接三台（星体名，上台中台下台，共六星）。金童身侧弹仙乐，玉女知音莫自哀。"写出山下远观、进山近观和山顶四望的不一样，有动有静，有刚有柔。写武夷山清秀："三三水曲摇清影，六六峰高锁翠烟。"武夷山有九曲溪，三三得九。有 36 峰，六六三十六。写千山山峰："喜逢重九莲峰秀，巧遇双千到圣山。"千山有 999 座莲花山峰，逢"重九"。2000 年咏诗，遇"双千"。以上两首逢巧咏巧，数字巧入诗。我喜作文化游，景物描写多融入历史文化描述。一切景语皆情语，风物人事音书情调意趣要奏和声，不能各吹各的调。这样，诗歌气韵才能贯通，才有望合成浓厚的诗歌韵味。同样写恒山，从地险山雄、卫国尚武的立意出发，我写景起兴："巍巍北岳起林吟，拔地通天贯古今。"与中间写的兵戎活动和"浩浩正气荡心胸"的结句相一致。从写恒山神奇立意，起景"攀岩踏石上天峰，曙色俄开万里红。殿宇参差烟树内，山川缭绕彩云中"。与接写的神仙故事相联结。写黄山云海："盘登绝顶望惊涛，雾滚云翻岳欲摇。浪撼天都停凤管，水冲鱼岛遁灵鳌。"把景物与神话传说贯通，与"从黄海激心潮"的心绪衔接。写天山气派，"昆仑气脉得来先，傲立苍穹亿万年。画地新疆分两部，通天大雪覆三边"。再与瑶池（天池）宴乐、莽岭奔腾虚实和林则徐报国咏叹相衔接。写太行山当年迎八路军抗日，"太行万仞插云霄，壁垒森森风怒号"，"峦张地网魔魂散，路转羊肠敌焰消"。与抗日战场活动融为一体。写普陀禅山："登临身在水中央，四顾茫茫一色苍。"与"观音不肯去"传说氛围一致。写道教圣地崂山："东升滇山亿年前，海岸神山出自然。地湿风和三伏爽，窝幽花闹四叶妍。"与传说中的仙风道气氛围一致，并踏进道家实地。

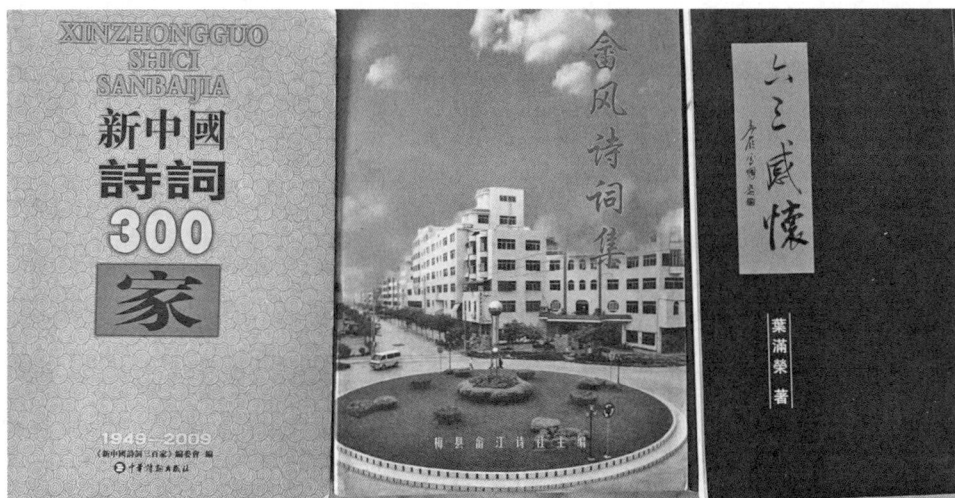

这三本书收入叶满荣大部分旧体诗作品

诗，是灵思产物。格律诗是灵思融入格律的产物。观察要细，思绪要宽，立意要新，诗意要炼，格律要守，才能写出多姿多彩的诗篇来。

作于 2022 年 3 月 30 日

我写对联

叶满荣

对联，又称楹联。与习写格律诗一样，我爱对联，进入风光无限，意韵无穷，故习写起对联来。不同的是，习写格律诗较多，题材较宽。对联只写过 40 副。其中母校建校百年大庆南湖

南湖的南亭，刻着叶满荣的应征对联

湖亭征联录用，至今悬挂南亭。写暨大、鹳雀楼联和《诗词》"楹联天地"应对联，选入《中国楹联年鉴》（中国楹联学会主编）。在《我写格律诗》中，谈到律诗第二联（颔联）、第三联（颈联）的对仗要求。此二联之对，就是对联之对。对联，基本图像就是要

对起来。具体讲，一是文法上，做到上下联字面相对、字数相等、结构对称、句意字词意义相对。二是上下联声律平仄相对。与格律诗要求一样，"一三五不论，二四六分明"。即处在句子一三五位置上的字，对声律影响较小，可以从宽，可对可不对。处在句子二四六音节重要位置上的字，对声律影响大，从严，要求合律。我联基本合律。如仍挂暨大南亭的亭联："南系侨情宏教泽，亭移时序赏春光。"又如我写的鹳雀楼联："九曲还来，响唱美吟，醉四行诗，收楼外风光，挥观白日依山尽；一层更上，高瞻远瞩，穷千里目，进意中境界，笑对黄河入海流。"再如应对征联："畅叙因文，寄怀水曲山亭，欣兰气春生，竹阴天永（《诗词》'楹联天地'出联。要求以晋代王羲之《兰亭集序》一文集字成联）；悲嗟为事，游目时殊世感，痛人情契合，序信集长（作者应对）。"

下面，说说自己的习写体会。我感觉，写实用联，最基本的，是要经过调研和学习思考，把握住写作对象的中心要义，按对联写作要求进行高度概括，写到点子上，写真、写实、写简练、写合格。在求真求实基础上求精求巧。

第一，说母校联。前列我写的母校南湖亭联。上联点明母校"朔南暨""宏教泽而系侨情"的办学宗旨，即为海外华侨华人和港澳地区培养人才的办学宗旨。下联说南湖观赏价值。亭槛几凭眺，时移物换，春华秋实，南湖春光明媚，四季风光无限。前瞻后顾，暨南人爱国爱校，忠信笃敬，博纳创新，共建"侨校加名校"，办学前景光明。我写了副长联："为母校暨南大学百年华诞谱联"，概括暨南百年史："为系侨情：始南京端方创意，兴上海洪年定则，稳建阳炳松护庙，复广州陶铸排难。当念炎培呈继、姜琦抗命、康华主续。还有九公接棒，勋翁鼎力。升起逸夫体馆、宽诚课楼。吏也，儒也，商也，农也，扬赤县邦旗，爱心苦心，进邑进寨。一路奔来，历百载三朝，五园院厦迎欢，环宇同胞尊学府；共宏教泽：重人品德操连修，聚名家术说兼收，行新制育改添筹，面世界工程启动。难忘研所恋迷、辩阁谈锋、艺苑游闻。岂无亿卷阅群，智笔耕春。笑言理工高徒，文医后俊。忠者，信者，笃者，敬者，走暨南正道，硕士博士，成才成功。坚持下去，争千秋万代，四水风光唱亮，全球弟子仰师门。"上联讲学校创办发展进程。自 1906 年（光绪三十二年），所在地主政地方官端方奏准建校以来，相继在南京薛家巷、上海真如、闽北建阳山童游乡（校设孔子庙）和广州石牌村建校，先后取名暨南学堂、暨南学校、国立暨南大学、暨南大学。由郑洪年、何炳松、姜琦、陶铸、杨康华等 14 人出任校长。它是国家创办的第一所华侨学府。曾三停三复，历尽艰难。今日暨大有五方院校，四湖水色。学科齐全，文理工医兼备，设 37 个学院、58 个系、27 个直属研究院（所），有本科专业 105 个，一级学科硕士学位授权点 41 个，一级学科博士学位授权点 26 个，专业学位授权类别 32 种，有博士后流动站 19 个，博士后科研工作站 1 个。下联讲学校教研实力和教研活动。暨大向以办学认真、名师云集、英才辈出，享誉中外。以学校科研实力和教研活动，应对学校建立和发展进程，概括了百年暨南的整体状况。属写史联，写真写实，基本对偶合规，符合要求。

第二，说名楼联。《诗词》"楹联天地"曾有作者拿鹳雀楼说事。所列 14 副楼联"被指脱离名楼要义、缺少意韵、有差错"。我认为说得对,写评支持(发三稿,刊了二稿)。亦习写 14 联,广州《诗词》"楹联天地"因此推荐,半数编入《中国楹联年鉴》。我认为,中国五大名楼(岳阳、黄鹤、滕王、蓬莱、鹳雀)都有深厚的历史文化内涵。就建在晋南永济市西南黄河岸边高阜上的鹳雀楼而言,唐代王之涣(字季凌)的《登鹳雀楼》诗意,就是此楼历史文化中心要义,"楹联天地"作者指疵的 14 副楼联均未提到它。我觉得,《登鹳雀楼》诗的文化内涵,是眼前之景,意中之景,高瞻远瞩,向上进取。围绕这一中心意旨,我写了 14 副对联,其中写得好些的,各模各样,但意旨大同小异。其一,如前列那副(试题鹳雀楼联),在王诗上添字加意,作全景图。是呀,九曲黄河,我来了。口诵心醉王诗,目收楼外风光,挥手向西山渐落的夕阳告别。我感觉到,只有更上层楼,才能穷尽千里望眼,进入王诗境界,笑对黄河入海流。其二,"季凌气盛,题白日黄河,依山尽,入海流,远水夕辉,万般气象宽天地;鹳雀楼崇,集唐技晋艺,从阜升,临江立,重檐飞翼,五彩楼光亮古今"。此联以王之涣题诗起联,以鹳雀建楼应对,写出王之涣的精神气质及其诗的万般气象。对出鹳雀楼的崇高奇巧色彩楼光。其三,"十五载漫游,豪情上笔端,唱响河山留一绝;千余年兴废,朝气升楼宇,迎欢士庶几经秋"。这副以王之涣的游写起联,写出诗人豪情,赞颂他的绝响。以鹳雀楼迎接游客应对,对出楼宇的沧桑经历和朝气,对出楼宇的迎客热情。王之涣是盛唐诗人,曾遍游大河南北 15 年。《唐代子传校笺》说他"慷慨有大略,倜傥有异才"。其四,"岁月有情,播韵扬名,引无数炎黄学人，捧月追星，赶晋南，望秦中，醉入季凌诗境界；江山着意，梳妆打扮，导几多中外游客，飞天走地，来河畔，奔阜上，迷登鹳雀水楼台"。此楼与陕西中部隔黄河相对，故咏及秦中。此联以游客的追星捧月（王之涣）起联，以江山（鹳雀楼风光）的着意梳妆打扮应对，传递岁月有情，诗作者声韵远扬，中外游客趋之若鹜。楼与诗人齐名，景与游客共醉，风光无限。其五，"大河扬律韵，未有杜甫沉郁、李白飘逸、浩然清雅、商隐朦胧，但得季凌诗，旷远雄浑，众口传扬称绝唱；高阜起崇楼，稍逊岳阳大方、滕王雍容、黄鹤新奇、蓬莱简洁，却涂坡土色，端庄古朴，世人托起听美谈"。此联采用对比法，同类自比，异类对比，对出鹳雀楼景观和历史文化特色。其六，"楼宇任凭栏，心头块垒，身外浮名，投入黄河浪淘尽；江山常放眼，充实人生，有成事业，招从天际日边来"。此联以事业心应对心头纠结。身在鹳雀楼头，面对黄河白日，掏心剖意，对景抒怀。其七，"谁高言：王勃一序在上头，恨不将鹦鹉洲踢翻、黄鹤楼槌碎；我正说：季凌单诗放里面，更该把丹霞岭端正、蓬莱阁放平"。此联在说笑间带出景观动态图像。其八，"崔颢有诗在上头，李白登临搁笔。办事者建搁笔亭，非不知诗仙谦敬；季凌放赋到里面，学生到此低头。游闲人涂打油句，何曾喊自己聪明"。此联在说笑辩理间，对出联趣，对出乐趣。

第三，说应对联。著名诗人关振东坐阵的广州《诗词》"楹联专栏"，办得有声有色。它以高雅精巧的出联，吸引联人目光，应对者众，使平日比较冷门的对联大放异彩。我十几次参对皆败下阵来，亦有话想说。前列的晋代王羲之《兰亭集序》集字联，以当年的亭水竹兰寄怀出对，切序意，柔雅高难。我对之"悲嗟"事，以人情世感集序字应之，自觉可以。"楹联天地"出对："到江吴地尽，隔岸越山多，难忘越甲三千，雪恨吞吴，越战越强雄越望。"此联抚今追昔，格调高昂，韵味十足，引人入胜，乃上乘之作。特别值得称道的是一个"越"字，意带双关：一是国名，指春秋战国时期"雪恨吞吴"的越国。二是"越"字叠用组句，说明越国强盛程度随越军攻吴进展程度而变化。作者隔岸观越山的浓厚兴趣，也是由这段神奇的历史思绪引发的。很明显，只有同时意对双关，声对平仄，才称得上"越"对工整。遗憾的是，揭晓的前三名仅第二名做到这一点，对之"齐攻齐守辱齐名"。齐，也是国名，齐国。我用"愈"对之："来韩粤潮平，跨朝愈橄着，犹记愈文四百，起衰济溺，愈磨愈振忠愈宣。"从双关意义上讲，对上了。但从声调上讲，"越""愈"同是仄声。在"愈磨愈振忠愈宣"的应对句中，后一个"愈"字处在"二四六分明"的位置，该平用仄，未对工整。以此观之，揭晓的第二名应提为第一名才公平。说明我对之唐代韩愈事。韩散文355篇，多切时弊，直谏。文起八代之衰，道济天下之溺。屡犯主怒，两次遭贬。贬广东潮州，作《祭鳄鱼文》，声讨河鳄（此河后改名韩江），为民除害。"楹联天地"出对："范文正何曾荒政，来守是邦，力济世荒，政合甘棠行正道。"我应对："杜子美总在念诗，去游斯地，魂牵庶念，诗通藜藿发美声。"出对"政""正"同音。应对"诗""美"不同音。差一点，未能工对。（注：甘棠，即棠梨，称颂官吏政绩。藜藿，即藜草和豆叶，粗劣食物，这里指代劳苦大众。）

第四，说怀妻联。古有潘岳悼亡、元稹《悲遣怀》诗，选取生活片段，寄望同穴来生，语挚情痴，浅语悲怀，寄托相思，刻骨铭心。我感同身受，夫妻离别，鸳鸯拆散，永远的痛。往事萦绕心头，悲情所至，倾泻而出。2020年5月9日，为爱妻张锦珍不幸病逝一周年的日子。我写《挽妻联》寄思："求学上畲中，恰少年气盛。健健康康，高高兴兴，常写常算，善歌善舞，能跑能投能把守。习练三年，功到自然成。卿讲了，眼笑眉开，兴致几添同学谊；　嫁夫来晋北，正'文革'声高。风风火火，觅觅寻寻，真爱真怨，可织可炊，敢说敢干敢担当。操劳半世，病欺难起死。妻去矣，天崩地裂，缅怀长念共扶情。"当年锦珍到我母校畲江中学上学，为文体活动积极分子、校舞蹈队和女篮队主力队员。跑步成绩名列全校第二，校女足力推参加。她参跳的《荷花舞》，获当时梅县教育系统文艺调演舞蹈项第一名。多年后，学校召集原班人马返校参加建校百年华诞演出。因看孩子，未能回去。爱妻来前怎么样，听她说。来后怎么样，我看到。她走了，题联寄思。52年来，她含辛茹苦，关爱丈夫，哺育孩子，情深恩重。家设祀祠，四时八节焚香念叨，全家永远思念她。

作于2022年3月6日

经济研究文章写作实践和认识

叶满荣

叶满荣在写作

1963 年秋毕业后，我被分配到山西大同市物资局搞文秘等工作。1986 年秋，调入市经济体制改革委员会和市政府经济研究中心（当时是一套人马两个牌子的单位）搞体制改革和政府咨询服务工作，曾任高级经济师、体改综合和经研科长。因工作需要，在参与体改经济调研、改革文件起草、五年计划研写、市四书编写等外，还写应用经济研究文章，做市物资系统部分电视大学学员毕业论文的指导和审定工作。因此，我对经济研究文章写作有些粗浅认识。

一、经济研究文章写作

20世纪80年代中期，城市改革开放兴起，各项城市改革被提上议事日程。山西省经济学会，以及华北和山西省物资经济学会，年年召开经济研讨会，探索改革开放和经济发展对策。于是，从1984年起，连续多年，我参加山西省和华北地区物资经济理论研讨会，参会文章收入研讨论文集。1984年我写《关于开辟跨地区跨部门物资供应新渠道的设想》一文，参加山西省和华北会，刊《经济管理》杂志，获山西省物资经济学会七年总评二等奖。1985年写《试论生产资料贸易中心的发展方向》，1986年写《关于创立生产资料流通中心的设想》，均刊山西省《物资流通》杂志。前者用于参加山西省和华北会，后者在山西省经济学会年会发表。后来到市体改委和市政府经研中心工作。《物资流通体制改革思路的构想》刊山西省《技术经济与管理研究》杂志。《晋冀蒙彼邻地区组织物资流通的回顾与展望》刊《上海物资经济》。《大同地区经济融合浅论》刊《大同职业技术学院学报》。《推动大同企业产权制度改革的思路》刊《大同高等专科学校学报》。《构建跨世纪的人才战略》《国有物资流通企业的振兴之路》《物资流通体制改革思路的构想》《关于发展生产资料市场问题》《关于建立和发展我市钢铁市场的思考》《关于企业改制问题》《国有中小型企业产权制度改革办法》《对发展我市对外贸易的意见》《大同商业发展初探》《云中商城探析》《对理顺分配关系的思考》《浅谈建立技术创新政策体系》《对发展城郊型经济的思考》《关于街道经济发展问题》等，刊大同市委《煤城之光》、市政府《大同政情》、市经研中心《大同经济研究》、市经委《大同企业》等刊物。先后共写了 40 多篇经济研究论稿。

二、对写作经济研究文章的认识

以上文章各不相同，但涉及一个共同主题——经济应用研究。想作好这类文章，要注意三点。

第一，要选好题立好意。选题要从实际出发，要对研究对象有基础性了解，把握住它的实质。题目选好了，路子就顺了。选不好，无从调查，调查了也无从归纳。题目要考虑文章价值。基础理论研究文章，要有一定理论价值。我们常写的应用研究文章，更注重应用价值。一篇文章同时具有理论价值和实用价值，其价值就较高。这里讲的理论价值，仅仅看作对涉及理论的认识深度是不够的。更重要的是，要把现实中出现的问题上升到规律性的认识，能够反映事物的本质。这里讲的实用价值，不能局限于眼前实用，也包括今后实用。今后实用应该是合乎逻辑的。选题要看全国大气候和地方小气候。要了解国家相关方针政策，要了解相关专家的研究动向。要从国家、地方改革开放和经济发展中出现的新情况、新问题中，确立一些题目，研究解决一些当前急需解决的问题。这样做，对当前工作的指导意义就比较大。从理论角度讲，所选题目最好是自己有一段实践经验的，掌握较充分资料的，脑子里考虑较多、有兴趣的。但实际工作中，常常奉命作文，对研究对象并不熟悉，资料也缺。在这种情况下，不要忙于定题目，要老老实实向内行人请教，抓住问题中心后再确定题目。这样，就可少走弯路。前述我写的《关于开辟跨地区跨部门物资供应新渠道的设想》一文，就是针对城市改革初期条块分割、横向纵向重要物资流通不畅而立的课题，意欲解决跨地区跨部门紧密型经济联合体物资供应难题。所以，我把这问题提出后，特别是刊在国家经委主办的《经济管理》杂志上后（发行12万册），受到关注。1986年国务院制定的城市系列配套改革措施，提出了与此文近同的主张。即对紧密型跨地区跨部门经济联合体的重要物资供应，采用计划单列、直接供应的办法，首次打破条块分割。我的文章主张把重要紧缺物资分配给紧密经济联合体的龙头企业，由它转供参加联合体的相关企业。

第二，搞好调查研究。在经济应用研究文章写作中，调查是重点，也是难点。调查要从实际出发，首先把情况摸清楚，从中发现和提出问题，然后分析研究问题。到一个不熟悉的单位调查，往往会碰到困难。但只要坚持下去，不怕碰钉子，总会有收获。调查这一关是绕不过去的。因为只有掌握了第一手材料，才能把握问题的实质，思路才对头。调查贯穿于写作全过程。开头为确定题目做些调查，叫定题调查。题目确定后，就要分析材料，形成观点。第二步调查，是围绕观点进行调查，是确立观点的调查。一是要用事实来检查自己观点是否正确，二是要掌握论据资料。当然，这两步调查是截然不能分开的，是有机联系的一个整体。调查要讲究工作方法，一般点面结合，即重点调查与普遍调查相结合。还要向书本作调查，就是看书学习。对知识分子来讲，看书学习是家常便饭。孔子讲："学而时习之，不亦说乎。"读书人与书结成终身伴侣，以此为乐。但是，写经济应用研究文章时的读书，与一般读书有所区别。它是在平日学习积累的基础上，有目的地进行对照学习，力求掌握与研究对象有关的现行方针政策，了解研究动向，掌握实际工作进展情况，以便进行综合研究。研究贯穿于调查和看书学习的过程中。孔子讲："学而不思则罔，思而不学则殆。"学习调查是为研究解决问题。围绕题目进行了一番调查研究，又针对性地学习了相关资料，紧接着就要运用所掌握的理论和材料进行综合分析研究。当发现理论与实际不一致时，就要问个所以然，拿出自己的观点来。显然，所谓综合分析研究，就是围绕题目，理出头绪来。前说的《关于创立生产资料流通中心的设想》一文，就是从调查我国物资流通体制的沿革入手作出判断的。新中国成立后，在学习苏联经验基础上，按行政系统逐步建立起高度集中统一的物资流通体制。这个体制有其适应社会主义计划经济的好的一面，对集中物力保证重点、有计划地进行大规模建设起着重大作用。但也有条块分割、统得过死的不好的一面，严重束缚了企业手脚，阻碍工业改革的顺利进行。因此，必须改革。具体论证，根据马克思主义关于社会化再生产的基本原理，一是既不能彻底统死，也不能不分轻重、一律准许生产厂超产自销、允许各行各业竞相经营紧缺物资；二是指导性计划和市场调节要纳入国家宏观计划轨道，不能"一放就乱"；三是当销售渠道有碍流通时要改革，目标是寻求渠道与环节的最优组合方案，不能为多渠道而多渠道。因此，说创立生产资料流通中心是正确的，是有根据的。当时国家经委主任袁宝华（曾任国家物资部部长）看到此文后，批转国家物资局参阅（国家物资局来函示知）。刊在《大同高等专科学校学报》的《大同地区经济融合浅论》，是属地方中观经济全面综合分析研究论稿（此稿编入《面向21世纪的战略思考——大同市市情与改革发展研究》一书），是在掌握大量经济资料的基础上，进行定性定量分析后提出对策的。对这类市中观经济文章的调查，一定要全面细致。要知道全市经济家底，进行横向纵向综合对比，看准问题所在。筹谋对策时，要眼观六路、耳听八方。知庙堂之高，了解国家政策指向。知诸葛之明，知道相关专家指明的变革方向。察江湖之远，知道全国各地情形。特别是去了解改革前沿地区的相关政策，做一番分析比较，可用者拿来，为我所用。或根据本市实际，作出调整变通，理出市策。

叶满荣在大同的部分印迹

第三，写好文章。经济应用研究文章的写作过程，首先是整理思路的过程。思路顺文路才顺，思路乱文路一定零乱。经过以上努力，即经过大量调查，并用相关知识进行研究后，写作的基本条件具备了。就是说，作者的基本思路理顺了，这是写好文章的首要条件。但这不等于一定就能写出好文章，因为还有个写作技巧问题，包括文章结构安排、遣词造句等，是文字表达能力问题。如果说前个阶段主要检查作者的调查研究能力，即从向社会和书本作调查中发现和提出问题的能力，在综合研究中认识、分析问题的能力，那么到了写作阶段，这个能力要再提高一步，要有围绕论题，合理布局、去伪存真、去粗存精的能力。好的经济应用研究文章，应该观点新颖、明确，论证有力，前后连贯，逻辑性强，文字简练。要注意到：一篇不长的文章，要有明确的论点。论点不能多，一般三两个即可。论点多了，论证必然分散。论证不力，文章就分散了。城市中观经济应用研究文章，主要不在于提出多少新的理论见解，而在于寻求对策。这类文章根据要求，常常分几个小题来写。这些小题有的围绕题目，提出几个并列观点。有的呈递进结构，逐步推进，最后落脚到结论上。论点和论据要协调。如果论点本身是在研究基础上形成的，是容易协调

叶满荣在毕业 50 周年聚会中（黄卓才摄，2013 年）

的。如果抄的是书上观点，用的是调查来的论据，考虑不周就会脱节。它反映了作者思想混乱，不是在完全理解基础上写的，而是拼凑的。文章语言要尽量写得精练些。结构要完整紧凑，思想性要强。要抓住主要矛盾，论述清楚，枝节问题不能扯得太多。语言要简练、准确、生动，把可有可无的字句抹去。写经济研究文章，当然要使用专业经济用语，也要借用外来词语，但不能堆砌词汇做文章，更不能食洋不化，堆砌洋词洋句做文章。

2022 年 4 月 10 日作于深圳

注：四书，指我参写的《大同市产业结构研究》《大同市第三产业研究》《面向 21 世纪的战略思考——大同市市情与改革发展研究》《煤都巨变》等书。另外，还在中国魏晋南北朝史学会、大同平城北朝研究会编的《北朝研究》上刊《庾信文章老更成》和《粗犷刚健　质朴率直》（浅谈北朝民歌艺术风格）诗论稿。还在《大同日报》《大同晚报》《煤城之光》上刊过多篇经济、名城文化论稿。

为侨领树碑立传

——发扬延安精神和开荒种菜

张兴汉

大学毕业前张兴汉（右一）与同学留影（1963年）（由左至右：李荣祥、江聪、叶新萍、廖世桐）

每当我漫步在明湖边时，总是浮想联翩。1959年，暨大中文系全体师生日夜挑灯苦战挖明湖，师生关系融洽，同学亲如兄弟姐妹。杨嘉教授给湖起个名字叫"明湖"，多年来，明湖精神激励着我艰苦奋进。

我出身于革命家庭。父亲是老归侨、老红军，当年追随孙中山参加辛亥革命，是黄埔军校第二期学员，跟着周恩来和叶剑英二次东征。上学期间，我是文体活动积极分子、中文系文体委员、暨大足球队门将、游泳队队员、艺术合唱团队长。

1963 年毕业时，我们一行七位同学服从组织分配奔赴山西省革命根据地工作。我在老区人民"战天斗地，改造河山"艰苦奋斗精神的鼓舞下，写了一篇报告文学——《太行山上》，参加《人民文学》征文比赛获奖，发表于该刊 1966 年 1 月号。随后又陆续发表《龙溪河畔》《红大娘的故事》《防线》等作品。

1973 年调回广东省"农业学大寨"的先进单位惠州市博罗县民兵师，任《农建战报》编辑，天天奔走在农田水利工地，写有《大干引来幸福泉》《槟榔岭下战旅红》《罗浮山下》和《壮志易山河》等报告文学。其中《壮志易山河》一文在《惠州日报》发表后，被广东电台连播三天，大大鼓舞了全省人民以雄心壮志建设现代化农业的决心。

1978 年，我调回暨大母校，任校报编辑。为配合落实归侨知识分子政策，发表了《友谊之树常青》《骨肉难留报国心》《樱花国里思故园》等报告文学。

1980 年调入暨大东南亚研究所工作。我对美洲司徒美堂、南洋陈

《从徒工到侨领——司徒美堂文学传记》封面（1987 年）

嘉庚和胡文虎、日本陈学忠等侨领进行研究，并发表论文。还与师友合作出版了《华侨华人大观》等专著。1987年出版了司徒美堂文学传记《从徒工到侨领——司徒美堂文学传记》一书。该书出版后引起我国电影界老前辈孙道临、司徒慧敏和丁荫楠等著名导演的重视，建议我把该书改编成电影或电视剧。在他们的鼓励下，我特邀美籍华人作家钟毓材学兄合作，把该书改编成22集的电视剧。曾与台湾世界洪门总会洽谈合作筹拍事宜。

钟毓材学兄的文学创作经验非常丰富，题材广泛，形式多样，创作以小说为主，对电影、歌剧和散文情有独钟。他从印度尼西亚回国后，在中学阶段已发表了不少作品。其中有《赤道线上的孩子》（与王坚辉合作）等小说。大学时代，曾在广州《作品》和《羊城晚报》副刊《花地》发表小说和散文。当年以《万隆孩子》小说获得印度尼西亚翡翠文艺比赛一等奖。几十年来，在中国、美国、泰国经商，业余坚持文学创作，已完成350万字的作品。其作品多姿多彩，视野开阔，具有浪漫传奇的独特风格，并渗透着对人类和故国家园深挚的爱。已出版了《淘金梦土》三部曲（《阿彩夫人》《黄红故事》和《大地主人》）、小说《故乡别传》三部曲（《南来庵

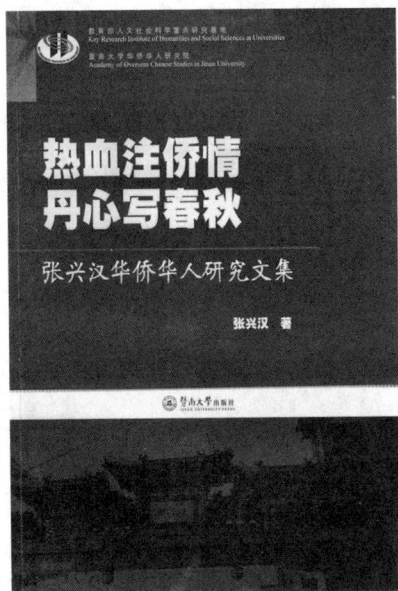

《热血注侨情 丹心写春秋：张兴汉华侨华人研究文集》封面（2013年）

内外》《老家鹞婆岌纪事》《离乡的女儿》）。还有中短篇小说集《寻梦的香港人》《美梦飘逝》，大型歌舞剧本《施大娘子》《花外钟声》和历史奇情影视长篇小说《飞越雄关》（跟钟子美合作）。现任香港郑和研究会名誉会长、香港散文诗学会名誉顾问、中国华侨文学艺术家协会会员、香港作家联会永久会员。

　　我在《从徒工到侨领——司徒美堂文学传记》的创作过程中，还存在一些不足之处，当时因思想比较保守，对司徒美堂先生的思想、个性、生活、习俗、爱好等方面缺乏深刻的理解，创作不够完善，生怕损害主人公的形象。毓才兄在该剧的改编过程中，花费了不少心血，使人物立起来，有血有肉，更加形象化，细节更加生动感人。为了把该剧早日搬上荧幕，不负我国电影老前辈的期望，我呕心沥血，不辞辛劳，奔走呼吁，为侨领立传，终于看见了希望的曙光！在此特别要感谢我的师姐，即毓材兄的夫人伍素娴女士，她为该剧的排版打印作出了巨大贡献！还要感谢为让该剧早日搬上荧幕，为侨领树碑立传付出努力的朋友和同志！同时，感谢暨大国际关系学院/华侨华人研究院领导为我出版《热血注侨情　丹心写春秋：张兴汉华侨华人研究文集》。

作于 2021 年 9 月

书法代表作

秦岭雪

编者按：中文系 1958 级老同学中，钢笔字、毛笔字写得好的不少，有意练习书法的也有好几位，而数十年如一日持之以恒在艺术上最有成就者，则非秦岭雪（李大洲）莫属。

我们希望大洲编一辑代表作让读者欣赏，他谦让而未应允。我只好求诸范淳奇先生。吾友范先生是卓有成就的青年书画家，与大洲交情甚笃，亦师亦友。范先生以其对秦岭雪书法艺术的深入了解和专业领悟，写过《诗书双修秦岭雪》一文。其中高论，有助于我们欣赏秦岭雪的书法作品，特摘录于后：

李老师钟爱于草书，草书之奇伟瑰丽不在其表，而在精神，需要心领神会，方入妙境。

历史上将草书分成两大类：大草和小草。李老师的作品应归为大草。

书法是线条的艺术，尤其是草书的线条，更具有明显的力度感与节奏感。李老师的草书早年得益于怀素《自叙帖》，充分表现了其书写时的快意、自得、激奋的心态。

李老师的作品，没有固定的模式，时而抑扬顿挫、满纸烟云，时而蓄势沉着、寂然无声，时而曲水流音、涓涓而出……

近几年来，李老师爱上了明之宋仲温与陈道复。宋之流利、矫健与风度翩翩以及陈之点划凝厉与潇散闲逸在其笔下活灵活现。

在当今书法界，李老师就像是金庸笔下的"老顽童"周伯通。世人迷恋的功名利禄全不放在心上，功力深厚而相忘于江湖，留下的是一份豁然自在的超逸。

他无意为书家，却俨然一名家。

（草书作品）

道上尊遵何太忙，无⋯⋯翻
⋯⋯唾骂且帽檐茸上闹市
遍⋯⋯载酒江中⋯⋯溪横有
沧茫千古情⋯⋯为孤
半生除却携柴米⋯⋯居定春麦
与⋯⋯秋 鲁正月⋯⋯黄苗子

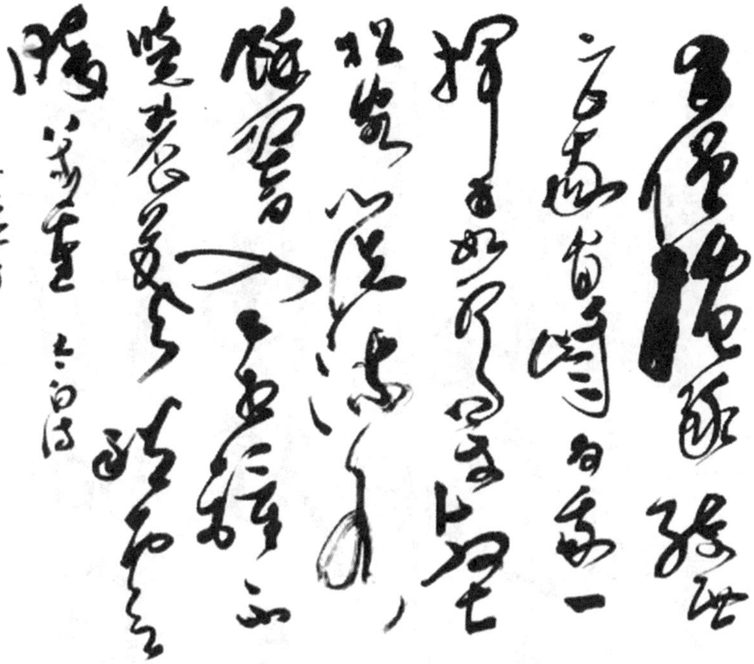

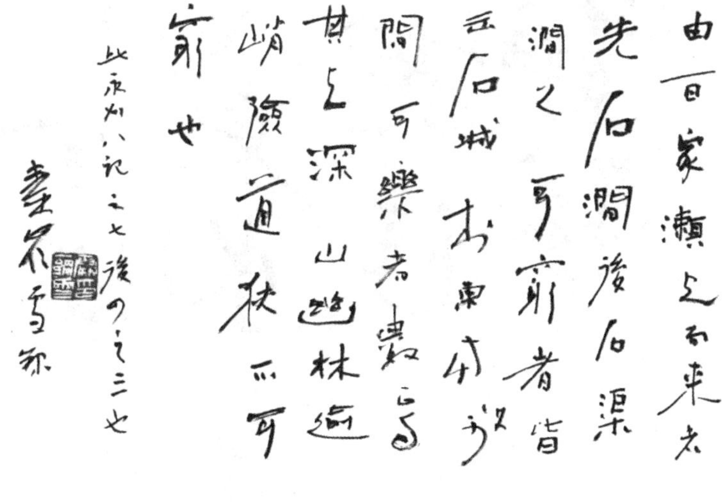

昔聞洞庭水 今上
岳陽樓 吳楚東南
坼 乾坤日夜浮
親朋無一字 老病有孤
舟 戎馬關山北 憑軒
涕泗流

杜詩一首
壬辰 姜維書

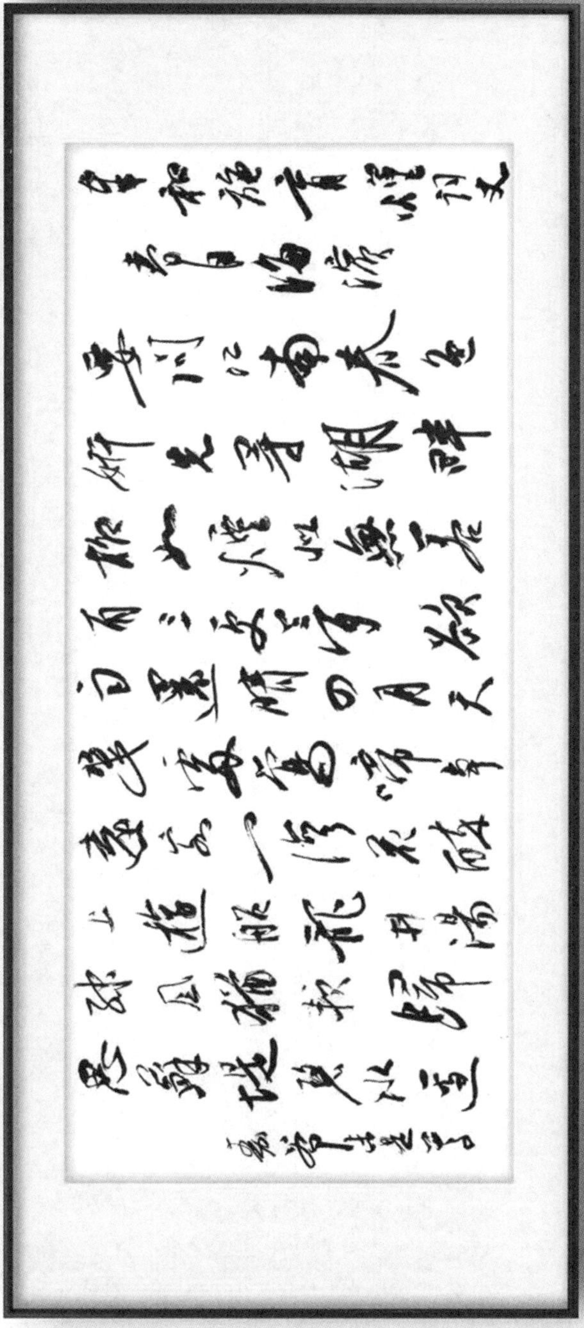

第七辑

媒海拣珠

画龙点睛

——《淘金梦土》序

王　蒙①

当我们说钟毓材先生爱好文学的时候，我们会感到"爱好"这两个字不足以说明问题的本质。一个人可以爱好游泳，可以爱好美酒，可以爱好跳舞，也可以爱好积攒钱财。但是爱好文学总是有些不同：它给予你的不仅是某种愉悦、某种满足，而且更是一种庄严、一种压力、一种挑战和一连串追问。它要求的与其说是兴趣，不如说是献身、意志和某种难能可贵的品质。它提供的与其说是利益和享受，不如说是困扰和自我较量，是折磨却也是一种无比的精神上的充实和不断更新。

---

① 王蒙，中国当代作家、学者，"人民艺术家"国家荣誉称号获得者，中国作家协会名誉主席。曾任文化部（现为文化和旅游部）部长。著作等身，获奖无数。代表作《青春万岁》《组织部来了个年轻人》。长篇小说有《活动变人形》《恋爱的季节》和《这边风景》等。

当我们说文学是一个梦，哪怕是一个民族或一个国家的梦的时候，也觉得对于钟毓材先生来说，梦这个字无论如何是不贴切的。它太轻飘了。钟先生已经经过了伤感温情想入非非大做文学梦的年纪，已经不会去附庸追星族去梦幻一个作家的名声，已经不会不识愁滋味，为赋新词强说愁了。他曾经是出生于印度尼西亚的华侨子弟，他曾经是热血沸腾的爱国归国少年，后奋斗在中国香港、美国、泰国，遍历各种政治风云和商海浮沉，他的商务活动十分繁忙也颇为成功。

然而他仍然不能忘怀文学，不能忘怀"火红的铸造利剑和理想的世纪"，不能忘怀自己对于文学的痴诚追求。这不能再说梦了，这是人生的一种结晶，是走了一圈，又靠近了出发点的一条轨道，是一种精神的依托，是对于人生和世纪种种苦恼的一个勉强的回答。如果我们把一个人几十年的奋斗和事务上的成就比作"画龙"，那么他在实际的艰巨的人生奋斗的同时，奉献出来的小说便是他的"点睛"。

《淘金梦土》三部曲

钟毓材先生的新作，包括《阿彩夫人》《黄红故事》《大地主人》三部曲的长篇小说《淘金梦土》完成了，篇幅巨大，内容新奇，浓墨重彩，波谲云诡，给人以深刻的印象。这本书凝结了巨大的劳动，即使是职业作家写这样的大部头亦非易事，你无法相信这是钟先生"业余"创作的果实。作者对于文学事业是何等的忠诚执着！这部小说集中表现了华人在参与美国开发过程中的贡献、艰难和传奇式的遭遇。当年的华工——"猪仔"，历尽屈辱、歧视和非人的恶劣生活条件与折磨，但他们同样是英雄辈出的中华儿女的一部分，他们同样是勤劳勇敢、顽强奋斗的中华后辈，他们一方面与各种迫害、歧视、追杀作斗争，一方面在美国荒原上赤手空拳独闯天下，站住脚跟，战天战地，建立功勋，为开发美国西部作出了历史性的贡献。从国内的小说创作来说，这也算是填补了一个空白，使我们的文学画廊中又增加了远离家乡，"淘金"海外，身处异域，魂归中华的命运特殊的一群人。从钟先生的选材和他的比较重戏剧性和画面感的写法上，我们可以了解到该作品最初作为电影剧本来写的初衷，更可以想象他自己的人生经验的戏剧性与多样性。时代不同了，处境也十分两样，但是可以想象毓材在自己的经历中寻找到了、发现了与早年间美国本部的华人新移民之间共同的东西。传奇性的故事中自有作者的真情实感。这也正是本书的动人之处。我祝贺他的新作问世，我赞美他这种脚踏实地地劳作和不忘情于写作的精神，我希望他能全面丰收，在各方面都取得新的巨大成就。

（原载王蒙著《话中有画·王蒙说》，作家出版社2021年版）

钟毓材中短篇小说集《美梦飘逝》序

从维熙①

有梦的是人，无梦的是木偶。特别是文人，每天做的就是寻梦、涂梦、析梦的工作。之所以这么说，是因为梦是生活的析光，是人生乐章中的变奏；文学如果也有染色体的话，孕生文学的染色体，就是因生活相异而延伸于笔端的一个个色彩不同的梦。

读罢钟毓材先生的《美梦飘逝》中的 15 篇小说（内含两部中篇小说）之后，给我的直接印象，就是他梦境中的主体，充满了悲悯的情殇。这多多少少有点出乎我的意料，因为在我和毓材先生的两次面晤中，他留给我十分开朗的印象。当时，我确实不知道这个

---

① 从维熙（1933—2019），著名作家，河北玉田人。1950 年考入北京师范学校，1956 年加入中国作家协会。曾任教师及《北京日报》记者、编辑。1957 年之前出版短篇小说集《七月雨》《曙光升起的早晨》和长篇小说《南河春晓》。新时期重返文坛之后，率先发表了《大墙下的红玉兰》等十几部描写劳改营生活的中篇小说，被文坛誉为"大墙文学"之父。

《美梦飘逝》封面

谈笑风生的面孔背后，还深藏着与其面容相悖的骇世悲情。笔者之所以在这里用了"骇世悲情"的字眼，意在说明其作品中的人——他作品表现出来的主题，是在为这个纷乱而斑驳的世界，进行着从微观到宏观的艺术素描。正如一滴水可以折射日精月华和天地风云变幻一样，他通过一幅幅华侨在外艰难的生存状态，启迪读者更公允地认知这个标有各种"主义"的地球，都因战乱或民族的隔离而产生各自的残缺。因而笔者读完他的全部小说之后，突然感到久在商海搏击风浪并在商海中沉浮的毓材先生，两只眼睛不仅关注人类赖以生存的世界；在其心灵深处，还是一个悲天悯人的人道主义者。

从小说《香巢》《别了，西贡河》开始，直到收尾的两部中篇小说《静静的海湾》《失踪的女儿》，描写的都是人间悲剧。其作品背景舞台，涉及美国、中国，以及东南亚诸多国家。其小说中的人物，几乎清一色都是浪迹于异乡异土的华侨和华人。其中还有一个必须提及的显著特点：小说中的悲剧人物，如阿香、阿娥，直到尾篇的杜鹃——包括在纽约从事皮肉生计的波兰女性卡尔丁娜，大多是在权力社会中的女性。我想，这不是作家有意怜香惜玉，而是由于人世间的男人和女人手中的令牌重量失衡之故，在时下的现实生活中，演绎悲情故事的人物，女性远远多于男性。当然，除了这个社会根源之外，也有作家自身的因素。因为天下的文人多是情种，作家的泪腺比科学家的泪腺深邃；中国文人自古以来，感伤"红颜薄命"的文人情愫，早已形成了中国文学的无形的神经。《红楼梦》是其中典型代表，一向钟情于中国文化的毓材先生怎能例外？何况文学自身就是感性思维的产物，上述的孟浪，正是决定毓材先生能够从文并成为一个作家的渊源。不是吗？

我很喜欢小说中对东南亚自然风光的描写，可以看出大半生浪里行舟并在浪里白了头发的毓材先生，在倾吐这些文字时，是饱含了泥土的乡情的。那里的山，那里的水，那里的市井百态，那里的神庙寺院……都给我这个陌生的读者，一种亲临其境的享受。因而，我认为它是海外文学中的悦耳风铃，它是升华于文海的一道亮丽风景。老实说，在其他海外华人作品中，我很少受到如此强烈的诱惑。我想了想，他之所以能写出如此传神的风景文字，除了珍爱他生存了多年的土地之外，还有一个不能忽略的因素，那就是他的中国古典文学底蕴十分深厚。有了这样的文学修养，描人画影，自然入木三分。

在毓材的小说中，我偏爱《静静的海湾》和《死去的大海》等篇章，之所以如此，是因为我个人感觉这些篇章的编织更具有小说的内在特性，小说需要人物的流动和变幻，就像天上的云霞、奔腾的河水——在这些篇章中，人物有着情理之中和意料之外的命运嬗变和伸延。可能出于商务的忙碌之故，那篇《静静的海湾》本是个长篇的题材，还很有写下去的空间，突然来个急刹车，宣告小说完结，我有点为之惋惜。其他各篇，亦各有各的特色，有的质朴无华，有的行文洒脱。该怎么概括毓材先生的人文形象呢——可以这么说，在海外华人文学领域中，毓材先生是属于有着自己文学个性的一个。从中国内地从商下海的作家中看，商海中的斑斑杂色，是会染色于文学清纯的属性的——我实难理解毓材先生是如何融合这个染色体，"出淤泥而不染"的。将来有了空闲，我真想听听这位老兄在这方面的真经。

中国自古有"鱼和熊掌不能兼得"之说，而毓材先生把从商和行文演绎到这个地步，实属不易。一个行色匆匆的商人，经常穿梭于云里雾里的人，哪儿来的这样一股文学痴情，实在是芸芸众生可望而不可即的境界。他爱憎分明，恨中国"文革"暗夜的血色，期冀改革开放后中国的今天和明天——这是闪烁在他作品中的赤子情怀。记得1998年秋，我和几位文友访台归来路过香港时，毓材曾与我举杯共饮，一论国情，一论家情，一论友情。一晃两年多过去了，值此年尾岁末，掷去一纸荒唐文字，权且当作对友情的回望，并祝老兄在商海与文海大展宏图！

序言忌长，就此停笔。

（本文收入从维熙随笔文集第七卷《回望天涯》，河南文艺出版社2018年版）

钟毓材《故乡别传》三部曲序

钟晓毅[①]

2008 年的春天是由风雪叩响的，但风雪过后的彩虹显得特别的绚丽，正是在这种极致的节候里，再一次捧读完了钟毓材君的厚达八十八万字的《故乡别传》三部曲，初始沉重，及后轻快，亦如变幻的春天一样，迎来了柳暗花明、豁然开朗的好时光。

钟毓材在小说创作道路上已经跋涉了几十年，这条路虽然曲折艰辛，一路上的鸟语花香却使他领略了天趣，我们在他的一部部作品中听见了他的跫跫足音。早在 20 世纪八九十年代，文坛大家王蒙、从维熙等人就在小说创作的情节设置与语境书写上对他颇有鼓励与赞赏，这也是支持他继续前行的动力。当然，随着历史之舟已

① 钟晓毅，广东省社会科学院文学研究所所长。著有学术著作《走进这一方风景》《穿过林子便是海——漫步"边缘"文化》等，另有创作作品 3 部。曾获全国优秀图书奖、广东省鲁迅文艺奖等多个奖项。

经不知不觉驶过了那些曾经是那样迷人的码头和芳草堤岸的文学空间，钟毓材在新的世纪、新的现实中更渴望进入到他理想中的文学世界，在更高的境界中构造属于这个世界的小说作品，于是，《故乡别传》三部曲"脱颖而出"了。

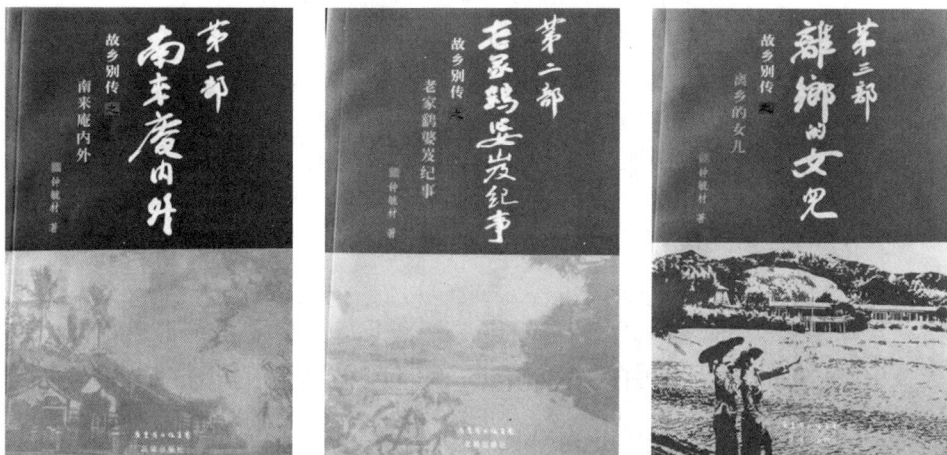

《故乡别传》三部曲

《故乡别传》三部曲由《南来庵内外》《老家鹧婆岌纪事》和《离乡的女儿》组成，全书共十八卷，每一卷均可当作独立的中篇小说来读。钟毓材的心愿，是把三部曲打造成"三代母亲不同命运的故事，凄美动人；岭东地区客家独特风情画卷，色彩斑斓；客家人海内外百年血泪奋斗史，波涛壮阔"，并以充满深情而细腻的笔触，描绘近代百年历史巨变中，客家人从海外到故乡，又由故乡走向世界的三代人的悲欢离合，借此反映大时代中沉浮起伏的喜乐和悲哀，荒谬年月中被扭曲人性的伤痛和无奈；兜兜转转历史进程中的社会百态，海内外纷扰尘世的众生相，从中揭示正与邪、善与恶、是与非、真与伪、新与旧、入世与出世的种种冲突、纠缠、倾轧与争斗……故乡情怀、华侨心史，历历在目；经过努力，他有了现实的空间。整个作品的基调是悲悯的、感伤的，且多采取想象的、夸张的、幻变的创作手法，逐渐从写实进入写实与写意文意并举的境界。

《故乡别传》三部曲的"横空出世"，首先，是有渊源。作者是一个出生在赤道上的国家——印度尼西亚的华侨，但少年时代又回到广东梅县读中学，亲炙家乡的土地多年，即便是后来寓居香江，也常常往来于家乡，从未停歇，这样的生活经历给了他极大的创作动力。毫无疑问，在他的小说美学里，故乡是一个具有宗教情结的意象，这一点，在三部曲中都是相通的。故乡让人亲近，你去到哪里，它就延伸到哪里，以它的厚重和博大包藏万物，承载山川，孕育着万种灵性。当然，文字所到之处，故乡已不仅仅是实指意义上的土地，而是指足以承载人们生存的生命之源、精神之基。这种思维在《故乡别传》三部曲作品中显然是作为一种根本性的哲学层面的价值观来演绎的，它成为小说中许多人生命行为或潜或显的动因，巫雪怀、翠山、文思、阿菊姐、梅逸师父等书中角色，都如同一条条怀着远古记忆的洄游生物一样，虽然路途漫漫，虽然险恶重重，却一往无前地寻找曾经栖息着他们祖先、生命与精神的土地，去重建他们心目中的美丽家园。作者对这种种的心路历程，对那特定年代的华侨爱国爱家的历史，有相当程度的体会和发掘，他的表述，与起码两三代过来人的体会是相吻合的，发掘与描绘的深浅尚可研究，但从大的方面看，没有一定的渊源是写不出来的，作者实实在在地把握了题材的优势。

其次，是有生活。丰富独特的生活经历、漂泊海外的酸甜苦辣，给了作者不同于别人的灵思、体悟。看得出，作者对他的第一故乡广东岭东和第二故乡印度尼西亚万隆的生活是异常熟悉的，积淀是非常深厚的。第一部《南来庵内外》中华侨们的生活情状与历史文化和客家人漂洋过海在异乡他邦艰辛创业、开拓进取的精神相融；第二部《老家鹧婆岽纪事》中的故乡山水之美与海外游子的回归和时世动荡变迁相悖；第三部《离乡的女儿》中神州大地改革开放的春风激荡与新一代华侨后裔各自命运遭际的离合相异。种种的场景和形象，都力求做到栩栩如生，企盼着读者能如临其境，参与其间，悲喜与共。这样宏大的创作愿景，使得作者在写作过程中煞费苦心，把三部曲的长篇小说当作一阕客家山歌剧的"图兰朵"去构想，去经营。既是写实的，又要是浪漫的；既是真实的，又要是奇幻的；既是粗犷的，又要是细节的；既是叙事的，又要是抒情的；既是感性的，又要有思辨感……从而成就这三部曲的驳杂与多样、丰沛与茂盛，这与作者对各种手法的尝试是分不开的。小说的整体结构一如交响乐，繁复、多变，充溢着感情，仿若江海般涌流，整个叙述实际是一次对故乡与人性的追寻，如卡尔诺所说的"文学面临的重大挑战就是必须能够把知识各部门各种'密码'总汇起来，织造出一种多层次、多面性的世界景观"。相信钟毓材对此是深有同感并据此去尝试的。

再次，是有故事。小说其实就是讲故事，长篇小说更要讲好故事，要有生动的故事，要有情节，特别是引人入胜的细节。故事是小说的基本面，没有故事就不成为小说了，无数的小说家们、理论家们已喋喋不休地说了多少年了。可见故事是一切小说不可或缺的最高要素，当然，这种最高要素最好还要有悦耳的旋律，或是对真理的领悟。也正是因为中国文字的丰富性与奇诡性，以及它们的不确定性，成就了中国小说的辉煌。中国小说往往以神话的形式作为端倪，而从来不会以神话作为终结，小说作家总喜欢在诗与历史、神话与现实的夹缝或间隙中，"虚构"他们心目中的故事。钟毓材对中国传统小说是有较多的涉猎和较深的认识的，在故事的结构和讲述中下了不少功夫；情节的发展，时而似涓涓山泉，情意绵绵，时而如大江急流，奇峰突现；海外游子的传奇人生，故乡女儿的挣扎奋斗，男女主人公的生死恋情，平常人生的点点滴滴，由此在多维度、多方位、多层面地展现人物命运和历史环境上造成的成败得失。特别是从第二部《老家鹧婆岌纪事》开始到第三部《离乡的女儿》，作者作为第一人称的"我"，自由出入于叙事过程之中，或交代与情节主线关系不大的背景材料，或说明自己的写作路径，或提出反思性认知，从而产生了某种间离效果，避免过于情感化、情绪化地沉溺于特定情节之中，稍为节制了全能叙事中常常难以避免的冗繁过程的交代，从而提供了叙事时空自由变换的可能，使描写对象在事情发生当时的认知和状态与叙事者当今的认知角度交叉交融，从而更立体、更真实，但也有因自由切换而造成审美中断、衔接脱钩的不足。

最后，是有观照。巫雪怀、巫不凡、曾燕群、池慕涛等主要人物性格的重要支撑和主色调，是有厚实的生活底蕴和时代背景作涵盖的，他们是生活在历史运动中的，被历史大潮裹卷着，经历各自千差万别的命运和人生，表现出传奇性的命运，作者既熟悉那一段段历史，又能从较宏观的高度，理性地观照那一段段复杂、曲折的历史，使得这三部曲有一定的思想深度。这与他当年师从著名的文艺理论家萧殷、饶芃子等有一定的关联，他从这些老师的启蒙中，吸收了某些潜隐的文化传承，秉承了一定的理性思维，一俟时机成熟，就一一落实到自己的小说创作中；在突出故事性、传奇性的大众文化路线的同时，也能超越一般的民间叙述；在吸收和融会诸多吸引当代读者的艺术元素的同时，也能赋予小说一种严肃的历史反思。历史之所以复杂，又在于人性是复杂的，因此，《故乡别传》三部曲所塑造的人物都是具有复杂的性格的，作品就是这样通过对历史与人性的复杂性的探索与还原，展开反思与追问；我们从哪里来？要到哪里去？故乡的昨天是这样，故乡的今天是哪样？故乡的明天将是怎么样？让读者在其中沉吟不已。

在血脉的源头，钟毓材就对故乡有着天然的亲近，梅江水的哺育，更让他的热爱发扬光大：《故乡别传》三部曲即将由花城出版社出版，这是钟毓材对哺育了他的那一方水土的诗意与情深的言说，诚如艾青所歌吟的"为什么我的眼里常含泪水，因为对这片土地爱得深沉"。钟毓材亦是这样，因为热爱，所以言说，而且一说就是三部曲，相当感人。我并不是他的同辈人，亦无他如此丰富骄人的生命足迹，但在对文学的追求上，我觉得我们之间有着不少相似与相近与可会心之处，加上都是暨南大学中文系前后脚走出来的，感于他盛意拳拳，在他的这部大作付梓之前，我有感而发，写下了不长不短的这一段文字，以表示祝贺与祝福。

此为序。

作于 2008 年 3 月

情与爱，风雨历史书写磨难人生的证词

——毓材兄《人间别样的情与爱》序①

刘　虔②

一

情与爱，生死何为？往来何在？天地一瞬。哪堪回首。人世苍茫而澄迈。

情与爱，人生磨难的证词。

情与爱，风雨历史的镜像。

情与爱，天赋为人的本真。人之岿然不渝的本色。自立自为自在不可剥夺须臾难离的人之权利的全部所属所归所能与所在。

---

① 本书为散文诗体小诗集。

② 刘虔，诗人，报告文学作家，高级编辑，中国作家协会会员，曾获得当代优秀散文诗作家称号。著作有《春天，燃烧的花朵》《心中的玫瑰》《夜歌》《大地与梦想》《拒绝平庸的年代》和《英雄之星：杨靖宇的故事》等。

追寻的神圣。追问的窘迫。追思的省悟。

谁在拍案而起？谁能秉笔而书？

谁见证了历史的苦涩与苦难，磨砺与磨灭？

谁是人生良知与良能的臣民而求索？

谁能一洗岁月蒙尘的冤债而呼告？

是时候了。是时候了。

当阳光刺破内心的雾霾，人心为人的幸福而觉醒……

是时候了。是时候了。

清流洗濯着沙碛，原野便有葱绿的诗意。

是时候了。是时候了。

情与爱已然重新奋起，秉持时光之旅的圭臬，重返历史风雨的搏击中……

是时候了。是时候了。

一切都将如约而至，如琢如磋如水奔涌。

且看这《人间别样的情与爱》……

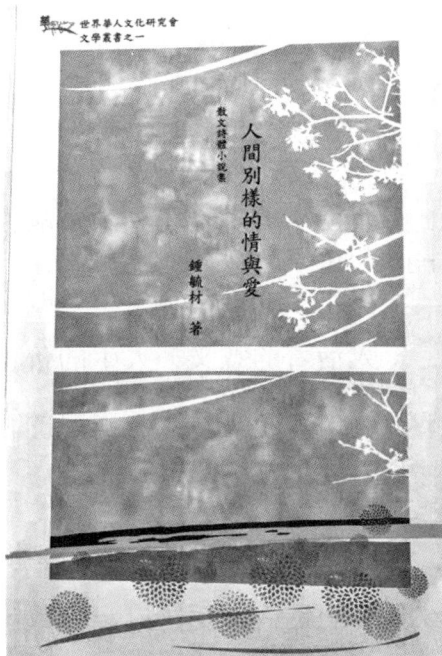

《人间别样的情与爱》封面

二

每一个人都是一个独特的自己。

每一个人都是自己灵魂的主人。

人活着的意义，人生的价值，人世的芳华，莫过于对自己理想的执着追寻与坚守。而理想的存活，全都源自生命内在的天赋不可移易的情与爱。

在这部以人生情爱为经，以历史风云作纬，用十个小说故事编织集成的长篇散文诗里，字里行间处处呈现着人生前行的足迹、生命情爱的呻吟、历史变迁的巨响。从而感知时光的冷暖，人世间绵延不绝的长梦。虽然过往已然皆成灰烬，但在记忆的史册里，在心灵伸展的长路蜿蜒逶迤之间，我们回望的眼眸总能融入那些鲜活的真实，那些遮蔽在生活舞台角落里的一颦一笑，街巷村间的一歌一哭，青春男女的一惊一喜，以及被政治风暴战火硝烟裹挟着的那些濒临伤残死亡的恐怖。而所有这些故事中的情爱，无不有着超凡的忠贞与痴迷。然而一切又是那样超乎想象的艰辛、失魄，难以言说的酷烈。就说开篇那首"献给香港的情歌"，实是爱的哀歌。因为政治的短时的欢乐之即使"情归"故地觅故人，又因山河易色人远去，只能怅然满怀，咀嚼落寞。或在"大金塔"的佛光下无奈收获一个空茫的背影。或以一束失血的白兰花祭奠在客死异乡漂泊者的灵前。情在迸发，爱已超然。超然于时空，超然于种族民族与国别的差异和地域的阻隔。无论面对吉隆坡奇遇乌克兰姑娘的悲苦、哈瓦那古巴少女的故国情缘、韩国姑娘风尘里的沦落，还是为了拯救"特殊学生"革命者的苦痛、"活着的烈士"最可爱的人的人生悲剧，只要发出"一生一世的承诺"，便会贯穿人心，贯穿生命与时间。即使千里迢迢，"走过冰山"，那"遥远的你"也会成为"我最近的爱"，一如战墟上的"一草一木"，也会萌生存活在乱石残壁间，存活在记忆的大地上，守住永恒。而这一切，都是我们的生命寄寓苍茫世间无法躲闪的承受，是人生最宝贵的年华为着自由的幸福和爱的拥有而燃烧的火焰所喷发的炽热与喧响、欢乐与血泪、潜伏的命定的袭击与给予，当然还有无尽的悔恨、难言的无可挽回只能隐忍的失落。这是人生的万花筒。万花筒一样无穷演绎、万花筒一样尽现这开放在贫瘠的抑或丰腴的土地上的情与爱的奇葩……

这里，有对人性之根、情爱之美抱一守拙坚贞与坚毅的礼赞。

且看这《人间别样的情与爱》。

三

人，天生就是一个多面的繁复的整体。

人，是强大的。正是人创造着社会的历史。

人，又是羸弱的，正是历史左右并塑造了人的一生，且最终被历史的社会所裹挟。这正如悲情主义哲学家叔本华所揭示的那样：世界就是人的意志的舞台，是人性的家园，情与爱的领地，美与善的源头，也是丑与恶的后院。由是，欢乐之外，更有争斗，有苦难，笑声伴随泣声，心热伴随心寒，白昼伴随暗夜。由是，面对强大的社会风潮和历史狂涛，怀抱个人欲望满腔情思爱意的人，就只能在争斗的缝隙间挣扎生长，备受苦难的挤压与击打，也只能接受难以抵御的命运的选择与围困。汇聚在这部散文诗里的众多人等，无论男女，无论老少，也无论学人、商贾，战场上的幸存者、流浪汉、偷渡者、风月中人、失怙的母亲，异乡的行旅，还有书中那位以"我"命名的全部情爱故事的当事人、不离不弃的亲历者与记述者，无不是背负着情与爱的十字架奔赴在人间坎坷长路上的圣者与痴者。被磨难所养育，又被磨难所接纳。在磨难中摇曳，向着磨难生发出人性的光芒。纵然有沦落，有无奈，有溃败，沾满历史的烟尘，仍能不屈不挠地渴求尊严，都最终回归于人性本真的善良。而这样的善良才是拥趸在他们内心里的强旺不可摧折的性灵之美、生命之力啊……

这里，有各色人等怀揣纯真同赴情爱之宴的幽深的告白。

且看这《人间别样的情与爱》。

四

这的确是别样的非同凡响的情爱。

不舍初心，始终如一，怜悯生命的情爱。

异乡异域，奔波一生，坚守盟誓的情爱。

风雨泥泞，血凝泪浸，奉献自我的情爱。

炮火烽烟，逃离死神，依恋故土的情爱。

而且，所有上述这些风采独异的情爱，包括男女的性爱、亲人的关爱、朋友的友爱、人间的博爱，等等，这些人性里最炽热珍贵的情感，几乎都有一个共有的品性：几乎都融合着历史的元素，纠缠着历史的足音和脉动的气息；都承受着强悍而决绝的历史力量，且都以炫目动魄的光芒降临人间，风情万种地呈现着那些晨昏暮雨风雪边陲孤野戈壁乃至华灯良夜春风十里的历史酿就的眼泪、迷惘、短暂的欢爱与持久的思念、酷烈的搏击、怨怼与裂变。反右风暴、戍垦支边、排华风潮、中苏交恶、切尔诺贝利核难、韩战、抗美援朝、古巴导弹危机、印度尼西亚的反共大屠杀、亚非万隆会议、三宝太监下西洋的遗爱，在这些个历史转轨疼痛颠簸之际、荒诞混沌之日，战火与冤声齐飞、贫穷与死亡相随、人类难诉困惑强忍困苦不忍失落坚守良知拒绝孤独渴望幸福的每一个奇异而凡常的时刻，面对历史的无情挤压，被裹挟的人们的生存是何其渺小，他们的情爱更是备受摧折煎熬，无不浸透着历史的苦汁和灼烤的伤痛。严酷的历史，生长严酷的人生故事；别样的生存，铸就别样的人间情爱。所幸的是，他们都初心不改，真情真爱堪称火焰一样炽烈，山石一样坚硬，梦幻一样迷离，吞云吐雾，剔骨入髓，且都高贵守节啊……

历史多情，也无情。无情的历史更难述。

这里，就有对历史的无情苦难摧凌人之情爱的揭示。

且看这《人间别样的情与爱》。

五

为什么这里的每一页是如此简约而沉实？

为什么这些满溢着火焰情愫流水波光的文字如风卷云聚电击雷闪荡人胸襟？

为什么这十个伤痕累累的故事总是绘声绘形依稀可见人影憧憧血泪斑斑？

无他，只因故事里的情爱太深太浓太烈太坚，太有生命的担当和心灵的契约。作者的构思摒弃了虚构的幻影，全然是纪实性的。第一人称的"我"一出场，便贯穿始终。身为书中亲历亲为的主角的"我"，以自身切肤的全部情感投入，构筑起凝重晓畅多维度多色彩的诗的画面，把故事演绎叙说得风生水起如火如荼。那每一段承载人间别样情爱的文字仿佛是搏跳的人心，传递着人的血性和体温，生生重现了远去的那个时代别样的人生命运，别样的情爱风景。倘若读完全书，回头回味品赏，单单反刍那十个故事诗化的题目所蕴含的情意，便能让人再生遐想，思念悠悠。而且作者更善于把那个时代那些广泛流传深入人心的诗词歌曲，巧妙恰切地纳入自身的体验中，与人物共呼吸，一经写出，便引人入胜，真真切切，让人重返那时的现场，重温那个年代的风情风貌。这对读者，尤其对走过了那段时光的读者，不啻有一种重返故地重游故土之叹，更倍添了万事悠悠世事多变的历史沧桑感。文字的魅力更生真实与亲切。问世间，情为何物，直教人生死相许？是的，这人间，这红尘滚滚的世上，最难写最难认的，大概莫过于情与爱这两个字了。这两个堪称人类最难写也最难认却又不弃不舍不熄不灭须臾不可分离的字，实在魔力无边，奇谲多诡。可以让人上天堂，也可以让人入地狱。就在这天堂地狱间，人成为高贵而卑微的存在……

想见证这人间的天堂和地狱吗？

那就且看这《人间别样的情与爱》吧！

2018 年元旦日，三亚大东海

边之远洋公馆 B2507 室

艺术的感悟和审美的批评

——张振金《感悟的智慧》序

饶芃子①

张振金的文学评论集《感悟的智慧》将要出版了。出版前他把书稿送来给我看，由于新近正忙于清还大小"文债"，书稿在我案头搁了一些日子，直至今天才匆匆看完。读着振金的这些文字，脑子里就浮现着他年轻时候的影子。记得 20 世纪 50 年代末 60 年代初，我在暨南大学中文系教文学理论课的时候，他就是系里的学生。在我的印象中，他当时的兴趣并不在文学理论，而是在文学创作，特别是诗歌和散文的创作。但在他所写的诗和散文中，却不乏对人生哲理的思考。在课堂上也常常表现出一种理论的气度和视

① 饶芃子，教授，博士生导师，文艺理论家，"中国比较文学终身成就奖"获得者。曾任暨南大学副校长。主要著述有《文学批评与比较文学》《艺术的心镜》《文心丝语》《心影》等。

野。那时我们中文系的系主任是著名文艺理论家萧殷先生。萧先生对文学理论教学的指导和要求是十分具体、严格的，他经常把自己发现的各种文学理论问题带到师生中讨论。在讨论中，振金对一些具体文学现象的分析往往有独到之处，不是照搬书上的概念和定义，而是出于他自己对作品的感悟和理解。毕业以后，他被分配到海南岛从事文化工作，由于工作性质同他的志趣相合，可以说是如鱼得水。

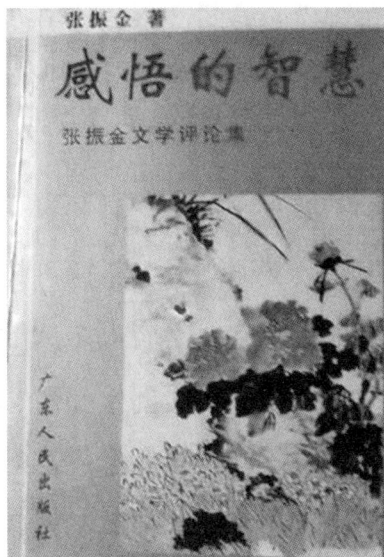

《感悟的智慧》封面

美丽的南国宝岛，那里的椰风海韵激发了他的创作灵感。我不断地在报刊上读到他反映海岛生活的散文和诗歌。岁月悠悠，30多年弹指间过去，虽然他也和许多文化人一样，经历过大大小小的风雨，但他无怨无悔，默默耕耘，对文学的热爱和追求始终如一。十多年来，他已经出版了多部著作和文集，大部分是散文的结集，还有专著《岭南现代文学史》《秦牧的散文艺术》《作家与时代》等，应该说，收获是相当丰硕的。

从张振金已经出版的十多本文集、专著和平时散见于报刊上的各种评论文章看，他的文学兴趣和触角不是单一的，他既从事创作，也从事文学评论，对创作理论、地域文化和现代文学也有所涉猎。他收入《感悟的智慧》这本书里的50篇评论，就是从他近期所写的若干评论、理论文字中选出来的文章结集，也是他从自己多年创作实践阅读经验中升华出来的理性思考，尤其是对岭南散文作家作品的文学特色和地域色彩的分析和描述，更是带有他自己的体温。

振金这本文学评论集，从评论对象看，有散文、诗歌、小说，但以散文评论居多，这可能与他长期从事散文创作有关。由于他自己常写散文，因而也多读散文，朋友圈子里有不少是散文家，所以很自然就把散文创作和散文研究结合起来，把理论和实践结合，体验、感悟、总结，形成自己对散文的审美视角和观点。这就使他的评论文章具有一种属于他自己的艺术感觉和魅力。

《感悟的智慧》这个集子里所收的评论，有三个显著的特点：一是强调对作品的审美感悟，能做到融情于理，情理统一。在这些评论中，既有作者心性的折射，也有理性的亮色。二是注重作品微观的艺术分析，能实事求是地解读作品的形象，并通过它们透视作家的心境，展示出其中的曲折和奥妙。三是用散文笔法来写评论，把文学评论"散文化"，或可称为"散文化"的文学评论。书中对秦牧、杜埃、陈残云、林非、紫风、万振环、何卓琼等作家作品的评论，行义轻松活泼，有文采，读者们是可以当作散文来读的。

过去，我在不少文章中都谈到，中国传统的美学文字和文艺批评，重体验、感悟，语言鲜活，富有弹性和张力，因而有一种特殊的感染力，这一特点，曾令一些正在"朝东看"的西方汉学家着迷和困惑，由于文化的阻隔难以跨越，他们很难探得其究竟。所以，我们自己应该珍惜和发扬这一传统，在多元批评的态势下，让感悟式的审美批评也占有它的席位。《感悟的智慧》这个集子里的一些评论，就融汇有作者对作品的鉴赏和感悟，反映出他在这方面的追求，他常常通过对某些作品的诗意的评述，来阐明自己对散文创作的立意、选材、构思、灵感、想象、艺术思维和风格的看法，这些文章比之学术性的理论批评来说，也许不以系统的理论分析见长，但并非缺乏理性精神。从中可以看到，他所关注和把握的虽是今天的新作，但他在追踪时代步伐的同时，也有对传统上感悟审美批评的认同，很显然，他是希望通过自己的评论实践，寻找古今审美视角和批评范式的交汇点，拓展自己的文学评论之路。

《感悟的智慧》是张振金在散文园地里辛勤耕耘的结果，也是当前还处于比较寂寞的散文理论研究的一个收获，在这里，我为她的诞生祝福！

（原载 1996 年 4 月 26 日《羊城晚报》副刊《花地》）

诗性感悟与理性精神的融合

——评张振金的《中国当代散文史》

杨 义① 田 泥②

对于散文，论述颇多，各有千秋，也尽显风采。郁达夫的归结就很有见地，他曾在《中国新文学大系·散文二集》导言中指出：散文或散文家之深情远旨，在于贴近"散文之心"。在笔者看来，这里有两种内涵，一是散文的主旨或主题所在，二是散文乃散文家的心性折射。如此，散文史就不单是对散文发展脉络的勾勒，也是对作家心性的捕捉与感悟。这就为撰写者提出了一个重要的要求，撰写者不仅要有精湛的史识、深厚的学养与翔实的史料，还要有独有的眼光与心性。用史识来统驭史料，寻找历史时代的政治、文化

---

① 杨义，中国社会科学院学部委员，中国社会科学院文学研究所所长、博士研究生导师。著作有《中国现代小说史》（三卷本）、《杨义文存》（七卷十册）等 50 余种。
② 田泥，中国社会科学院文学研究所博士。

背景的再现；从审美高度对作家的心性、身世、学养等因素深入肌理地评述，判定作家及其作品的文学史地位，表达对散文发展的深入见解，并深入细致地探讨历史散文发展及其特征形成的原因，从而揭示历史、现实与未来之间的联系的哲理意蕴，还有人生世态的展示。

我们欣喜地看到，张振金以《中国当代散文史》给我们带来清新、适意的撰写，不仅真实地记录了一段文学历史与文化轨迹，也给我们提供了一份人生的思考与启迪。作者以一种明快、严谨的姿态回到历史事实，用动态的史识探索散文发展的自在轨迹；在哲学的层面上，合理、辩证地剖析散文现象，将散文的原初诗性与自我精神理性地融合；从审美高度解读文本，发掘、探索作家独有的审美感悟与体验，对散文之心性进行感悟与超越。可以说，《中国当代散文史》如此条分缕析地对中国当代散文予以细读与评说，不仅为我们呈现了客观、科学的文学史实，也使我们透过现象感受到撰者的历史眼光与心性，以及他所传达的人生感悟与体验。

此著一个显著的特点，就是回到历史，用动态的史识探索散文发展的自在轨迹。就是将散文的发展放置在历史文化环境中考察，不仅还原了历史，也寻找到契合历史现实散文的发展动态，以及各个时期散文现象的生成原因，形成一个完整而合理的结构和清晰而绵密的脉络，从而揭示出散文发展思潮的自在轨迹。自然，一些散文现象也是从思潮的角度去阐释的。

《中国当代散文史》的两个出版社的不同版本

本著设有新中国成立后 17 年散文，新时期以来散文和台、港、澳地区散文三部分，此种体例将因背景不同而生成的文学现象区别开来，带来了阅读与行文的便利，而在整体上依然为一体，能将散文的整体面貌呈现出来。此著在全球化整体文学发展背景下，将散文现象还原到具体的历史文化环境来考察，又对涉及的各个时段的散文进行个案分析，显现中国当代散文各个时段发展的特质，既注重资料的翔实性，又有深入肌理的剖析，史实与史识有机联结，从而将中国当代散文的发展史呈现了出来。因此，本著不仅对散文现象生成缘由给予澄清，也对整个散文发展及其思潮演进的规律轨迹予以呈现。比如，作者在对香港、台湾与澳门的散文现实状况的分析上就有独到之处。作者既从中国文学的总体格局来审视香港、台湾与澳门文学，也从不同的社会情态和文化背景来解析其散文现象与发展轨迹。不仅注重它与整体的认同，还辨析了它与整体的差异性所在。

同样，在对新时期以来各种散文现象的解析上，也回到了具体的历史、现实维度上，从思潮这一角度去诠释其产生的原因和背景。如将 20 世纪 60 年代出生的所谓的"新生代"作为个案分析，来探寻散文的发展脉络和内在转变与承接。以出生在特定年代的作家为研究对象，并不乏先例。在第二次世界大战前后成长起来的一代美国作家就被称为"迷惘的一代"，即主要强调出生在 1900 年左右这个时期。而在作者看来，"新生代"作家，不仅大致出生于 20世纪 60 年代，有其特殊的政治、社会和文化背景，还有其创作的题材、内容和艺术的某些特征。在其成长记忆中，没有 50 年代的"阶级斗争"，也没有 60 年代的"文革"劫难，他们感知到的是一个转型的社会，面对的是一个相对宽松的社会、文化背景，具有现代气息，自然也就承接了"五四"时期的散文传统与西方 20 世纪现代主义文学、哲学思想的影响。这一切赋予"新生代"个性化意识，即注重个人内心感觉，淡化责任感与使命感，力争追求艺术的多样化，也因此导致了"新生代"的局限，"淡化过去反常的政治意识形态和道德说教，会使作家个性得到进一步的张扬，创作心态更加自由平实，但也不能忽略有的作品随之消解了深厚的历史内涵，甚至出现反文化、反崇高、反道德的不良倾向，因而难以谱写壮美的史诗，难有大气磅礴之作"①。同时，作者还认为"新生代"散文是在 20 世纪 90 年代中国全新的社会背景下产生的创作现象。"新生代"散文作家是继知青作家之后的更年青一代作家群体，其思维方式、文学观念和作品面貌，都有别于传统风貌，但这并不意味着其优于前代作家，也不能说代表了散文发展的主流方向，只是他们确实以自己锐意进取、创新求异的方式存在。

显然，作者在历史与现实的发展维度上，将"新生代"散文现象与存在状态放置，给予动态的描述，不仅揭示出了散文存在的历史承接性，也对散文的发展作出了前瞻性的预见。可以说，作者是在历史、现实的时间与空间的维度上，梳理、规整了散文现象，用动态的史识来统驭史料，以散文创作思潮的嬗变和演进，显示散文发展的内在规律。以此为脉络结构篇章，使得各个作家群体及个人各得其所，结成了一个整体。在对中国当代散文的整体把握上，又注重微观细节的描述，做到了尊重散文自在发展史实。如此，也就更加清晰地凸现出了整个散文史的线索。

此专著的另一特点，就是作者在对散文创作现象的哲理辨析中，注重散文的原初诗性与自我精神理性的融合。这也正是对文学本身乃至文学研究的一种积极响应。

时下，有一种共识，那就是文学已不再是政治意识形态的符号，也非表述国家政治权威性的社会文化话语，而日渐回到了文学自我本性。散文亦是如此。相应的是，作家与理论家理应承担历史

---

① 张振金：《中国当代散文史》，北京：人民文学出版社 2003 年版，第 370 页。

赋予的责任，用辨析的眼光来看散文本身。对于此，本著作者不仅能够尊重散文的原初性，而且又从哲理层面透析散文创作现象与对其深层原因予以追溯，进而解析散文嬗变存在的规律与问题，将散文发展史实与个案分析相结合，以此将散文现象予以澄清，辩证地就发展趋势给予阐述，并做出科学的记录。这就将散文自在的原初诗性与作者自我的精神理性融合，从而就具有了一种哲学意味的解读与剖析，显现出了独有的智性。作者辩证地看待了一些散文现象，并都给予翔实的说明和表达。其间论述笔锋颇为冷静，不做过多的主观评说，但这并不意味着作者没有主观判别，恰恰是在不经意之处体现了自己的独到见解。例如对新中国成立后 17 年散文的合理辨析就是如此，作者认为散文诗化现象是为纠正文体上延安散文的通信化形式，向"五四"时期的美文回归的一种极致。它虽然加强了散文的抒情性与艺术美，但也忽视、回避了生活中的矛盾与冲突。即便是其有僵化模式等缺陷存在，但仍然还是承传了"五四"为人生、改良国民的灵魂、强国的精神追求，与"五四"有着本质的延续性，从文体发展来考察，在反映现实生活状态、生存境遇、精神追求及中国散文现代化方面又是对"五四"的一种拓展。作者如此以辩证的眼光对散文现象做出了剖析与重审，尊重了散文发展的历史事实，揭示出写作本身就是特定时代的表达，同时也体现了自己对散文发展的理性把握。张振金认为："如果用现在的思想观点和审美观点要求，就会超越当时环境下作家所能达到的程度，导致完全否定这些作品应有的价值。"①

再者，本著还有另外一个特点，即在对散文的审美观照中，作者有着对散文之心性的感悟与超越。这样，很妥帖地协调了散文文本、散文作家与散文史家几重关系，显示了撰写者高屋建瓴的审美价值取向。

散文作家的使命就是表现他们自己的时代。散文史家则要寻找胶结在文本中作家的心性展示，还有对生成散文的历史文化可能性做无尽的探求，或对真实经验的具体性的归纳，或对精神思辨的探索，或就感觉与思想提出见解，种种，不一而足。

显然，张振金试图从审美高度解读文本，发掘、探索作家独有的审美感悟与体验，从发展的角度对中国当代散文史作一以贯之的通盘考察：论及的对象并不集中于一些重点作家，重在作家个人风格与在历史中所起的作用来评析、记录。于是，一部具有大家气象且较为翔实的散文史就呈现了出来，其中伴有作者对散文审美的思索与追求，还有对散文作家之心性的感悟与超越，真正体现出了学术研究"人乎其内，出乎其外"的特质。

进一步说，张振金从审美的角度重新看待散文创作，就是逼近散文的主体性与作家的主体性。散文回到自我审美属性的索求是散文发展的突破，而中国当代散文真正回到自我审美属性的当是从"新时期散文"开始的。可谓一语中的。因为人们对"颂歌式"的20世纪五六十年代散文书写评价本身就有着极大的反差与不确定

---

① 张振金：《中国当代散文史》，北京：人民文学出版社 2003 年版，第 17 页。

性。尽管有人认为这是特定时代的产物，是"英雄崇拜"的结果；也有人将"诗意散文"说成是描写了生活的表象，图解政治观念。在作者看来，不管其怎样具有应有的价值，但如果从审美高度来看，五六十年代散文难以从审美属性看待。"新时期散文面临的问题，首先是恢复散文的真实性，重新获得散文的生命。这既是对散文普遍走向矫情和虚假的一个反拨，同时也是为了调整被扭曲的散文和现实生活的关系，使散文回到自身的审美属性上来。"① 的确，20 世纪 80 年代中期，"散文创作出现了'向内转'的倾向，从对社会外在世界的描摹式的反映，转向对人的内心世界的深层表现，包括人情、人性、人生、生命意识、生存状态、人生意义等，并由此生发哲学的思索"②。

林非说："散文创作是一种侧重于表达内心体验和抒发内心情感的文学样式，它对于客观的社会生活或自然图景的再现，也往往反射或融合于对主观的社会生活观情感的表现中间，它主要是以从内心深处迸发出来的真实情感打动读者。"③ 张振金对散文创作给予重新看待，是契合散文，是作家心性抒发、感叹与超越的本质。他注重散文本身的历史、审美价值，而不以作家的名望成就为标准，也不以自己的情感为饵向。他认为："凡是在历史上有过影响、有其个性的作家，都应尽量入'史'，有其一席之地。"④ 他力求发掘

---

① 张振金：《中国当代散文史》，北京：人民文学出版社 2003 年版，第 112 页。
② 张振金：《中国当代散文史》，北京：人民文学出版社 2003 年版，第 116 页。
③ 张振金：《中国当代散文诗》，转引自林非：《散文创作的昨日和明日》，《文学评论》1987 年第 3 期。
④ 张振金：《中国当代散文史》，北京：人民文学出版社 2003 年版，第 570 页。

新锐作家或散文史家未曾涉及的作家，以此来契合、丰富散文史，如对女性散文家吕锦华的散文评析："不作超然于客观世界、迷醉于自身性灵的纯主观的自我宣泄，而喜欢描述故乡那些默默无闻的人和平平淡淡的事，发掘其中闪光的东西。营造一种心之最高境界。"① 显然，为作者看重的原因在于，吕锦华的散文中的"人生况味""人生价值追求"与"宽容、通达的人生态度"。

即使是对名家的剖析，张振金也予以重新评述，寻找与作家精神的契合，显示自己的卓见。比如对梁实秋散文创作的剖析："虽然在关于文学的阶级性，及'抗战无关论'的论争中，梁实秋备受攻击，处于被非议的位置上，梁实秋本人对文学作品应该描写永恒普遍的人性这一点却是秉持不移的，并以自己的创作实绩进行无言的抵抗。因此他的散文大多以人、人性为中心而展开，有他自己独特的个性特征。""不仅享受生活，梁实秋也在观察人生，洞悉人性，于俯仰之际，不时可以见出他的智慧个性。"② 尽管在这里提及作家曾遭非议，但作家学者智者的心性却深得其赏识，作者不惜笔墨对学识才情与境界倍加推崇。而这一点，也是与其主张散文是心性的超越感悟与体验一脉相承的，与自己是共契的。

再如分析台静农散文也是如此。苍凉、风骨这些语词出现在作者的阐述中，将作家淋漓尽致的悲情尽显其中，也使散文的"兴衰系于时序，文变染乎世情"的审美禀赋得以传达，充分体现了作家

---

① 张振金：《中国当代散文史》，北京：人民文学出版社 2003 年版，第 281 页。
② 张振金：《中国当代散文史》，北京：人民文学出版社 2003 年版，第 436 页。

颇具才情与艺术感悟、独有的学术品位与审美情趣。这与作者长期坚持散文创作实践，包括深邃的人生思考、体验生活和敏锐的观察力等是分不开的，并且是相辅相成、相得益彰的。

结构是文学史意义的宏观形式的表达，融合着文学史家的器识、胆略、良知和功力。散文史家的勇气取决于自身的理论功底，也取决于直面现实、抗衡成说的生存勇气。可以说，此著既有史的梳理，从全球化语境大背景出发论述中国当代散文的思潮演变及原因，又有从审美高度对散文予以判别，对散文现象给予理论阐述、探讨。显然，在作者看来，散文史家不仅要顾及忠实于历史，也要有超越当下现实的眼光，还要从审美的高度观照文学事实，以自己独有的理论诠释做出种种记录与辨析。

张振金默默耕耘四五年而完成的《中国当代散文史》，不负众望，系统地反映了 20 世纪 50 年中国散文的历史，且囊括了台湾、香港、澳门的散文创作。按时间顺序概括地描绘出当代散文创作和理论思潮的总体面貌，阐述其成就、不足和舛误之处，分析其深层原因。且能以个案来分析说明散文现象，并不拘泥于名家名篇，重在以作家独特的个性与文学价值为宗旨，勾勒其追求与实践。这种有序的理论与实例的并行推进，行文严谨，层次清晰，干净利落，显示了作者的冷静理性。但作者在评析作家的作品时，又会情至深切，独具情性，为之动容。再加上对中国当代散文研究的综述以及将散文理论研究成果也列入其中，因此该著具有史料与文本现象的并重性、理性与情性的融合性、思想与心性的统一性、整体与个别的兼顾性、人情与神韵的合一性、图片与文字的并存性，这就使得此著作顿显光泽、质地，很具人性。让人读起来本身就有书卷气，感同身受。许是得益于其散文理论功底的深厚与创作的潜力，其论著没有咄咄逼人之架势，让人为之生畏；而是犹如涓涓溪流清澈，又若丝帛般轻柔滑动，具有内质。

（原载《通向大文学观》，安徽教育出版社 2006 年版）

评张振金的散文

陈剑晖①

　　阅读张振金教授的散文，如同阅读一部厚重的岭南风俗文化史。岭南的奇山异水、文化底蕴，岭南的风土人情和在改革开放的春风吹拂下勤劳勇敢的岭南人的生活等，张振金用笔一一向读者道来，令你还没有见到岭南的风物人情，人却已经陶醉了。

　　张振金，广东郁南人，出生于郁南县一个偏远的小山村，"从小喜爱大自然，喜爱美，喜爱形象和幻想"，受到大自然美的熏陶。1963 年在暨南大学中文系毕业后赴海南岛参加工作，在海南岛工作生活多年，足迹遍及海南岛的每个角落。1980 年调回暨南大学任教，五年后调入广东省社科院从事文学研究工作，丰富的生活经

---

　　①　陈剑晖，曾任华南师范大学文学院二级教授，著作有《新时期文学思潮》《文学的星河时代》《诗性散文》《岭南现当代散文史》等十余部，此外主编《海外华文文学史》《珠江当代学说学派》等多部著作。

历、开阔的视野和对岭南这片热土的挚爱，给张振金带来了创作上的灵感和激情。自 1965 年发表散文作品《绿寨红松》以来，张振金发表的散文作品如雨后春笋般涌现，先后出版了散文集《带你游海南》《夏日辉煌》《崭新的世界》《广厦万间》《晨光从这里升起》《星光灿烂》《千年白云山》《张振金文集》等和理论著作《岭南现代文学史》《秦牧的散文艺术》《作家与时代——杜埃的生活和创作》《感悟的智慧——张振金文学评论集》《中国当代散文史》《中国二十世纪文学史·第二卷》等共 21 部作品。曾获得过"全国大学出版社优秀学术著作一等奖""广东青年最喜爱的书""广东省第六届全国图书金钥匙奖""全国第六届冰心散文奖"等多个奖项。

张振金作品

　　张振金是土生土长的岭南人。童年时期放牧的生活经历使他对大自然产生了浓厚的兴趣，萌发了对美的追求。青年时期广泛地在岭南大地的游历使他对岭南的山川风物、历史典故和各地的风俗民情等熟稔于心，进而激发他走上了文学创作的道路。张振金创作的多是游记散文，对岭南地区的人与物、岭南文化等情有独钟，其中大多数篇章记述了20世纪带有岭南地域特色的景物和风俗，在张振金一支多彩画笔的描绘下，七八十年代岭南地区人与物的变迁和岭南文化的底蕴呈现出来。虽然其创作不可避免地带有时代烙印，但是张振金的散文以真挚的情感和浓厚的岭南生活气息，使其有别于同一时代"颂歌体"的文风。在张振金的笔下，岭南的气息扑面而来：热带丛林珍稀的动物、独特的黎苗族风俗人情、海底的琼脂母贝、珠三角的花市花街、粤东凤凰山的漫山茶园等，这些呈现出牧歌情调般的美。

　　对美的追求是张振金散文创作的起点，也是其主旋律。(《牧歌》)岭南的自然风光、奇珍异兽、人们生活的欢歌笑语等处处唤起作者对生活美的感悟、体验和追求。张振金对美的追求主要表现在三个层次上：其一是岭南的风物人情之美，其二是岭南人的精神气质之美，其三是岭南的文化人格之美。

　　岭南的风物人情之美是张振金散文首要的表现对象。他对岭南的风物人情作了细致的描绘：东到粤东的凤凰山，南到海南岛上的风光和附近岛屿上的生活，中到珠三角的大部分地区，北到武夷山等，描绘了岭南大地上纯朴而优美的风物人情。《带你游海南》是张振金的第一本散文集，这本散文集多数篇章写于20世纪六七十年代，作者在海南生活了 16 年，有着浓重的生活印记。文中不但对海南岛的景物、动植物和宝贵的自然资源作了细腻、形象的描绘，而且还以欢畅的笔调勾画了当地的风土人情、人物故事等。著名作家杜埃在《带你游海南》的序言中说，"作者善于借景抒情、状物言志，在对万花筒似的自然界描绘的同时，也勾勒出一批可爱可敬的人物"，如红树林里原琼崖纵队老游击队员"老交通"；几十年如一日地辛勤劳动为国家创造了巨大经济效益的植物引种员何老教授；大海深处采琼脂的健康结实而身姿矫健的女潜水队员；长期守护在椰林的老模范"符大伯"；经历十载在海上寻得大珠母贝的"老海洋"，等等。海南岛上的生活是自由而快乐的，生活在这里的黎苗族青年男女，每逢节日婚庆更是载歌载舞，用甜美的歌声大胆地追求爱情。在《夏日辉煌》这本散文集，作者的足迹遍及了珠三角和粤东地区，或观赏陈村的花市，或深入花农的家居，或走访凤凰山的茶园等，足迹所及，处处透出南国风情的美。

细腻、逼真的描摹是张振金呈现岭南风物的常用手法。纵横交错、生气勃勃的红树林和气宇轩昂、行踪飘逸的坡鹿，银光闪闪的月下珍珠和海底深处五色斑斓的琼脂，"长林无树不摇钱"的珍稀植物引种园和尖峰岭上的热带原始森林的紫雾等，这些海南特有的动植物、海底世界，无不有奇特魅丽让人赞叹不已。张振金对这些岭南特有的风物的描绘简直达到了出神入化的地步，不但描摹精致细致、生动，而且即景生情、融情于景，且看作者笔下的椰子树：

在浪花飞溅的近岸，有一批密密的椰子树，树身斜向海面，鼓足了一身力气，直冲蓝天，到了三十几米高才张开伞形的树冠，羽叶下挂满了一团团的椰果，有蛋黄的，有暗红的，有碧青的……这中间，还有这么一株，树身倾倒，几乎贴着海面了，不料又突然挺直腰杆，直插云天，很有点横空出世的气魄。你分明是被雷电击倒的，身上还有雷火烧过的痕迹；但你没有屈服，像跌倒了又爬起来，……啊，你忘掉了昔日的悲痛了吗？为什么还摇着翠羽，在海风中唱着欢乐的歌？……（《这里有一片椰林》）

椰子树的描绘既逼真生动，又有新颖独到之处，张振金把景物的特色、人物的性格命运和时代的背景等融为一体，可谓传神之极。"一篇游记散文，要把自己见到的山川景色、风物人情去告诉别人，也许不算太难。但要通过自己的眼睛和心灵去发现别人没有发现的美的所在，寻找自己新鲜独特的感受，做到既迷人以景，又动人以情，给读者新的启发和美的享受，这就不那么容易了。"（《带你游海南》）张振金正是用自己的眼睛和心灵，把身心完全融入景物中去，发现了别人没有发现的岭南风物之美，并把它充分地展示出来。

岭南的风物离不开人的活动，张振金在描绘岭南风物的同时，很自然地把笔锋转到了创造自然的岭南人上，岭南人的精神气质之美也就成为张振金散文的重点表现对象。茅盾在《风景谈》中说："自然是伟大的，人类是伟大的，然而充满了崇高精神的人类的活动，乃是伟大中之尤其伟大者！"岭南这片远古的荒蛮之地，如果没有早期岭南人艰苦卓绝的开荒努力，那么岭南风物的美也就无从谈起。然而人类是伟大的，新中国成立后面对恶劣的生存环境，岭南人奋起抗争，长期以来勇敢地和自然灾害作斗争，并终于开拓出一个新局面。张振金的散文对新中国成立后和改革开放以来的岭南人的生活作了细致的描绘，力图表现岭南人顽强和勇敢开拓的精神气魄之美。

《绿寨红松》是张振金发表最早的一篇散文作品。在这篇作品中，作者讲述了一个普通的岭南人海松把滩涂变成树林的故事。在风沙肆虐的海边滩涂，人们的生活难以得到保障，海松这个海边普通的老百姓，身材结实的汉子，硬是要把流火飞沙的海滩改造成苍苍郁郁的防护林带。"我不亲眼看到沙滩上长满绿树，死也不闭眼！"正是海松这样的铮铮铁骨和坚定不移的意志，把昔日的"风沙寨"变成了今天的树木成林、果园成片的"柑园大队"。《夏日辉煌》中的司徒金用自己勤劳的双手和智慧，加上百折不挠的冲劲，终于使三百多亩衰老的柑橙果园恢复了青春的活力，提高了产量，并且培育出优质品种，甚至在果园的基础上种植多种经济作物，为人们带来了丰厚的收入，也使生活变得更美。《广厦万间》描述的是新时代的建筑家黄世豪，依靠自己的顽强奋斗，凭借改革开放的春风，大胆创新、勇于开拓，最终从潮汕地区一名筑堤修坝的农民工成长为深圳著名的建筑专家的故事。

岭南人的坚强和执着由此可见一斑。张振金用报告文学的写法，详尽地记录了这些极具个性的岭南人精神的变迁，热情地讴歌了这批新时代岭南人的精神气魄。他站在改革开放的前沿，在塑造了岭南人奋斗历史的同时，更注重塑造他们为祖国而奉献一切的心灵美，这种精神写活了岭南人的生活，也写活了一个时代的风貌。

岭南的文化人格，是张振金散文表现的核心所在，也是他的散文价值所在。表现岭南风物和岭南人在新中国成立以后的变化的散文有很多，然而探寻岭南文化人格的精神特征的散文却是很少。张振金的散文对岭南的文化人格作了全面的探索。岭南历来是贬官的发配之地，贬官文化也就成了岭南文化组成的一部分。李德裕的忧愤、海瑞的浩然正气、苏东坡的潇洒豁达等文化性格对岭南人的性格形成有一定影响。《千年白云山》是一部整体探索岭南文化人格形成与发展的作品。张振金对自秦汉时期以来聚集在白云山的文化名人高洁的人格作了深入的探寻。在《云岩的灵光》中作者写道："我不是来寻幽探胜的，而是来寻找一颗诚实的心。在两千多年以前，这里曾居住过一位诚实的古人，不久他在这个悬崖仙逝了。"这位诚实的古人便是岭南地区最早的文化名人郑安期。郑安期的"淡泊名利"与诚心为民治病的精神一直为民所景仰。在郑安期之后，有更多的名臣忠士因不满朝政而辞官归故里，不为虚名所累；也有忠良之士为躲避迫害而隐居深山，等待着下一次的出击。张振金在荒烟蔓草的年代，在巍巍的白云山之下寻得了许多颗诚实的心、忠义的心、不畏强权的心与洒脱的心。李昂英的潇洒、苏绍箕的奋起抗争和解甲归隐、苏东坡的豪迈放达随遇而安，等等。这些精神品格的流传，进而形成了岭南人坚毅勇敢、乐观放达的精神传统。张振金对这些精神传统进行了深入的探索和揭示，更进一步突出岭南人整体的精神气质和文化品格。

这是一种文化人格的张扬，也是一次历史身份的确证，岭南人在默默无闻中彰显了自己的文化人格。从这里出发，我们不难理解近现代以来的岭南为什么会出现那么多忠义之士和救国救难的革命先驱。《在洪秀全的故乡》感受到的是革命者的前赴后继，《中山故里》是一次文化的怀古，更是对伟大国魂的探寻。浩浩岭南之风，通过张振金的寻找和感悟，洗去历史的尘埃，从而焕发出新时代的光彩。

张振金对美的追求既体现在内容上，也体现在散文的艺术上。阅读张振金的散文如读一篇篇散文诗，语言纯朴优美。文章多引诗词名句，古雅朴素，诗意盎然；精细的景物描摹，栩栩如生，鲜明如画。文中也流露张振金一贯的创作态度：不虚美，不隐恶。这在20世纪七八十年代的散文中，是一种难得的写实精神。诚如杜埃在评价张振金的散文中说，张振金的散文"文风隽永，情真意挚"。（《魂牵梦绕的地方——读张振金的散文》）在情感的真实上，张振金不像杨朔散文那样刻意拔高人物形象，而是做到自然流露，如行云流水，行于所行，止于所止。

张振金的散文同时也追求一种知识性与艺术性相结合的艺术效果，很有文化的韵味。在他的散文中饱含着植物学、动物学、社会学和历史学等知识，他对各种自然物性、人物典故了如指掌，娓娓而谈又能做到融情于景，使情感与知识相得益彰。张振金的散文大多采用游记的方式，流动的视点让情思随意挥洒点染成篇，使其文风活泼，别有一番风味。当然，张振金的散文也存在一些不足的地方，如有些篇章情丝不够缜密，材料显得有点庞杂；有些文章介绍性语言过多，影响文章的鲜活度，等等。不过，瑕不掩瑜，张振金散文中这股醇厚的岭南风，依然散发出迷人的风采，把人带到岭南这片"魂牵梦绕的地方"。

（原载《岭南现当代散文史》，广东人民出版社 2015 年版）

读秦岭雪，品诗意人生

李　辉①

认识李大洲先生许多年了，秦岭雪是他的笔名。

李大洲，1941 年生人，福建南安人，转眼今年 78 岁高寿了。李大洲曾在家乡的地方剧团做编剧，后来到香港。诗文与书法俱佳。我们如果到香港，他总是会请大家相聚。每次聚会，他都要请香港朋友痛饮。2004 年 12 月的聚会，他还特意邀请饶宗颐和梁羽生两位先生前来。

梁羽生的武侠小说，我读过多本，此次见面，聊天甚欢。他的本名为陈文统，后改名为"梁羽生"。我告诉他，我编了一套"人踪书影"文丛，由湖北人民出版社出版，是借鉴他的《萍踪侠影》。他听了很开心。

---

① 李辉，原籍湖北。复旦大学中文系毕业。曾供职于《人民日报》文艺部。著名编辑、出版策划人、史传作家。

此时我正在编选"大象人物自述文丛",请他加盟。他同意了。回到澳大利亚,请一位上海的作家代为处理,后来未能成行,令人遗憾。

最后一次见梁羽生是在香港一家医院。2007 年 1 月 25 日,我与黄苗子、罗孚两位先生一起前去看他。他住在几十人的大病房里,身体看上去还不错。那天,听他讲了一个又一个故事。

两年之后,2009 年 1 月 22 日,梁羽生先生离开了我们。那一刻,我心里非常难过。几年之后,黄苗子、罗孚先生也都走了。当年为他们三人拍摄的合影,一直留存下来。他们的身影,从未离我远去,一直都在心中。

适逢 2009 年岁末,冬日将尽,窗外终于飘起北京入冬以来的第一场雪。雪无声飘落。我在书房里静静地品读秦岭雪诗集,题为《情纵红尘》(花城出版社 2008 年版)。

好久没有这样在一个特定的背景下读诗。与书名所说,红尘总是让人焦虑、浮躁、困惑。放纵的一份情感,如何能有所节制,有所沉淀,让心境重获沉静,得以在片片诗句雪花中徜徉?

不过,尽管与红尘相关,但我不理解,编者为何要选定"情纵红尘"作为诗集之名?这一书名,窃以为显得世俗、单薄,且略微粗糙,与我在他的诗句中获得的雅致、凝练、隽永的印象,难有吻合之处。

如果让我来挑选,相比而言,我更喜欢诗人的《听雨的人回来了》《荷且不朽》《古渡秋韵》《五月,泥地上一只蝉》这些诗题。另外一本香港出版的《唐桑夜雨》,具象简约而有蕴涵,似乎更能体现出诗人对诗意、诗境的挖掘与营造，也更能渲染出诗人萦绕胸臆、漫溢笔端的中国传统文化的韵味。

认识香港诗人秦岭雪许多年了，他擅长书法，也钟情于诗。每次相逢，谈得最多的是各自读的书，各自关心的文化现象。他非文坛中人，离开内地已有多年，可是，在我印象中，他却仿佛依然生活在曾就读过的校园、工作过的剧团中，难以消解的文化情结决定着他今天的精神状态。

他无法忘记故乡民间艺术的熏陶，他无法忘记唐诗宋词带给他的陶醉，他无法忘记亲历的接踵而至的政治运动给中国传统文化造成的伤害……留恋、回味、感伤、失落，类似的情感，成了诗人无法挥之而去的隐忧。他爱笑，笑得爽朗，但每当谈起一些文化忧虑话题时，他却会一下子声调低沉，皱皱眉头，连连叹息："怎么会这样呢？怎么办呢？"

焦虑与无奈，流淌的正是这位诗人绵绵不绝的文化情怀。

文化情怀——不错，这既是秦岭雪的情感基础，也是其诗歌创作贯穿始终的基调。这一情怀蔓延出忧虑、敏感、感伤，促使他把更多的敬意化为诗句，回报给滋润他的唐诗宋词。在这一情怀中，他与那些光彩夺目的古代诗人，有了难以割舍的情感联系，他们始终与他相伴而行。甚至，在他的诗中，他们的名字俨然成为诗眼，漫溢出诗意。

在田野看白鸟飞翔，他想到王维田园诗的飘逸之美：

青草还是唐朝的青草/七月晨露里绿得伤心

一条／美妙的弧线／自王维水田中／逸出

众弦屏息／只一声裂帛

——《白鸟》

伫立黄河之滨，感叹人生跋涉的艰难，他想到李白的苦涩：

搁浅于朽烂木船／嘴上泛苦的游客／艰难地／咽下了／李太白半截
诗篇

——《黄河》

在海边的夜晚，躲避台风，与友人的话题却是李清照，"却话
巴山夜雨时"的千年吟唱，成为今日诗人这一夜的感叹：

台风肆虐的夜晚／忽而聊起李清照／梦雨飘瓦／很久很久以前／那
一场巴山夜雨／竟一直下到今宵

——《夜雨》

当我细细品读这些诗句时，分明看到一个现代人，在大都市森
林般的高楼之间身影孑然，他咀嚼经典，急切地试图忘掉周边的嘈
杂与浮躁，在业已逝去的意境中酿造自己的诗意，以此摆脱精神的
孤独。遥望王维、李白，或许是物我两忘的最好境界。

的确，现代都市人，实在需要如此这般的忘却与神游，哪怕是
偶然的瞬间。诗人自己说得好："珍惜闪电般的感悟／自我满足时心

纫如丝/在崇高和卑微之中/平衡自己。"

秦岭雪最为推崇苏东坡。步入花甲之后，达两百多行的长诗《苏东坡》，成为其倾心力作。

"问汝平生功业，黄州惠州儋州。"晚年回首往事时，苏东坡把自己的三次流放地，作为毕生沧桑的吟唱，其中隐含的愤懑、悲凉，足以令后人为之感伤不已。秦岭雪是众多感伤者之一。他以诗为苏东坡写传，截取三次流放作为其叙述框架。很难界定《苏东坡》是叙事诗还是抒情诗，有论者索性将之称为"抒情叙事诗"。

苏东坡的三个流放地，我都去过，很难想象，苏东坡每到一个流放地，都将当地的文化激发出来。可以说，一代文豪，叹为观止！

自古以来，叙事诗必然有情，抒情诗也常常要基于故事的截取与场景的渲染与铺陈。我在阅读《苏东坡》时，正是将之视为抒情诗。两百多行，算得上是一首长诗，但按照叙事诗的标准衡量，其重点显然不是叙事，甚至不是场面铺陈，秦岭雪无非是借三次流放作为叙述框架，搭建起来的是一位现代人情绪渲染。以激愤豪放写黄州，以委婉缠绵写惠州，以苍凉悲怆写儋州，秦岭雪有意选择三种不同风格抒写苏东坡的三段重要人生遭际，时空神游，千年喟叹，尽在其中。

"开窗放入长江/岷峨雪浪轰然拍过"，《苏东坡》之《黄州》开篇两句，就把流放黄州写下《赤壁赋》的苏东坡之豪迈气势呈现出来。随后，作者没有太多的过程叙述，而是以精美而简约的诗句，如描绘写意画一般凸现出文豪的桀骜不驯、豪迈坦荡：

几片脆薄的黄纸倒吊着/喜欢说三道四的诗豪

…………

长长嘘一口鸟气/闲窗把笔浓墨饱蘸

浪淘尽千古人物/悲风顿起　浊浪滔滔

诗坛一声惊雷/回响历史永恒的呼号

——《黄州》

悲风、浊浪、惊雷，一代文豪的命运与人格被充分渲染烘托出来。显而易见，秦岭雪以诗为苏东坡作传时，其艺术追求是用写意风格来完成苏东坡人格与诗意的交融。因此，全诗的写意性远远超过了写实性，这也是我认为《苏东坡》更接近于抒情诗而非叙述诗的原因。

其实，《苏东坡》不仅仅为苏东坡一人而写，秦岭雪把苏东坡纳入唐、宋及之前的诗歌传统之中，一位文豪的命运，与同样被冤屈、被冷落的诸多诗人的遭际互为映衬，在彼此参照中，他吟诵千百年来中国具有风骨的文人似乎永远难以摆脱的放逐与孤独。

然而，正是在这一处境中，文人的清高、孤傲与自省，才显得尤为伟大。这是秦岭雪历史思绪的精彩跳跃，当他的思考进入到这一层面时，写意于是乎变得厚重而有力，抒情中多了历史的理性光亮。且欣赏一下这些诗句：

只留下一卷离骚问青天/只留下太白醉酒发浩歌/安能摧眉折腰

事权贵/使我不得开心颜/只留下苏东坡/沧海扬波紧扯帆/冷眼隽语奔海南

　　遥望海天茫茫/何处是汴梁/何处是钱塘/……/夜晚/喝醉了酒四处闲逛/在竹林藤梢中迷路/或者/和柳宗元谈心/在陶潜诗中寻求田园的梦/放逐与自省/正铸造一位新的戴斗笠的乡民/然而/他的瞳子在暗夜中/仍闪着坚定的慧光/……

——《儋州》

　　历史远景中，从屈原到苏东坡，一个又一个高傲文人的风骨，在诗人笔下光彩夺目。这是秦岭雪对传统文化独到的诗意阐释。在当今文化充斥浮躁、媚俗时，在不少文人不再把虚伪、趋炎附势视为卑劣，见怪不怪甚至沉溺其中浑然不觉时，在以珍爱传统、继承传统的名义，浅薄地把经典普及演变成"布道"式的、甜得发腻的所谓点缀时，重新解读屈原、苏东坡等这些伟大诗人的命运、人格，就显得极为重要。

　　值得珍爱的中国传统文化，在经典中，也在伟大文人们的风骨、人格中。

　　秦岭雪迈出了坚实而有力的一步。他以诗意凸现了历史之美，映照出现实的苍白与丑陋，令阅读者神游之，感叹之。

　　早在四十年前，二十六岁的秦岭雪，在故乡福建曾仿照《长恨歌》《琵琶行》，为一位好友的爱情悲剧创作过长篇叙事诗《蓓蕾引》。

　　《蓓蕾引》是严格意义上的叙事诗，两百余行，叙述男女主人公遭遇的"棒打鸳鸯"的完整过程，跌宕起伏间，摹写世态炎凉。"无边暮色合天地，羊肠曲折沟壑深。南岭峰中渐不见，千古最痛恋人心。"

《蓓蕾引》以这样四句结束，明显可以看出《长恨歌》的影响。这说明年轻的秦岭雪在诗歌写作之初，就注意从传统经典那里汲取养料，在模仿经典的过程中，表现出自己倾情于中国语言传统之美的特点。

秦岭雪的这一诗歌起步，让我吃惊而钦佩。须知，创作《蓓蕾引》，时在 1967 年，正是"文化大革命"风暴席卷之际。一夜之间，传统的一切几乎都被视为垃圾、毒草而被清除。就语言而言，多年来以社论、自我检讨乃至大字报批判的盛行而形成的政治语言模式，渗透于人们的各种表达形式中。

可是，身处福建一个地方戏曲剧团的秦岭雪，依然对儿时以来所接受的传统经典教育不离不弃，他逆风而飞，竟倾心将友人的恋爱悲剧创作成叙事诗。在《蓓蕾引》中，看不到亢奋、激烈、粗糙、雷同等政治语言模式的影子，更摆脱了现实生活中对男女爱情、私情的贬斥、嘲弄。相反，我看到的是他对人性的呵护，对爱情的赞美，以及对有情人难成眷属的惋惜与哀叹。

爱情悲剧是中外诗歌常见的主题，秦岭雪再次选择似不应感到惊奇。但当我们将之放在 1967 年的历史背景下加以考察，就不能不重视秦岭雪与众不同的起步。而这一起步，恰与他多年之后的诗歌创作形成了重要衔接。

秦岭雪无意成诗人，但他从一开始所表现出来的对传统文化的执着，对汉语之美的珍惜，成了他的诗歌很少政治语言侵蚀的优势所在。我喜欢下面这些诗句，它们既体现出诗人构思之妙，也鲜明地呈现出汉语之美。

他吟唱苏州古刹寒山寺：

为了不朽的诗/钟还醒着/……

——《寒山寺》

他站在富春江边的严子陵钓台上感叹：

水也青青/添几笔鸡啼牛鸣/颠倒多少墨客书生

——《严子陵钓台》

他这样描写往事追忆：

多年以前那一声狼嚎/锯白了今宵月色/带血的回音/又射向天边

——《回首》

他这样写连理树：

从根须/就纠缠一起/说是爱/就拼命扭曲

——《连理》

他这样写古塔：

即便/暴雨是一把刀/也无奈/沿着古塔黝黑的石壁/零落

——《古塔》

秦岭雪有一首诗，为五月蝉而作：

嚼着泥淬死去/五月浓密的花荫/掩埋一曲/夏日的悠长/……/驮着一片尚未完全开启的唇/和半袭/浅浅的梦

——《五月，泥地上一只蝉》

对于咀嚼文化的诗人，对于细品诗歌的读者，从某种意义上可以说都是一只蝉。在风中鸣，在伤感中唱，在无法完美中寻找自己的梦。诗意的美，常常就在这样的沟通、共鸣中渗入心中，延伸至时间的远处。

雪中开始读秦岭雪，写完这篇印象记，惊蛰已过。

春天快到了。四月，五月，又是蝉鸣时节。

（源自个人图书馆老邓子《品读大观》，2019 年 6 月 4 日）

读大洲《蓓蕾引》小记

孙绍振[①]

百年来，古典诗歌与新诗分道扬镳。为新者，藐视古诗，然不能为古诗。为古诗者蔑视新诗，无能为新诗。二军壁垒森严，百年不改。此与西方有所不同，十四行诗，为欧美古典格律诗，起源于13世纪之意大利，传至法国、英国、美国、德国，然并未为现代诗者所摒弃。近代波特赖尔（1821—1867）曾作多种变体之十四行诗，德国大诗人里尔克在 1922 年还完成了经典性的十四行诗《致奥尔弗斯的十四行诗》（*Sonette an Orpheus*）。跨界为诗者司空见惯，而吾国新旧体诗，则有水火不相容之势。百年来，坚守旧诗者甚夥，究其品质则去古诗远甚。政治人物中，汪兆铭氏之绝句、律诗

① 孙绍振，祖籍福建长乐，福建师范大学文学院教授、博士生导师。1960 年毕业于北京大学中文系，先后在北京大学中文系、华侨大学中文系任教。1973 年调至福建师范大学。现为该校文学院教授、福建省写作学会会长、中国文艺理论学会副会长、中外文论学会常务理事、福建省北京大学校友会副会长。

为上乘，词则毛泽东独领风骚。至于学者之古体诗，虽钱锺书、陈寅恪，亦在晚清同光体之下，郭沫若、臧克家等新诗耆宿，耄耋之年所为古诗，只循规格法度，填字凑句成篇。改革开放 40 年来，为古诗者，群体日盛，多为学者，《中华诗词》发行量，逼近《诗刊》。二者隔岸相望，各擅所长，互卑其短。新诗人虽逾花甲，亦不能为古诗。为古诗者，即青春焕发，亦不屑为新诗。

吾友李大洲先生，闽南才子也，香港新诗人也，清新俊逸之多情种子也。少年即以生命许诗，笔阵横陈新旧，熔水火为一炉。读其新诗，吾曾致信曰："读《明月无声》《无题》等作品，古典意象和现代语文不羁之穿插，君之灵气与执着跃然纸上。将西方诗歌技巧融入古典情志，得心应手。将古诗，特别是宋词情调，注入爱情，浓郁的古典氛围与现代城市文化水乳交融。"作为

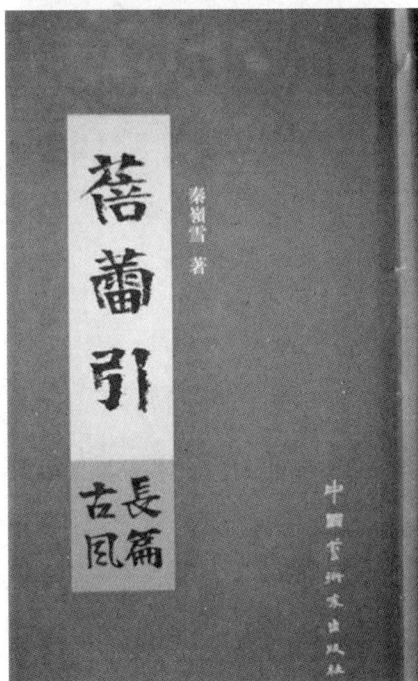

《蓓蕾引》的两个新版本

新诗人，亦为古诗，已称奇崛者，更为奇崛者为其古诗《蓓蕾引》长达一千五百言。

自唐以降，绝句、律诗乃至排律，文士才人大体皆能之。唯古风歌、行、引之体，敢为者几稀，李白、岑参之作罕见，《长恨歌》《琵琶行》，脍炙人口，竟成绝唱。即吴梅村《圆圆曲》之属，已属凤毛麟角，宋元以下，唐人风力尽矣。

新诗百年以来，旧体诗作汗牛充栋，敢长篇歌行几近绝迹。究其原因，古体之歌、行、引，无律绝平仄之拘束，章无定句，句无定言，无真性情则难于以格律法度掩盖其虚浮；即有真性情，如无宏富之积累，亦难免空泛。而为律诗、绝句则因格律现成，易于为诗而造情，故五四时期，刘半农批评旧诗成为"假之世界"。故鸿篇巨制，虽鲁迅、周作人、郁达夫、赵朴初、聂绀弩，亦不敢为。

观夫《蓓蕾引》之本事，乃其友傅君之爱情悲剧，青春苦恋之血泪。其事变之多端，际遇之曲折，情意之起伏，绝非绝句、律诗乃至词之长调可能承载。盖律绝二体之句法以一句足意为主，其间非连续性跳跃甚大。如"渭北春天树，江东日暮云""千里莺啼绿映红，水村山郭酒旗风"之句，皆不便于叙事。而风体之句法章法则以连续性、非跳跃性为主。如杜甫《丹青引》"将军魏武之子孙，于今为庶为青门。英雄割据虽已矣，文采风流今尚存"。虽为"引"体，然曲折之情节，起落之过程，与诗之抒情有矛盾。大洲生性浪漫，虽半叙半咏亦不取，纯以浓墨抒情为骨肉，叙事只为隐性筋络而已。乃置本事略叙于小序，曲折情节插入于抒情。开篇以略带排比之句赞蓓蕾女之美，然后轻轻煞住"天生丽质流光艳""独对傅君开青眼"，进入正题。

以下数十句渲染爱情从沟通到契合，从相悦到相知，到相许以命。其情之极端，超越时间空间之想象。其文之华彩，云蒸霞蔚，万途竞萌。如诗中所言，尽"惊才绝艳"之能事。可为多情人句摘者良多。贾宝玉言："长歌也须得要些辞藻点缀点缀，不然便觉萧索。"（《红楼梦》第 78 回）大洲之歌，岂但不萧索，相反，佳词绚烂，目不暇接。此皆得力于古诗之底蕴丰厚：有唐诗之春蚕蜡炬，宋词之寻寻觅觅，有骚体之形可灭兮神可离，有西王母青鸟之神话，聊斋之狐仙。虽为古风，时亦有近体诗之宽对（仗）如："康乐园里芭蕉绿，珠海流水日月长。"

全诗以激情为主，喜则如痴如狂，痛则摧心裂肺，愁则孤寂不眠，离则无边暮色。古风之直接抒情为主调，间亦有温情，以情景交融间之句："寂寂江畔晚风凉，小巷深处龙眼香。"其想象极尽视通万里，思接天地。其语杂古语与当代闽南语。其句若排比若倾泻不暇稍息，其章奔腾飞瀑中则有素湍绿潭映衬。

此等杰作，出自二十余青年之手，已可惊人，而作于 20 世纪 60 年代"文革"烽火连天之际，则弥足珍视也。

综上观之，以怪才、异才之誉赠之，不为过也。

班门弄斧，一得之见，聊供一哂。

2018 年 11 月 13 日

敬识于榕城康山里

（原载腾讯网，2020 年 12 月 28 日，获作者授权）

珍贵的史料　生动的写真

——《古巴华侨家书故事》编后感言

黄松赞①

《古巴华侨家书故事》封面及封底（暨南大学出版社 2006 年初版）

---

① 黄松赞，资深侨史专家，暨南大学东南亚研究所（后更名为国际关系学院/华侨华人研究院）副研究员，广东华侨华人研究会会员，著有《新加坡社会与华侨华人研究》等。

有幸成为黄卓才教授文史写实专著《古巴华侨家书故事》的责任编辑，得了先读权。我集编（辑）、专（家）、群（众）、旅（客）、俗（乡人）各种身份于一身，编完本书后感受良多，特记下以飨读者。

作为编者，我觉得家书加演绎的形式脱俗、新颖，此书具特色、有创意，相信它在书林中会占得一席之位。

本书的价值，我以为主要在以下三方面：

一、稀缺史料，特别真实

作为专家、华侨同仁，我感到本书给予我们不少有价值的史料、有用的信息甚至难得的史论根据，其中有些信息是我们长期想得到而未能得到的，即使片纸只字也觉可贵。研究侨史的人都知道古巴的现代侨史资料较缺，特别是古巴 1959 年革命后的史料更缺，以致许多问题不明就里，想弄清又苦于寻觅无门。本书的老华侨家书提供了好些古巴革命前后至 1975 年这段时间很重要的华侨史实。仅此一项，不少侨史专家即认为它有出书发表的价值。而特别可贵的是，家书作者黄宝世先生是一位终生奋斗生活在古巴的老华侨，且是个小侨领。他勤劳、刻苦，勇于创业，为人正直，头脑清醒，思想稳定，看问题中肯，无偏激之情。这样一个人，其言行本身就极具真实性和可信性。再加故事作者黄卓才先生的演绎，价值就更大。黄卓才先生是一个身在侨乡、阅历较深的大学教授。他博学多才，文风正派，学风严谨，为弄清老华侨书信中的史实，除了开启记忆之门之外，更博览群书，对某些细节还做了实地调查，生怕读者误解或产生误导。他的演绎，大大丰富了家书的内容，还融合串联了许多相关的文史知识和有趣的民俗故事，使本书更具可读性。他所演绎补充的古巴历史知识和中古两国当时（20 世纪 50—70 年代）的时代背景是必不可少的。那时两国都处在"非常时期"，若非故事作者的阐释，读者是不容易理解家书之意的。

本书所提供的史料，特别可贵者除了其稀缺性外，还在于它的特别真实性。两位作者所记的，都是自己亲历、亲见、亲闻、亲感和亲思的事，非本人写不出，记不得。那个"真"，还具有具体而微、亲情无隔的表露，在无压力下的真思表述和在思想解放后的敢言等特点，故而特别可信。这个真，在虚假成风的当今传媒风气里，令读者为之耳目一新。阅读本书，是一种精神享受，有促人性返归之功。

家书中的史料，虽远非充分、全面，没能让我们弄清古巴侨史中全部问题，但至少可让专家们得到古巴华侨创业历程的实例。古巴华侨和其他地方的海外侨胞一样，除在经济上创业之外，也十分注重培育人才。各国华侨不约而同重视教育，促成了侨乡教育事业的发达，五邑地区近代产生了不少文史、工程人才，与此有密切关系。同时，本书还让侨史专家获得如下久悬未决的原因——何以在古巴革命后的不长时间里，数以万众的古巴华侨忽然下降到数千数百，留下的毫无进展、回国探亲团聚也困难，这同古巴国的政策、中古两国的交往和国际情势有何关系等，在书中都有提及，细读多思，其义自明。

二、文史合一，体例创新

用文学写史，史实更加生动，文字更加优美，中国古来推崇。司马迁以宏文写史记，千古典范，流芳百世。本书虽没能达那个高度，但文笔流畅，情文并茂，也比一般史书亲切感人。

以书信加演绎形式记写史实，具有创造性。过去出版的书信集，多是信后加注释；像本书这样将注释发展为演绎，确实很少见。故事作者把古巴侨属（包括作者本人）在国内的遭际和经历作为侨史一部分注入书中，极具典型性和创造性，让侨史拓宽了内容。这些经历，国内许多侨属子弟都经历过，但司空见惯，也就不大在意。作者以自传的形式把它正式记入史书中，无疑是一个发明。当年哥伦布发现新大陆，轰动世界。有人不服气，认为没什么了不起。哥伦布在一个集会上让不服气的人把鸡蛋直竖起来，他们都没成功。他当众把鸡蛋头击扁，鸡蛋便直竖起来了。哥伦布对众人说：事情就这么简单，但我首先发现并做到了。众人面面相觑，不得不服。故事作者首先把自己的经历当历史写，记下当年许多侨属子弟相似的经历。敢创新体例，与哥伦布的开创性有异曲同工之妙。

发挥图用，也值得注意。过去史书的插图，只作文字旁证。本书用图，让其兼行数职：除佐证史实外，还起图文互补等作用。利用图片巧妙分移文字，把长篇记叙化成一个个短小故事，便于读者间歇阅读。

三、矛盾统一，兴味盎然

先说矛盾统一。其一，注释到位而不过线。乍看故事演绎的内容比家书大许多倍，有点喧宾夺主。但细酌之下，却发觉它总与原文紧扣，实为必要的补充。其二，放任纵横而不乱。本书以家书为经，故事为纬。家书写得随意，自然零散无系；故事也是海阔天空，随信带到哪里便写到哪里。但最后仍归一统，成为一部由老华侨开头直到第三、四代暂结的比较完整的华侨家族史。可能有人会说写第三、四代是超题外，其实，不写第三、四代，本书就只能是华侨家族断代史，有头没尾；写出第三、四代，才能标示华侨后继有人，前程远大，才能完成一部持续发展的华侨家族史。其三，最能表明矛盾统一特色的，是作者的自彰而实际。这本书，作者有明显的自我表彰成分，但最可贵的是实事实说。他赞扬父亲对战争等问题有先见之明，后来的历史发展果然被其言中。他自我表彰在中山市出色的教绩，这是众所周知之事，有当年同事、学生的口碑为证。他表扬儿女当上国际科学家，当上医生、记者、经理，一门三博士，也都是实实在在的事，名实俱在。中国人传统以谦虚为美德，十成成绩说八成最高尚。"大跃进"时代矫枉过正，浮夸成风，再后来则造假猖獗，彻底败坏了中华民族的传统美德。其实当今最应崇推的，是不过分谦虚，实事实说。作者坚持实事求是原则，家族中有丑说丑，有好就扬，这才是真正的美德，应予发扬的品德。

再赏书中兴味。首先是情理义交融。人是感情动物，读到有情有义的文字，就会怡情益智，受感染、起共鸣。本书字里行间充满情义，亲情、爱情、友情、乡情、国情、民族情以至天下情，一齐浓浓地流淌于书中。老华侨是个重情的人，他把深挚的情爱化为一种终生不渝的责任。战时，他捐款抗日；平时，他以血汗钱汇回祖国养家教子。他把无私奉献视为自己永恒的义务。就在他年纪已届古稀，且已退休只领可怜的退休金糊口、即将囊空如洗之时，仍然想方设法寄钱回家，其情之贞，读之令人动容。他同情关怀守活寡的小姨，孝敬垂垂老矣的丈母娘，至死仍念念不忘回国与亲人团聚，看看家乡和省城，如此等等，无不催人泪下。而故事作者因一时受助而与长沙埔村农民兄弟、黄圃小镇船员成终生挚友，至性至情也跃然纸上。

情满书，理义亦满书。"文革"期间，作者据情据理，击退假造反派的迫害，因而赢得正义乡人、同仁的敬意就是一例。古来史书最难得的是实事求是。史家记史，常受种种社会因素的干扰，不得直言。本书虽无大是大非之争，但也有思想解放的问题。书中好些叙述，都是据事就理直书之笔，表现了作者正直的个性和说真话的勇气，读来令人感佩。一个典型例子，是作者调回暨大任教。这里面有师生之情相助，有在中山任教的出色教绩支撑，也有改革开放后重视人才、爱护人才之义。无此，怎有我们今日看到的这本书！

　　其次是纵横介绍、趣事满纸。作者通过"随文注释""乘机带出""连带追根""左联右串""旁及叙他""层层相套""相关回味""借题发挥""借此发扬"等手法，把许多相关和有趣的故事连带穿插进来，全书乐趣盈盈。例如，书中借老华侨对儿媳"教育儿女长大后自然有出路"的嘱咐，顺势带出第三、四代的成就：大孙成了基因科学家，孙女当了外报记者，小孙留国创业，也开创了自己的小天地；第四代茁壮成长，前途无量。这便是随文注释，乘机带出。书中借介绍古巴革命成立新政府之机，勿忘"链接"古巴的历史、民族、民情、民风（音乐）和革命后的土地改革、企业国有化、社会保险、教育和卫生等，还连带介绍了美、古的猪湾事件和格瓦拉的传奇事迹；借调到中山翠亨村而写了孙中山、陆浩东、孙眉等人的故事，借家书报告姨丈情况，而读到秘鲁华侨史，还介绍了古巴导弹危机，甚至带出古巴的雪茄烟等。这就叫"左联右串"，"旁及叙他"。借老华侨回国之事，寻出了哈瓦那华人街的华人社团——中华会馆、黄江夏堂以至黄氏族谱，一层套一层，引人入胜。这即为"层层相套"。他还借老华侨讲古巴经济形势和那里的代用券而回顾述及我国当年的侨汇券，很有回味价值。借老华侨怀念苦难小姨之事而旁及老一辈女子缠足及台山侨乡公鸡代婚、浸猪笼的习俗等，还借事发扬、引出台山北峰山森林公园、石笔潭等名胜；借新宁铁路而回忆台山人抗日壮举——南村保卫战等故事。如此等等，趣味盎然，让读者得乐不断。

　　正因为如此，这本书将会受到广大读者欢迎。无论侨务工作者、华侨华人和侨眷、旅游爱好者、文学爱好者、历史与民俗文化爱好者，都会在书中找到自己的所需和喜好。而对于华侨华人团体和研究机构、图书馆、博物馆、传媒和学校（尤其是侨校），它更是最宜收藏的参考书。

作于 2006 年 9 月

"抵万金"的张力 立体的信史

刘荒田[1]

黄卓才先生的《古巴华侨家书故事》最近推出新版，不仅书名改成了《鸿雁飞越加勒比——古巴华侨家书纪事》，内容也有大幅度的更新，装帧设计精美，全书面貌焕然一新。这是一本很有张力的书，我越往下读越能体味出其丰富与独特。读了新版，我更加抑制不住向读者推荐的冲动。

顾名思义，"家书"是"纪事"张力的引擎。在20世纪下半叶的漫长岁月，电话电报并不流行，更没有互联网，华侨与母国亲人的联系方式，主要是写信。借这些陈年家书，作者"穿过历史的隧道，走进中、古两国几十年前那个特殊的年代，走进一个老华侨的生活领地和内心世界"。所谓"家书抵万金"，其价值，不但在互道

---

① 刘荒田，旅美华文作家，著名散文家、诗人。曾任美国华文文艺界协会会长，现为荣誉会长；《美华》杂志前主编。在国内已出版散文集35部、新诗集5部。

境况、互通情愫，还在于构建立体的家国信史。

黄卓才先生这本以真实取胜的散文体纪实文学作品，有三个鲜明的特色。

一是以家书串起散落的万里亲情。"纪事"的缘起，在于作者的父亲黄宝世先生从侨居地古巴邮寄来的 43 封家书。最早的一封，写于 1952 年，是作者在台山永隆村祖屋的箱底发现的，无邮戳，中式信封和信笺有水渍。这封托"走水客"连汇款一起带交的银信，有对刚刚以优异成绩考进初中的儿子的教诲与嘱咐，还有对汇款的详尽交代。为什么后者的篇幅超过前者？原因不但在于写信人忙于生计，无暇抒写乡愁，写信人也未必愿意向下一代袒露感情的软弱部分；更在于这一笔笔"养家银"，是男子汉有担当的证明，是物化的亲情，是爱的深层表白。在海外受尽屈辱与艰辛的先侨，唯一的安慰就是把实实在在的钱寄回家去。

和侨汇一样，"回国"是越洋家书的另一主题。落叶归根，是黄宝世先生晚年唯一的追求。彼时的中、古两国，关系阴晴不定，使得"回家"成为最大的悬念。其间的梦想、筹划、试探、幻灭，个人卑微的命运和共产主义运动中意识形态之争结合得如此紧密，实在耐人寻味。

二是通过诠释家书以比较同年代的跨国人生。由于显而易见的客观原因，著者寄给父亲的所有书信，都无从寻觅，不可能一并在本书披载，成为互相诠释的"两地书"。好在著者别出心裁，凭借感情丰沛的笔触，以父亲写每一封家信的特定时空为前导，铺陈相关背景和史料。两种人生的并列、对照，加上分析，这种生动具体的比较，使这本书的意蕴格外深沉。当时的古巴和中国，实行大同小异的社会主义制度，充满浪漫激情的古巴人和拘谨认命的中国人，经历类似的革命狂欢之后的精神困惑以及迫在眉睫的物质短缺，书中都有感性的反映。

1968 年，在古巴的"国有化运动"中，黄宝世老先生的个体杂货小店，像所有的华侨中小企业一样被政府没收，曾经繁荣的华人社区风雨飘摇，老华侨生活陷入困境。退休后，"我的退休金由古巴政府发给，每月四十元，仅可糊口。如买多少黑市货，就无法应付"。同一年，中国正轰轰烈烈地进行"文革"，作者成了落难的牛鬼蛇神，月工资被降到 20 元，也只好在逆境中痛苦跋涉。1971 年，73 岁的老人在信中诉说，作为古巴经济命脉的食糖业，由于甘蔗欠收而产量减少，无法向外换取物资。"近来黑市非常厉害，猪肉每斤八元、米六元，鸡近几年来没有配给，黑豆每斤十元，薯芋果蔬异常渴市"。

那一年，担任中学教师的著者所在的广东中山，虽史上以富庶的鱼米之乡著名，但也和全国一样，"肉类、鱼、粮食、食油、布、肥皂等凭证限量供应，手表、自行车等不但凭证供应（一个单位一年最多分到一两张票），而且价格很高（比如一只上海牌手表 200元，相当于一个医生或中学教师 4 个月的工资）"。同处于艰难困苦中的两代人相濡以沫，老父亲千方百计把从前经商的微薄积蓄寄回，同时，把回乡梦化为争分夺秒的行动。可惜，夙愿难偿，终归客死他乡。

三是展现国际大视野下的家族命运。读这本书，我们岂止重温侨乡普通人家的沧桑家史，真切品尝弥漫于岁月风尘下的人生百味；在宏阔的国际背景下，它还以普通中国人的家族命运折射出中国的巨变。

1925 年，著者的父亲婚后不久即赴古巴，时年 27 岁。1937 年回乡时，向妻子透露了人生理想：出去再熬他十年八载，最多一二十年，赚了钱就回来，在家乡附近的瓶身山开金矿，在家里种果树、养鸡。然而他的回乡梦被加勒比海的怒涛吞没了。著者作为广义的"金山伯"的后代，前半生历经劫难，到了改革开放以后，境遇有了彻底的改变。从中学教师升到大学教授，首创《经济写作》和《旅游写作》等系列教材，出版专著 20 多种。退休后，勤于笔耕，和同甘共苦的伴侣一起，运动、旅游，晚年堪称写意。和祖父的人生成为更鲜明对比的，是著者的后一代。长子黄雅凡和女儿黄炼，都出生在父母落难的岁月。当时，远方的祖父看了两张照片，在回信上提及"雅凡聪明听教训"，"亚炼康健肥硕可爱"，为之"无限欢喜"。祖孙之情只能到此为止。雅凡在暨南大学毕业后，赴美加留学，获分子生物学博士学位，现任加拿大植物生物工程公司首席科学家、总裁，获得多项专利，并登上美国科学院的讲台；女儿黄炼，赴美留学，攻读硕士学位，后在芝加哥的媒体工作；次子黄鸽，在广州任公司经理和省业余羽毛球联谊会会长。这棵扎根于中华大地，在时代的风雨中生长的家族之树，正是世代飘零的华侨及其后裔奋斗不息的缩影。

这样一本既富于华侨特色又具有思想深度的纪实之作，获得读者的喜爱是理所当然的。我回国期间无意中获悉这样的插曲：2009

年，曾留学古巴，后在北京担任西班牙语翻译的谭艳萍小姐，这位读了《古巴华侨家书故事》而成为粉丝的台山籍青年白领，被书中的真情实境感人细节深深打动，不止一次流下了热泪。她把这本书推荐给美堪萨斯大学设计学院摄影系主任刘博智教授。刘教授是著名摄影师，为了拍摄华侨题材而奔走 30 多个国家和地区。刘教授读罢这本书，决心循家书的线索，以镜头收集古巴先侨遗迹。他的这一打算获得谭艳萍的呼应，她请了长假，和刘教授在古巴会合。他们花了 27 天时间，投入紧张的寻访，终于在古巴中部小镇大萨瓜找到了黄宝世先生生前的华裔与西班牙裔朋友，由他们带领，去祭拜了黄宝世先生。就此，中、古两国几位读者和著者成了亲密的朋友……现在，作者已将这些信息写入书中。

千里迢迢成挚友，万里寻踪觅线索。一本纪实作品竟有如此之大的张力、感染力和凝聚力，我想就是源自"立体信史"固有的文学特性。

（原载《佛山日报》2011 年 11 月 24 日，后用于《鸿雁飞越加勒比——古巴华侨家书纪事》第三版代序，略有修改）

亲情文化美学的时代奇迹

——读《古巴随笔——追寻华人踪迹》随笔

贾　非①

文学的审美使命是崇高的。

这句"别林斯基式"的古老话语，在当今崇高与使命被淡出娱乐化生活与大众传媒的病态时尚里重提，似乎有悖"潮流"。然而，这一使命之心旌神帜，却被黄卓才教授一个传奇式的跨国行动无声地摇动了起来。

一卷《古巴随笔——追寻华人踪迹》（广东高等教育出版社2017年版）抒写了东西方两个兄弟国家"海内"与"海外"血脉亲缘、生死相隔的那段悲苦历史。在大时代的福波里，黄教授从曾

---

① 贾非，暨南大学文学院教授、编审，暨南大学出版社前总编辑。长篇小说家、书画家、资深剧作家、中华和平文化学者。现为澳门电影电视协会剧本委员、美国中文作家协会特邀顾问。

经的历史封闭里走出，突发亲情文化灵感，天开异想地邀集了身居美、加、中三国的子孙三代眷属，组织一个跨国家庭访问团，以自助游的方式前往古巴寻巡、探访家族先人到古巴谋生的历史足迹，亲历其境体验华人先辈所经历的生活环境、喜乐和苦难。

作者的父亲黄宝世先生（1898—1975）是古巴一位地方侨领。他以50年的青春和生命为所在国和故国所做的贡献，赢得了侨居地人民的尊敬，被称为"高尚的人"。黄教授这位古巴侨属学者作家在异国他乡的魂魄冲撞，自然也给读者带来了第一等的神智刺激和审美感受。

黄教授令尊于20世纪30年代，出于社会现状和家境的原因，历史性地随同广东沿海华族群体，告别故乡——台山，漂泊出洋，转加勒比海，到达古巴中部小城苦苦谋生。岁月留痕，台山成为"中国第一侨乡"，同时亦成为古巴华侨"最牛的"家乡（见《万里情牵哈瓦那——访台山"古巴华侨村"、再访"古巴华侨村"》）。侨乡，这一特定的国际移民概念，在当代中国人的生命与生活中，被焕发出了时代的光亮。走出"国门封闭"与"海外关系"灾难的中国人，可以有机会到远在地球另一边的先人侨居的国度，去寻宗问祖，链接"双重"侨乡的亲缘信息与灵脉，此乃中国改革开放国策赋予国人的亲情灵感与机缘，盖源于当今这个伟大的时代。

作者存有黄老令公在1952—1975年间写的40多封家书。他以此为往事叙解的基本史料，加以在这些家书指引下过来的人生经历，曾以长篇报告文学《鸿雁飞越加勒比——古巴华侨家书纪事》为题，生动成书（暨南大学出版社2011年版）。当年，即以其生动的文学构思和话语本色，获颁《中国作家》第二届"中山杯"华侨华人文学奖。2014 年，他率领"跨国家庭访问团"走访古巴，专门到他父亲生活和工作过的大萨瓜和古巴首都哈瓦那等地"纪念先侨，追寻龙迹，了解古巴"。寻根访祖之行结束后，又满怀深情地写作并出版了《古巴随笔——追寻华人踪迹》一书，并以此隆重纪念中国人到达古巴 170 周年（1847—2017）。《古巴随笔——追寻华人踪迹》可以说是《鸿雁飞越加勒比——古巴华侨家书纪事》的续篇，但视野更广、深度更佳。

这是一本以"关注拉美战略伙伴，追寻古巴华人踪迹"为主旨的纪实散文集。全书含随笔"古巴情结"、访问"探寻之旅"、人物速写"丽岛友朋"三个单元，并配有 200 多张相关图片，翔实记叙了作者率领"跨国家庭访问团"在古巴城市和乡镇实地访问的生动情景，揭开了位于古巴中部原来不为人知的"广府华侨乐土"大萨瓜的神秘面纱。

黄教授是古巴侨属学者，生活在一个五代华侨家庭。他长期观察研究古巴，善于以文学笔法描述见闻、表达思想和观点。而《古巴随笔——追寻华人踪迹》一书的侨史、学术价值自不待言。其亲情文化的美学价值，尤为当今缺位了的主流文化添加声色，鸣响出了一曲动人心魄的国际亲情美学旋律。该书从先人血与泪的行走、世界风与云的人间，到国际山与海的情缘、子孙情与智的流脉，都有萍踪履迹的忠实采集与描绘，其亲情文化美学氛围之宽泛、浓烈，为一般文史著作所难以囊括。

作者通过万里寻踪，在结识友人的帮助下，寻找到其父亲生活和工作的轨迹与有价值的文物资料，并与认识其父亲的当地市民攀谈。尤令人感怀的是书中描绘作者及其家人到"敬爱的父亲、爷爷、曾祖父"墓前扫墓，用从广州带来的香火、一块钢板刻字的墓志铭、一本《鸿雁飞越加勒比——古巴华侨家书纪事》新书和糖果，拜祭黄宝世先生，并饱含深情地行三鞠躬礼的亲情场面，感人至深。其民族心神美德、祖系亲情灵脉，光耀海天之外。同时也拉近、联紧了异国"乡情"与本土"乡情"血缘、亲缘至爱。无怪乎作者发出真情的感叹：古巴，我的拉美家乡！

旋即作者又到哈瓦那唐人街去拜访中华总会馆和《光华报》报馆，到"旅古华侨记功碑"去瞻仰，又细致考察当地居民和新老华侨华人、土生华裔的生存情况。书中以"探寻之旅""丽岛友朋"等为专题章节，详细记录并多侧面描述了加勒比岛国古巴及其华侨华人的现状与历史，结识了诸多古巴朋友。诸如人物专题中广东女孩杨素明的古巴传奇，"千里单骑"走古巴、搜寻华人资料献给筹建中的广州华侨博物馆的陈建洪等，都深情地展示了他难解的古巴情结。

黄卓才的《古巴随笔——追寻华人踪迹》以平实的散文纪事语言、娓娓亲切的叙事风格，不着雕饰夸张，或访谈，或探寻，或纪实，或感发，笔运灵活，天工自然。偶有幽默，不露声色，展示出他匠心独运的才气。这些都构成他将本书的亲情、情结升华为审美感受的文化能量。

黄卓才的家族跨国旅游寻祖活动，开创了一个独有民族心理特征的时代奇迹；同时，其作品《古巴随笔——追寻华人踪迹》在开启亲情文化情境上，又成为一个美学奇葩。"亲情"一般不被学界认为是美学范畴的话题。他只是人脉关联中常见的伦常关系。在现当代文化文学艺术作品中尤其如此。黄卓才两部作品的独创性、独到处，恰在于与此相反。

正如作者在书跋中写道："这仅仅是追寻古巴华侨华人踪迹的第一步，我没有理由就此歇息。我虽无'雷霆不移'的'仁者之勇'，却有'广其学而坚其守'之心。我必须继续前行，到侨乡去，到古巴去，到友朋中去，到书丛中去，追溯，寻觅，挖掘……"

作者在古巴寻访期间，以其卓越的外交才能，广泛接触各界名要，结友甚多。文化使领官员、华裔侨领、知名作家、学者、艺术家，皆得其友善之情的深切交往。作者在其著作中也有言道，愿以此为中古侨界开启的文化交流搭建一个新平台，开展创意性工作。

2016 年是中国与拉丁美洲及加勒比地区的"中拉文化交流年"；2017 年则是中国人抵达古巴 170 周年纪念年。本书得以在此期间面市，必将承接一定的社会使命。愿黄卓才教授彰起的古巴亲情文化热，为中国主流文化美学的复兴，掀开新的更为绚丽、开阔的篇章。

2016 年岁尾至 2017 年 1 月于暨南园

（原载《从契约华工到改革先锋：中国人抵达古巴 170 周年纪念文集》，中国社会科学出版社 2017 年版）

《鸿雁飞越加勒比》西文版序

徐世澄①

　　暨南大学中文系退休教授黄卓才先生所著的《鸿雁飞越加勒比——古巴华侨家书纪事》（以下简称《鸿雁》）一书的西班牙文版②即将付梓出版，我感到十分高兴，并表示衷心祝贺！

　　《鸿雁》一书的基础史料是黄卓才教授珍藏的 40 多封父亲家书。父亲黄宝世（Fernando Wong, 1898—1975）生前是古巴华侨领袖之一，曾任古巴中部城市大萨瓜中华会馆终身主席。这 40 多封家书写于 1952—1975 年间，均寄自大萨瓜。书中按时间排序，紧扣家书内容，以富于感情的文学笔法和精练的语言，娓娓道出旅古华侨

---

　　① 徐世澄，中国社会科学院荣誉学部委员，拉丁美洲研究所荣誉研究员、博士生导师，拉美研究权威专家。著有《卡斯特罗评传》《古巴》《冲撞：卡斯特罗与美国总统》《美国和古巴关系史纲》等。

　　② 西文版书名为 *Padre & Hijo：Las memorias de un chino en Cuba y la trayectoria de sus cartas familiares*（《父子：古巴华人记忆和家书轨迹》）。

几代人的百年繁衍、奋斗与发展，既活现了一个移民跨国家庭的私人生活史，又真实和生动地反映了旅古华侨在古巴的生活、工作和奋斗的历史。这本书被誉为立体的最真实可信的古巴华侨史，通过这本书，读者不仅能寻找到由契约华工到自由移民历代旅古华侨的足迹，而且能深入了解他们的历史和现状。本书还一定程度上折射了一段中国和古巴关系曲折发展的历史。

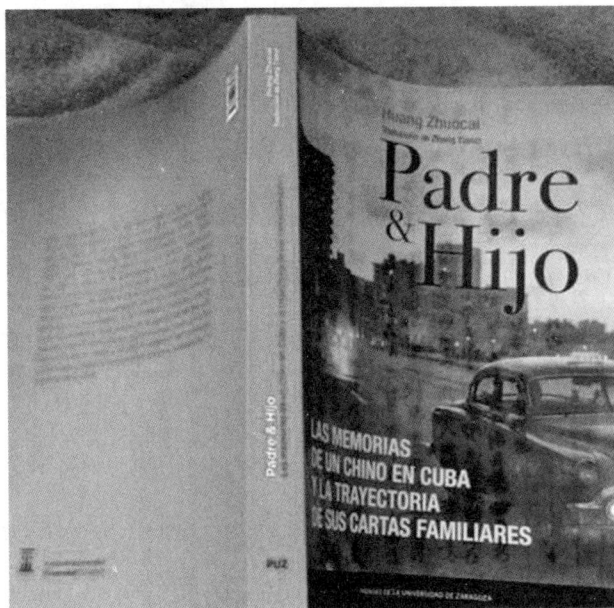

《鸿雁飞越加勒比——古巴华侨家书纪事》西文版

1847 年 6 月 3 日，悬挂着西班牙国旗的"奥坎多号"（Oquendo）双桅帆船运载着 206 名契约华工（原载 212 名，途中死了 6 名），经过 131 天的航行，从中国的厦门抵达哈瓦那附近的雷格拉（Regla），开启了华工大量输入古巴的浪潮。据不同的统计，在 19

世纪中期先后到达古巴的契约华工有十四五万人，古巴是当时拉美国家中契约华工人数最多的国家之一。从 1847 年至今，中国人抵达古巴已经 173 年。在这 173 年里，华侨华人在古巴经历了殖民时期（1874—1902 年）、共和国时期（1902—1959 年）和革命时期（1959 年至今）三个不同的历史时期。一部古巴华侨史是中国移民一部辛酸的奋斗史，又是一部坎坷的发展史。170 多年来，在古巴的华侨华人以勤劳、勇敢和奉献精神，为古巴的独立和民族解放，为经济、社会和文化的发展，为促进中国与古巴两国和两国人民友好关系做出了重要的贡献。

由于历史的原因，黄卓才教授没能在他父亲生前到访古巴，他父亲黄宝世老人家生前也没能回祖国和故乡探亲。但是，黄卓才教授并没有停止追寻古巴华侨华人的踪迹，近年来，他曾两次率他的亲属组成的"跨国家庭访问团"访问古巴，到黄宝世老人家墓前扫墓，寻找其父亲生活和工作的轨迹。继 2006 年他出版《古巴华侨家书故事》之后，他于 2011 年、2016 年出版了该书修订的第二、三版。2017 年他又出版了《古巴随笔——追寻华人踪迹》散文集，并与西南科技大学的袁艳博士编著了《从契约华工到改革先锋》一书，以纪念中国人抵达古巴 170 周年。2020 年是中古建交 60 周年，《鸿雁》一书西班牙文版的出版是对中古建交 60 周年最好的纪念。

这个西班牙语译本，译者张天慈小姐、审订者玛丽亚教授和闫立博士，都是由于被书中的人物故事感动，而决心把它传给西语读者的。他们花了六年，精心打磨，他们为中西文化交流的无私奉献，值得点赞。

　　探索、研究古巴和拉美华侨的历史是一项十分有意义的系统工程。作为一个多年来一直从事古巴和拉美问题的学者，我衷心希望黄卓才教授所在的暨南大学国际关系学院/华侨华人研究院与中国、古巴及其他国家研究古巴与拉美华侨华人的机构和学者能共同努力，一起更好地发掘、整理、研究和出版有关古巴与拉美华侨华人历史和现状的资料和书籍，为中古、中拉友谊添砖加瓦。

2020 年 10 月于北京

（本文另发表于《华夏》2020 年 2 月总第 224 期）

苏里南第一本华文散文集

——《情牵苏里南》序

钟子美①

今年春天，本书作者李荣祥兄于深圳沙头角金沙酒楼，携同他在家乡横岗的同宗兄弟李玉洪、李印清先生，数度与家兄毓材饮茶欢叙，纵谈文学和人生，我也有幸叨陪末座。沙头角这个梧桐山怀抱里的美丽小镇，对于我来说，是充满缘分和情意的。在这里，我曾经与爱我至深至切的老母亲相守着她的最后岁月；在这里，我曾经继续着我的文学情缘，担任泰国《新中原报》文艺版的"遥控"编辑，撰写专栏文章《天涯草随笔》。现在，在这里我又与荣祥兄相会，为了半个世纪情谊的重温，为了文学之梦的延伸，并且与荣

① 钟子美，香港归侨作家、诗人。1967 年毕业于中山大学外语系。已出版小说、诗歌等 13 种。现任世界华人文化研究会会长、香港散文诗学会常务副会长兼秘书长，《香港散文诗》《夏声拾韵》主编。

祥兄的同宗兄弟玉洪兄、印清兄擦出了文学火花。

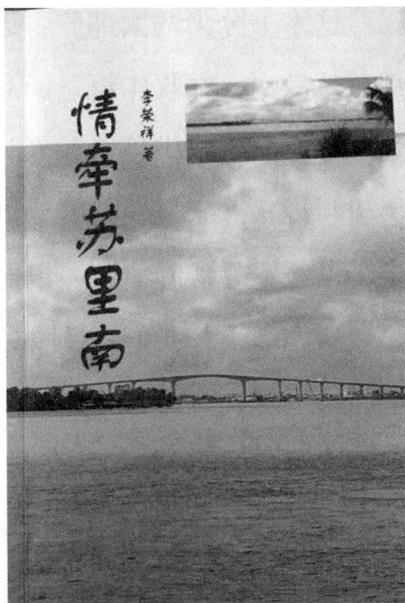

《情牵苏里南》封面

说到与荣祥兄半个世纪的情谊，那是因为他是我家长兄毓材负笈暨南大学中文系时五年的同窗。共同的文学抱负，发展为牢固的友情，把他们紧紧地绾系在一起，绾系了一生。我当时尚在中学，然而作为文学青年的仰慕者，很早就认识了家兄的一批同窗，包括荣祥兄；并且从家兄口中，很早就知道这是一位批阅了许多文学名著，经常伏案创作，有志于遨游文学殿堂的兄长。

后来，时代的跌宕和巨变给荣祥兄带来了传奇的一生。他先在深圳横岗任教，度过"文革"的艰难岁月。改革开放后，他竟然移民到了有万里之遥的地球另一边，一个陌生的南美洲小国——苏里南。他胼手胝足，白手兴家，经营金铺，经过十余年艰苦奋斗，终于事业有成。他与家兄阔别30年后，竟又在他们拼搏的西半球始发地香港和深圳奇迹般通过文学重逢。青年时代的文学情结再次萌动，荣祥兄重新拿起笔来，创作小说、散文，日积月累，便有了今天呈现在读者面前的这一本书：《情牵苏里南》。

这可是苏里南破天荒第一本华文小说散文集，开创了这个国家华文创作的先河，对苏里南华文文学的发展，必然会产生不容忽视的影响。

　　这本书分为两大部分：第一部分是短篇小说，共收15篇；第二部分是散文，共收4篇。尚有附录：《苏里南简介》，由荣祥兄的女婿陈舜军先生提供，给读者详尽介绍苏里南地理历史概况及华侨的历史与现状。家兄毓材特为此书撰写了跋文，详述他与荣祥兄超过半个世纪不寻常的情谊，以及他俩与苏里南结下的深深情缘。

　　展卷细读，我们看到的是近半个世纪以来，从深圳横岗到香港，再横跨到大洋彼岸苏里南的长轴浮世绘。《创业》主角满贵一家创业维艰的写照；《人蛇》主角黄禄由深圳偷渡到香港再偷渡到苏里南建立事业后，遇人不淑落得晚景凄凉的故事；《生命之旅》吸毒女孩阿玉从家乡远渡苏里南后脱胎换骨，成了青年榜样的全过程；《名誉家长》吕家成在异邦不获儿女照料的哀伤；《攻城记》泉记染上赌瘾最后幡然改过自新的喜悦，等等，如多棱镜般折射了华侨漂泊异国他乡挣扎求存、打拼生活的现状和心路历程。

　　作者以浓重的笔墨描绘了苏里南华侨创业的艰辛。如《恭喜发财》一文，说到主角李亚楼万里迢迢回到中国办货及亲自指挥付货的情形：

　　夏季的一天上午十点左右，烈日当空，李亚楼在龙岗老家集中了一大批要托运的货物，雇来了十多个工人等待着船务公司派来的货柜车准备装箱。可是从上午一直等到下午却未见货柜车到来。虽然手机打个不停，回复却是要等到下午。可是晚上九点已过了，却还未见货柜车的踪影，他只好给了那十来个临时工发了工钱遣散回家。可是十点钟左右，货柜车却来了，原来那天是因为大塞车的缘故……

急忙之下，李亚楼只好在附近高价招聘了一些在工厂刚下班的十来个工人，自己也亲自出马参加奋战，可是天不作美，其间又不断下着小雨，装箱工作也一直到天亮才完成。这时的李亚楼已上气不接下气，汗水与雨水加在一起，十足是一个落汤鸡矣！

载着40尺长货柜的货柜车慢慢地开走了，但是不到半个时辰货柜车又开了回来，原因是货柜车经过地磅检测之后发现超重，比原来规定的25吨货物超出两吨多，大家又只好把已装好的货搬下一部分来……

行文朴实无华，细致入微，正是作者的创作风格。没有坚实的文字功底和亲历其境的生活素材，是不易写出这些作品的。事实上，作者荣祥兄的家人正经营着进口生意，而且是其中的佼佼者。

作者高举人性的旗帜，高度表彰了华侨与异国朋友的友谊。让我们引用《贤妻良母》这篇短篇小说中主角陈娇与黑人安妮的儿子文宣的一段对话：

"我可以和阿明一样称呼您'妈妈'吗？您是一位心地善意的好妈妈！"得到陈娇的照顾，文宣很开心，有时候搂抱着陈娇，在她的脸颊上亲吻起来。

"为什么不可以？你呀，真是个傻孩子！你知道吗？苏里南第一任总理边雅先生，少年时候生活也很困难，由于得到一个中国人的关心帮助才渡过了难关，这样的事是边雅先生生前对许多人说过的。中国人有句老话：'四海之内皆兄弟'……我们已经像一家人生活在一起了，有你，妈不是多了一个儿子吗？"陈娇笑着，心里感到甜滋滋的。

"妈，你说得太好了，我好感动！谢谢你，妈！"

与所有的中华儿女一样，华侨都拥有一颗仁爱之心，"老吾老以及人之老，幼吾幼以及人之幼"的儒家教诲已深植在他们心中。侨居国的国民最能感受到华侨的这一优秀品德。

《一诺千金》强调杨毅与刘晶实现人生的庄严承诺；《潇洒走一回》总结李信多难却坚持人格和信念的一生，这则是褒奖华侨的另一曲高歌。

荣祥兄《情牵苏里南》这本散文集正是这样从方方面面肯定了苏里南华侨的奋斗精神和优良传统，而书中比比皆是的苏里南异国情调、生活气息则为故事的讲述增添了椒盐。诸如"光阴荏苒，苏里南河流向大西洋出口海湾的潮水，涨了又退了；麻罗云河两岸的繁花开了又谢了"（见《贤妻良母》）。这类文字的生动穿插，还有打金生涯、杂货店、教会、苏里南土语等等的细致描写，都是很好的例子。

作者是大时代的过来人，曾经历过20世纪50年代至70年代末国内各种运动的洗礼和磨难，又目睹改革开放以后祖国欣欣向荣的现状。行文中他善于采用今昔落差的对比手法。譬如在《与牛共舞》一文里，他这样描写今天农村的景致：

在一个风和日丽的上午，阿松特地带我参观了他们的农场，远远地看见了一群群花白色的奶牛。蓝天底下，奶牛与绿草如茵的草地构成了一幅绝妙的图景，在我的眼前渐渐地呈现出来。

他以此与童年时代替人牵牛只得两块钱还收不到的艰苦日子作比较，深深打动读者的心。《与猪共舞》也有异曲同工之妙。小说结尾处，作者写道：

20 多年后的邹小夫巳卅来岁了，几年前他已经是华南农学院的毕业生。在美丽的梧桐山下，建起了一个以养猪业为主的大型现代化农场，邹小夫就是这个农场的副总经理。……

邹一夫在儿子的办公室闲聊家常。说着说着，他忽然对儿子讲起了自己 20 多年前一次拿着肉票排队"打尖"买猪肉的故事来，儿子听后却淡淡地对父亲说：

"父亲真会编故事，这些故事是应该讲给小孩子听的吧？……"

两个年代，两代人的代沟，就这样轻轻地以幽默的对比手法作了笑中带泪的总结。

作者的散文《横岗最后一只蛤蟆》也是时代变迁的产物。他通过将童年、壮年时期在横岗田间捕捉蛤蟆的甜美回忆，与现代化深圳蛤蟆声的消失引起的遗憾作对比，显示出对绿色环保的终极关怀。

历史坐标与地理坐标的大交叉，中西文化、种族文化差异的共鸣和变奏，人性的发掘与演绎，形成了本书的主旋律，是本书的亮点所在。

我们有幸见证一个大时代的诞生与终结；我们有幸置身盛世的花朝；我们有幸参与了海阔天空的创业拼搏；我们更有幸最终在文学旗帜下的心灵聚首。我们曾经天各一方，在华盛顿纪念碑的草坪上，在苏里南河的渡船上，动若参商；却竟然能够在一个梧桐山的春日里，重又把盏聚合，除了印证缘分和情意之外，无可解释。因此，我特别珍惜这一缘分和情意，特别珍惜这一本书，苏里南华人第一本书。

是为序。

2010 年 6 月 6 日写于香江崇云阁

身外更有文业伟

——丁身伟《古诗文杂评》序

赵松元①

　　毋庸讳言，当今之世，功利至上，人心浮躁，社会问题层出不穷。我们感到，诗情画意在越来越世俗化乃至粗俗化的潮流中渐行渐远，"风声雨声读书声声声入耳"的学术文化氛围再复难寻。试问有多少人能真正静下心来钻研学问？在这背景中，读书人有着各种各样的尴尬与无奈。曾经那种为学术而学术，以学术为生命的荣光已多半碎为一地。然而，当一位退休多年的老教授将自己多年来的研究成果集为一册出版成书摆在我面前时，我不禁为之一震，为之肃然起敬！他就是韩山师范学院中文系退休老教师丁身伟教授。丁老师在20世纪90年代中期就退休了，可是他凭着对学术的热爱

---

　　① 赵松元，韩山师范学院教授、中文系主任。主要从事古代文学与饶宗颐诗学的教学与研究。出版著作有《古典诗歌的艺术世界》《选堂诗词论稿》等。

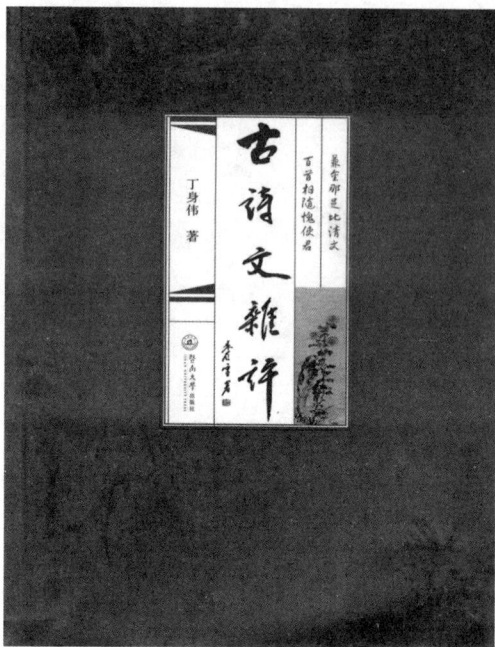

《古诗文杂评》封面

和执着追求，近 20 年来笔耕不辍、进取不止，心无旁骛地进行学术研究，这部文集就是其辛勤耕耘的成果。

老实说，和那些所谓大部头著作相比，这本册子的分量似乎显得不够重。但或正是唯其小，故精美之处如片锦碎玉充盈全书，其中尤为可贵的是对中国古代文字的考释、发掘与阐述。而这些正如学界的共识，是最能显示也最需要作者的学养与功力的。因此，一位学者若能成功辨认、解读或解释一个或几个古文字，就足以奠定其学术地位。丁身伟教授在此方面的研究颇富有价值。比如，他不仅成功地解读了甲骨文中"燮"字为冶铁后无意发现烧烤动物为祭品之意（见《与时俱进的古文字——"燮"字考释》），而且还通过考证否定了此前学术界认为的甲骨文中"鰥"是流泪的解释（见《"鰥"字的真正意蕴》），"朕"为掌舵人、艄公的意思，后才成为高位帝王的专称等；再如对商卜文中的"瓜"指怀孕，并从拟似、叶子、工具等加以论证其可以和"以"借用通假（见《商卜文中的"以"字及其应用》），"癸"是商代以前测量土地简单朴素的水平仪器（见《商卜文中"癸"是水平器》），"乙"为商代农用小木刀（见《商卜文"乙"字考释》），

"不"字在"贞成不其乎"等商卜文中为家种的一年生植物禾麦的总名（见《商卜文"不"字辨释》），"薛"为商卜的一个图腾符号，是父权确立而女性受奴役的象征（见《"薛"字具有一定的时代意义》）等，无一不是材料翔实、考释精准、令人信服。

另外，丁教授还致力于对《诗经》作品及其文化的考释。而《诗经》之于中国文化和文学的意义，正如刘毓庆先生所言："作为'经'，我们要看到社会与历史赋予她的'深厚'与'博大'，以及其在铸造民族礼乐文化精神中的煌煌功绩；作为'诗'，则要看到她的'鲜活'与'灵动'，感受先民心灵深处的声音。"而丁教授正是从文化和文学两个方面切入对《诗经》进行研究的，其中尤其是对《诗经》十五国风中那"风"的研究用力最深。在文章中，他钩玄索隐、旁征博引，运用大量翔实可靠的材料，切入具体的历史背景与语境，不仅就令学界头疼的鄘国的地域问题、那国在春秋时期及整个战国时代在各国中的地位与各国关系、其灭亡与后人遗存问题以及那国的文化特点等作了深入而令人信服的探讨，而且很好地解读了《鹑之奔奔》《君子偕老》《定之方中》《相鼠》《桑中》《墙有茨》等篇，许多见解确为发人之所未发。比如《鹑之奔奔》篇，他一反朱熹认为的此诗是写鹑鹑"奔奔，强强，居有常匹，飞则相随之貌"，而是写作为少数民族、工艺之族的鄘国庶民在敌人如楚国等的侵略攻打下奔跑逃命之诗；还有《墙有茨》篇，他通过精谨的考释，认为此诗强调的就是"床第之言不可逾越"的观点，是不外传、不外泄、有益于世的良言等［见《商周时期的民歌精品——鄘诗探源（下）》］，而这些结论的得出是只有功力深厚、学识渊博、眼界开阔、思想敏锐者才能办到。

更值得一说的是，这些研究《诗经》的学术成果还是丁老师在荣退十多年后取得的。因此，退一万步说，即使丁老师并没有建构巍峨的学术大厦，其学术成果亦无特别辉煌之处，但他那种以学术为生命的治学精神和严谨治学的人生态度，足以成为学者的楷模，也足以让那些虽身在学界而庸庸碌碌者汗颜。颜之推云："古之学者为己，以补不足也；今之学者为人，但能说之也。"（《颜氏家训·卷三勉学》）古之学者到底如何为学治学，我不得而知，但从此言观之，丁教授之于学术应当大有古之学者遗风，这或许就是《周易·乾》中所云的"进德修业"的君子吧。

丁教授如今已过古稀，杖朝之年而宝刀未老。曹孟德诗云："老骥伏枥，志在千里；烈士暮年，壮心不已。"这不正是丁老师的学人写照吗？因感佩之至，故惭为之序。

衷心祝愿丁老师生命与学术之树常青！

甲午己巳丙戌于韩师

后 记

经过两年多的努力，我级学友的回忆录《暨南春早——中文系1958级回忆录》终于脱稿了。

我们是暨南大学1958年在广州重建后的首届学生。一群80后的大师兄、大师姐，不知老之将至，也不顾新冠疫情的威胁，夜以继日，编写出几十万字的文稿；还翻箱倒柜，找出一批珍贵的老照片。难以想象，竟有一群这样老当益壮的勇士，只争朝夕，奋笔疾书，非要弄出一本像样的回忆录来不可。

出于一种弘扬暨南精神、升华校园文化的历史责任感，果然弄出来了。

有趣的是，编写期间，我们级的微信群特别活跃。抚今追昔，考证史实，探幽析微，命题作文，感兴赋诗……每有新作，上传共赏，集体审稿。评、赞、唱、和、商、弹，妙笔生花意未尽，三言两语亦关情。每得佳作，皆大欢喜。诚如古人所言："情动于中而形之于言。言之不足，故嗟叹之；嗟叹之不足，故永歌之；永歌之不足，不知手之舞之，足之蹈之也。"

如是者，我们共享了回忆、写作和收获。书未成，心已醉，情更浓，不亦乐乎！

既成，共七辑，凡100余篇。

第一辑是明湖特辑。"特"在我们无比深厚的明湖情结。明湖是我们流血流汗挖出来的，在我们的心目中，明湖是自己的孩子，又是哺育了我们的母亲。明湖有多美，它是怎样诞生的，"明湖"这个名字是怎么来的，哪个是东湖，哪个是西湖，我们最清楚。要真正了解明湖，请看我们的"筑湖者说"。

第二辑"往事如歌"和第五辑"笔墨之缘"，记述我们在学五年如何学习、生活，与老师、同学怎样相处，毕业后又是如何奋斗、成长的。不过，如果你以为我们那五年不外乎也是宿舍—课室—饭堂"三点一线"，那就错了；如果你以为我们毕业后也是自寻职业、自由流动，那又错了。

在暨南大学创建至今116年的岁月里，我们已跟她一起走过64个年头。我们读书那五年，处于一个特别的年代——火红而又艰辛；毕业后几十年，时代风云涤荡，人生的小舟在特定的航道上摸索前行，或开阔，或弯曲，甜酸苦辣，各有不同寻常的经历和体验。这本回忆录，记录了我们怎样参加校园的建设和美化，怎样饿着肚子挑灯夜读，怎样走出课堂去参加社会的体力劳动，怎样去各地采访练笔；毕业分配，又是如何到最艰苦的地方去，到祖国最需要的地方去；然后，在基层工作岗位上如何刻苦自学，摸爬滚打，默默奋斗，顽强成长……终于各尽所能地为社会做出应有的贡献。

第六辑"独上高楼"记述我级同学的奋斗轨迹和社会贡献。辑名来自宋人晏殊《蝶恋花》词："昨夜西风凋碧树，独上高楼，望尽天涯路。"清末大学问家王国维以这句词的描述作为人生的第一境界，即学习钻研的初始阶段，要不怕孤独寂寞，才能探索有成；然后才有可能逐步进入"衣带渐宽终不悔"的第二境界；进而到达"蓦然回首，那人却在，灯火阑珊处"的最高境界。应该说，我们很多同学都是进入了这种境界的，可惜书中只是"小荷才露尖尖角"，未能全面反映出来。

第七辑不是我们写的，作者都是文学艺术界名家。我们之所以要"媒海拣珠"，是因为名家都有一双慧眼。旁观者清，善辨者明。从中文系的专业角度来看，我们这个班级毕业后经过艰苦奋斗，产生了好几位在国内、国际都有影响的作家。对于他们的创作劳动和作品成果，专业名家的评析比我们自己的认识更客观、更深刻，对本书读者也更有帮助。

《暨南春早——中文系 1958 级回忆录》的书名，是暨南大学出版社社长张晋升教授提议和一锤定音的。一个"春"字，嫩绿鹅黄，生机勃勃；同时也无意中把我们学生时代采写的《岭南春色》和 2016 年出版的我级明湖四子作品选《一路春色》串起来，形成"春"之系列。而一个"早"字，彰显了我级的暨南大学广州重建开荒牛的特点。"莫道君行早，更有早行人"，在暨南大学校史上，我们是承前启后的一代。当年艰苦的校园生活、独特的人生历练也许不可复制，但我们的精神是忠信笃敬精神的重要组成部分。我们的经验和体会完全可供读者分享。

翻开这本书，你也许会发现它起码有下列三方面的价值：

第一，纪念价值。通过回忆往事，我们师生之间、同学之间加深了了解，增进了友谊。除自己留作纪念、交子传孙外，可供学校图书馆、校史馆、档案馆等收藏。

第二，史料价值。我校20世纪五六十年代的系史、院史、校史资料欠缺，有些记述不准确。我们的回忆录将起到补充、细化、深化作用，同时还会纠正一些错讹记述。

第三，传播价值。本书可用于赠送校友、师生、友朋。我们特别希望生在今日暨大优裕环境的老师和同学能读读这本书，从中感受正能量，发扬母校的优良传统，创造暨大更美好的未来。同时，这本书通过社会传播，也可让考生、家长等读者更了解暨大，向往暨大。

感谢暨南大学文学院校友联谊会、暨南大学老教授协会对本书出版的支持！

感谢暨大出版社的领导和编辑为我们精心出版这本书！

感谢所有为本书写作、出版、传播给予热心帮助的单位和朋友。

黄卓才

2023年3月于暨大石牌本部羊城苑